Psychosoziale Beratung in der Pränataldiagnostik

Psychosoziale Beratung in der Pränataldiagnostik

Ein Praxishandbuch

von
Christiane Lammert, Elisabeth Cramer,
Gisela Pingen-Rainer, Jutta Schulz, Anita Neumann,
Ulla Beckers, Sybille Siebert, Axel Dewald und
Manfred Cierpka

unter Mitarbeit von
Kornelia Sammet und Tomas Steffens

Hogrefe · Verlag für Psychologie
Göttingen · Bern · Toronto · Seattle

Christiane Lammert ist Sozialpädagogin und Ehe-, Lebensberaterin in einer Beratungs-stelle für Schwangere, Paare und Familien in Löbau.
Elisabeth Cramer ist Leiterin der Schwangerschaftsberatungsstelle des Caritasverban-des für die Stadt Recklinghausen e.V.
Gisela Pingen-Rainer ist Referentin beim Sozialdienst katholischer Frauen - Zentrale e.V. in Dortmund im Fachbereich Schwangerschaftsberatung.
Jutta Schulz ist in der Behindertenhilfe in Berlin tätig sowie freie Wissenschaftliche Mitarbeiterin der Ev. Konferenz für Familien- und Lebensberatung e.V. (EKFuL).
Anita Neumann ist in einer Tagesklinik für Kinder mit Behinderungen in Löbau tätig.
Ulla Beckers hat langjährige Erfahrung in der Beratung von Frauen in konflikthaften Schwangerschaften. Z.Zt. ist sie in der Schwangerenkonfliktberatung in Duisburg tätig.
Sybille Siebert ist freiberufliche Dipl. Psychologin, Familientherapeutin und Dozentin.
Axel Dewald ist Wissenschaftlicher Angestellter in der Abteilung für Psychosomatische Kooperationsforschung und Familientherapie des Universitätsklinikums Heidelberg.
Manfred Cierpka ist Ärztlicher Direktor der Abteilung für Psychosomatische Koopera-tionsforschung und Familientherapie des Universitätsklinikums Heidelberg.

Die Deutsche Bibliothek - CIP-Einheitsaufnahme

Ein Titeldatensatz für diese Publikation ist bei Der Deutschen Bibliothek erhältlich.

© by Hogrefe-Verlag, Göttingen • Bern • Toronto • Seattle 2002
 Rohnsweg 25, D-37085 Göttingen

http://www.hogrefe.de
Aktuelle Informationen • Weitere Titel zum Thema • Ergänzende Materialien

Umschlagabbildung: Gesine Sieverling, 38176 Wendeburg
Satz: Grafik-Design Fischer, 99425 Weimar
Druck: Druckerei Kaestner GmbH & Co. KG, 37124 Göttingen
Printed in Germany
Auf säurefreiem Papier gedruckt

ISBN 3-8017-1645-7

Inhaltsverzeichnis

Kapitel 5: Öffentlichkeitsarbeit 122
Gisela Pingen-Rainer

Kapitel 6: Fort- und Weiterbildung, Qualitätssicherung, Evaluation .. 143
Axel Dewald & Manfred Cierpka

Anhang 1
Dokumentationsbögen aus dem Modellprojekt „Entwicklung von
Beratungskriterien zur Beratung Schwangerer
bei zu erwartender Behinderung des Kindes" 176

Anhang 2
Kornelia Sammet & Tomas Steffens

Anhang 3
Kornelia Sammet & Tomas Steffens

Anhang 4
Tomas Steffens & Kornelia Sammet

Vorwort

Schwangere Frauen und ihre Partner haben einen Anspruch auf Information und Beratung in allen die Schwangerschaft betreffenden Fragen. Psychosoziale Konfliktsituationen und Probleme im Zusammenhang mit einem Schwangerschaftsabbruch sind der häufigste Grund für die Beratungssuche. Die Erfüllung dieses Rechtsanspruchs wurde den staatlich anerkannten Schwangerschaftsberatungsstellen übertragen, die soweit erforderlich, ärztliche, juristische und Fachkräfte der Frühförderung behinderter Kinder einbeziehen sollen. Mit der Ausweitung der Pränataldiagnostik zu einem Screeningverfahren in der Schwangerschaft hat sich das Aufgabengebiet der Beratungsstellen deutlich ausgeweitet. Durch die Möglichkeiten der Früherkennung von Fehlbildung und Entwicklungsverzögerungen und dem frühen Verdacht auf eine Behinderung beim ungeborenen Kind hat sich auch die Konfliktsituation für die schwangere Frau und ihren Partner zugespitzt. Die beim Schwangerschaftsabbruch geführte ethische Diskussion, die sich an der Auseinandersetzung des Rechts des Ungeborenen auf Leben und dem Recht der Schwangeren auf Selbstbestimmung und Schutz der Gesundheit festmacht, wird durch die fast routinemäßig durchgeführte Ultraschalldiagnostik und ihren Konsequenzen für Frau und Kind verschärft. Eine schwangere Frau wird frühzeitig seelisch belastet, das Schwangerschaftserleben wird beeinflusst, nicht immer erfolgt die Entlastung durch einen negativen Befund in der Ausschlussdiagnostik.

Die Beraterinnen benötigen für diese verantwortungsvolle Tätigkeit in der psychosozialen Beratung breite Kenntnisse für die Praxis und viel Erfahrung. Die Gliederung dieses Handbuchs entspricht den einzelnen Praxisfeldern. Einige einführende Bemerkungen zu den ethischen Grundfragen und zum Verständnis der psychosozialen Beratung wurden vorangestellt:

- Psychosoziale Beratung unterscheidet sich von der medizinischen Beratung. Eine Formulierung des Profils der psychosozialen Beratung in der Pränataldiagnostik erlaubt die weitere Abgrenzung von der humangenetischen Beratung und der Tätigkeit der Hebammen und trägt zur eigenen Identitätsbildung bei.
- In diesem Buch werden die zentralen Beratungsinhalte dargestellt und praxistaugliche Empfehlungen gegeben. Eine hohe Sachkompetenz in der Beratung kann zur adäquaten Entscheidungsfindung der schwangeren Frau und ihres Partners in einer sehr konfliktreichen Situation beitragen.
- Die meisten Schwierigkeiten im Bereich der psychosozialen Beratung bei Pränataldiagnostik beziehen sich jedoch nicht auf die Beratungsinhalte und die Beratungssituation selbst – sie sind eher struktureller Natur. Viele der Ratsuchenden kommen erst gar nicht zur Beratung. Hierfür sind sehr unterschiedliche Gründe ausschlaggebend.
- Leider ist es nach wie vor so, dass viele Betroffene nicht wissen, wer ihnen psychosoziale Unterstützung geben kann und wo entsprechende Stellen zu finden sind. Des-

halb ist eine gute Öffentlichkeitsarbeit vor Ort und auch überregional zu leisten. Auch politische Initiativen sind auf diesem Feld notwendig. Eine Information über die Beratungsoption zum Beispiel im Mutterpass soll über die Bundesärztekammer erreicht werden.

– Viele strukturelle Probleme entstehen an der Schnittstelle zwischen dem medizinischen Versorgungssystem und den psychosozialen Beratungsstellen. Darunter haben die Ratsuchenden am meisten zu leiden. Die interprofessionelle Kooperation wird zwischen allen an der Betreuung von Patienten oder Klienten Beteiligten mit jedem weiteren medizinisch-diagnostischen Fortschritt immer dringlicher. Hier sind Konzepte gefragt, die die Kooperation nicht dem Zufall überlassen, sondern gezielt Barrieren zwischen den Berufen beiseite schaffen, damit alle Beteiligten an einem Strang ziehen.

– Auch die Einrichtung von, möglichst interdisziplinären oder interprofessionellen, Fortbildungen in der Pränataldiagnostik trägt zur Aufrechterhaltung und zur Verbesserung der strukturellen Qualität in der Pränataldiagnostik bei. Zur Qualitätssicherung gehört auch die Evaluation der eigenen Tätigkeit in einer psychosozialen Beratungsstelle. Angemessene Instrumente, die auf den Beratungskontext zugeschnitten sind, werden zum Schluss des Buches vorgestellt.

Dieses Buch will viele Probleme im Kontext der Pränataldiagnostik ansprechen und Lösungen für die Praxis vorschlagen. Die Idee zu diesem Buch entstand in der Endphase eines Modellprojekts mit dem Titel „Entwicklung von Beratungskriterien zur Beratung Schwangerer bei zu erwartender Behinderung des Kindes", das vom Bundesministerium für Familie, Senioren, Frauen und Jugend gefördert wurde. Im Rahmen einer Ausschreibung wurden vom BMFSFJ vier Einrichtungen für die Durchführung des Projekts ausgewählt, die über große Erfahrung in der allgemeinen Schwangeren- und in der Schwangerschaftskonfliktberatung verfügen, und sich auch schon vor Projektbeginn mit der Thematik Pränataldiagnostik beschäftigt haben. Es sind dies im Einzelnen:

– der Sozialdienst katholischer Frauen Dülmen e. V.
– der Caritasverband für die Stadt Recklinghausen e. V.
– das Diakonische Werk im Kirchenbezirk Löbau e. V. und
– die Evangelische Konferenz für Familien- und Lebensberatung e. V. Fachverband für psychologische Beratung und Supervision (EKFuL) Berlin in Zusammenarbeit mit der evangelischen Beratungsstelle Berlin-Mitte.

Mit der wissenschaftlichen Begleitung und der Gesamtevaluation des Projekts wurde die Abteilung für Psychosomatische Kooperationsforschung und Familientherapie des Universitätsklinikums Heidelberg beauftragt.

Im Rahmen des Modellprojekts sollten von den Mitarbeiterinnen der Beratungsstellen mit Unterstützung durch die wissenschaftliche Begleitung drei zentrale Aufgabenbereiche bearbeitet werden. Zunächst ging es um eine Weiterentwicklung der Beratungskriterien, nach denen sich psychosoziale Beratungsstellen richten, bzw. richten können, wenn sie sich dem Aufgabengebiet „Pränataldiagnostik" widmen. Schwieriger und letztendlich auch entscheidender waren die Verbesserung der Strukturqualität und der Kooperation und damit die Vernetzung der verschiedenen Berufsgruppen, die mit dem Thema Pränataldiagnostik vor Ort befasst sind. Zur weiteren Verbesserung der Struktur- und Prozessqualität sollte zudem ein Fortbildungskonzept zum Thema Pränataldiagnostik und Behinderung für die Mitarbeiterinnen von Schwangerschaftsberatungsstellen erarbeitet werden. Die Aufgaben der wissenschaftlichen Begleitung bestanden im Wesentlichen in der Evaluation der Beratung sowie in der wissenschaftlichen Begleitung der Standorte bei der Entwicklung der Kooperationsstrukturen, der Öffentlichkeitsarbeit und der inhaltlichen Konzepte.

Gegen Ende dieses vorwiegend praxisorientierten Modellprojekts stand die Frage im Raum, wie die Ergebnisse und die entwickelten Materialien einer interessierten Öffentlichkeit, vor allem aber denjenigen Kolleginnen und Kollegen am besten zugänglich gemacht werden können, die sich ebenfalls mit dem Thema auseinandersetzen. Nachdem auch bei einem interprofessionellen Kongress in Heidelberg mit dem Titel „Pränataldiagnostik – Neue Wege in der Kooperation zwischen medizinischer und psychosozialer Beratung" ein großes Interesse seitens der Teilnehmerinnen an den Ergebnissen des Projekts deutlich wurde, entschlossen sich alle Projektbeteiligten, zwei umfangreichere Veröffentlichungen zu verfertigen. In der Dokumentation des Kongresses wurden die Referate zusammengefasst und als Schwerpunktheft der Zeitschrift „Praxis der Kinderpsychologie und Kinderpsychiatrie" Heft 9/2001 publiziert. Die praxisrelevanten Ansätze der Beratungsstellen, die erarbeiteten Konzeptionen und die Materialien werden im hier vorliegenden *Praxishandbuch* der Leserschaft übergeben. Die Autorinnen und Autoren bedanken sich beim Bundesministerium für Familie, Senioren, Frauen und Jugend, insbesondere bei Frau Quessel und Herrn Klein-Reinhardt, für ihr hohes persönliches Engagement während der Förderperiode des Projekts und während der Erstellung dieses Praxismanuals bis zum druckfertigen Manuskript. Wir hoffen, dass dieses Buch auf Interesse stößt und zur größeren Bekanntheit der psychosozialen Beratung in der Pränataldiagnostik beiträgt.

Zum Schluss dieser Einführung noch der Hinweis auf ein paar sprachliche und inhaltliche Vereinbarungen auf die sich die Autorinnen und Autoren dieses Buches geeinigt haben:
- Wir vertreten die Auffassung, dass die erste Ultraschalluntersuchung, die in erster Linie zur Feststellung einer Schwangerschaft durchgeführt wird, noch nicht zu den pränataldiagnostischen Maßnahmen gerechnet werden soll. Hierzu gibt es auch andere Meinungen. Unstrittig ist dagegen, welche Verfahren zu den pränataldiagnostischen Maßnahmen zu rechnen sind. Eine Liste mitsamt einigen Erläuterungen befindet sich im Anhang als Glossar.
- Die beiden Begriffe „Schwangerenberatung" und „Schwangerschaftsberatung" werden in diesem Buch synonym verwendet. In den verschiedenen Verbänden, die in diesem Bereich tätig sind, haben sich meist infolge langwieriger Diskussionen, unterschiedliche Bezeichnungen durchgesetzt. Um dies nicht zu wiederholen, tauchen im vorliegenden Buch beide Formen auf.
- Aus Gründen der besseren Lesbarkeit haben wir uns bei den Berufsbezeichnungen auf eine Schreibweise festgelegt. Wenn im Text also nur von Gynäkologinnen oder Beraterinnen die Rede ist, so sind die Gynäkologen und die Berater jeweils auch gemeint.

– Die einzelnen Kapitel sind so strukturiert, dass sie auch einzeln, das heißt ohne Kenntnis der anderen Kapitel gelesen werden können. Aus diesem Grund werden wesentliche Grundlagen zum Teil wiederholt, auch wenn dies auf diejenigen Leser etwas ermüdend wirken kann, die das gesamte Buch lesen.

Heidelberg, November 2001   Manfred Cierpka

1. Problemstellung

Christiane Lammert & Axel Dewald

Die Fortschritte in der Humangenetik und in der Entwicklung technischer Verfahren für vorgeburtliche Untersuchungen führen zu einem erweiterten Spektrum in der Pränataldiagnostik. Eine ständig steigende Zahl genetisch bedingter Krankheiten kann bereits im Mutterleib erkannt werden, noch dazu zu einem immer früheren Zeitpunkt in der Schwangerschaft. Die immer exaktere bildliche Darstellung des Ungeborenen und neue medizinische Testverfahren erlauben eindeutigere Aussagen. Schwangere möchten verständlicherweise möglichst früh im Verlauf ihrer Schwangerschaft erfahren, wie es um die Gesundheit ihres Kindes im Mutterleib steht. Die zentrale Sorge der Eltern kreist um die Frage der Gesundheit. Deshalb unterziehen sich die Schwangeren der Pränataldiagnostik, meistens zumindest den Ultraschalluntersuchungen. Das Warten auf die medizinischen Untersuchungsergebnisse und erst recht die Mitteilung von nicht vorhersehbaren medizinischen Befunden beeinflusst aber auch das Schwangerschaftserleben, das unmittelbar wiederum Einfluss nimmt auf die Beziehung der Mutter zu ihrem ungeborenen Kind. Besonders konflikthaft wird die Situation, wenn die werdenden Eltern mit der möglichen Diagnose einer Fehlbildung oder einer Entwicklungsverzögerung bei ihrem Kind konfrontiert werden. Die neuen medizinischen Möglichkeiten gehen also mit neuen Konflikten für den Menschen, in diesem Fall für die schwangere Frau und ihren Partner, einher. Den werdenden Eltern werden manchmal in einer Schwangerschaft Entscheidungen abverlangt, die sich in der Konsequenz nicht nur für oder gegen die Pränataldiagnostik, sondern auch für oder gegen das Austragen eines Kindes im Mutterleib auswirken können. Der medizinische Fortschritt kann so ein ethisches Dilemma verschärfen und von der werdenden Mutter und ihrem Partner eine hohe, manchmal zu hohe, Entscheidungskompetenz fordern (Dewald & Cierpka, 2001; Nippert & Horst 1994). Die humangenetische Diagnostik geht mit erheblichen gesellschaftlichen Konsequenzen einher, die Technikfolgenbeurteilung ist unvermeidlich (Bartram et al. 2000).

In dieser schwierigen Situation für die werdenden Eltern, in der in sehr kurzer Zeit eine Entscheidung in letzter Konsequenz über Leben oder Tod des ungeborenen Kindes verlangt wird, muss es Unterstützung und eine Entscheidungshilfe geben. Um umfassende Informationen zu erhalten, diese Informationen in ihrer Bedeutung für die eigene Situation zu bewerten und auf dieser Grundlage Entscheidungen treffen zu können, brauchen die werdenden Eltern eine professionelle Hilfe. Deshalb ist die Zusammenarbeit der Medizin mit der psychosozialen Beratung so wichtig. In den psychosozialen Beratungsstellen steht in aller Regel den schwangeren Frauen und ihren Partnern die Zeit und der Raum zur Verfügung, die sie in einer Krisensituation benötigen, um bei einem auffälligen pränatalen Befund, eine für sie, das Kind und ihre gemeinsame Lebenssituation angemessene Entscheidung finden zu können.

Die Beraterinnen benötigen für diese verantwortungsvolle Tätigkeit eine hohe Kompetenz in der psychosozialen Beratung bei Pränataldiagnostik. Worin unterscheidet sich diese Kompetenz von anderen Beratungskontexten? Was sind die spezifischen Inhalte und Kriterien dieser Beratungsarbeit? In den Abschnitten 1.3.1–1.3.4 wird die psychosoziale der medizinischen Beratung und der Beratung durch die Hebammen gegenübergestellt, um die Unterschiede und Gemeinsamkeiten deutlich werden zu lassen. Dabei wird auch auf eine Befragung von Ratsuchenden eingegangen, mittels derer die Unterschiede zur humangenetischen Beratung erläutert werden können.

1.1 Ethische Grundfragen in der Pränataldiagnostik

Die therapeutischen Möglichkeiten sind in der Pränataldiagnostik im Gegensatz zu den diagnostischen als äußerst begrenzt einzuschätzen. Ein großer Teil des Konfliktpotenzials in der Pränataldiagnostik ist auf diese Diskrepanz in den medizinischen Möglichkeiten zurück zu führen. Wegen fehlender Alternativen im therapeutischen Vorgehen werden betroffene Eltern bei einem auffälligen Befund fast zwangsläufig mit der Frage konfrontiert, sich entweder auf ein Leben mit einem behinderten Kind einzustellen oder die Möglichkeit eines Abbruchs der Schwangerschaft zu erwägen.

Nur sehr wenige Frauen können sich unmittelbar nach der Mitteilung einer möglichen Behinderung bei ihrem Kind dazu entschließen, ihr Kind trotz auffälligem Befund auszutragen. Ebenfalls sehr gering ist die Zahl derer, die sich nach einer intensiven Auseinandersetzung für ein behindertes Kind entscheiden (Baldus, 2001). Die meisten Frauen und ihre Partner benötigen Raum und Zeit, um in einem Prozess zu einer Entscheidungsfindung zu kommen. Das ethische Dilemma ist für viele werdende Eltern so gravierend, dass sie in existentielle seelische Not geraten und ohne Außenhilfe im tiefsten Zweifel und in tiefster Verzweiflung stecken bleiben.

Die seelischen Belastungen können sich schon vor einem auffälligen Befund beim ungeborenen Kind einstellen. Bereits mit der ersten pränataldiagnostischen Untersuchung beginnt ein Prozess mit einer erheblichen Eigendynamik, der für viele Frauen mit Konflikten, Unsicherheiten und Zweifeln verbunden sein kann. Da diese Untersuchungen Teil der gültigen Mutterschaftsrichtlinien sind, gibt es kaum eine schwangere Frau, die damit nicht konfrontiert wird. Ein bestimmter Teil der Schwangeren entscheidet sich auch bewusst und gewollt für die pränatalen Untersuchungen. Dabei spielt der Wunsch nach einem gesunden Kind eine herausragende Rolle. Das Motiv, Zweifel und Ängste bezüglich der Gesundheit des Kindes zu beseitigen, wird durch das Untersuchungsergebnis zwar in den meisten Fällen befriedigt, aber es bedeutet auch ängstliches Warten auf das Ergebnis, das Eingehen eines Fehlgeburtsrisikos durch invasive Untersuchungsmethoden, sowie oftmals die erst nachträgliche Auseinandersetzung mit den eventuellen Konsequenzen des Ergebnisses. Selbstverständlich spielen dabei auch gesellschaftliche, soziale und religiöse Aspekte eine große Rolle, meist in Form konkreter Erwartungen an die schwangere Frau. Ihre Konfliktsituation wird dadurch meist verschärft.

Wenn die ethischen Grundfragen die persönliche Entscheidung so konflikthaft werden lassen, kann man sich die Frage stellen, aus welchen Gründen pränataldiagnostische Maßnahmen überhaupt durchgeführt werden. Gegenüber den schwangeren Frauen argumentiert die Gynäkologie meistens, dass ein frühzeitiges Wissen über Krankheiten, Fehlbildungen und damit einhergehende mögliche Komplikationen dazu dienen, bereits während der Schwangerschaft, vor allem aber in Hinblick auf die Geburt, die richtigen Vorbereitungen zu treffen und eine für den Einzelfall optimale Versorgung zu gewährleisten. Woopen (2001) nennt dies die therapiebezogene Pränataldiagnostik, gegen die es auch aus ethischer Sicht keine Einwände geben kann. Der weitaus problematischere Fall ist die existenzbezogene Pränataldiagnostik. Woopen versteht darunter, dass das Ungeborene daraufhin untersucht wird, ob bestimmte Merkmale vorhanden sind, die „in eine Entscheidung zwischen Fortsetzung und Abbruch der Schwangerschaft einfließen". (S. 697) In diesen Fällen ist die ethische Legitimation fragwürdiger. Gelingen kann sie laut Woopen durch das Gegenüberstellen von Gütern. Werden beispielsweise das Leben des Ungeborenen und die gesundheitliche Unversehrtheit der werdenden Mutter als gleichrangige Güter betrachtet, so ist eine Abtreibung unter bestimmten Bedingungen ethisch vertretbar. Diese Überlegung spielte auch bei der Änderung des § 218 Strafgesetzbuch eine Rolle.

Eine klare Trennung in die beiden genannten Formen pränataldiagnostischer Maßnahmen ist aber nicht immer möglich. Die Ultraschalluntersuchung, die laut Mutterschaftsrichtlinien in der 9. bis 12. Schwangerschaftswoche stattfinden soll, kann therapiebezogen sein, wenn damit geklärt werden soll, ob sich die Frucht richtig in der Gebärmutter eingenistet hat. Wird aber bei dieser Untersuchung nach der Dicke der Nackentransparenz geschaut, was ein Hinweis auf eine Chromosomenanomalie sein kann, dann wird die Untersuchung existenzbezogen, da eine Therapie in diesen Fällen nicht möglich ist. Diese Ultraschalluntersuchungen sind die Regel und nicht die Ausnahme. Dies bedeutet, dass für nahezu alle schwangeren Frauen die Frage relevant ist, wie sie denn handeln würden, wenn diese Standarduntersuchungen nicht das gewünschte Ergebnis zeigen. Die Antwort auf diese Frage ist aber oft gar nicht so einfach. Die Differenziertheit der medizinischen Fakten, die komplexen Risikobestimmungen, die unsicheren Lebensperspektiven des möglicherweise behinderten Kindes – all dies muss reflektiert werden. Anschließend erst kann überlegt werden, wie denn diese Fakten und die verschiedenen damit einhergehenden Entscheidungsalternativen im Einzelfall bewertet und mit den bisherigen Lebensentwürfen der betroffenen Frau und ihres Partners, bzw. der Familie in Einklang gebracht werden können. Für alle Betroffenen scheint es in dieser Situation eine wesentliche Hilfe zu geben, nämlich eine ausführliche und weit reichende Beratung, mit dem Ziel eine verantwortungsbewusste und tragfähige Entscheidung treffen zu können.

Zu dem gleichen Schluss kommt Haker (1998) in einer Arbeit, in der sie sich dem Thema von einer ganz anderen Seite nähert. Sie untersucht, wie der Prozess der Entscheidungsfindung ablaufen müsste, damit er moralisch-ethischen Standards genügt und wendet dieses Modell auf die Bereiche Pränataldiagnostik und Humangenetik an. Kernpunkt dieses Modells ist, dass zwischen der ethisch-existentiellen und der moralisch-normativen Ebene unterschieden wird. Haker selbst formuliert dies folgendermaßen:

„Während eine Person also auf der ersten Ebene (Anm.: ethisch-existenziell) fragt, ob sie bestimmte Ziele auch wirklich realisieren will, wenn sie sie mit ihrer Lebensgeschichte oder ihrem Selbstideal konfrontiert, fragt sie in moralischer Hinsicht danach, welche Konsequenzen ihr Handeln für andere hat, ob sie ihnen gegenüber auf eine bestimmte Weise handeln soll, auch wenn dieser Anspruch ihrem Wollen unter Umständen entgegensteht." (S. 251)

Durch diese beiden Konstrukte werden für Haker (ebd.) die unbedingt notwendigen Konzepte der Autonomie und des Respekts gegenüber anderen Personen gewährleistet und miteinander verbunden. Als Konsequenz dieser Überlegungen für die Beratung bei Pränataldiagnostik resultiert eine konsequente Abkehr von der Doktrin der Nicht-Direktivität. Haker entwickelt statt dessen ein Modell der gen-ethischen Beratung, in dem die Beraterinnen nach entsprechender Fort- und Weiterbildung moralisch-ethische Positionen aktiv ins Spiel bringen und, falls nötig, die Ansprüche derjenigen beteiligten Partei vertreten, die sich nicht selbst Gehör verschaffen kann, nämlich des ungeborenen Kindes. Haker sieht darin eine Unterstützung der Frau, bzw. des Paares, indem ihr/ihnen zusätzliche, für eine moralisch-ethisch tragfähige Entscheidung notwendige Gedanken und Argumente zugänglich gemacht werden, ohne ihre Entscheidungsfreiheit zu beschneiden. Ob Letzteres tatsächlich gewährleistet bleibt, oder ob die Beraterin bei dieser Form der Beratung in den Augen der Betroffenen nicht ebenfalls in die Position einer übergeordneten Autorität gerät, der sie sich fügen muss, wird sich in der Praxis erst noch erweisen. Wichtig ist in jedem Fall, dass mit diesem Entwurf eine Möglichkeit formuliert wurde, wie ethisch-moralische Aspekte auf schlüssige Weise in die psychosoziale Beratung im Zusammenhang mit Pränataldiagnostik integriert werden können.

1.2 Grundverständnis psychosozialer Beratung

Grundsätzlich versteht sich psychosoziale Beratung als ein Angebot an Menschen, die sich mit Konflikten und Problemen auseinandersetzen müssen, die sie momentan allein, bzw. in ihrer Familie nicht in befriedigender Weise bewältigen können. Mit Hilfe einer spezifischen Methodik, die sich aus psychologischen, psychotherapeutischen, sozialpädagogischen (und im Fall einer kirchlichen Trägerschaft unterschiedlich stark gewichteten seelsorgerischen und theologischen) Aspekten zusammensetzt, soll erreicht werden, dass die Ratsuchenden ihre eigene Situation mitsamt ihren vielfältigen Einflussfaktoren besser überblicken können, dass sie lernen zu erkennen, auf welche Bereiche sie Einfluss haben und auf welche nicht, um so letztlich zu Antworten, Entscheidungen und/oder Lösungen zu gelangen.

Dies geschieht zum einen durch die Vermittlung spezifischer Informationen und Hilfemöglichkeiten, zum anderen aber durch den Aufbau einer vertrauensvollen, partnerschaftlichen Beziehung zwischen Beraterinnen und Ratsuchenden, was wiederum eine Voraussetzung für einen weiter führenden und tiefer gehenden beraterischen und/oder therapeutischen Prozess ist. Was die strukturellen Bedingungen der psychosozialen Beratung angeht, so finden sich ausführliche Informationen dazu in Kapitel 2. Auf die Inhalte der Beratung in Zusammenhang mit Pränataldiagnostik wird in Kapitel 3 näher eingegangen.

Hier soll nur kurz auf die Funktion der psychosozialen Beratung hingewiesen werden. Psychosoziale Beratung umfasst mehr als die Vermittlung von Informationen und die Unterstützung bei der Erlangung konkreter, zum Beispiel finanzieller, Hilfen. Mit ihrem klar definierten Auftrag und ihrer spezifischen Methodik leistet die psychosoziale Beratung einen wichtigen Beitrag zur sozialen Versorgung in unserem Land. Im Zusammenhang mit Pränataldiagnostik kann die psychosoziale Beratung als eine weitere Säule neben der medizinischen Beratung und der Beratung durch Hebammen aufgefasst werden. Erst durch das Vorhandensein von unabhängig voneinander „lebensfähigen" Versorgungssystemen kann schwangeren Frauen und ihren Familien ein ganzheitliches Versorgungs- und Unterstützungsangebot gemacht werden, dass auch tatsächliche Alternativen bereithält. Die Unabhängigkeit ist auch gleichzeitig eine Voraussetzung für das Funktionieren von Kooperationsmodellen, die dazu keineswegs in Widerspruch stehen. Warum Kooperation gerade auf diesem Gebiet so wichtig ist, wie Kooperationsmodelle verwirklicht werden können und welche Schwierigkeiten dabei zu erwarten sind, wird ausführlich in Kapitel 4 beschrieben. Ausgehend von den kurz angerissenen Grundsätzen psychosozialer Beratung (näheres siehe Kapitel 3) sollen im Folgenden die Übergänge und Überschneidungsbereiche zur etablierten Schwangerenberatung und der speziellen Beratung zur Pränataldiagnostik dargestellt werden.

1.2.1 Von den Aufgaben der Schwangerschaftskonflikt- und Schwangerenberatung zur Beratung zu Pränataldiagnostik

Das Schwangerschaftskonfliktgesetz regelt in den §§ 5–7 Inhalte und Ablauf der Pflichtberatung vor einem Abbruch bis zur 12. Schwangerschaftswoche. Hieran sind diejenigen Schwangerschaftskonfliktberatungsstellen gebunden, die nach § 9 des Gesetzes staatlich anerkannt sind. Das jeweilige Landesrecht bestimmt, welche Aufgaben an die Förderung mit öffentlichen Geldern geknüpft sind. Die so genannte „allgemeine Schwangerenberatung" ist im Schwangerschaftskonfliktgesetz § 2 als Anspruch der Ratsuchenden formuliert. Wer diesen Anspruch zu erfüllen hat, wird nicht ausgeführt und ergibt sich auch nicht notwendigerweise aus der Aufgabenbeschreibung der §§ 5–7 Schwangerschaftskonfliktgesetz. Hieraus resultieren Unterschiede in den inhaltlichen Profilen zwischen den Ländern und auch zwischen den Trägern. Für das Land Sachsen z. B. gilt: gefördert werden Beratungsstellen, die Beratung nach § 2 und Schwangerschaftskonfliktberatung vorhalten und absichern. Zum gesetzlichen Rahmen und den Rahmenbedingungen der Träger (Wohlfahrtsverbände) finden Sie nähere Ausführungen in Kapitel 2 dieses Handbuches.

Entwickelt haben sich unter der Bezeichnung „allgemeine Schwangerenberatung" unterschiedliche Aufgabenschwerpunkte. Zu den grundlegenden Aufgaben aller Schwangerenberatungsstellen gehören die Beratung zu sozialrechtlichen Ansprüchen und die Vermittlung finanzieller und praktischer Hilfen.

Herausgebildet haben sich beispielsweise Schwangerenberatungsstellen, die
– integriert sind in Familien-, Ehe-/Lebens- und Erziehungsberatungsstellen; hier findet
  die psychologische Seite der Schwangerschaftsveränderungen besondere Beachtung.
– angesiedelt sind in Familien- und Mütterzentren, wo Gruppen- und Bildungsangebote möglich sind (Babygymnastik, Krabbelgruppe, Elternschule u. ä.) oder auch
  Geburtsvorbereitung durch Hebammen stattfindet
– spezialisiert sind auf sexualpädagogische, präventive Arbeit

Letztlich finden sich alle diese Schwerpunkte in der Aufzählung des § 2 Schwangerschaftskonfliktgesetz wieder. Dieser benennt aber auch deutlich die folgenden Ansprüche
auf Information und Beratung:
– Vorsorgeuntersuchungen bei Schwangerschaft und die Kosten der Entbindung
– die Hilfsmöglichkeiten für behinderte Menschen und ihre Familien, die vor und nach
  der Geburt eines in seiner körperlichen, geistigen oder seelischen Gesundheit geschädigten Kindes zur Verfügung stehen
– die Methoden zur Durchführung eines Schwangerschaftsabbruchs, die physischen
  und psychischen Folgen eines Abbruchs und die damit verbundenen Risiken
– Lösungsmöglichkeiten für psychosoziale Konflikte im Zusammenhang mit eine
  Schwangerschaft
– die Nachbetreuung nach einem Schwangerschaftsabbruch oder nach der Geburt des
  Kindes

Die Problemstellungen im Zusammenhang mit pränataler Diagnostik lassen sich diesen
Punkten zuordnen und können insofern als Aufgaben der Schwangerenberatung betrachtet werden. In den letzten 3 bis 4 Jahren ist in den Schwangerenberatungsstellen
die Aufmerksamkeit hierfür gewachsen und damit der Bedarf zu einer Beschreibung
von Kriterien. Als eine mögliche praktische Einbindung des Angebotes von Beratung
zur pränatalen Diagnostik entsprechend der Beratungsansprüche Ratsuchender nach
§ 2 Schwangerschaftskonfliktgesetz zeigen wir hier exemplarisch die Arbeitsbereiche
der Beratungsstelle für Schwangere, Paare und Familien im Diakonischen Werk Löbau.

Die Beratungsstelle bietet dem gesetzlichen Auftrag gemäß Beratung nach § 2 und nach
den §§ 5–7 Schwangerschaftskonfliktgesetz an (Abbildung 1). Es wird deutlich, dass
sich aus den im § 2 formulierten möglichen Informations- und Beratungsthemen eine
Vielzahl konkreter Hilfen ableiten lässt, die auch den Bedarf in einer Region widerspiegeln. Die eigentliche Beratung im Zusammenhang mit Pränataldiagnostik wird unter die
Punkte „Vorsorgeuntersuchungen in der Schwangerschaft" und „Hilfsmöglichkeiten vor
und nach der Geburt eines möglicherweise behinderten Kindes" gefasst.

1.2.2 Die Zielgruppe von psychosozialer Beratung
bei pränataler Diagnostik

Gesetzliche Grundlage für ein Angebot zu „Beratung im Zusammenhang mit pränataler
Diagnostik" in einer Schwangerenberatung ist der § 2 des Schwangerschaftskonfliktgesetzes. Er gibt jeder Frau und jedem Mann das Recht auf Beratung in allen eine

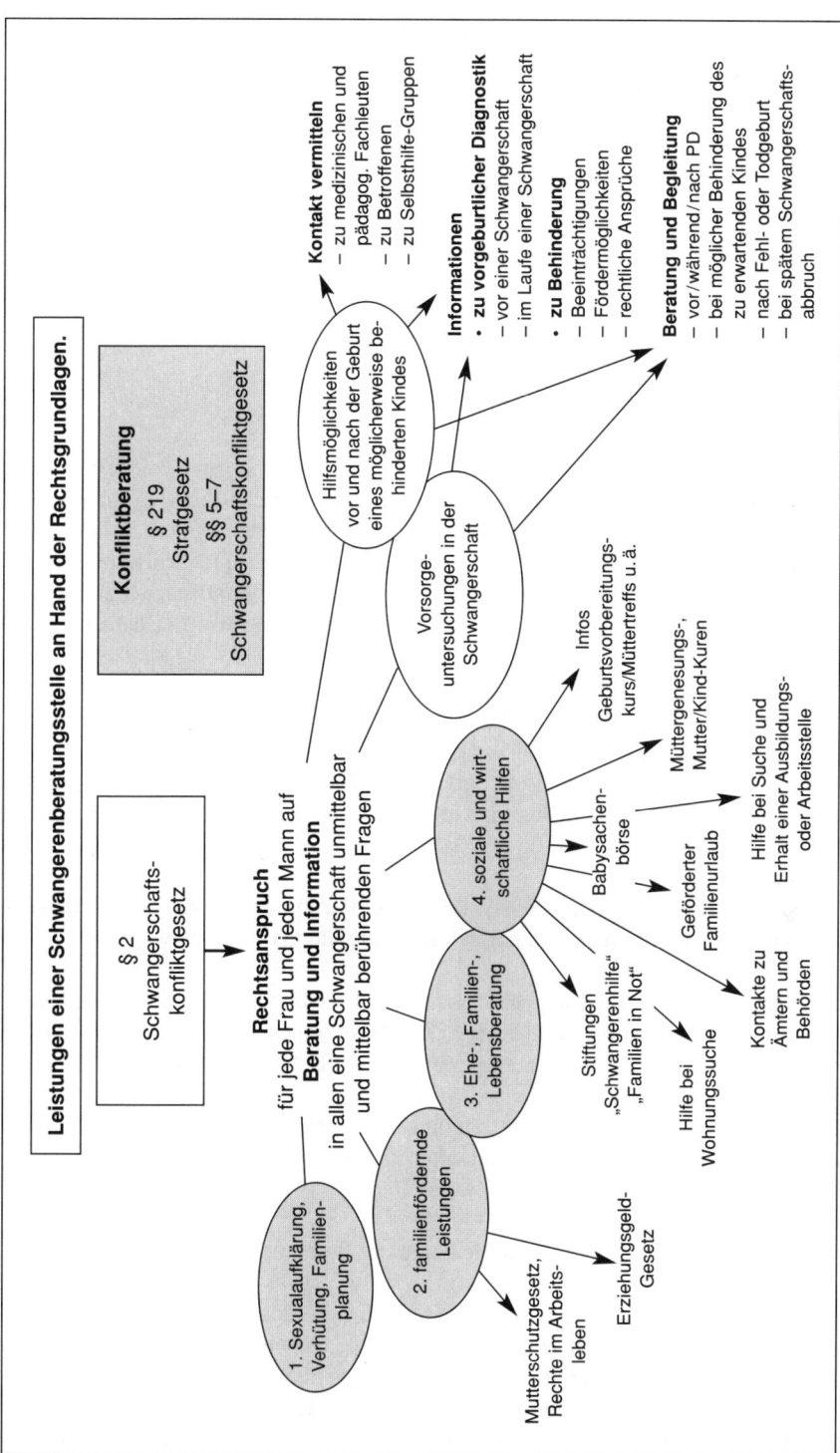

Abbildung 1: Leistungen einer Schwangerenberatungsstelle

Schwangerschaft mittelbar und unmittelbar berührenden Fragen. Dies schließt Schwangere und werdende Eltern ebenso ein, wie Ratsuchende vor einer Schwangerschaft und nach der Geburt des Kindes. Der gesetzliche Anspruch besteht ausdrücklich auch zu Beratung vor und nach einem Schwangerschaftsabbruch.

Frauen und Männer, die sich um Rat an uns wenden, sind folglich die Zielgruppe. Beim Thema Pränataldiagnostik sind dies Frauen und Männer, die
- durch die Auseinandersetzung mit Pränataldiagnostik kritische Anfragen haben
- durch die Inanspruchnahme der Untersuchungen in Konflikte geraten sind und Unterstützung und Hilfe suchen.

1.2.3 Fachliche und inhaltliche Vorarbeiten

Ausgehend von der Feststellung, dass die potentiellen Nutzerinnen pränataler Diagnostik Entscheidungshilfen benötigen, haben unterschiedliche gesellschaftliche Gruppierungen und Berufsverbände Überlegungen hierzu veröffentlicht. Von Hebammen, Behindertenhilfe und Ethikern liegen Praxisberichte, Forderungskataloge und Erörterungen vor. Standards für Medizinerinnen werden in den „Richtlinien der Bundesärztekammer zur pränatalen Diagnostik von Krankheiten und Krankheitsdispositionen" (Deutsches Ärzteblatt 95, 1998) formuliert.

Von diesen genannten Seiten wird „Beratung" als Mittel betrachtet, das schwangeren Frauen und ihren Partnern in Fragen zur pränatalen Diagnostik und in Konflikten, die aus ihrer Inanspruchnahme erwachsen, helfen soll. Der Begriff „Beratung" wird unterschiedlich konkretisiert, die Inhalte sind nicht deckungsgleich zwischen den Berufsgruppen.

Relativ jung sind Praxis und Theorie psychosozialer Beratung im Kontext von Pränataldiagnostik Es geht darum, für diese Art der Beratung Standards zu entwickeln.

Was kann psychosoziale Beratung hier leisten? An welchen Stellen ist sie mit ihrer Methodik und Struktur wofür kompetent? Zu diesen Fragen lassen sich zwei Ansatzpunkte benennen, die ihrerseits einer Begründung bedürfen. Psychosoziale Beratung kann:
- beim Finden einer Entscheidung helfen und dabei Entscheidungskompetenz stärken
- zum Tragen und Bewältigen einer getroffenen Entscheidung mit ihren Konsequenzen befähigen bzw. diesen Prozess stützen.

In Kapitel 3 werden diese Ansätze als Elemente der Beratungskriterien erläutert.

In unserer praktischen Beratungsarbeit konnten wir bereits auf den im Folgenden genannten Schriften aufbauen: In Deutschland hat das Netzwerk gegen Selektion durch Pränataldiagnostik Erfahrungen aus der Anwendungspraxis pränataler Diagnostik gebündelt und Handlungsbedarf für Information, Aufklärung und Beratung abgeleitet (Sichtwechsel e. V., 1998). Vertreterinnen des Bundesmodellprojektes waren an diesem

Prozess beteiligt. Die Evangelische Konferenz für Familien- und Lebensberatung e. V.
hat ihre Tagungen seit 1996 dem Beratungsbedarf im Kontext von Pränataldiagnostik
und Behinderung gewidmet. Dabei wurden unter anderem auch konkrete Inhalte
psychosozialer Beratung erarbeitet (Materialien EKFuL, Arbeitsgruppe A. Meyer und
J. Brünig, 1997). Von der Bundeszentrale des Sozialdienstes katholischer Frauen liegt
seit 1997 ein Beratungskonzept vor. Wir haben die hierin enthaltenen Kriterien fort-
geschrieben und unsere Erfahrungen im Zwischenbericht zum Bundesmodellprojekt
„Erarbeitung von Beratungskriterien für die Beratung Schwangerer bei zu erwartender
Behinderung des Kindes" festgehalten (BMFSFJ, Materialien zur Familienpolitik Nr. 6,
2000).

Diese konzeptionellen Arbeiten sind letztendlich eine Reaktion auf Entwicklungen in
der Gesellschaft in Zusammenhang mit der Schwangerenvorsorge und dem medizinischen Fortschritt. Für die psychosoziale Schwangerenberatung bedeuten diese Veränderungen, dass sich in den letzten Jahren der Stellenwert geändert hat, den das Thema
Pränataldiagnostik im Gesamtspektrum der Beratung einnahm. Das Thema war bislang
auch vorhanden, ist aber jetzt viel stärker in den Blickpunkt gerückt, so dass zusätzliche
Fähigkeiten auf Seiten des Fachpersonals, wie auch eine Anpassung der Arbeitsstruktu-
ren verlangt werden müssen. Natürlich kann und wird sich nicht jede Beratungsstelle
vollständig auf das Beratungsfeld der „Pränataldiagnostik", oder allgemeiner der „Reproduktionsmedizin" einlassen. Nicht alle Stellen werden die Möglichkeit haben, einen
erheblichen Anteil ihrer Ressourcen darin zu investieren. Hier gilt es in Abstimmung
mit den jeweiligen Trägern und auch den anderen Anbietern vor Ort eine Aufgabenver-
teilung zu finden, die den Problemstellungen gerecht wird. Dies zu erleichtern ist eines
der vorrangigen Ziele dieses Buchs. Trägerverbänden, Beratungsstellen und auch einzelnen Beraterinnen soll ein Katalog an möglichst konkreten Maßnahmen und Verfahrensweisen an die Hand gegeben werden, so dass nicht jeder Versuch, ein entsprechendes
Angebot zu entwickeln von vorn beginnen muss.

1.3 Die Schnittstellenproblematik

Der gesetzlich festgeschriebene Anspruch auf Beratung ist in der Öffentlichkeit, bei Ratsuchenden und den mit solchen Fragen befassten Berufsgruppen und Einrichtungen,
insbesondere im medizinischen Bereich, noch viel zu wenig bekannt. In der Praxis bestehen bisher oft unterschiedliche Auffassungen, wer welche Beratung zu welchem
Beratungsanlass anbieten darf oder soll. Ärztinnen, Hebammen, Humangenetikerinnen
und psychosoziale Beraterinnen halten sich für zuständig und entwickeln die Beratungsinhalte innerhalb ihrer Berufsgruppe weiter. Unbeantwortet blieb dabei aber bisher die Frage, wie aus Sicht der betroffenen Frauen die Beratung im Zusammenhang
mit Pränataldiagnostik und eventueller Behinderung des Kindes erfolgen sollte und ob
neue Formen der Kooperation zwischen den Berufsgruppen hierzu erforderlich wären.
Aus der bisherigen Praxis heraus zeichnete sich die Notwendigkeit zur Entwicklung
und Erprobung derartiger kooperativer Angebotsstrukturen ab. Besonders die Vernet-

zung des ärztlichen und des psychosozialen Beratungs- und Hilfsangebots ist von zentraler Bedeutung, nicht nur in Hinblick auf die Effektivität der angestrebten Angebote, sondern auch hinsichtlich der zu bewältigenden Schwierigkeiten.

Erfahrungsgemäß kommt es zu Konkurrenzängsten, wenn sich mehrere Anbieter für eine Sache zuständig erklären. Damit besteht die Gefahr, dass die Kompetenz der anderen Bereiche nicht mehr anerkannt und der kritische Blick auf eigene Möglichkeiten und Grenzen vernachlässigt wird. Die Anliegen der Rat suchenden Schwangeren werden dann nicht ausreichend berücksichtigt. Kooperation zu ihrem Nutzen wird erschwert und verhindert.

Wenn sich psychosoziale Beratung zur pränatalen Diagnostik als ein Hilfsangebot für Schwangere in ihrer individuellen (Konflikt-)Situation versteht, dann ist es konsequent, dass die Beratung neben dem engeren sozialen Umfeld (Partner, Familie) das Expertinnensystem mit einbezieht, zu dessen Selbstverständnis ebenfalls Beratung zur pränatalen Diagnostik gehört (Hebammen, Gynäkologinnen, Humangenetikerinnen). Schwangerenberaterinnen können nicht in allen Bereichen gleich kompetent sein. Medizinische, geburtshilfliche und psychosoziale Fachkenntnisse erfordern eigene Berufsausbildungen. Das heißt gerade nicht, sich gänzlich mit dem Verweis auf eine notwendige „Gewaltenteilung" zurückzuziehen aus allem, was mit medizinischen und geburtshilflichen – also auch pränataldiagnostischen – Grundkenntnissen zu tun hat (vgl. 3.3.9). Das Schwangerschaftskonfliktgesetz gibt in § 6 (3) die Pflicht vor, bei Bedarf Fachkräfte – Ärzte, Psychologen, Sozialpädagogen, Juristen – zur Beratung heranzuziehen.

1.3.1 Das Beratungsverständnis der anderen Fachbereiche und Berufsgruppen

Zwischen den einzelnen Fachbereichen und Berufsgruppen ist Transparenz erforderlich. Dazu gehört es, sich gegenseitig – möglichst persönlich – zu kennen, und um die Aufgaben, Handlungsgrundsätze und Rahmenverhältnisse der anderen Fachbereiche zu wissen. Auf diesem Wege ist eher zu erwarten, dass Kompetenzen wechselseitig respektiert werden. Das meint unter anderem eine Ausgangshaltung, die den Vertretern der anderen Bereiche grundsätzlich den Willen und die Fähigkeit empathischer Zuwendung zum Ratsuchenden und das Bemühen um Verstehen zuerkennt. Das heißt aber auch von Seiten der psychosozialen Beraterinnen anzuerkennen, dass sich einzelne Hebammen oder Medizinerinnen Kompetenzen psychosozialer Beratung in Weiterbildungen angeeignet haben. Umgekehrt sind psychosozialen Beraterinnen, die sich medizinische Grundkenntnisse erworben haben, entsprechende Kompetenzen von Seiten der Mediziner zuzugestehen (vgl. Kapitel 6.2).

Eine Folge dieser Offenheit ist selbstverständlich, dass die eigenen beruflichen Vollzüge eher durch andere Berufsvertreterinnen bewertet werden können. Das wiederum bedeutet, eine gewisse Kontrollfunktion der „anderen" Seite zuzulassen. Letztlich kann dies – eine gleiche gesellschaftliche Wertigkeit der Berufsgruppen allerdings vorausgesetzt – für die eigene Qualitätssicherung nur förderlich sein. Noch ist diese Zielvorstellung nicht allgemeine Realität. Bis zu einer gegenseitigen Anerkennung, wie sie als Grundlage von Kooperation notwendig ist, wird es einen längeren Zeitraum brauchen (vgl. Kapitel 4). Zunächst geht es darum, Transparenz herzustellen, indem das eigene Arbeitsfeld nach außen klar umrissen wird und die Nachbarbereiche abgegrenzt werden. Dies geschieht hier aus der Sicht der Schwangerenberatung.

1.3.2 Das Beratungsverständnis in der Gynäkologie

Ziel ärztlichen Handelns ist die Heilung oder Linderung von Krankheiten. Die Anwendungspraxis der pränatalen Diagnostik hat gezeigt, dass die Folgen dieser technischen Neuerungen nicht mehr mit dem traditionellen Verständnis des Arztes als Therapeuten allein zu fassen sind. Die diagnostischen Erkenntnisse münden nur in seltenen Fällen in therapeutischen Maßnahmen. Das Angebot einer Diagnostik, die in der Konsequenz zu einem Entscheidungskonflikt der Schwangeren für oder gegen ihr ungeborenes Kind führen kann, wird von Medizinerinnen selbst als problematisch erlebt.

Die Bundesärztekammer reagierte auf dieses Dilemma, indem sie 1998 die Richtlinien zur pränatalen Diagnostik von Krankheiten und Krankheitsdispositionen (Deutsches Ärzteblatt 95, 1998) herausgab. Hierin wird Beratung zum Schwerpunkt ärztlichen Handelns im Zusammenhang mit pränataler Diagnostik erklärt. Gegliedert nach den Phasen des pränataldiagnostischen Prozesses werden spezifische Anforderungen formuliert. Der Beratungsbedarf setzt ein, sobald Schwangere ärztliche Hilfe in Anspruch nehmen. Bereits vor einer ungezielten Diagnostik (Ultraschall) sollte eine Aufklärung der Frau erfolgen; vor einer gezielten Diagnostik muss dann außer über die Untersuchung auch über die vermutete Störung und die Optionen nach einem Befund ausführlich beraten werden. Ausdrücklich benannt wird die Beratung zu psychologischem und ethischem Konfliktpotenzial bei pathologischem Befund sowie „Alternativen zur Nicht-Inanspruchnahme". Nach der Pränataldiagnostik umfasst Beratung: die Bedeutung des Befundes, therapeutische Möglichkeiten, Risiken und Konsequenzen. Bei der Frage von Abbruch oder Fortführung der Schwangerschaft soll auch über Hilfsmöglichkeiten (persönliche, soziale, medizinische) informiert werden. Entscheidet sich die Frau zum Fortsetzen der Schwangerschaft, dann bezieht sich die Beratung auf die medizinischen Behandlungsmöglichkeiten. Fällt die Entscheidung zum Schwangerschaftsabbruch, dann sollte über dessen Durchführung einschließlich juristischer Bedingungen beraten und auf Möglichkeiten psychotherapeutischer Nachsorge hingewiesen werden.

Der Stellenwert, den ärztliche Beratung in diesen Richtlinien erhält ist neu gerade im Vergleich zu den Mutterschaftsrichtlinien. Die Richtlinien zur pränatalen Diagnostik ergänzen die Mutterschaftsrichtlinien. Beide sind wesentliche Handlungsleitlinien für die medizinische Betreuung Schwangerer. Auch wenn es sich nicht um unmittelbar verbindliche Rechtsnormen handelt, so werden sie doch bei der juristischen Auslegung zur Konkretisierung der ärztlichen Sorgfaltspflicht nach § 276 BGB herangezogen (Rieger, Dokumentation Fachtag Pränataldiagnostik – Diakonisches Werk Löbau und Landratsamt Löbau-Zittau, 2001)

Die Mutterschaftsrichtlinien sind daher als Katalog diagnostischer Maßnahmen vom Arzt der Schwangeren anzubieten. Versäumnisse, die hier zur Last gelegt werden könnten, sind die Hauptursache für die Angst vor Haftungsklagen bei Gynäkologinnen. Dies wiederum ist ein wichtiger Grund, pränatale Diagnostik „anzuraten", zu „empfehlen" oder en passant ohne große Erklärungen anzukündigen. Eine günstigere Ausgangslage wäre zu erreichen, wenn Gynäkologinnen von der Verpflichtung zum „Maßnahmen-Paket" entbunden würden.

So differenziert medizinische Beratung in den Richtlinien der Bundesärztekammer beschrieben ist, werden doch auch die Grenzen deutlich. Im Mittelpunkt stehen medizinische Aspekte; soziale, psychologische, rechtliche usw. sind nachrangig. Zu fragen ist, ob Anspruch und Umfang im Alltag der frauenärztlichen Praxen und Kliniken einzuhalten sind. Unter anderem zeigen sich folgende Probleme:
- Das Zeitbudget in der üblichen Sprechstundensituation wird oft als zu gering empfunden.
- Frauenärztinnen müssen sehr komplexe und komplizierte Sachverhalte in eine Sprache übersetzen, die Laien verstehen können.

Beides zusammen führt dazu, dass „der Arzt oder die Ärztin vorträgt und die Frau zuhört und, falls sie in der angespannten Situation in der Lage ist, Verständnisfragen stellt." (BMFSFJ, Materialien zur Familienpolitik Nr. 6, 2000). In der Qualitätsbewertung psychosozialer Beratung hat sich „Raum und Zeit", die Ratsuchende für ihre Anliegen erhalten, als ein ganz wesentliches Kriterium erwiesen (Näheres hierzu in Kapitel 3). Dies belegt die Analyse von humangenetischen und psychosozialen Beratungsdokumentationen (Vgl. 1.3.3). In der medizinischen Sprechstunde sind der Erfüllung dieses Kriteriums Grenzen gesetzt.

In Gesprächen mit Medizinerinnen wird außerdem deutlich:
- Sie tragen Sorge, mit der Erörterung möglicher Negativkonsequenzen aus der Diagnostik „die gute Hoffnung" zu zerstören.
- Wertekonflikte, die mit dem Angebot der Fehlbildungssuche einhergehen können, werden – wie in der Gesamtgesellschaft – als eine hohe Anforderung an eigene ethische Haltungen erlebt.
- In der Praxis findet Supervision als Mittel der Fallreflexion und Problembewältigung noch zu selten Anwendung, so dass Ärztinnen bei inneren Konflikten oft auf sich selbst gestellt bleiben.

Ein großer Teil der Frauenärztinnen sieht sich selbst in der Verpflichtung, „ihre" Schwangeren psychosozial „mit zu beraten". Hier tritt ein Problem der ärztlichen Rolle zutage: der Arzt wird sowohl als Partner mündiger Patientinnen angesehen, wie auch als Autorität. An ihn wird Verantwortung abgegeben – als Vertrauensbeweis und im Bewusstsein selber Laie zu sein. Sie erwarten, von ihm „auf den richtigen Weg und an ein gutes Ziel geleitet zu werden" (Friedrich et al. 1998). Dieser Mechanismus wirkt auch, wenn die Ärztin umfangreich informiert, Zeit und Verständnis aufbringt. Eine Ursache liegt im Anspruch an die ärztliche Betreuung in der Schwangerschaft selbst. Hier mischen sich zwei Rollenerwartungen: einerseits sollen und wollen Ärztinnen medizinische Expertinnen sein, andererseits Sicherheit vermittelnde Begleiterinnen in einer Schwellensituation im weiblichen Lebenszyklus. Wie alle Übergänge in neue Lebensphasen löst eine Schwangerschaft Ängste und Unsicherheiten aus. Mentorinnen werden gesucht, die Orientierung, Stützung und Sicherheitsgewinn verheißen. Es ist fraglich, ob das medizinische Angebot pränataler Diagnostik – und medizinische Betreuung in der Schwangerschaft insgesamt – geeignet ist, den Anspruch einer solchen Mentorenschaft zu erfüllen (Friedrich et al. 1998). Es ist zu bedenken, dass eine grundlegende Beziehungsveränderung zwischen Ärztin und Schwangerer nur zu erreichen ist, wenn „Ärzte ihre Doppelfunktion reflektieren" und ein anderer – eventuell die Hebamme – die Rolle des Übergangsmentors übernimmt, „während der Arzt auf die medizinische Betreuung der Schwangerschaft konzentriert ist". (S. 100)

Anknüpfungspunkte lassen sich auch aus den ärztlichen Richtlinien zur Pränataldiagnostik selbst herleiten:
– Aufgrund der menschlichen, ethischen und juristischen Probleme bei Pränataldiagnostik wird eine „frühzeitige Zusammenarbeit ... (mit) Humangenetikern, Neonatologen und gegebenenfalls Spezialisten anderer Fachgebiete" für erforderlich gehalten. Hierzu gehören auch Schwangerenberaterinnen.
– Der Hinweis auf das psychologische und ethische Konfliktpotenzial bei pathologischen Befunden (Punkt 2.2 der Richtlinie) und die Information über Möglichkeiten der Inanspruchnahme medizinischer und sozialer Hilfen nach einem Befund (2.3) können als Anknüpfungspunkte verstanden werden, ebenso die Information der Frau über psychotherapeutische Nachsorge-Möglichkeiten (Punkt 2.3.2).

Dies können Ergänzungen zum medizinischen System sein, die für Medizinerinnen die fallbezogene Zusammenarbeit mit Schwangerenberaterinnen nützlich und plausibel machen und auch einen fachübergreifenden Austausch ermöglichen (vgl. Kapitel 4).

1.3.3 Das Beratungsverständnis in der Humangenetik

Schwerpunkt der Humangenetik sind medizinische Fragestellungen zur Diagnostik und Prävention bei Erkrankungen, bei denen Veränderungen im genetischen Material vermutet werden. Ihre Klienten sind unter anderem:
– Frauen und Paare mit Kinderwunsch, bei denen genetisch bedingte Krankheiten/Behinderungen vorliegen oder vermutet werden.
– Schwangere, die von der Frauenärztin wegen auffälliger Vorbefunde überwiesen wurden und
– Schwangere, die sich über die Methoden der vorgeburtlichen Diagnostik sowie ihr individuelles Risiko für die Geburt eines Kindes mit einer Chromosomenstörung informieren wollen.
– Eltern, die ein Kind mit Behinderung haben.

Vor gezielten Untersuchungen nach genetisch bedingten Normabweichungen geht es darum, aus einer Familienanamnese und individuellen Anzeichen bei den Rat suchenden Personen selbst Wahrscheinlichkeiten für genetische Veränderungen beim ungeborenen

Kind abzuleiten. Es werden prospektiv Aussagen getroffen über Lebensfähigkeit, physische und psychische Beeinträchtigungen eines mit genetischen Störungen geborenen Kindes. Es handelt sich also immer um eine Risikovoraussage oder -berechnung auf der Grundlage statistischer Größen aus der Forschung. Aufschluss über tatsächlich vorliegende Normabweichung gibt allein eine genetische Untersuchung. Die reale Lebensqualität, die Entwicklungsmöglichkeiten eines behinderten Kindes sind nicht vorhersagbar, sondern lassen sich erst im Lebensverlauf erkennen. Werdende Eltern können mit Hilfe der Humangenetik das persönliche Risiko anhand bisheriger Untersuchungsergebnisse konkretisieren.

Zu den handlungsleitenden Prinzipien der Humangenetik (Kommission für Öffentlichkeitsarbeit und ethische Fragen der Gesellschaft für Humangenetik e. V.: Positionspapier, in: Düwell & Mieth, 1998) gehört, abgeleitet aus dem Respekt vor der Würde des einzelnen Menschen, die Respektierung des Selbstbestimmungsrechtes. Damit verbunden wird u. a. das Recht des Ratsuchenden auf umfassende Aufklärung, „informed consent" und Freiwilligkeit. Zur Erfüllung dieser Prinzipien ist die „aktive Förderung von individueller Autonomie und Entscheidungsfreiheit" erforderlich, sowohl hinsichtlich der Inanspruchnahme von humangenetischen Leistungen als auch der Konsequenzen, die sich aus einer genetischen Situation ergeben. Das schließt eine Respektierung des Rechtes auf Nichtwissen ein. Aus dem Gesagten resultiert, dass in der humangenetischen Sprechstunde das Beratungsgespräch einen Schwerpunkt bildet. Dies ist eine Besonderheit gegenüber der sonstigen medizinischen Sprechstunden-Praxis. Nach den Leitlinien zur Genetischen Beratung (Berufsverband Medizinische Genetik e. V.: Leitlinien zur Erbringung humangenetischer Leistungen, in: Düwell & Mieth, 1998) sind wesentliche Elemente eines genetischen Beratungsgespräches:
– Informationen über medizinische Zusammenhänge genetisch bedingter und mitbedingter Erkrankungen/Behinderungen einschließlich prä- und postnataler Diagnostik und deren Grenzen.
– „Hilfe bei der Entscheidungsfindung unter Berücksichtigung der jeweiligen persönlichen bzw. familiären Situation. Eine besondere Bedeutung kommt dabei der Beachtung und Respektierung der individuellen Werthaltungen einschließlich religiöser Einstellungen sowie der psychosozialen Situation der Ratsuchenden zu."
– „Hilfe bei der Bewältigung bestehender bzw. durch genetische Diagnostik neu entstandener Probleme."

Für ein Beratungsgespräch soll mindestens eine halbe Stunde eingeräumt werden, bei Bedarf sollen weitere Gespräche angeboten werden (Düwell & Mieth, 1998). In drei deutschen humangenetischen Zentren sind Sozialarbeiterinnen angestellt. Sie sind mit ihrer psychosozialen Fachkompetenz fest eingebunden in die Beratungsabläufe der Institution. Zwischen dem Selbstverständnis humangenetischer und psychosozialer Beratung werden Überlappungen erkennbar.

Ein Versuch von Seiten der Mediziner, der Werteproblematik beim Thema Pränataldiagnostik zu begegnen, ist die „nondirektive" Beratung. Vielfach wird darunter die Absicht verstanden, sich jeglicher Äußerung zum eigenen Standpunkt in der Sorge zu enthalten, die Patientin in ihren Entscheidungen zu beeinflussen. Informationen werden vermeintlich „wertfrei" gegeben. Wolff und Jung (1994) haben dieses Prinzip in Hinblick auf die genetische Beratung beleuchtet und schlagen vor, sich stattdessen auf das Konzept der „Erfahrungsorientiertheit" zu stützen. Sie meinen damit, dass das Erleben der Ratsuchenden auf der Basis des klientenzentrierten Ansatzes nach Rogers handlungsleitend in die Beratung einzubeziehen ist. Eigene Wertäußerungen des Beraters (z. B. auf die Klientenfrage, was der Berater selbst an seiner Stelle entscheiden würde) bedürfen der Offenlegung seines Bezugssystems, d. h. er muss klarstellen „als wer und in welcher Situation er antwortet". Notwendig ist „also eine quasi ‚psychotherapeutische Grundhaltung', die versucht, die jeweiligen Bedeutungen von Situationen, Befunden bzw. Informationen für den Patienten/Klienten zu erfassen und zu verdeutlichen." Ähnliche Argumente werden in der Diskussion über Werte und Ethik in der psychosozialen Beratung verwendet. Offenbar ist dieses Thema in keinem der Bereiche hinreichend diskutiert.

Ein Unterschied in den Rahmenbedingungen ist für eine praktische Anknüpfung zwischen folgenden Fachbereichen wichtig: Kliniken und auch Praxen für Humangenetik sind meist in großen Städten, also zentral angesiedelt, während Schwangerenberatungsstellen nach § 8 SCHKG ein „ausreichendes plurales Angebot wohnortnaher Beratungsstellen" vorhalten sollen. Konflikte, Beunruhigungen und Belastungen können in der ärztlichen Sprechstunde wohl angesprochen, häufig aber nicht weiter begleitet werden. Nötig wären Ansprechpartner in den Herkunftsregionen der Schwangeren. Zu längeren Prozessen humangenetischer Beratung kann es bei unklaren Befunden kommen, vor Schwangerschaftsabbrüchen und bei der Fortsetzung einer Schwangerschaft nach positivem Befund. Dies hängt auch vom persönlichen Engagement der einzelnen Ärztin ab. Die betroffenen Frauen und Paare haben oft lange Wege mehrmals zurückzulegen. Eine Beratung in der Nähe des Wohnortes ist sinnvoll auch aus der Erfahrung, dass bei Trauerprozessen nach Abbrüchen erst einige Zeit nach dem Ereignis Gespräche gesucht werden und die Ein- und Umstellung auf ein Leben mit einem behinderten Kind nicht mit der Geburt endet. Zwischen Humangenetik und Schwangerenberatung bieten sich also fallbezogene Kooperationen an. Eine andere Möglichkeit ist die gemeinsamer Beratungsgespräche von Humangenetikerinnen und Schwangerenberaterinnen (vgl. 3.3.4 und 4.4.5).

Im Rahmen des o. g. Modellprojekts (BMFSFJ 2001) wurden 27 Beratungsdokumentationen aus humangenetischen Beratungsstellen[1] mit 25 Dokumentationen aus psychosozialen Beratungsstellen verglichen. Ein eigens für diesen Zweck konstruierter Fragebogen wurde von den Klientinnen, nachdem deren schriftliches Einverständnis vorlag, und den Beraterinnen direkt nach der Beratung ausgefüllt. Zwei wesentliche Fragen waren von Interesse: Welche Unterschiede lassen sich zwischen den Frauen feststellen, die entweder eine psychosoziale Beratung oder eine humangenetische Beratung auf-

---

1   Wir bedanken uns bei den humangenetischen Beratungsstellen in Heidelberg und Freiburg für die gute Zusammenarbeit bei der Erstellung dieser Studie, insbesondere beim Ärztlichen Direktor des Humangenetischen Instituts Heidelberg, Herrn Prof. Dr. Bartram und den Sozialarbeiterinnen Frau Schulte und Frau Klaes, sowie dem Leiter der Humangenetik Freiburg, Herrn Prof. Dr. Wolff und Mitarbeitern.

suchen? Wie bewerten die Frauen die unterschiedlichen Angebote? Trotz der kleinen Stichprobengröße ergeben sich interessante Ergebnisse: Humangenetische Beratungsstellen wurden mehr als doppelt so häufig der Informationen wegen genutzt wie die Vergleichsstellen, diese hingegen vorrangig für die Beratung zu persönlichen Problemen und familiären Schwierigkeiten (siehe Abbildung 2). Als Hilfe zur Entscheidungsfindung dienten beide Anbieter in annähernd gleichem Maße.

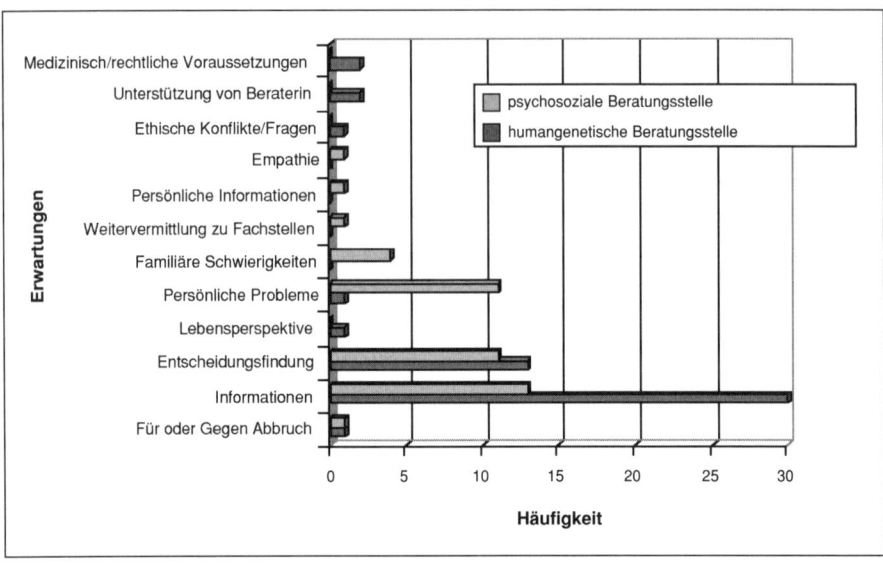

Abbildung 2: Institutionen-Vergleich: Problembeschreibung

Als hilfreich zum Thema Pränataldiagnostik wurden in der Humangenetik deutlich überwiegend Informationen über und Befundinformation nach Pränataldiagnostik erlebt, in der Schwangerenberatung persönliches Verständnis. Diese unterschiedliche Gewichtung spricht für ein ergänzendes Nebeneinander beider Beratungsmöglichkeiten. Insgesamt aber bewerteten die Ratsuchenden hier wie dort die Beratung als „sehr hilfreich". Dies verdeutlichen die beiden folgenden Grafiken 3 und 4.

1.3.4 Das Beratungsverständnis von Hebammen

Hebammen sind von alters her die Begleiterinnen von Frauen in der Schwangerschaft, in allen Fragen der Reproduktion und die Leiterinnen von Entbindungen. Schwangerschaft wird von ihnen als natürlicher Bestandteil und Prozess im Leben von Frauen verstanden, der allerdings als Übergangs- und Schwellensituation erfahrener Begleitung bedarf. Diese Sichtweise unterscheidet sich von der im medizinischen Bereich vorhan-

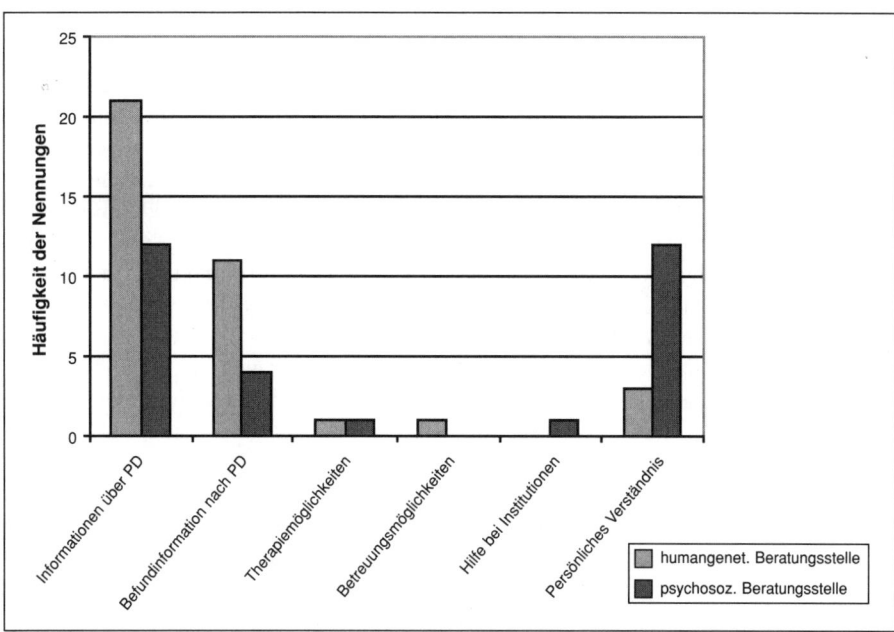

Abbildung 3: Was wurde als hilfreich zum Thema PD empfunden?

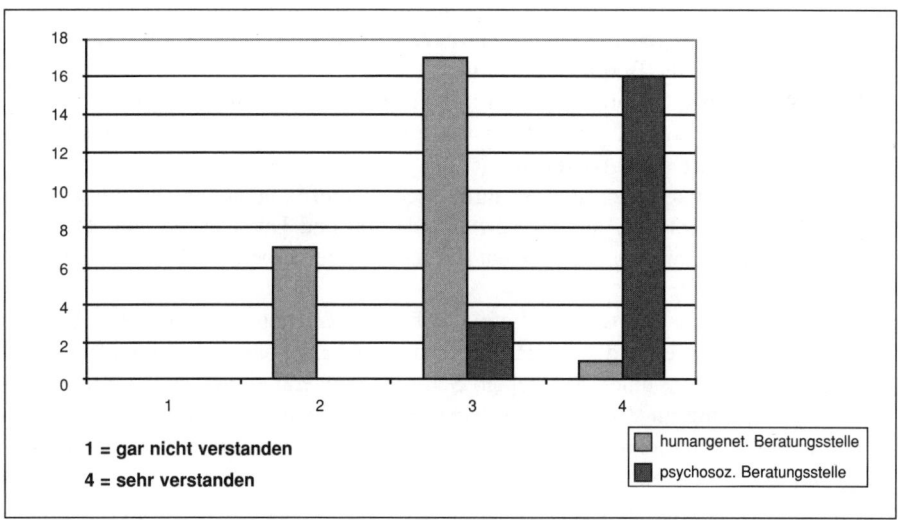

Abbildung 4: Fühlten Sie sich von Ihrer Beraterin verstanden?

denen Tendenz zur Risikoüberwachung. Aufgaben und Eigenverantwortlichkeit in den Berufsvollzügen von Hebammen hängen sehr vom Status „Klinikhebamme" oder „freiberufliche Hebamme" ab.

Unabhängig vom Status bieten sehr viele Hebammen Geburtsvorbereitung und Nachsorge nach der Geburt (Wochenbettbetreuung) an. Oft können Schwangere bei Problemen auch außerhalb der Sprechstunden und Kurse Kontakt zu ihrer Hebamme aufnehmen. Somit ist für die Schwangerschaft und die Zeit des Wochenbettes eine feste Bezugsperson gegeben, zu der die Schwangere geht und von der sie im Bedarfsfall aufgesucht wird. Hebammen verstehen ihre Arbeit als ganzheitliche Betreuung und Beratung. Kotzur (Dokumentation Fachtag Pränataldiagnostik, 2001) erläutert hierzu: „Das Berufsbild der Hebamme umfasst neben der Geburtshilfe die Schwangerenvorsorge und -beratung, Geburtsvorbereitung, Wochenbettbetreuung und Stillberatung, Anleitung zur Rückbildungsgymnastik. Als Hebamme in der Schwangerenvorsorge begleite ich die Frau durch die gesamte Schwangerschaft, baue nicht selten ein partnerschaftliches und mitunter fast freundschaftliches Verhältnis auf." Wollen Hebammen ihren ganzheitlichen Ansatz verwirklichen, dann schließt das konsequenter Weise die Erfahrungen von Frauen mit Pränataldiagnostik als Thema mit ein.

Hebammenvorsorge kann unabhängig von der ärztlichen Versorgung in Anspruch genommen werden und wird von den Krankenkassen bezahlt. Dies würde Pränataldiagnostik als gezielte Fehlbildungssuche ausschließen. Die Stellungnahme des Bundes deutscher Hebammen (1999) benennt klar die Kritikpunkte an der Praxis pränataler Diagnostik und fordert Änderungen in der derzeitigen Praxis der Schwangerenvorsorge.

Zur Schwangerenberatung ergibt sich durch den beschriebenen Ansatz ein großer Überlappungsbereich. Aus dem Begriff „ganzheitliche Sicht" wie auch aus dem § 2 Schwangerschaftskonfliktgesetz lässt sich jeweils ableiten: hier kann es um alle Themen rund um Schwangerschaft gehen. Um Konkurrenzen zu vermeiden ist es gut, sich zu vergegenwärtigen, was die Berufsgruppen unterscheidet:
- Hebammen haben Geburtshilfe gelernt, Schwangerenberaterinnen sind ausgebildete Sozialarbeiterinnen oder Psychologinnen mit zusätzlicher Qualifikation, seltener zugleich Hebammen oder Ärztinnen.
- Schwangerenberaterinnen sind erfahren in der Konfliktberatung und „in sozialen Dingen"; wie dem Vermitteln finanzieller Hilfen und Durchsetzen von Rechtsansprüchen. Hebammen sind kompetent für die gesamte körperliche Seite der Schwangerschaft.
- Hebammen kennen das soziale Umfeld, nehmen Spannungen, Konflikte und Krisen bei der Schwangeren und in der Partnerschaft wahr. Sie können emotional begleiten, Verständnis zeigen, einen Rat geben. Schwangerenberaterinnen stehen für Einzel- und Paarberatung zur Verfügung. Sie haben ein spezifisches methodisches Instrumentarium (vgl. Definition psychosozialer Beratung), in solchen Situationen den Betroffenen klären, erfassen und bewerten zu helfen, so dass sie letztlich zu einer Lösung gelangen. Es geht hier um gezielte, auf die Problemstellung gerichtete Hilfe, die auch nach Mustern und Ursachen für Verhalten suchen und an ihnen arbeiten kann. Dafür ist eine vertrauensvolle Beziehung zu den Betroffenen die Basis.
- Hebammenhilfe ist flexibler im zeitlichen und lokalen Einsatz (bspw. Rufbereitschaft, Komm- und Gehstruktur).
- Die Vereinbarung zwischen Hebamme und Schwangerer bezieht sich auf die Vorbereitung der Geburt und die Wochenbett-Betreuung, wobei die Mehrzahl der deut-

schen Hebammen bisher erst nach der 20. Schwangerschaftswoche in den Kursen Kontakt zur Schwangeren erhält. Schwangerenberatungsstellen hingegen werden auch schon in den ersten Wochen der Schwangerschaft aufgesucht und sind, wie die Praxis zeigt, auch noch lange nach der Geburt Ansprechpartner.

Die Aufgaben von Klinikhebammen müssen gesondert betrachtet werden. Sie betreuen Frauen unmittelbar vor, während und nach Fehlgeburten, Totgeburten und Spätabbrüchen. Mit Letzterem sind sie vermehrt konfrontiert, seit die Pränataldiagnostik zur Routine geworden ist.

Im Standpunktpapier der Hebammen von 1999 heißt es hierzu: „Am Ende der Kette der Diagnostik ohne Therapiemöglichkeit, die mit hohem Aufwand betrieben wird, erfahren wir einen unwürdigen, konzeptlosen Umgang mit den betroffenen Frauen, Paaren und Kindern. Wir wissen um die Traumatisierung dieser Frauen, um die Auswirkungen der Traumata auf ihre Gesundheit, auf folgende Schwangerschaften und Geburten. Wir erleben den (…) Fetozid des Kindes, das nicht lebend zur Welt kommen soll, als eine für uns unverträgliche Zuspitzung der ethischen Problematik Pränataler Diagnostik."

Klinikhebammen suchen Wege, diesem Konflikt zu begegnen und für die emotionale und praktische Begleitung dieser Frauen Kompetenzen zu erwerben. Hebammen und Schwangerenberaterinnen können hier ergänzend oder auch gemeinsam die Vorbereitung auf Geburt/Tod leisten, die Schwangerenberatung wird eher für die Trauerverarbeitung auf lange Sicht infrage kommen (vgl. 3.4.7). Aus unserer Sicht kann die Beziehung zwischen beiden Berufsgruppen als „friedliche Koexistenz" beschrieben werden. Fallbezogene Kooperation gelingt bisher in den Bereichen, die leicht gegeneinander abgrenzbar sind. Möglichkeiten der Kooperation zwischen Hebammen und Schwangerenberaterinnen werden in Kapitel 4 beschrieben.

1.3.5 Zusammenfassende Bewertung der aktuellen Situation und Forderungen an die beteiligten Berufsgruppen

Die Überschneidungsbereiche zwischen den einzelnen Berufsgruppen sind anhand der letzten Abschnitte deutlich erkennbar geworden. Auch die Grenzen des jeweiligen Arbeitsauftrags lassen sich gut bestimmen. In der Praxis sieht es aber meistens noch ganz anders aus. Im beruflichen Alltag wirkt sich nicht nur das bereits beschriebene unterschiedliche Beratungsverständnis aus. Auch die generellen Kontextbedingungen des jeweiligen Tätigkeitsbereichs tragen dazu bei, dass nur einzelne Facetten einer schwangeren Frau in ihren jeweiligen Lebensumständen und mit ihrer Biographie in das Zentrum der Aufmerksamkeit rücken. Die Ärzte erkennen durch die medizinische Brille ein gesundheitliches Problem mit einer Diagnose, einer Indikationsstellung und die dafür möglichen (oder eben nicht möglichen) Therapiemaßnahmen zum Zweck der Risikoüberwachung, die psychosozialen Beraterinnen sehen eine Frau mit einem psychischen und/oder partnerschaftlichen Konflikt zu dessen Lösung sie beitragen sollen und die Hebammen eine werdende Mutter in einer schwierigen Lebens- bzw. Übergangssituation, die begleitet werden soll.

Die Feststellung dieser Unterschiede ist eigentlich trivial, schließlich kann von keiner Berufsgruppe erwartet werden, dass sie für alle Bereiche zuständig ist. In den unterschiedlichen Perspektiven liegen aber auch mögliche Ressourcen, wenn es gelingt, die an der Betreuung der schwangeren Frau beteiligten Systeme zusammen zu führen. Man muss darauf dringen, dass zukünftig von allen Beteiligten genau diese Vielgestaltigkeit und die unterschiedlichen Facetten von Schwangerschaft in einem größeren Maß gesehen und die Grenze des eigenen beruflichen Beitrags akzeptiert werden. Die Folge wäre eine ganzheitlichere Sicht der „Schwangerschaft" und eine veränderte Kultur des Hinweisens auf andere Angebote, bzw. der Kooperation mit den anderen „Anbietern". Gynäkologinnen sollten nicht das Gefühl haben, sie würden eine Patientin wegschicken oder im Stich lassen, wenn sie sie wegen Partnerschaftsproblemen in Zusammenhang mit einer Schwangerschaft an eine Beratungsstelle verweisen. Genauso wenig sollte es eine psychosoziale Beraterin als ihre vordringliche Aufgabe betrachten, Frauen über die medizinischen Risiken einer Amniozentese aufzuklären. Die gegenseitige Information und der Respekt vor der beruflichen Tätigkeit der jeweils anderen Gruppe sind der erste Schritt zu weitergehenden Kooperationsmodellen und einem Konsens über die Unterschiedlichkeit der berufsgruppenabhängigen Beratungskonzepte.

2. Strukturelle Rahmenbedingungen

Jutta Schulz & Sybille Siebert

Aufgrund des rasanten medizintechnischen Fortschritts im Bereich der Schwangeren-vorsorge wird das Angebot einer psychosozialen Beratung im Kontext von vorgeburt-licher Diagnostik von Fachleuten und betroffenen Frauen als dringend notwendig an-gesehen. Eingefordert wird eine umfassende qualifizierte Beratung für Frauen und Paare zu Fragestellungen im Zusammenhang mit Pränataldiagnostik außerhalb des me-dizinischen Kontextes. (vgl. Henze 2000 und Sammet 2001). Hierzu stellen sich die Fragen, welche Rahmenbedingungen für ein solches Angebot bereits gegeben sind, wie es strukturell eingebunden ist, und welche strukturellen Voraussetzungen angesichts dieser speziellen Thematik für die Etablierung und Weiterentwicklung eines solchen Angebots erforderlich sind. Beratung und Begleitung bei vorgeburtlicher Diagnostik wird hier als Teil des Angebots der Schwangeren- und Schwangerschaftskonfliktbera-tung verstanden. Für diese spezielle Beratung gelten somit selbstverständlich dieselben Rahmenbedingungen und Qualitätsstandards wie für die Schwangerenberatung insge-samt. Schwangerschaftsberatung ist ein institutionelles Angebot.

Rahmenbedingungen und fachliche Standards für die institutionelle Schwangeren- und Schwangerschaftskonfliktberatung sind zum einen gesetzlich festgeschrieben. Maß-geblich sind das Schwangerschaftskonfliktgesetz und die jeweiligen Länderrichtlinien. Zum anderen sind die strukturellen Erfordernisse und fachlichen Standards durch Rah-menrichtlinien der Spitzen- und Fachverbände sowie durch Leitlinien und Konzeptio-nen des Trägers und der Schwangerenberatungsstelle – ausgehend vom Gesetz – definiert und ausdifferenziert (vgl. DAK-Richtlinien und Leitlinien EKFuL). Über konzeptio-nelle Schwerpunkte und Leistungsprofile der verschiedenen Träger von psychosozialen Beratungsstellen und der Beratungsverbände gibt der DAJEB-Beratungsführer einen Überblick.

Das Angebot der Beratung und Begleitung zu vorgeburtlicher Diagnostik im Rahmen der Schwangerenberatung bedarf jedoch auch eigener und besonderer struktureller Rah-menbedingungen. Denn zu Fragen und Problemen bei Pränataldiagnostik zu beraten, bedeutet in besonderem Maße die Auseinandersetzung mit medizintechnischen Frage- bzw. Problemstellungen und insbesondere deren Konsequenzen sowie der Umgang mit ethisch höchst problematischen Entscheidungssituationen. In den folgenden Kapiteln werden diese erforderlichen Bedingungen für ein qualifiziertes Beratungsangebot bei vorgeburtlicher Diagnostik benannt. Nach einem Überblick über die gesetzlichen Grund-lagen und einer Skizzierung der charakteristischen Merkmale von psychosozialer Bera-tung allgemein und der Schwangerenberatung im Besonderen konzentrieren sich die weiteren Ausführungen auf die Förderung und Unterstützung der fachlichen Arbeit vor

Ort – also der konkreten Beratungspraxis – von Seiten des Trägers bzw. des Verbands. Zudem finden unter Kapitel „Organisatorische Bedingungen" wesentliche Aspekte für die Ausdifferenzierung einer Beratungskonzeption Berücksichtigung, die auf die konkrete Arbeitsgestaltung einer Beratungsstelle Auswirkungen haben.

2.1 Gesetzliche Grundlagen

1995 wurde das Schwangeren- und Familienhilfeänderungsgesetz beschlossen, das die Vorgaben des Bundesverfassungsgerichtes von 1993 für den Schutz des ungeborenen Lebens mit einer Beratungsregelung beachtete. Das Strafgesetzbuch §§ 218 ff in der Fassung des Schwangeren- und Familienhilfeänderungsgesetzes von 1995 stellt grundsätzlich den Schwangerschaftsabbruch unter Strafe, sieht jedoch unter bestimmten Bedingungen nach der so genannten Beratungsregelung von einer Strafverfolgung ab. Dies ist insbesondere im § 219 Strafgesetzbuch und in den §§ 5–7 Schwangerschaftskonfliktgesetz geregelt:
– § 5: Inhalt der Schwangerschaftskonfliktberatung,
– § 6: Durchführung der Schwangerschaftskonfliktberatung,
– § 7: Beratungsbescheinigung.

Neu ist mit dieser Gesetzesnovellierung seit 1995 ein Recht auf freiwillige Inanspruchnahme von Beratung für jede Frau und jeden Mann „in allen eine Schwangerschaft unmittelbar oder mittelbar berührenden Fragen …" in § 2 Schwangerschaftskonfliktgesetz aufgenommen worden.

Mit der Änderung des § 218 Strafgesetzbuch in der Fassung des Schwangeren- und Familienhilfeänderungsgesetz ist die embryopathische Indikation ersatzlos gestrichen worden. Diese Indikation hatte nach § 218 a II 1 Strafgesetzbuch alter Fassung einen Abbruch für nicht strafbar erklärt, „wenn nach ärztlicher Erkenntnis dringende Gründe für die Annahme sprechen, dass das Kind infolge einer Erbanlage oder schädlicher Einflüsse vor der Geburt an einer nicht behebbaren Schädigung seines Gesundheitszustandes leiden würde, die so schwer wiegt, dass von der Schwangeren die Fortsetzung der Schwangerschaft nicht verlangt werden kann". Dieser Abbruch war innerhalb von 22 Wochen nach der Empfängnis nicht strafbar, wenn die Schwangere sich drei Tage vor dem Eingriff hatte beraten lassen.

Nach medizinischer Indikation ist ein Schwangerschaftsabbruch nach § 218 a (2) Strafgesetzbuch nicht rechtswidrig, wenn er „unter Berücksichtigung der gegenwärtigen und zukünftigen Lebensverhältnisse der Schwangeren nach ärztlicher Erkenntnis angezeigt ist, um eine Gefahr für das Leben oder die Gefahr einer schwerwiegenden Beeinträchtigung des körperlichen oder seelischen Gesundheitszustandes der Schwangeren abzuwenden und die Gefahr nicht auf eine andere für sie zumutbare Weise abgewendet werden kann". Mit der Neufassung des § 218 a (2) Strafgesetzbuch wird die medizinische Indikation jedoch auch so ausgelegt, dass darunter Abbrüche von Schwangerschaften durchgeführt werden, bei denen ein Befund nach Pränataldiagnostik über eine Behinderung oder lebensbedrohliche Krankheit des Fötus vorliegt. Der Abbruch auf Grund medizinischer Indikation erfolgt nach ärztlicher Erkenntnis. Eine verpflichtende psychosoziale Beratung ist nicht vorgesehen. Es gibt keine Fristenregelung, d. h. ein Abbruch der Schwangerschaft auf Grund medizinischer Indikation kann bis kurz vor der Geburt erfolgen.

Durch die Tatbestände „Gefahr für das Leben ..." und „Gefahr einer schwerwiegenden Beeinträchtigung ..." im § 218 a (2) Strafgesetzbuch kann keine zeitliche Begrenzung für einen Abbruch im Gesetz erfolgen. Damit ist für einen Abbruch der Schwangerschaft nach medizinischer Indikation auf Grund eines auffälligen Befundes nach Pränataldiagnostik sowohl die im alten Gesetz enthaltene Beratungspflicht weggefallen als auch die dreitägige Bedenkzeit zwischen Beratung und Abbruch. Ebenso entfällt die frühere Befristung des Abbruches bis zur 22. Schwangerschaftswoche.

Der Gesetzgeber ist mit Aufnahme des Rechtsanspruchs auf Beratung in § 2 Schwangerschaftskonfliktgesetz davon ausgegangen, dass betroffene Frauen und Familien von sich aus Beratungsstellen aufsuchen. Unberücksichtigt blieb, wie dieser Rechtsanspruch veröffentlicht und Frauen und Männern bekannt gemacht wird. Mit zunehmender Ausdifferenzierung der vorgeburtlichen Diagnostik und deren häufig routinemäßiger Anwendung wachsen die Entscheidungsanforderungen und -konflikte für Frauen und Paare. Hier zeigt sich die herausragende Bedeutung des § 2 Schwangerschaftskonfliktgesetz und die Notwendigkeit eines psychosozialen Beratungsangebots.

Die empirischen Ergebnisse des Modellprojekts „Entwicklung von Beratungskriterien für die Beratung Schwangerer bei zu erwartender Behinderung des Kindes" bestätigen, dass für Frauen und Paare in der Entscheidungssituation vor Inanspruchnahme vorgeburtlicher Diagnostik, während des diagnostischen Prozesses und nach der Diagnose eines auffälligen Befundes ein psychosoziales Beratungsangebot erforderlich ist. Wichtig ist die Möglichkeit einer Begleitung beim Abwägen in der Entscheidungsfindung: für oder gegen die Pränataldiagnostik; für die Fortsetzung der Schwangerschaft nach einem auffälligen Befund und damit eventuell der Entscheidung für ein Leben mit einem behinderten Kind sowie bei der Entscheidung, die Schwangerschaft abzubrechen.

Beratung im Kontext von vorgeburtlicher Diagnostik ist Teil des Angebotes von Schwangeren- und Schwangerschaftskonfliktberatungsstellen. Im Unterschied zur verpflichtenden Beratung im Schwangerschaftskonflikt (§§ 5, 6 und 7 Schwangerschaftskonfliktgesetz) ist die Beratung bei vorgeburtlicher Diagnostik ein Angebot freiwilliger psychosozialer Beratung nach § 2 Schwangerschaftskonfliktgesetz an alle Frauen und Männer. Dieser Beratungsanspruch ist umfassend, wobei sich die Inhalte der freiwilligen Beratung nach § 2 und der Pflichtberatung nach § 5 Schwangerschaftskonfliktgesetz (teilweise) decken und überschneiden können. Laut Gesetz ist die wesentliche Zielsetzung, die Vermeidung und Bewältigung von Schwangerschaftskonflikten. Beratung nach § 2 Schwangerschaftskonfliktgesetz soll vor allem präventiven Charakter haben – „Aufklärung, Verhütung, Familienplanung und Beratung" – während § 5 Schwangerschaftskonfliktgesetz die „Schwangerschaftskonfliktberatung" zum Inhalt hat.

Beide Beratungssituationen (nach § 2 und § 5 Schwangerschaftskonfliktgesetz) müssen gleichermaßen bestimmten Ansprüchen genügen. Zwei Anforderungen des Gesetzes sind Wohnortnähe und Pluralität. Die Länder sind verpflichtet, für diese Beratung ein ausreichendes, wohnortnahes und plurales Angebot an Beratungsstellen vorzuhalten und sie angemessen zu fördern (§§ 3, 4 und 8 Schwangerschaftskonfliktgesetz). Die Förderung von Beratungsstellen auch freier Träger ergibt sich aus dem Gesetz. Denn Ratsuchende „sollen zwischen Beratungsstellen unterschiedlicher weltanschaulicher Ausrichtung auswählen können" (§ 3 Schwangerschaftskonfliktgesetz). Die Länder stehen auch in der Verantwortung für die Umsetzung dieses Rechtsanspruchs auf Beratung nach § 2 Schwangerschaftskonfliktgesetz durch eine angemessene Finanzierung dieser Arbeit und der dafür erforderlichen Qualifizierung der Beratenden.

Zur Gewährleistung der im Gesetz geforderten Qualitätsanforderungen für eine fachgerechte Schwangeren- und Schwangerschaftskonfliktberatung hinsichtlich Ziel, Inhalt und Organisation sind die Beratungsstellen selbst bzw. deren Träger verpflichtet (§ 9 Schwangerschaftskonfliktgesetz). Auch müssen sie eine Gewähr dafür bieten, dass sie insbesondere über hinreichend persönlich und fachlich qualifiziertes Personal verfügen sowie weitere Fachkompetenz kurzfristig zuziehen können und mit allen Stellen, die Hilfen für Mutter und Kind anbieten, zusammenarbeiten.

Daraus ergibt sich als eine vorrangige Aufgabe zur Erfüllung des Rechtsanspruches nach § 2 Schwangerschaftskonfliktgesetz im Rahmen der Schwangerenberatung die interdisziplinäre Zusammenarbeit und die Vernetzung mit im Bereich der vorgeburtlichen Diagnostik tätigen Einrichtungen und Institutionen.

2.2 Institutionelle Beratung im Rahmen des § 2 Schwangerschaftskonfliktgesetzes

Beratung und Begleitung zu Fragen und Problemen bei vorgeburtlicher Diagnostik orientiert sich an den grundlegenden Kriterien der psychosozialen Beratung. Die Beratung orientiert sich am Prozess der Klärung und Entscheidungsfindung. Ihr Ziel ist die Erschließung eigener Ressourcen und die Stärkung der Selbstkompetenz bei den Ratsuchenden, um zu einer eigenen tragfähigen Entscheidung zu finden. Voraussetzung für die Beratung ist das Ernstnehmen, Aushalten und Respektieren der widersprüchlichen Gefühle der Ratsuchenden. Hierzu gehört ganz zentral die Möglichkeit, Ratsuchenden Zeit und Raum zu geben, ihre Gefühle zu verbalisieren und ihre Phantasien anzusprechen. Die Beratung bei vorgeburtlicher Diagnostik beinhaltet auch die Begleitung in einer schweren Krise (vgl. Kapitel 3).

Die psychosoziale Beratung ist professionelles Handeln und hat einen professionellen Rahmen. Sie ist an Methoden, Standards und Rahmenbedingungen gebunden. Sie stellt ein institutionelles Angebot in einer Beratungsstelle dar und ist eingebunden in die fachliche und fachpolitische Arbeit eines Trägers, der für die Einhaltung von Standards und die Qualität mitverantwortlich ist und sie zu garantieren hat.

Beraterinnen haben in der Regel ein Fach- oder Hochschulstudium, zum Beispiel eine sozialpädagogische/sozialarbeiterische oder psychologische Grundausbildung und die erforderlichen beraterischen Zusatzqualifikationen, wie z. B. Zusatzqualifikationen:
– in Schwangerschaftskonfliktberatung,
– in Paarberatung,
– in Erziehungsberatung oder
– in Ehe-, Lebens- und Familienberatung.

Weiterhin kennzeichnend für das Angebot einer psychosozialen Beratungsstelle ist, dass die Beratungen kostenlos sind, der Schweigepflicht unterliegen sowie ergebnis-offen durchgeführt werden. Ratsuchende haben einen unmittelbaren direkten Zugang zur Beratungsstelle, d. h. es bedarf keiner Überweisung einer anderen Stelle. Das kons-titutive Element der Beratung ist die Freiwilligkeit.

Dieses psychosoziale Beratungsangebot richtet sich auch an Frauen und Paare, die durch die Schwangerschaft in eine schwierige Situation gekommen sind. Die schwan-gere Frau oder das Paar werden als Menschen in ihrer einmaligen und unverwechsel-baren Lebenssituation/-krise mitfühlend ernst genommen. Sie selbst müssen die Frei-heit haben, durch sorgfältiges Abwägen aller Gesichtspunkte herauszufinden, welche Entscheidung sie im Blick auf das Ungeborene treffen wollen. Weder normativer Druck noch das Bagatellisieren der Würde des Ungeborenen sind für solch eine Entscheidung hilfreich. Die Aufgabe psychosozialer Beratungsstellen ist es, den einzelnen Menschen in diesen Entscheidungsanforderungen und -konflikten beizustehen im Abwägen, beim Entscheiden und beim Tragen/Ertragen der gefällten Entscheidung.

Vorgeburtliche Diagnostik stellt besondere Anforderungen an psychosoziale Beratung. Sie mag Information und Aufklärung beinhalten, soweit von den Ratsuchenden dazu ein Bedarf formuliert wird. Information und Aufklärung z. B. über die verschiedenen Verfahren und ihre Risiken, über die Abläufe bei einem späten Abbruch, über soziale Hilfsangebote für Familien mit behinderten Kindern oder über die Rechtslage für einen Abbruch der Schwangerschaft. Jedoch bedeutet psychosoziale Beratung vor allen Din-gen, dass die Frau/das Paar darin unterstützt werden, eine Bewertung der für sie relevan-ten Informationen – eine Bewertung und Einordnung von Möglichkeiten und Risiken der vorgeburtlichen Untersuchungen, bezogen auf ihre persönliche Situation – selbst vorzunehmen. Ziel der Beratung ist, die Entscheidungskompetenz von Frauen und Männern zu erhöhen und ihnen Handlungsmöglichkeiten zu eröffnen, unter Umständen auch in einer Situation, die geprägt ist von der großen Ambivalenz zwischen dem Leben mit einem behinderten Kind und dem Abbruch der Schwangerschaft – einem nicht-lösbaren Konflikt; eine Situation, die häufig unter einem enormen Zeitdruck eine Ent-scheidung verlangt.

Frauen, die zu ihrem Erleben und ihren Erfahrungen während der Schwangerschaft be-fragt wurden, bestätigten die Notwendigkeit eines psychosozialen Beratungsangebotes

zu den verschiedenen Beratungsanlässen – vor, während und nach vorgeburtlicher Diagnostik (vgl. BMFSFJ, 2001). Sie formulierten ein „Hineingeraten" in einen Routine-
ablauf von pränataldiagnostischen Maßnahmen in der gynäkologischen Schwangerschaftsvorsorge. Sie äußern ebenso, dass sie gern mehr Raum für ihre Emotionalität und
weiterführende Fragen gehabt hätten.

Bei der Beratung von Schwangeren kann es sich um verschiedene Beratungskonzepte
handeln. Medizinische Beratung im Zusammenhang von Pränataldiagnostik hat im
Mittelpunkt vor allem die medizinischen Aspekte, die Aufklärung und Information über
diagnostische und therapeutische Maßnahmen zu beinhalten. Beim humangenetischen
Beratungsgespräch geht es fachlich um die Erstellung einer individuellen Risikoberechnung. Am wichtigsten erscheinen hier medizinische bzw. genetische Informationen
zur Vorgehensweise bei Untersuchungen, über mögliche Erkrankungen und deren Er-
scheinungsbilder, über Befunde und deren Bedeutung für die einzelne Frau und das
Paar.

Durch eine Befragung mit explorativem Charakter in humangenetischen und psychosozialen Beratungsstellen konnte die Nutzung von Beratung und die Befriedigung der
unterschiedlichen Bedürfnisse von Ratsuchenden deutlich gemacht werden. Von humangenetischen Beratungsstellen wird vorwiegend Informationsvermittlung erwartet, die
zur Interpretation von Befunden und deren Konsequenzen dient. In den psychosozialen
Beratungsstellen spielt die Thematisierung von persönlichen Problemen und familiären
Schwierigkeiten eine größere Rolle und das Verständnis für die emotional sehr schwierige Situation (vgl. Kapitel 3).

Die vorliegenden Ergebnisse stützen die Notwendigkeit von Kooperation der verschiedenen
Fachdisziplinen im Zusammenhang von vorgeburtlicher Diagnostik, da hier unterschiedliche Beratungsaspekte im Vordergrund stehen und die jeweiligen Beratungsansätze sich
ergänzen. Hier sind die Träger von Schwangeren- und Schwangerschaftskonfliktberatungsstellen und die Beratungsverbände gefordert, eine Konzeption für ein umsetzungs-
fähiges Kooperationsmodell zu entwickeln sowie die einzelne Beratungsstelle bei ihren
Aktivitäten zur Etablierung dieses Beratungsangebots und beim Aufbau einer interdisziplinären Zusammenarbeit zu unterstützen.

2.3 Institutionelle und organisatorische Bedingungen

Zur Umsetzung des § 2 Schwangerschaftskonfliktgesetz – Bekanntmachung des
Rechtsanspruches, Aufbau von Kooperationen und Sicherstellung qualitätssichernder
Maßnahmen – ist die Beratungsarbeit „vor Ort" auf allen strukturellen Ebenen zu unter-
stützen. Die Träger von Beratungsstellen haben die Unterstützung und Fürsorge für die
Mitarbeiterinnen insbesondere durch die Schaffung ausreichender und entsprechender
Bedingungen für die Arbeit der Beratungsstelle zu gewährleisten. Gefragt ist dabei die
Politik auf Bundes-, Landes- und kommunaler Ebene, ebenso wie die Politik auf Fach-

verbandsebene. Das bedeutet konkret, dass qualitätssichernde Maßnahmen auf Bundesebene durch die Spitzenverbände der freien Wohlfahrtspflege und die bundeszentralen
Fach-/Beratungsverbände und regional durch die Länder bzw. Kommunen zu fördern
sind, um zur Weiterentwicklung fachlicher Standards und weiterer Etablierung der
psychosozialen Beratung bei vorgeburtlicher Diagnostik beizutragen.

Die im Folgenden beschriebenen Rahmenbedingungen für das Beratungsangebot zu vorgeburtlicher Diagnostik beinhalten zwei wesentliche Voraussetzungen, die zur Unterstützung und Förderung der Beratungspraxis unabdingbar sind: die institutionelle Einbindung in die fachliche Arbeit des Trägers und die fachpolitische Vertretung durch den
Verband. Zudem wird in einem weiteren Kapitel auf die wesentlichen organisatorischen
Bedingungen für dieses spezielle Beratungsangebot eingegangen.

2.3.1 Einbindung in die fachliche Arbeit des Trägers

Als Grundvoraussetzung gilt, dass der Träger die psychosoziale Beratung zu vorgeburtlicher Diagnostik als integrativen Bestandteil seines gesamten Leistungsprofils betrachtet
und dies auch intern und nach außen entsprechend darstellt. Wünschenswert wäre, dass
ein Träger die spezifische Beratung von schwangeren Frauen und Paaren unter Bezug-
nahme auf den § 2 Schwangerschaftskonfliktgesetz als trägereigene Aufgabe in seinem
Leitbild mit formuliert und sich dem Ziel der Umsetzung dieses Rechtsanspruches verpflichtet, sowie es als seine Aufgabe ansieht, sich an dem gesellschaftlichen Diskurs zu
dieser Problematik zu beteiligen und die praktische Arbeit in diesem Tätigkeitsfeld zu
fördern.

Ganz wesentlich ist die Einbindung der Beratungsstelle mit diesem speziellen Angebot
in die Gesamtorganisation. D. h. der Träger sollte die in- und externe Vernetzung mit
weiteren Diensten und Hilfsangeboten insbesondere mit denen für Frauen und Familien
sowie speziell – soweit vorhanden – mit Beratungsstellen für Menschen mit einer Behinderung und deren Angehörigen gewährleisten. Grundlegend hierfür ist, durch eine
interne Öffentlichkeitsarbeit für die Bekanntmachung dieses Angebots bei anderen Stellen
beizutragen, beispielsweise durch die Veröffentlichung in der trägereigenen Zeitung.
Zur Erreichung einer Kooperation der Stellen untereinander, um auch wirklich bedarfs-
gerecht die schon vorhandenen Ressourcen im Bereich der sozialen Hilfsangebote nutzen zu können, müssen die Mitarbeiterinnen die Möglichkeit erhalten, sich persönlich
kennenzulernen, einen fachlichen Austausch zu beginnen und konkrete Absprachen zur
Koordination von Beratungsanfragen zu vereinbaren. Elementar ist die Unterstützung
und Förderung der fachlichen Arbeit vor Ort. Hierzu gehören zum einen die konzeptio-
nelle Weiterentwicklung der Schwangerenberatung zu dieser Thematik und die Bereit-
und Sicherstellung personeller und finanzieller Ressourcen, um Rat suchenden Frauen
und Paaren eine qualifizierte Beratung anbieten zu können.

Wie unter dem Kapitel „Institutionelle Beratung" beschrieben, stellt gerade die Beratung im Kontext von vorgeburtlicher Diagnostik besondere Anforderungen an Mitarbeiterinnen der Schwangeren- und Schwangerschaftskonfliktberatungsstellen. Frauen und

Paare in der Entscheidungsfindung bei der Inanspruchnahme der Diagnostik und bei
den daraus möglicherweise folgenden Konsequenzen zu begleiten, bedeutet, stets die
gesellschaftlichen Bedingungen zu reflektieren, unter denen Schwangerschaft erfahren
und erlebt wird und dies vor dem Hintergrund der technischen Möglichkeiten der Präna-
talmedizin. Beratung bei vorgeburtlicher Diagnostik heißt auch die kontinuierliche Auseinandersetzung und Reflexion persönlicher Einstellungen und ethischer Probleme und
Positionen. Hier stehen der Träger und das Team einer Beratungsstelle in besonderer
Verantwortung, in gemeinsamer Arbeit das schon bestehende Konzept der Schwangeren-
und Schwangerschaftskonfliktberatung um Kriterien für die psychosoziale Beratung im
Zusammenhang mit vorgeburtlicher Diagnostik auszudifferenzieren (vgl. Kapitel 3).
D. h. konzeptionell festzuschreiben:
– welche Aufgaben hat eine Beratungsstelle,
– welche personelle Ausstattung ist vonnöten,
– welche finanziellen Ressourcen müssen bereitgestellt sein und
– welche weiterqualifizierenden Angebote brauchen die Mitarbeiterinnen.

Ganz entscheidend ist die Unterstützung der Öffentlichkeitsarbeit der Beratungsstelle
zur Bekanntmachung ihres Angebots durch den Träger. Diese sollte sich auf die Bereitstellung von finanziellen Ressourcen und die Einbindung dieses speziellen Beratungsangebots in die allgemeine Öffentlichkeitsarbeit des Trägers erstrecken. Gedacht wird
hierbei – wie schon erwähnt – an Veröffentlichungen in der trägereigenen Zeitung und
an die Benennung des Angebots bei allen Formen der Präsentation, wie in Broschüren,
im Internet auf der Homepage, auf Stellwänden usw. Zudem sollte der Träger den Mitarbeiterinnen einer Beratungsstelle jegliche Unterstützung zur Professionalisierung in
der Öffentlichkeitsarbeit zukommen lassen, entweder durch das Hinzuziehen von spezialisierten Expertinnen oder durch das Angebot von Fortbildungen zur eigenen Weiter-
qualifizierung.

2.3.2 Interessensvertretung durch den Verband

Zu den fachlichen und fachpolitischen Aufgaben eines Verbandes, der die Interessen
von psychologischen und psychosozialen Beratungsstellen vertritt, gehört es unseres
Erachtens auch, sich am Diskurs zu gesellschaftlich relevanten Themen – hier zum ver-
antwortungsvollen Umgang mit vorgeburtlicher Diagnostik – zu beteiligen sowie die
Diskussion zur Weiterentwicklung von spezifischen Beratungskonzeptionen mit zu gestalten. Hierfür ist eine Rückkopplung zwischen Praxisarbeit zur verbandspolitischen
Arbeit unabdingbar (z. B. durch schriftliche Befragungen, Fachtagungen, Gremienarbeit). Die Erfahrungen der Praxis, die beispielsweise beim Aufbau von Kooperationen
gemacht wurden, sollten vom (Fach-)Verband aufgegriffen werden und in die Konzeption von interdisziplinären Fortbildungen und in die träger- und verbandsübergreifende
Gremienarbeit einfließen. Auch vermag ein Verband aufgrund seiner vielfältigen fachlichen und fachpolitischen Arbeitsbeziehungen dazu beitragen, der Darstellung der
psychosozialen Beratung einen Raum zu geben sowie die Bekanntmachung des Rechtsanspruches auf Beratung im § 2 Schwangerschaftskonfliktgesetz und seine Umsetzung
zu fördern.

2.3.3 Organisatorische Bedingungen

Für das Angebot einer psychosozialen Beratung bei vorgeburtlicher Diagnostik sind bestimmte Bedingungen hinsichtlich des organisatorischen Arbeitsablaufs in einer Beratungsstelle erforderlich, um Rat suchenden Frauen und Paaren eine umfassende Beratung anbieten zu können. Zunächst gelten für diese spezielle Beratung – wie auch für jede Form der psychosozialen Beratung – die Grundvoraussetzungen: die Freiwilligkeit und die Niedrigschwelligkeit. Wie schon eingangs beschrieben, sind die damit verbundenen Merkmale, dass das Angebot kostenfrei ist, keiner Überweisung bedarf und für jede Person unabhängig von Nationalität und Konfession zugänglich ist. Ein weiteres wesentliches Kriterium stellt die Erreichbarkeit dar sowohl in räumlicher als auch in zeitlicher Hinsicht. Dabei sind die Nähe zum Wohnort und die Möglichkeit der kurzfristigen Terminvergabe wichtig. Zur Ausgestaltung dieser strukturellen Merkmale sind im Schwangerschaftskonfliktgesetz und in den Richtlinien der Beratungsverbände Standards zum Setting, der Personal- und Sachausstattung sowie der Qualifikation der Beraterinnen formuliert.

Aufgrund von Beratungserfahrungen in der Praxis sind zwei Aspekte wichtig, die bei der Konzeptionserstellung für die Beratung im Kontext von vorgeburtlicher Diagnostik diskutiert werden sollten und wesentliche Auswirkungen auf die organisatorische Gestaltung der Beratungspraxis haben:
– Verteilung der Zuständigkeiten im Beratungsteam und
– Komm- und/oder Gehstruktur der Beratung.

* *Zur Verteilung der Zuständigkeiten im Beratungsteam*

Die Beratung im Kontext von vorgeburtlicher Diagnostik erfordert grundsätzlich die Bereitstellung personeller Kapazitäten, zudem eine Verteilung der Verantwortlichkeiten und – ganz wesentlich – die persönliche Auseinandersetzung mit der Thematik Pränataldiagnostik. Beratung zu vorgeburtlicher Diagnostik bedeutet zum einen die Beratungsgespräche durchzuführen und zum anderen sich auf diesem Gebiet weiterzuqualifizieren und mit den in diesem Bereich und in der Region tätigen Einrichtungen und Berufsgruppen zu kooperieren. Gerade bei dieser Problematik ist die Bedeutung einer persönlichen Bereitschaft, sich für diese Fragestellung zu engagieren nicht zu unterschätzen. Denn die Auseinandersetzung mit dieser Thematik bedeutet auch mit ethisch höchst problematischen Entscheidungssituationen und mit Themen wie Krankheit, Behinderung, Schwangerschaft, Geburt und Abbruch sowie mit Verlust, Trauer und Tod konfrontiert zu sein.

Eine Bündelung der Ressourcen und Kompetenzen, also die Spezialisierung innerhalb des Beraterinnenteams, erscheint ratsam – auch für die Außendarstellung dieses speziellen Angebots. Wichtig ist, dass beim Aufbau von Kontakten zu kooperierenden Stellen eine Kontinuität durch eine/n feste/n Ansprechpartner/in gegeben sein muss. Auch ist davon auszugehen, dass gerade bei dieser Thematik, die in der Öffentlichkeit und in Fachkreisen sehr kontrovers diskutiert wird sowie tiefgehende und komplexe Fragestellungen aufwirft, die Öffentlichkeitsarbeit besonderer Kompetenzen bedarf. Konkret zu nennen sind neben der Kenntnis des Diskussionsstandes Kompetenzen zur Präsentation, wie zum Führen von Gesprächen mit anderen Berufsgruppen, zur Entwicklung von Materialien und Erstellung von Pressemitteilungen. Hierzu bedarf es auch der persönlichen Bereitschaft, sich auf dem Gebiet der Öffentlichkeitsarbeit weiterzuqualifizieren.

• *Zur Komm- und/oder Gehstruktur in der Beratung*

Ein weiterer zu diskutierender Themenpunkt bei der Erstellung einer Konzeption ist das Angebot der aufsuchenden Beratungsarbeit. Hausbesuche oder Beratungen in der Klinik wurden von den interviewten Frauen und Fachleuten als notwendiges Angebot angesehen. Erforderlich wäre das Angebot insbesondere in Krisensituationen entweder nach der Geburt eines behinderten Kindes oder nach einem Schwangerschaftsabbruch. Für eine Beratungsstelle muss gefordert werden, ob sie in ihrem Profil die aufsuchende Beratung
– als regelmäßiges Angebot
– als Ausnahme in besonderen Einzelfällen oder
– gar nicht
mit aufnimmt. Die entsprechende Entscheidung bedarf dann auch personeller Ressourcen.

3. Beratungskriterien

Christiane Lammert & Anita Neumann

3.1 Einleitung

In diesem Kapitel werden Kriterien psychosozialer Beratung bei pränataler Diagnostik dargestellt. Sie basieren auf den Praxis-Erfahrungen der Mitarbeiterinnen im Modellprojekt „Erarbeitung von Beratungskriterien für die Beratung Schwangerer bei zu erwartender Behinderung des Kindes". Nach einer allgemeinen Erläuterung zum Verständnis psychosozialer Beratung werden charakteristische und praxisrelevante Kriterien vorgestellt, die für die Beratungs-Phasen vor, während und nach pränataler Diagnostik gleichermaßen von Bedeutung sind. Anschließend werden typische Beratungsanlässe und -inhalte, nach eben diesen Phasen gegliedert, beschrieben.

3.2 Verständnis psychosozialer Beratung bei Pränataldiagnostik

„Beratung" ist kein geschützter Begriff. Er wird in den unterschiedlichsten Zusammenhängen verwendet: Finanzberatung, Rechtsberatung, Verbraucherberatung stehen neben Eheberatung, Schuldnerberatung, genetischer Beratung usw. Der Begriff wird allgemein als persönliche oder institutionalisierte Hilfe zur Entscheidung aufgefasst. Beratung wird immer dann angeboten, wenn
– mehrere Handlungsoptionen existieren und die Fülle entscheidungsrelevanter Informationen Orientierungsprobleme erwarten lässt,
– die Fachspezifik dieser Informationen Übersetzungsbedarf auslöst oder
– die möglichen Handlungsrichtungen zu inneren oder äußeren Konflikten der Personen führen können, die Subjekte der Entscheidung sind.

Für die Pränatale Diagnostik treffen diese drei Voraussetzungen zu.

Beratung im Zusammenhang mit Pränataldiagnostik in einer Schwangerenberatungsstelle ist eine Form psychosozialer Beratung. Es ist sinnvoll und notwendig, den Begriff psychosoziale Beratung näher zu beschreiben, um
– als Beraterin Klarheit über Ziele, Aufgaben, Inhalte und Vorgehen zu erlangen und sich eine eigene Position hierzu zu verschaffen,

– Ratsuchenden Möglichkeiten, Nutzen und Grenzen dieser Beratung erkennbar zu machen,
– Experten, die zum selben Thema Beratung anbieten, Unterschiede und Überschneidungen zum eigenen Fachbereich, Spezifika und Anknüpfungen deutlich zu machen.

Der Deutsche Arbeitskreis für Jugend-, Ehe- und Familienberatung (DAK) stellt institutionelle Beratung wie folgt dar: „Beratungsarbeit geht – im Unterschied zu einer am Krankheitsbegriff orientierten heilkundlichen Psychotherapie – davon aus, dass das Leben von Individuen, Paaren, Familien und Lebensgemeinschaften einem Entwicklungsprozess unterworfen ist, bei dem die Grenzen zwischen gleichsam notwendigen Krisen und seelischen Fehlentwicklungen fließend sind. Krisenhafte Erscheinungen sind Belastungen, bieten aber auch die Chance zur Neuorientierung. Das Erleben solcher Krisen und Beeinträchtigungen und die Art und Weise ihrer Verarbeitung sind der primäre Ansatz für Beratung." (DAK, 1993)

Von den Mitarbeiterinnen der Evangelischen Konferenz für Familien- und Lebensberatung wurde die folgende Beschreibung psychosozialer Beratung gegeben (BMFSFJ, 2000): Psychosoziale Beratung versteht sich grundsätzlich als Angebot an Menschen, die sich mit Konflikten und Problemen auseinandersetzen, die sie momentan allein bzw. in ihrer Familie nicht in befriedigender Weise bewältigen können.

Psychosoziale Beratung ist professionelles Handeln. Mit Hilfe einer spezifischen Methodik, sie sich aus psychologischen, psychotherapeutischen und sozialpädagogischen Aspekten zusammensetzt, unterstützen die Beraterinnen die Ratsuchenden darin,
– eine konflikthafte, bisweilen auch als Dilemma anmutende Situation für sich zu klären,
– mögliche Bedeutungen und Konsequenzen zu erfassen und zu bewerten
– und zu einer für sie tragfähigen Entscheidung zu gelangen.

Dies wird erreicht durch die Vermittlung spezifischer Informationen und Hilfemöglichkeiten und durch den Aufbau einer vertrauensvollen, partnerschaftlichen Beziehung zwischen Beraterinnen und Ratsuchenden. Die Entwicklung einer solchen Beziehung ist wiederum Voraussetzung für eine weiterführende und tiefer gehende Beratung. Ziel der Beratung ist es, die Rat suchenden Menschen in ihrer Bereitschaft zur Verantwortungsübernahme und in ihrer Handlungsfähigkeit zu stärken.

Psychosoziale Beratung in der Schwangerschaft geht davon aus, dass Schwangerschaft einen Übergangsprozess, bzw. eine Schwellensituation im Leben einer Frau darstellt. Übergangsprozesse bedeuten Veränderungen, die auf Neues, bisher Unbekanntes vorbereiten: innerpsychisch (z. B. Rollenidentifikation als werdende Mutter) und körperlich-biologisch, in den Beziehungen (z. B. in der Paarbeziehung) und in den sozialen Rahmenbedingungen (z. B. Arbeitsplatz, finanzielle Basis, Wohnung) (vgl. 3.3.2 und 3.3.3).

Diese komplexen Veränderungen werfen Fragen auf, lösen Unsicherheiten und Ängste aus und können mitunter zu krisen- und konflikthaften Entwicklungen führen.

Schwangerenberatung bzw. Schwangerschaftskonfliktberatung ist ein professionelles Angebot im oben beschriebenen Sinne, das sich speziell den in einer Schwangerschaft entstehenden Fragen und möglichen Problemen widmet. In ihrem Mittelpunkt steht die psychische und soziale Situation der Rat suchenden Schwangeren und ihres Partners.

Wie in Kapitel 1 gezeigt wurde, ist Pränataldiagnostik ein Thema, mit dem die Mehrzahl der Schwangeren heute konfrontiert wird. Fragen, Konflikte und Krisen, die aus dem Angebot pränataler Diagnostik entstehen können, gehören dem Verständnis psychosozialer Beratung nach zu den Themen, für die Schwangerenberatungsstellen zur Verfügung stehen.

In den vorliegenden Konzeptionen zu psychosozialer Beratung bei Pränataldiagnostik (Sozialdienst katholischer Frauen, 1997, Netzwerk gegen Selektion durch Pränataldiagnostik 1998, Entwurf des Diakonischen Werkes der EKD, 2000) werden Information und Aufklärung als Schwerpunkte der Beratung unterschiedlich gewichtet. Das Netzwerk gegen Selektion durch Pränataldiagnostik hält Information und Aufklärung für unverzichtbare Bestandteile eines psychosozialen Beratungsprofils. Unter Aufklärung wird hier verstanden:
– Informationen in einen Rahmen zu setzen, der eine eigenständige Auseinandersetzung und Bewertung ermöglicht.
– Tabuisierte Themen öffentlich zu machen (Risiken pränataler Diagnostik, Veränderungen im Schwangerschaftserleben, Konsequenzen, eugenische und selektive Absichten).
– Zugang für Laien zu Expertenwissen zu schaffen.
– „Gewichtung und Ausmaß an Information und Aufklärung erfolgen über die Rückkopplung in der Beratungssituation" (ebenda).

Die Beteiligten am Modellprojekt „Erarbeitung von Beratungskriterien für die Beratung Schwangerer bei zu erwartender Behinderung des Kindes" sind zu dem Schluss gekommen, dass Information zu den medizinischen Parametern pränataler Diagnostik Teil psychosozialer Beratung sein kann. Allerdings liegt der Schwerpunkt darin, individuelle Bedeutungen dieser Informationen zu finden. Das heißt, gemeinsam mit den Ratsuchenden sind Informationen auf der Basis ihrer persönlichen Lebenssituation und ihrer Lebensperspektiven zu bewerten.

Ungeklärt ist bisher, wie viel Information zu medizinischen Sachverhalten die Beraterin geben soll und wo die Grenze ihrer Fachkompetenz liegt.

Für die Beratung zur Pränataldiagnostik stehen zur Verfügung: Gynäkologie und Geburtshilfe im niedergelassenen und klinischen Bereich, Humangenetik, Hebammen und Schwangerenberatung. Sachverständige für den medizinschen Bereich sind Medizinerinnen. Information und Aufklärung zur Pränataldiagnostik als Teil der Medizin sind folglich in erster Linie deren Aufgabe (vgl. Kapitel 1.3.2 – Mutterschaftsrichtlinien und Richtlinien der Bundesärztekammer zur pränatalen Diagnostik von Krankheiten und Krankheitsdispositionen).

3.3 Kriterien psychosozialer Beratung bei Pränatal-diagnostik

Im Kontext der Pränataldiagnostik ergeben sich besondere Anforderungen an psycho-soziale Beratung. Als sinnvoll erwiesen hat sich eine Gliederung nach dem zeitlichen Verlauf einer Schwangerschaft bzw. deren beraterischer Begleitung in den Phasen vor, während und nach der Inanspruchnahme pränataler Diagnostik.

Eine Reihe spezifischer Kriterien ist für die psychosoziale Beratung bei pränataler Diag-nostik insgesamt charakteristisch. Sie werden daher der Beschreibung der Anforderun-gen in den einzelnen Phasen (Punkt 3.4) vorangestellt. Dabei geht es um:
– Das Ziel psychosozialer Beratung bei pränataler Diagnostik: die Notwendigkeit von Entscheidungskompetenz und deren Stärkung (3.3.1)
– Beraterische Perspektiven: die systemische Einbeziehung des Umfeldes für das Treffen einer Entscheidung (3.3.2) und Überlegungen zu Schwangerschaft als weiblichem Kompetenzbereich (3.3.3)
– Allgemeine Anforderungen an das Setting der Beratung in unterschiedlichem Kon-text (3.3.4), „Raum und Zeit" als ein Hauptmerkmal psychosozialer Beratung (3.3.5) sowie die spezifischen Anforderungen bei der Beratung von Paaren (3.3.6)
– Auftrag, Ethik und Kompetenzen psychosozialer Beratung (3.3.7–3.3.9).

3.3.1 Kriterium: Entscheidungskompetenz stärken

Das Ziel psychosozialer Beratung bei pränataler Diagnostik ist es, die Rat suchenden Menschen in ihrer Kompetenz zu Entscheidungen über die Inanspruchnahme von vor-geburtlichen Untersuchungen zu stärken. Vorgeburtliche Untersuchungen können Aus-sagen über das Ungeborene treffen, so z. B. über Geschlecht, genetische Defekte, norm-gerechte Entwicklung und Fehlbildungen. Sowohl die Auswahl der Untersuchungen als auch jede mögliche Aussage, die mit diesen Untersuchungen gegeben werden kann, verlangt von der Schwangeren/den werdenden Eltern eine Entscheidung. Sie sind ge-fragt, welches Wissen sie erwerben möchten und welche Konsequenzen sie aus diesem Wissen ziehen wollen. Hierfür bedarf es Informationen über
– die unterschiedlichen Methoden und Verfahrensweisen der möglichen Diagnostik einschließlich der zu erwartenden Folgeuntersuchungen,
– die Aussagefähigkeiten (was kann mit welchem Verfahren erkannt werden),
– und die möglichen Risiken.

Das gesellschaftliche und soziale Umfeld kann dabei die Frau/das Paar beeinflussen durch kritisches Nachfragen zu den zur Wahl stehenden Alternativen (bewusster Ver-zicht auf die angebotenen Vorsorgeuntersuchungen, bewusstes Austragen eines behin-derten Kindes oder Abtreibung eines „kranken" Kindes im letzten Drittel der Schwan-gerschaft). Dies kann ihre eigene Haltung in Frage stellen und zu Selbstzweifeln führen. Werdende Mütter und Väter sehen sich der Forderung ausgesetzt, eine gegenüber der Gesellschaft vertretbare und bewusste Entscheidung zu treffen.

Im Kontext der pränatalen Diagnostik werden Entscheidungen durch folgende Faktoren bestimmt (vgl. Haker, 1998a, S. 247):
1. Fähigkeit zur Selbstbestimmung, d. h. Autonomie als subjektive Bedingung
2. Entscheidungsfreiheit als objektive Bedingung, d. h.: wenn es keine Handlungsalternativen gibt, sind keine Entscheidungen möglich
3. Wahrnehmung der Handlungsalternativen
4. Entwickeln von Zukunftsvisionen, Folgen der Alternativen einschätzen können wie auch deren Einbindung in eigenes Lebenskonzept und soziales Umfeld

Um eine freie und vertretbare Entscheidung zu vorgeburtlichen Untersuchungen treffen zu können, benötigen die Betroffenen umfassende Informationen über Risiken und Konsequenzen der Untersuchungen, so dass Handlungsalternativen erkennbar werden.

Wie die Realität zeigt, ist Frauen/Paaren häufig nicht bewusst, dass diese Situation eine Entscheidung verlangt. In der Schwangerenvorsorge einer gynäkologischen Praxis werden pränataldiagnostische Untersuchungen bereits mit dem ersten Ultraschall als Routine und Selbstverständlichkeit angeboten, so dass die Notwendigkeit von Information und Aufklärung als Entscheidungsgrundlage nicht deutlich wird. Wenn das ärztliche Angebot so gestaltet wäre, dass es nicht als selbstverständliche Routine erschiene, sondern als enscheidungsbedürftige Wahlmöglichkeit, dann würden Entscheidungsfreiheit und -kompetenz möglich (vgl. Friedrich, Henze, Stemann-Acheampong, 1998).

Wissen über Handlungsalternativen vergrößert einerseits den Entscheidungsspielraum, kann aber auch zu Entscheidungsunsicherheit führen. Menge und Bedeutung der entscheidungsrelevanten Informationen machen eine Aufbereitung nötig. Risiken und Konsequenzen müssen dargestellt und transparent gemacht werden.

Frauen und ihre Partner befinden sich in einer Dynamik, die man als Wechselspiel von gesellschaftlichen Erwartungen, Werten und Normen einerseits und individuellen Einstellungen andererseits bezeichnen kann. Dies kann in einer Konfliktsituation dazu führen, dass eine freie Entscheidung unmöglich wird (vgl. Haker, Kettner, 1998). Eine bewusste Entscheidung können werdende Eltern nur treffen und vertreten, wenn sie mit den eigenen Wertvorstellungen und ihrem Selbstbild in Einklang gebracht werden kann. Bei einem Paar können dabei durchaus unterschiedliche Vorstellungen existieren. Eine gemeinsame Entscheidung setzt voraus, dass die Beteiligten sich darüber verständigt haben.

Psychosoziale Beratung bietet der Frau/dem Paar die Möglichkeit, fehlende Informationen zur Entscheidungsfindung wahrzunehmen und Fragen zu formulieren. Es erfordert psychosoziale Beratungskompetenz, um herauszufiltern, was in der jeweiligen Situation für die Rat suchenden Personen wichtig ist. Psychosoziale Beratung bietet einen Rahmen, in dem die Frau/das Paar ihre/seine eigene Bewertung von Risiken und Konsequenzen der Inanspruchnahme von Pränataldiagnostik vornehmen kann.

3.3.2 Kriterium: Umfeld systemisch einbeziehen

Wie im vorigen Abschnitt bereits gesagt, spielt das soziale wie auch das gesellschaftliche Umfeld der Frau/des Paares im Entscheidungsprozess eine bedeutende Rolle. Im Folgenden wird auf diesen Einflussfaktor näher eingegangen.

Der Mensch als soziales Wesen bedarf eines sozialen Umfeldes, ohne dieses kann er nicht existieren. Er wird in ein vorhandenes soziales Umfeld hineingeboren, das wiederum auf seine Entwicklung Einfluss nimmt. Das soziale Umfeld vollzieht sich auf mehreren Ebenen, die in ständiger Interaktion miteinander stehen und sich wechselseitig bedingen. Darstellen lässt sich dies anhand des Mehrebenen-Modells von Bronfenbrenner (zitiert nach Schmidt-Denter U., 1984, S. 26):
– Mikrosysteme bilden den innersten Lebensbereich (Partner, Familie).
– Mesosysteme sind die Beziehungen in den Mikrosystemen z. B. die Wechselwirkungen zwischen Familie, Freunden, Nachbarschaft, Arbeitskolleginnen.
– Exosysteme sind die Umweltsysteme, von denen die Entwicklung des Individuums beeinflusst wird. In ihnen ist das Individuum selbst nicht mehr enthalten, aber es finden Ereignisse statt, die auf die unmittelbaren Lebensbereiche einwirken (Medien, Behörden).
– Das Makrosystem ist der sozio-kulturelle Kontext, in den die Umweltsysteme eingebettet sind. Er bezieht sich auf übergeordnete kulturelle Normen, die in einem ökonomischen, sozialpolitischen, rechtlichen und politischen System zum Ausdruck kommen.

Dieses System verlangt eine ganzheitliche Betrachtung, denn jeder Teil ist nur in seiner Funktion für das Ganze verständlich und nur im Zusammenhang macht ein Geschehen einen Sinn für das entsprechende System. Bezogen auf den Menschen heißt das: aus der sozialen Situation, in der ein Mensch steht und seiner Lebensgeschichte entwickeln sich individuelle Bedeutungsstrukturen. Diese sind bei gleicher bzw. ähnlicher sozialer Situation – immer individuell betrachtet – sehr unterschiedlich.

Für die Beratung bedeutet dies ein pragmatisches Vorgehen: um Entscheidungen oder Handlungen (z. B. zu pränataler Diagnostik) vorzubereiten, werden zunächst kleinere Ausschnitte ökosystemischer Zusammenhänge untersucht und im Bezug auf diese ausgewählten Teile Handlungsansätze entwickelt. Die Beraterin darf die Zusammenhänge zu anderen Systemebenen und deren Wechselwirkung nicht aus ihrer Betrachtung verlieren, sondern bezieht sich auf mehrere Systemebenen (Abbildung 5).

Die Frau selbst kann in Konflikt mit ihrem eigenen Normen- und Wertegefüge kommen, wenn von außen – z. B. durch den Partner, die Familie oder den Arzt – Entscheidungen von ihr erwartet oder gar verlangt werden, die nicht ihrer Einstellung entsprechen. Eine nicht zu unterschätzende Rolle spielt im Kontext der Pränataldiagnostik die Gesellschaft als übergeordnetes Normen- und Wertesystem.

Schwangerschaft ist in unserer heutigen Zeit zum medizinischen Risiko degradiert worden. Es gilt jegliches Risiko messbar und vermeidbar zu machen. Die Entwicklung des Ungeborenen birgt jedoch Risiken in sich, welche als gegeben zu betrachten sind. Der

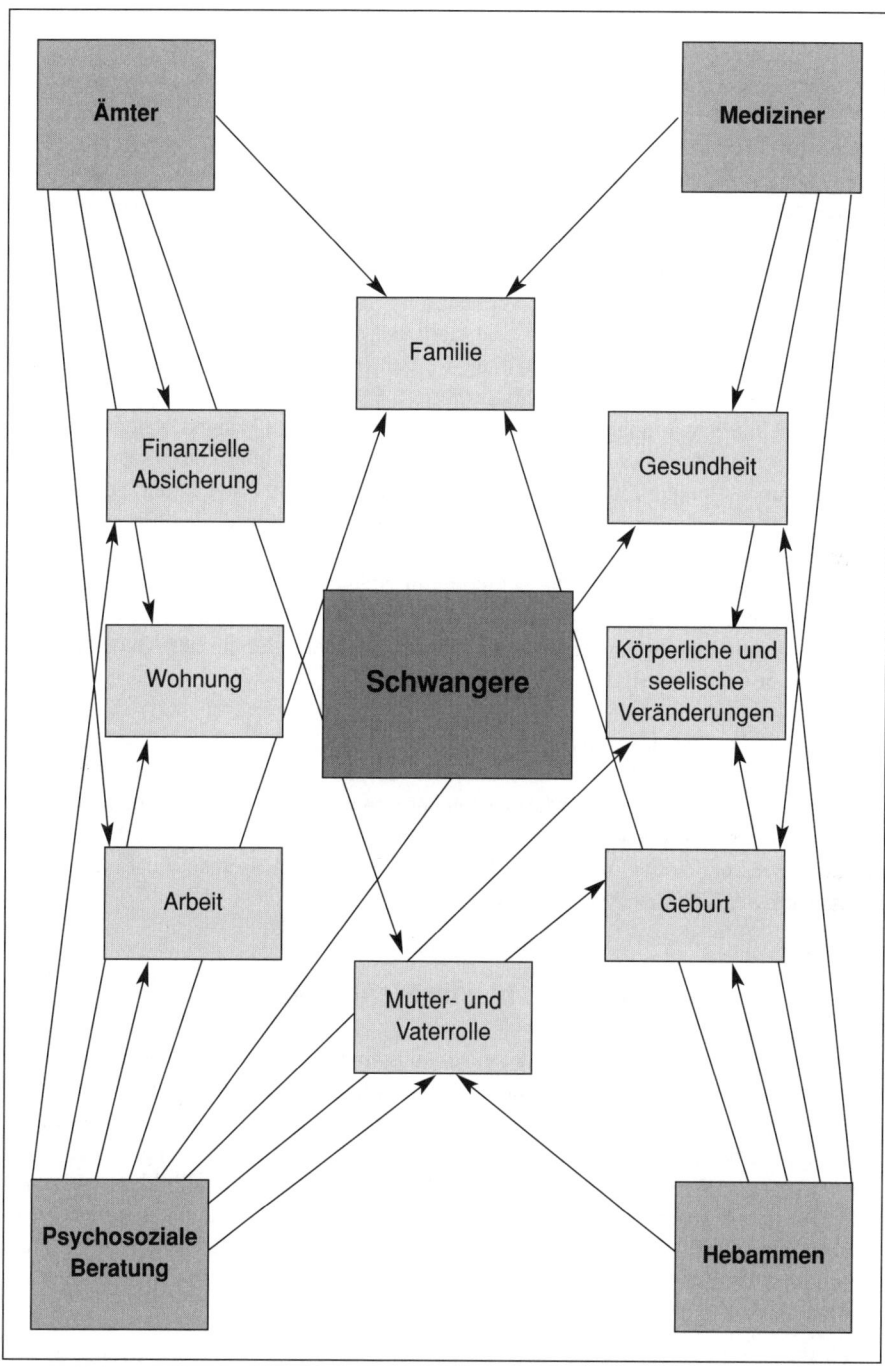

Abbildung 5: Lebensbereiche, die sich in der Schwangerschaft verändern und Fachdienste, die für Hilfe zur Verfügung stehen

Wunsch besteht, dieses Risiko zu minimieren, um ein nicht der Norm entsprechendes Kind zu vermeiden. Dafür bedient man sich unterschiedlicher Untersuchungen, bei denen das Ungeborene und seine Gesundheit und Entwicklung auf „Normgerechtigkeit" hin überprüft wird. Gesundheit und ästhetische Perfektion stellen in den bestehenden gesellschaftlichen Vorstellungen hohe Ideale dar, die beinahe schon mit einem Zwang zur Erfüllung verbunden sind. Ein Kind mit einer Behinderung oder einer nicht normgerechten Entwicklung wird dementsprechend gleichgesetzt mit einer unzumutbaren Erfahrung von Leid und Schmerz. Eine verbreitete Ansicht nichtbehinderter Menschen ist, dass „Behinderte" leiden. Hier wird die eigene individuelle Angst oft zum Leid der anderen umgedeutet. Die Umkehrung wird nicht bedacht: Menschen leiden nicht so sehr unter ihrer Behinderung, sondern viel mehr unter dem Umgang ihrer Umwelt mit ihr. Behinderung und Krankheit werden immer weniger als Bestandteil und Ausdrucksform menschlichen Lebens akzeptiert. Die schwangere Frau möchte den gesellschaftlichen Erwartungen, ein gesundes Kind zur Welt zu bringen, gerecht werden. Entscheidet eine Frau sich bewusst gegen die Inanspruchnahme von pränataldiagnostischen Untersuchungen, kann sie durch ihr soziales Umfeld unter Druck geraten. Oft wird die Inanspruchnahme der Untersuchungen von ihr erwartet. Hält sie diesen Erwartungen stand und bekommt ein nicht „normgerechtes" Kind, wird sie als verantwortungslos betrachtet und ihr die Schuld dafür zugewiesen. Der Frau, die dieses Kind geboren hat und die eine „freie" Entscheidung für dieses Kind getroffen hat, wird die alleinige Verantwortung für ihr Tun aufgebürdet. Die Behinderung des Kindes wird im sozialen Umfeld zum Stigma.

Es wird für die Frau schwieriger, von der traditionellen Frauenrolle wegzukommen, d. h. es wird erwartet, dass sie eine aufopfernde Hausfrauen- und Mutterrolle übernimmt. Beruf und Karriere werden zu Lebensentwürfen, die sie nicht mehr oder nur sehr schwer verwirklichen kann. So werden gesellschaftliche Einflüsse auf die individuelle Ebene verschoben und die tatsächlichen Ursachen müssen so nicht mehr wahrgenommen, analysiert und verändert werden.

3.3.3 Kriterium: frauenspezifische Sichtweise

Die Beratung zur Pränataldiagnostik ist Beratung in einer der wesentlichen Übergangssituationen im Leben von Frauen und benötigt daher auch immer einen Blick auf die Frauenspezifik dieser Thematik. Medikalisierung und Technisierung der Schwangerschaft haben dazu beigetragen, dass viele Frauen ihre eigene Schwangerschaft nicht mehr als eigene Wirklichkeit erleben (vgl. Duden, 1998). Ultraschallbilder und Labordaten vermitteln scheinbar sicherer, ob es dem Kind „gut geht" und ob es sich normgerecht entwickelt. Das Ahnen und Spüren der Frau, ihre „gute Hoffnung" gelten nicht mehr als verlässliche Werte. Die ärztliche Beurteilung ist anscheinend bedeutsamer geworden als das eigene Körpererleben.

Eine schwangere Frau beschreibt dies im Beratungsgespräch folgendermaßen: „Ich hab's ja schon geahnt – aber als ich's dann gesehen habe, als der mir den kleinen Punkt da gezeigt hat, da war's erst so richtig – da haben wir dann gefeiert."

Jede Frau hat Ängste während der Schwangerschaft. Sie gehören zu einem normalen Schwangerschaftsverlauf dazu. Pränataldiagnostische Untersuchungen versprechen, Ängste zu nehmen, indem sie Sicherheit geben. Die Frau kann damit Verantwortung für ihre Ängste abgeben, sie ist mit der Frage um das Wohlbefinden ihres Kindes nicht mehr auf sich allein gestellt. Andererseits werden Frauen durch die vorgeburtlichen Untersuchungen sehr verunsichert. Die natürliche Zuversicht „mein Kind ist gesund" wird grundlegend in Frage gestellt.

Das ungeborene Kind war früher nur im Eigenerleben der werdenden Mutter präsent. Mit dem Ultraschall wird der Fötus als eigenständiger Patient sichtbar. Dadurch erhält er einen Subjektstatus, der sich gegen die Mutter kehrt (Friedrich, Henze, Stemann-Acheampong 1998, Eine unmögliche Entscheidung). Das heißt, die schwangere Frau verliert die Aufmerksamkeit des Arztes. Das Ungeborene genießt höchste Priorität und wird zum eigentlichen Objekt des medizinischen Bemühens. Die Schwangerschaft wird in dieser Position nicht mehr von der Frau allein bestimmt. Sie wird gedrängt, der gesellschaftlichen Verantwortung gerecht zu werden, indem sie sich allen Prozeduren unterzieht, die ihr die Medizin im Interesse des Fötus vorschlägt. Die Frau wird dadurch *zum Objekt*, sie ist nicht mehr Subjekt ihres Handelns.

Wenn eigene Wahrnehmungen gegenüber technischen Daten geringere Bedeutung haben, dann besteht die Gefahr, von den Diagnosen und Interpretationen der medizinischen Spezialisten abhängig zu werden. Automatismen und Entscheidungszwänge der Untersuchungsverfahren werden wirksam, Schwangere fühlen sich ihnen unter Umständen hilflos ausgeliefert. Dies wird durch folgende Aussage einer Schwangeren beschrieben: „Ich habe ja überlegt, ob ich die Untersuchungen überhaupt machen lasse. Aber, wo es sie einmal gibt, möchte man's auch wissen. Andererseits braucht man jemanden, der versteht, dass das nicht so einfach ist, dass man sich Sorgen macht, Angst hat vor der Amniocentese und vor dem Ergebnis."

Verlernen Frauen, ihrem eigenen Erleben und ihrer Körperwahrnehmung zu trauen, dann droht ein klassischer weiblicher Kompetenzbereich verloren zu gehen. Die medizinorientierte Schwangerenvorsorge orientiert sich nicht an den Bewältigungsressourcen der Frauen, sie stärkt nicht ihre Wahrnehmungskompetenz für ihren Körper und fördert nicht ihre Entscheidungskompetenz für oder gegen eine Inanspruchnahme der Technik. Sie nimmt Frauen vielmehr fürsorglich in ihre Obhut und handelt an ihnen in der Perspektive einer an Risikominimierung und technischer Beherrschbarkeit orientierten Medizin (vgl. Heinkel, 2000).

In der Beratung zu Pränataldiagnostik vergegenwärtigt sich die Beraterin die Abhängigkeit von Frauen und versucht dieser entgegenzuwirken. Die psychosoziale Beratung geht davon aus, dass Schwangerschaft ein normaler Prozess im Leben von Frauen ist und zugleich eine Zeit des Übergangs, eine Schwellensituation. Das heißt, die Rolle der Frau verändert und erweitert sich hin zur Mutterschaft. Das betrifft alle Lebensbereiche: Körper und Seele ändern sich in wechselseitiger Abhängigkeit, Umfeld und Schwangere wirken wechselseitig verändernd aufeinander ein.

Für das Neue, das dieser Prozess zwangsläufig im Leben der Frau bringt, braucht sie Orientierung. Sie wird diese Orientierung zunächst selbst suchen und Hilfe dann in Anspruch nehmen, wenn ihre eigenen Erfahrungen und Kompetenzen nicht ausreichen, die Veränderungen zu bewältigen. Schwangerenberatung als psychosoziale Beratung ist ein Ort, wo weibliche Erfahrungen in der Schwangerschaft als spezifisches weibliches Potential, als Ressource und Kompetenz betrachtet wird. Schwangerschaft ist hier kein medizinisches Risiko (Netzwerk gegen Selektion durch Pränataldiagnostik, 1998). Sie versucht die Verbindung zwischen Körper und Seele zu finden, indem sie Frauen auffordert ihre Erfahrungen und Identität im Hinblick auf die Schwangerschaft und das Ungeborene wahrzunehmen, um daraus zu schöpfen. Es scheint förderlich zu sein, wenn Frauen Frauen beraten (Netzwerk gegen Selektion durch Pränataldiagnostik, 1998). Die Beraterin stellt die Frau konsequent und aktiv in den Mittelpunkt. Die schwangere Frau wird somit als Ganzheit gesehen und verstanden.

Die Beratung ermuntert Frauen, ihre Objektstellung in der medizinischen Schwangerenvorsorge kritisch zu hinterfragen, Informationen und Aufklärung einzufordern in einer Sprache, die keiner medizinischen Ausbildung bedarf. Dadurch erlangt die Frau ihren Subjektstatus wieder und kann ihren eigenen Standpunkt finden.

3.3.4 Kriterium: Setting

Rahmenbedingungen psychosozialer Beratung beschreibt Kapitel 2 ausführlich. Im folgenden Abschnitt geht es um konkrete Varianten der Gestaltung eines Beratungssettings. Zum Setting gehören
– die Zugangsvoraussetzungen für Ratsuchende,
– die räumlichen und zeitlichen Rahmenbedingungen,
– die Zahl und Auswahl der am Gespräch Beteiligten und
– die Grundhaltung und Kompetenzen der Beraterin.

Kennzeichnend für das Angebot einer psychosozialen Beratungsstelle ist zunächst, dass die Beratungen kostenlos sind, der Schweigepflicht unterliegen sowie ergebnisoffen durchgeführt werden. Ratsuchende haben einen direkten Zugang zur Beratungsstelle, d. h. es bedarf keiner Überweisung z. B. einer anderen Stelle. Das konstitutive Element der Beratung ist die Freiwilligkeit (vgl. Kapitel 2).

Die Mehrzahl der Frauen wendet sich bisher eher selten direkt mit dem Ersuchen „Beratung zur Pränataldiagnostik" an eine psychosoziale Beratungsstelle. Dafür sind mehrere Gründe anzunehmen:
– Schwangerenberatungsstellen sind bisher vor allem bekannt als Orte, an denen neben der Konfliktberatung nach § 218 a Beratung zu persönlichen Fragen möglich ist (Gestaltung der Lebensperspektive mit Kind, im Beruf, Vorbereitung auf Mutter- und Vaterrolle, Partnerprobleme usw.) und finanzielle Hilfen sowie rechtliche Information vermittelt werden
– Pränataldiagnostik wird dagegen in der Zuständigkeit der Medizin erlebt, persönliche Fragen und Konflikte in ihrem Zusammenhang werden demzufolge ebenfalls

dem medizinischen Bereich zugeordnet. Ein anderer Ort für Beratung ist nicht bekannt, sein Nutzen nicht vorstellbar.
– Entscheidungen zu vorgeburtlichen Untersuchungen werden als etwas sehr Intimes, Persönliches empfunden, was außerhalb der Arzt-Patient-Beziehung nur angesprochen wird, wenn eine Vertrauensbasis besteht.

Das heißt, es braucht Zugangswege für Ratsuchende, die niedrigschwellig sind, wo Vertrauensschutz gewährleistet ist und die Chance zum Aufbau einer Beziehung besteht.

Schwangerenberatungsstellen bieten diese Ausgangsvoraussetzung. „Finanzielles" und „Rechtliches" gelten, sofern es um das Erkunden von allgemeinen Ansprüchen und Chancen geht, als niedrigschwellige Themen. Sie können „Türöffner" sein, um einen Übergang zu „schwierigeren" Themen wie familiären und Partnerschaftsproblemen zu erleichtern. Hierzu gehören auch Erfahrungen mit Pränataldiagnostik (vgl. hierzu: Auftragswechsel, Ethik der Beratung).

Psychosoziale Beratung orientiert sich grundsätzlich an den individuellen Bedürfnissen und Fragestellungen der Ratsuchenden. Zu den beraterischen Grundhaltungen und Kompetenzen gehören:
– die Ratsuchende als ein gleichrangiges Gegenüber anzunehmen,
– sich in ihre Situation einzufühlen und zugleich die notwendige Distanz zu halten und
– ihre Problemdarstellungen und Lösungsversuche anzunehmen und ernst zu nehmen.

Diese Haltungen sind Basiskompetenzen für die psychosoziale Beratung (vgl. 3.3.9). Formen des Zugangs zur psychosozialen Beratung können sein: die „klassische Beratung" für Einzelne oder Paare in einer Beratungsstelle, Beratung innerhalb einer fremden Institution oder Telefon- und Internetberatung.

• *Beratung in der klassischen Form: „Komm-Struktur"*

Unter Schwangerenberatung wird bisher die klassische Einzel- und Paarberatung verstanden, zu der die Ratsuchenden selbst in der Beratungsstelle erscheinen. Bereits bei der Anmeldung ist ein sensibles Eingehen auf die Frau/das Paar notwendig, weil sich hinter scheinbar formalen Fragen persönliche, problematische Erlebnisse verbergen können. Bei einem Beratungsangebot zur Pränataldiagnostik ist mit einem dementsprechenden Hintergrund zu rechnen. Alle Teammitglieder einschließlich der Sekretärin sollten sich daher mit den Konstellationen pränataler Diagnostik in den Grundzügen befasst haben. Bei der Anmeldung kann der Ratsuchenden schon mitgeteilt werden, dass Beratung zu vorgeburtlichen Untersuchungen/medizinischen Untersuchungen in der Schwangerschaft ein Angebot der Beratungsstelle ist. So kann sich die Frau bereits vor dem Termin überlegen, ob und welchen Beratungsbedarf sie hat.

Auszugehen vom Anliegen der Ratsuchenden heißt, dass dafür auch der notwendige Zeitrahmen zur Verfügung steht. Beraterinnen können hinsichtlich der Themen ihre Zeit relativ flexibel einsetzen. Die übliche Dauer für ein Einzel- oder Paargespräch beträgt 45 Minuten bis eine Stunde.

Auch wenn in dieser Zeit mehrere Themen herausgearbeitet werden, darf dennoch die einzelne Beratung nicht überfrachtet werden. Entwickelt sich ein umfangreicherer Beratungsbedarf beispielsweise zu den Lebensperspektiven der Frau/des Paares für die Zeit nach der Geburt des Kindes, einschließlich der sozialen und rechtlichen Ansprüche, dann ist die Kapazität einer Stunde erschöpft. Anschließend noch Beratung zur Pränataldiagnostik „anzuhängen", ist wenig sinnvoll und widerspricht den Kriterien psychosozialer Beratung. Es kann nützlicher sein, sich zu einem zweiten Termin zu verabreden.

Die Gesprächsdauer bei diesem Thema ist nach unserer Erfahrung sehr variabel. Häufig handelt es sich um kurze Sequenzen. Daraus können sich längere Gespräche, aber auch ein Beratungsprozess mit mehreren Terminen entwickeln (vgl. 3.4).

• *Aufsuchende Arbeit – Beratung in der „Geh-Struktur"*

Zu verstehen ist hierunter Beratung unter anderen Kontextbedingungen als in der Beratungsstelle. Für folgende Situationen könnte eine aufsuchende Beratungsarbeit sinnvoll sein:
– Pränatale Diagnostik kann (z. B. bei Blutungen, vorzeitigen Wehen u. ä.) Bettruhe zu Hause oder im Krankenhaus erforderlich machen.
– Bei Spätabbrüchen ist es denkbar, dass die Frau vor und/oder nach dem Abbruch von der Beraterin aufgesucht wird. Das erspart ihr zusätzliche Wege in einer druckvollen Zeit. Direkte Begleitung bei einem Spätabbruch bedarf der Absprache mit dem Klinikpersonal.
– Gespräche mit Eltern behinderter Kleinkinder haben gezeigt, dass die ersten Tage und Wochen nach Bekanntwerden der Diagnose eine krisenhafte Zeit sind, die u. a. auch vom Gefühl großer Einsamkeit und Hilflosigkeit gekennzeichnet wird. Es kann einen Weg zur Außenwelt öffnen, wenn die Beraterin zuerst selbst den Weg zum Ratsuchenden (nach Hause oder in die Klinik) zurücklegt.

• *Beratung innerhalb einer medizinischen Einrichtung*

Dieses Setting gehört streng genommen zur aufsuchenden Arbeit, hat aber nochmals andere Aspekte. Als regelmäßiges Angebot (nicht nur bei einzelnen, krisenhaften Entwicklungen) braucht es konkrete, dauerhafte Absprachen mit dem Personal der Einrichtung, dessen Akzeptanz und eine gemeinsame Reflexion der Arbeit.

Der Vorteil eines solchen Angebotes ist, dass Schwangere in einer gespannten Situation nicht noch zusätzlich die Hürde nehmen müssen, einen neuen Ort mit wieder neuen Helfern aufzusuchen. Beratung in diesem Umfeld erfordert u. U. ein anderes Setting: Räume werden mehrfach genutzt (Schwestern- oder Arztzimmer), störungsfreies Arbeiten und Intimität sind nicht gewährleistet.

Das Hauptproblem ist die hierarchische Struktur des medizinischen Systems. Psychosoziale Beratung steht hier in der Gefahr, eingegliedert zu werden in die Hierarchie und damit ihre autonome Stellung zu verlieren. Diese Struktur ist auch zu beachten, wenn gemeinsame Beratungen von Ärztinnen und Beraterinnen mit Klientinnen angestrebt

werden. Im Sinne der Betroffenen kann es durchhaus hilfreich sein, wenn neben der medizinischen zugleich auch die psychosoziale Kompetenz vertreten ist. Die Erfahrungen der humangenetischen Beratungsstellen Freiburg und Heidelberg, wo Sozialarbeiterinnen fest in die Abläufe integriert sind, sprechen dafür. Im einzelnen ist zu prüfen, in welchen Phasen Beraterinnen beteiligt sein wollen:
– bereits beim vorbereitenden (aufklärenden) Gespräch auf z. B. eine Amniozentese,
– bei den Untersuchungen,
– bei Diagnoseeröffnungen oder
– beim Erörtern von Entscheidungsoptionen.

• *Telefon- und Internetberatung*

Besonderes Kennzeichen beider Angebote ist die Möglichkeit anonymen Zugangs. So kann die Hemmschwelle zur psychosozialen Beratung gesenkt und eventuell zum Aufsuchen einer Beratungsstelle ermutigt werden.

Telefonische Beratung innerhalb eines normalen Beratungstages ist schwer möglich, wenn es um mehr geht als „nur mal eine kurze Information" und die Beraterinnen Telefonate nur zwischen den fest terminierten Gesprächen führen. Günstiger kann es sein,
– nach außen feste Zeiten für telefonische Erreichbarkeit (Infotelefon) anzugeben oder
– einen telefonischen Termin zu ausführlicher Beratung mit der Anruferin zu vereinbaren.

Häufig sind Fragen nach der Einschätzung von medizinischen Informationen Anlass für einen Anruf in der Beratungsstelle.

Bei Beratungsangeboten im Internet ist grundsätzlich zu unterscheiden zwischen Online-Informationen zu Beratungsangeboten – eine Beratungsstelle listet beispielsweise im Netz ihre Angebote auf und beschreibt sie ähnlich wie im Flyer – und tatsächlicher Online-Beratung, die über e-mail oder Chat erfolgt. Eine Internetberatung hat nach Sanders (Beratung aktuell, 2-2000) folgende Vorteile:
– Als Informationsquelle und Interaktionsmöglichkeit ist sie rund um die Uhr erreichbar.
– Ratsuchende können sich aus eigener Kraft Expertenwissen aneignen. Ihre Selbsthilfekompetenz (Aktivität und Eigenverantwortung) wird ernst genommen.
– Mit „Informationsfülle wird … (ein) Grundbedürfnis nach Orientierung und Sicherheit befriedigt" – Informationsmangel wird als Stressfaktor betrachtet.

Zu bedenken ist, dass nicht allein die Informationsmenge, sondern ihre Rückführung auf individuelle Bedeutungen Entscheidungskompetenz stärkt. Gerade hierzu ist die persönliche Beratung als Gespräch nötig – ob face-to-face, am Telefon oder virtuell. Internetberatung über e-mail und Chat ist dabei, sich als weiteres Standbein psychologischer Beratung zu etablieren. Natürlich ist hierbei das Gegenüber nur aus seiner rationalisierten Äußerung, in der Schriftform erkennbar. Körpersprache, Stimmführung, emotionale Äußerungen (Weinen, Stocken usw.) bleiben somit unerkannt. Dies kann erst in einer persönlichen Beratung wahrgenommen werden, zu der Internetkontakte allerdings den Zugang erleichtern können.

Im direkten persönlichen Gegenüber, d. h. im klassischen Setting in der Beratungsstelle, werden Raum und Zeit für die Anliegen der Ratsuchenden in charakteristischer Weise zur Verfügung gestellt, so dass gegenseitige Erkennbarkeit, Öffnung und Schutz gleichermaßen möglich und gegeben sind (vgl. 5.2.6).

3.3.5 Kriterium: Raum und Zeit haben

Im Zusammenhang mit der pränatalen Diagnostik erhält „Raum und Zeit" als allgemeines Merkmal psychosozialer Beratung eine spezifische Ausprägung. Es geht bei Pränataldiagnostik um einen Prozess, innerhalb dessen Entscheidungen über werdendes Leben zu treffen sind, die unter Umständen durch erheblichen zeitlichen Druck konflikthaft verschärft werden können. Im Verständnis unserer Kultur gehören solche schwerwiegenden Entscheidungen in die Autonomie des einzelnen und werden als individuelle Angelegenheit eher nicht öffentlich besprochen. Diese Schwelle wird erst überschritten, wenn eine Vertrauensbeziehung besteht. Nur dann kann darüber geredet werden, was vorgeburtliche Untersuchungen für die Betroffene und ihren Partner bedeuten. Das Entstehen einer Vertrauensbeziehung braucht Zeit. So ist es nicht verwunderlich, dass Frauen in der allgemeinen Schwangerenberatung nicht mit diesem Thema beginnen. Vorurteile, Ängste, Widerstände der Ratsuchenden sind ernst zu nehmen.

Eine Reihe beraterischer Aufgaben in der Begleitung von Entscheidungsprozessen kennen Schwangerenberaterinnen aus der Konfliktberatung. Dazu gehören:
- sortieren und gewichten helfen zwischen Argumenten Für und Wider.
- Emotionalität und Rationalität zusammenführen.
- Entscheidungsvarianten in den Konsequenzen bedenken.

Die im Folgenden dargestellten Anforderungen verdeutlichen das Spezifische von „Raum und Zeit" in der Beratung bei Pränataldiagnostik.

• *Ruhe gewinnen in einer Frist und unter Zeitdruck*

Die gezielte Suche nach Fehlbildungen beginnt mit der Nackenfaltenmessung beim Ultraschall beziehungsweise dem Erst-Trimester-Test zwischen der 11. und 13. Schwangerschaftswoche. Der Triple-Test wird üblicherweise ab der 16. Woche durchgeführt. Bei Verdacht auf normabweichende Entwicklung folgt jeweils die Amniozentese – frühestens ab der 13., in der Regel zwischen 16. und 18./19. Schwangerschaftswoche. Mindestens zwei Wochen Wartezeit sind nötig, in denen die gewonnenen Zellen gezüchtet, aufbereitet und untersucht werden, bevor das Ergebnis vorliegt. Dann ist die 20. bis 22. Woche erreicht. Es bleiben nur wenige Tage, maximal 1 bis 2 Wochen, bis bei einem Schwangerschaftsabbruch mit einem lebensfähig geborenen Kind gerechnet werden muss. Eine Fülle neuer, medizinischer Informationen sind zu verstehen und zu verarbeiten. Der organisatorische Aufwand ist groß: bis zu den pränatalmedizinischen Zentren sind oft mehr als 50 Kilometer Weg zurückzulegen. Zusätzliche Termine sind in den Alltag zu integrieren. Rationalität im Denken und Handeln sind gefordert, Emotionen

müssen verdrängt werden. Anspannung, Eile und Druck kennzeichnen diese Zeit. Für
das Schwangersein bleibt weder Raum noch Zeit. Ruhe fehlt.

Schwangerenberatungsstellen können Orte der Ruhe und der Besinnung sein, wo „Anhalten" und „Durchatmen" möglich werden in einer krisenhaften Zeit. Das geschieht,
indem der Ratsuchenden angeboten wird, zu erzählen. Druck und Angst können so
einen Kanal erhalten. Die Beraterin ist ein Gegenüber, das diesen Druck nicht – wie
sonst häufig das engere Umfeld – erwidert. So wird Raum frei für die folgenden möglichen Themen.

• Für individuelles Erleben ein Reflexionsangebot geben

Die Beraterin hört zu und nimmt ernst, was ihr erzählt wird. Sie kann behutsam zu-
rückspiegeln, was sie wahrnimmt. Das betrifft
- Gefühle,
- die Beziehung zum Kind, das Empfinden einer Bindung oder auch das Verleugnen,
- die Bedeutung der Entstehungsgeschichte der Schwangerschaft,
- stützende (Ressourcen) oder eher konfliktverstärkende Elemente im Umfeld,
- Vorstellungen, die der Begriff „Behinderung" auslöst.

Ernstzunehmen ist auch, wie Frauen den medizinischen Bereich erleben. Sie berichten,
dass ärztliche Informationen nur halb verstanden wurden, Emotionen und kritische Fragen oft erst nach der Arztsprechstunde bewusst geworden sind. Sehr hohe Erwartungen
an die Aussagekraft medizinischer Untersuchungen können zu Abhängigkeit von medizinischer Fachautorität und damit auch zu eingeschränkter Entscheidungskompetenz
führen. Frauen gestehen sich mitunter selbst ihr Erleben nicht zu. Schwangerenberatung
kann ein Ort sein, der hilft, eigenes Erleben wahr- und ernstzunehmen und als Quelle
für Entscheidungskompetenz zu nutzen (vgl. 3.3.3 Kriterium: frauenspezifische Sichtweise).

• Bewusstmachen von Ängsten und Phantasien

Neben den Sorgen um das ungeborenen Kind spielt die Angst vor „Behinderung" eine
große Rolle. Der Begriff „Behinderung" wird häufig gleichgesetzt mit: völliger Umstellung aller Lebenspläne, Leid für die Eltern und einem leidvollen, nicht vollwertigen
Leben für das Kind. Diese Erwartung stimmt mit der Realität so nicht überein. Werden
interpersonale und intrapersonale Ressourcen in den Mittelpunkt der Betrachtung gestellt, dann zeigt sich, dass Familien, in denen ein Kind mit Behinderung lebt, aktiv Bewältigungsstrategien entwickeln für die speziellen Bedürfnisse ihrer Situation. Pathologische
Zuschreibungen relativieren sich unter dieser Perspektive. In einem Forschungsprojekt
der Pädagogischen Hochschule Ludwigsburg beschrieben 50 % der Eltern von Kindern mit Down-Syndrom ihr Leben als sinnerfüllter, 44 % als bereichernd und auch er-
schwerend im Vergleich mit der Situation vor der Geburt (Baldus, 2001). Nach unserer Erfahrung ist es sinnvoll, den Begriff „Behinderung" in seiner Bedeutung für die
Rat suchende Person zu differenzieren. Die Rückbindung an die persönliche Ebene
kann helfen, Ängste zu konkretisieren und dadurch eventuell zu vermindern (vgl. 3.4.5).

• *Ambivalenzen aufnehmen und aushalten*

Der Umgang mit Ambivalenzen ist Schwangerenberaterinnen durch ihre Beratungspraxis vertraut. Verstärkend kommt jetzt hinzu,
– dass die Untersuchungen zu einem Zeitpunkt erfolgen, zu dem die Schwangerschaft
   in den meisten Fällen akzeptiert ist, das Kind erwartet und die Lebensplanung darauf
   eingerichtet wird.
– dass „Behinderung" die Frage nach Lebensqualitäten stellt.

Die Beraterin reflektiert ihre eigene Haltung zu diesen Punkten, um nicht selbst im
Dilemma der Klientin zu versinken. Erst dann ist sie ein Gegenüber, das die konträren
Seiten gelten lässt, aufnimmt und aushält (vgl. 3.3.9).

• *Sprache und Raum für Gefühle geben*

Durch pränatale Diagnostik ausgelöste Gefühle können in ihrer Art und Heftigkeit so
neu und schockierend sein, dass dafür Worte fehlen. Beratung kann helfen, eine Sprache
zu finden. Verbalisieren ist ein erster Lösungsschritt in einer krisenhaften Situation.
Dies kann auch Gefühle gegenüber wichtigen Bezugspersonen betreffen. Bei Entscheidungen zu Pränataldiagnostik berücksichtigen Schwangere deren Sichtweisen (vgl. 3.3.2
und 3.3.6). Mit einer Entscheidung gegen Mann, Eltern usw. würden sie womöglich das
Gefüge zerstören, das zentral Lebenssicherheit bietet. Werden die eigenen Bedenken
und Gefühle deswegen verdrängt, dann wirken sie innerpsychisch weiter. In der psychosozialen Beratung können diese in geschütztem Rahmen zur Sprache kommen und Ansätze für eine Integration in das Umfeld gesucht werden.

• *Annehmen von Realitäten*

Eltern erhoffen sich, dass ihr erwartetes Kind gesund sein möge. Dafür Bestätigung zu
erhalten, ist die häufigste Begründung für die Inanspruchnahme pränataler Diagnostik.
Das Ziel der Diagnostik ist aber die Suche nach normabweichenden Entwicklungen des
ungeborenen Kindes. Vielleicht blenden Eltern dieses Ziel aus und verdrängen die Möglichkeit eines pathologischen Befundes, weil sie sich ihre Hoffnung nicht zerstören lassen möchten.

Auch bei einem Verdacht, den Triple-Test oder Nackenfalten-Messung ergeben, hoffen
Eltern, er möge sich nicht bestätigen. Ein pathologischer Befund zerstört nicht nur die
Hoffnung auf ein gesundes Kind, sondern stellt häufig das Kind selbst infrage. Es
braucht Zeit, diese Realität zu erfassen (vgl. 3.4.4 ff.).

• *Zeit für Trauer, Scham, Schuld*

Diese Themen werden häufig erst einige Zeit nach der pränatalen Diagnostik angesprochen. Wenn Frauen/Paaren bewusst wird, dass die Konsequenz der pränatalen Diagnostik eine Entscheidung über das Leben des ungeborenen Kindes sein kann, dann können
Schuldgefühle entstehen, weil das Lebensrecht dieses Kindes infrage gestellt wird.

Scham wird erlebt, wenn die Entscheidung für Diagnostik oder für/gegen ein Kind dem ursprünglichen Selbstbild nicht entsprochen hat. Sätze wie die folgenden sind dafür charakteristisch: „Ich hatte ja gedacht, dass ich so was nie machen würde" oder „Ich hab ja nicht damit gerechnet, dass das gerade uns passiert". Traumatische Erlebnisse können besser verarbeitet und in das Leben integriert werden, wenn sie der einzelne nicht allein bewältigen muss. Ein Beratungsangebot hierzu setzt voraus, dass die Beraterin ihre eigenen Gefühle und Werthaltungen reflektiert hat.

Die dargestellten Inhalte von „Raum und Zeit" sind die Grundlage dessen, was Ratsuchende als „Verstandenwerden" bezeichnen. Zu verstehen heißt, um die psychischen Abläufe und sozialen Hintergründe im Kontext der Pränataldiagnostik zu wissen – auf dieser Basis kann die Beraterin zuhören, ernst nehmen, widerspiegeln und zum Bedenken des Für und Wider von Entscheidungen und Handlungsoptionen anregen. „Persönliches Verständnis" ist ein grundlegendes Qualitätsmerkmal, das Ratsuchende für psychosoziale Beratung zur Pränataldiagnostik angeben (vgl. Kapitel 1.3.3 Das Beratungsverständnis in der Humangenetik).

3.3.6 Kriterium: Paarberatung

Paarberatung in Fragen zur pränatalen Diagnostik erfordert Wissen um geschlechtsspezifische Sozialisation, Paardynamik und Methoden der Gesprächsführung mit Paaren (vgl. 3.3.9 – Beraterische Kompetenzen). Die psychische und organisatorische Einstellung auf ein Kind sind nicht gleich bei Mann und Frau. „Mutter werden" und „Vater werden" lösen geschlechtsspezifisch unterschiedliche Emotionen und Handlungsimpulse aus.

Für die „Außenwelt" ist das ungeborene Kind noch kaum Realität, bevor sich der Bauch nicht rundet. Die Bindung, die eine Schwangere zum Kind in ihrem Bauch erlebt, ist zuerst ihr ganz eigenes Erleben, auch wenn es sich um ein von beiden Partnern gewünschtes Kind handelt und beide sich auf die Elternschaft freuen. Die Statistik der Schwangerenberatungsstellen besagt, dass sie in der Mehrzahl von Frauen allein aufgesucht wird. Das Erkunden sozialer Ansprüche und Rechte für die Schwangerschaft und die ersten Monate/Jahre mit dem Kind wird, wie daraus ersichtlich ist, weithin als Frauensache verstanden.

Der Partner entwickelt andere Mechanismen. Traditionell wird von einem Mann, der Vater wird, erwartet, dass er die Basis für eine Familie sichert, indem er mit Arbeit für Geld sorgt, Wohnung oder Haus vorbereitet, baut und ausbaut als „Nest". Freude über die Schwangerschaft heißt auch: Stolz auf die Potenz, der Erzeuger zu sein. Werdende Väter möchten sich auf die psychischen Veränderungen ihrer Partnerin einstellen und sind oft unsicher: was braucht sie – Ruhe oder mehr Zuwendung? Schutz? Nicht selten ziehen sich Männer enttäuscht zurück, weil sich die Partnerin nicht mehr wie zuvor ihnen widmet.

So erleben Partner in der Schwangerschaft auch ein Getrenntsein und suchen nach Möglichkeiten gegenseitigen Verstehens. Letzteres ist schwerer, wenn der Kinderwunsch nicht bei beiden gleich stark entwickelt war oder das Kind „ungeplant entstanden" und vom Partner abgelehnt ist.

Rollenaufteilung und Paardynamik machen vor dem Thema Pränataldiagnostik nicht Halt und zeigen sich im Umgang damit deutlich. Für viele Männer schafft der Ultraschall erst die Realität, die sonst nicht greifbar ist. Der optische Beleg bringt ihnen oft den ersten emotionalen Zugang zum Kind. Wenn es stimmt, dass ein wesentlicher Bestandteil männlicher Vorbereitung auf eine Familie das Sichern existenzieller Rahmenbedingungen ist, dann braucht es nicht zu verwundern, dass die Pränataldiagnostik als Angebot „technischer Sicherstellung" verstanden wird. Das ist nicht „Emotionslosigkeit", sondern geschieht aus Sorge, einem Selbstverständnis und einer Verantwortung gerecht zu werden. Auch wenn die ethisch-moralischen Konflikte für Männer genau wie für Frauen zu bedenken sind, bleibt das weibliche Erleben von Freude, Bindung und Angst für Männer schwer nachvollziehbar.

Derartige Polarisierungen begegnen Beraterinnen häufig in der Paarberatung bei Pränataldiagnostik, im nachfolgenden Beispiel zeigen sie sich in den Erwartungen, die an pränatale Diagnostik geknüpft sind.

Fallbeispiel

Ein junges Ehepaar Ende zwanzig erwartet das erste Kind. Beide Partner sind Hochschulabsolventen und haben ein bis zwei Jahre in ihren Berufen gearbeitet. Der geeignete Zeitpunkt für ein Kind ist nun für sie erreicht. Die Freude über die Schwangerschaft ist groß.

Die werdende Mutter wusste, dass es pränataldiagnostische Untersuchungen gibt und hat sich bei ihrer behandelnden Gynäkologin erkundigt, was aus deren Sicht an Untersuchungen sinnvoll sei. Die Gynäkologin schlug ihr Triple-Test und Fein-Ultraschall als Untersuchungen vor, die üblich wären. Die Schwangere fühlt sich jetzt verunsichert, weil sie von Freundinnen gehört hat, dass diese Untersuchungen auch Probleme bringen können. Dies ist neu, denn in ihren gewohnten Lebensbezügen erlebt sie sich eher als autonom im Denken und Handeln.

In der 15. Schwangerschaftswoche sucht sie um Beratung zur Pränataldiagnostik in der Schwangerenberatung nach. Sie möchte sich erkundigen, was für Probleme bei Pränataldiagnostik entstehen könnten. Ihr Mann kommt mit in die Beratung, weil es um sein Kind geht. Er möchte konkrete Angaben zu Zielen, Diagnosemöglichkeiten, Schaden-Nutzen Relationen. Diese Zahlenangaben sind ihm wichtig. Sie wünscht sich diagnostische Sicherheit und möchte wissen, ob erkennbare Entwicklungsabweichungen vorliegen. Zugleich möchte sie ihr Kind schützen und das Gefühl der Freude und des Stolzes bewahren, Mutter zu werden und ein Kind in sich zu tragen. Das lässt sie kritisch sein gegenüber den Untersuchungen.

Die Beraterin gibt mit dem Einverständnis der Frau Informationen zu Aussage-möglichkeiten beider Untersuchungen, Risiken und möglichen Folgeuntersuchungen. Sie spricht die Polarisierungen in den Wünschen der Partner und die deutliche Ambivalenz der Frau an und fragt nach den Konsequenzen, die aus einem pathologischen Befund resultieren würden. Für die Schwangere wäre dann die Möglichkeit gegeben, sich auf eine Behinderung des Kindes einstellen und vorbereiten zu können. Ein Schwangerschaftsabbruch käme nicht infrage. Ihr Mann bekräftigt diese Haltung. Für ihn ergibt sich die Überlegung: wenn sowieso nicht alles erkennbar ist und klar ist, dass auch ein Kind mit Behinderung angenommen wäre von den werdenden Eltern, dann verlieren die Untersuchungen ihren Sinn.

Die Beraterin spiegelt wider, was ihr durch eigene Einfühlung in die Erlebensweise der Partner nachvollziehbar wurde. Beiden Partnern gelingt es daraufhin, Verstehen für das Denken und Fühlen des Gegenübers zu erlangen, Positionen und Beweggründe werden gegenseitig einsehbar. Das Paar entscheidet gemeinsam, den Triple-Test nicht durchführen zu lassen, aber den Fein-Ultraschall in Anspruch zu nehmen.

Aspekte der individuellen Persönlichkeitsstruktur von Mann und Frau mischen sich mit spezifischen Aspekten der Problematik. Hinzu treten die Beziehungsmuster, Kollusionen und Problemlösungsstrategien des Paares. Gegensätzliche Elemente der Pränataldiagnostik finden sich als Argumente – polarisiert – in Mann und Frau wieder. Ambivalenzen, die potentiell jeder Partner in sich trägt, werden so verteilt. Statt Verstehen, dass die Argumente des einzelnen sein Ausdruck für seine Sorgen und Ängste sind, kommt es zu Konflikten.

Aufgabe der Beratung ist es,
– die Aspekte pränataler Diagnostik als gegensätzliche Elemente einer Sache begreifbar zu machen,
– ein Einfühlen in die Positionen, Bedenken, Emotionen des Gegenübers zu versuchen,
– auf diesem Wege die Ambivalenzen der Sache selbst in jeden Partner zurückzuverlegen.

Die Beraterin darf nicht zum Richter über Entscheidungen für oder gegen Untersuchungen werden. Die übliche Dreier-Konstellation der Paarberatung stellt hierfür eine Gefahr dar.

Auch wenn „alles gut gegangen ist" nach einem Prozess pränataler Diagnostik, kann die durchlebte Angst und Sorge unterschiedlich verarbeitet werden. Häufig ist für Männer nicht nachzuvollziehen, dass die Partnerin weiterhin Angst hat. Die Erfahrungen bleiben prägend über die Schwangerschaft hinaus. In Eheberatungen kann das ein offenes oder zunächst verborgenes Thema sein, das – wie bei dem nachfolgend beschriebenen Paar – den Konflikt mit ausgelöst hat.

Fallbeispiel

„Wir verstehen uns nicht mehr und können nicht mehr miteinander reden." Mit dieser Situationsbeschreibung meldet sich ein Paar zur Beratung an. Beide sind Mitte 30 und in erzieherischen Berufen tätig. Sie haben eine 4-jährige Tochter. Seit der Geburt des Kindes hat es keine sexuelle Beziehung mehr zwischen den Partnern gegeben. Schuld für die entstandene Lage wird in erster Linie im Partner gesehen. Beide leiden darunter, nicht genügend Wertschätzung vom Gegenüber zu erhalten. Bemühungen um Annäherung werden nicht wahrgenommen bzw. gewürdigt. Sie zieht sich meist zurück. Er reagiert teils zynisch und laut, teils ebenfalls mit Rückzug. Beide wirken fast resigniert, jeder bleibt „in seiner Burg". Blicke und Körpersprache vermitteln jedoch einen Wunsch nach Öffnung.

Bei der Suche nach Konfliktursachen nennen beide das Thema „zweites Kind" als einen wesentlichen Auslöser. In der Familienplanung waren zwei Kinder ursprünglich Konsens, dieser Lebensentwurf ist nun infrage gestellt. Es stellt sich heraus, dass der Schwangerschaftsverlauf vor 4 Jahren traumatisch war. Der Triple-Test hatte auffällige Daten erbracht, so dass eine Amniocentese angeschlossen wurde. Trotz negativer Befunde erlebte die Frau keine Entspannung, Angst und Sorge um dieses – ihr erstes Kind – begleiteten sie bis zur Geburt, die selbst auch kompliziert verlief. Die Vorstellung einer erneuten Schwangerschaft löst auf dem Hintergrund ihrer Erfahrungen Angst aus. Das ist – neben anderen – eine Ursache für Abwehr der Frau vor eigenen sexuellen Wünschen und denen ihres Partners. Der Mann lehnt es zunächst ab, die emotionale Erfahrung der Frau anzuerkennen. Sie ist für ihn nicht real und damit falsch. Er kann sich eine so lange Nachwirkung nicht vorstellen. Die Verweigerung erlebt er als Bruch einer grundlegenden Vereinbarung und als Abwertung seiner Person. Es geht in der Beratung nun darum, gegenseitiges Verstehen dafür zu befördern, dass die Ereignisse der letzten Jahre unterschiedlich erlebt wurden von Mann und Frau, unterschiedliche Nachwirkungen und Reaktionsweisen bedeuten. Auf dieser Basis erst kann es gelingen, dass beide sich wertschätzen und einander wieder annähern können.

In der Beratung nach pathologischem Befund, bei Fortsetzung der Schwangerschaft wie auch bei Spätabbruch ist aufgrund des unterschiedlichen Erlebens der Partner eine Paarberatung wünschenswert. Mit ihren widerstreitenden Gefühlen und Gedanken sind die Frauen oft sehr allein. Die Redewendungen „geteiltes Leid ist halbes Leid", „gemeinsamer Schmerz schweißt zusammen" sind nur im Rückblick gerechtfertigt, wenn ein Paar die Krise gemeinsam überstanden hat. Sinn und Zweck von Paarberatung ist hier:
– die Unterschiedlichkeit des Erlebens gegenseitig zu verstehen und nicht als Gegnerschaft zu sehen und
– Möglichkeiten gemeinsamer Bewältigung zu suchen.

3.3.7 Kriterium: Beratungsauftrag

Ausgangspunkt jeder Beratung ist grundsätzlich das Anliegen, mit dem sich eine Frau/ Paar angemeldet hat. Im Verlauf der Beratung kann allerdings ein Wechsel der Fragestellungen stattfinden, aus dem heraus auch eine Änderung des Beratungsauftrages erfolgt.

Viele Ratsuchende erwarten bisher zunächst nicht, dass in der Schwangerenberatung psychosoziale Beratung bei Pränataldiagnostik angeboten wird. Der Aufbau eines Kooperationsnetzes und Öffentlichkeitsarbeit sind nötig, um das Profil und das Spektrum psychosozialer Beratung in der Öffentlichkeit bewusst zu machen, so dass sie gezielter für dieses Thema genutzt werden kann (vgl. Kapitel 4 und 5). Generell werden persönliche Themen, zu denen pränatale Diagnostik rechnet, erst thematisiert, wenn Vertrauen entstanden ist (vgl. 3.3.4 und 3.3.5). Es ist also nicht selbstverständlich, dass ein Übergang von niedrigschwelligen „Sachthemen", die häufig der Einstieg in eine Beratung sind, zu „persönlichen Themen" gelingt und dass dafür von vornherein ein Auftrag der Ratsuchenden vorliegt.

Schwangerenberaterinnen sind Situationen vertraut, in denen sich hinter „formalen" Fragen von Ratsuchenden (z. B. nach arbeitsrechtlichen Ansprüchen vor und nach der Geburt eines Kindes) persönliche Probleme und Konflikte verbergen können. Aus Gefühlslagen und Reaktionsweisen der Ratsuchenden kann die Vermutung abgeleitet werden, dass mit der Schwangerschaft beispielsweise Probleme in der Partnerschaft aufgebrochen sind oder Selbstwertstörungen sich jetzt in mangelndem Zutrauen zu den Fähigkeiten als Mutter äußern. Beraterinnen haben Erfahrung darin, einfühlsam und sensibel nach dem zu fragen, was „zwischen den Zeilen" erkennbar wird. Öffnen sich Ratsuchende einem Angebot der Beraterin zum Sprechen, dann ist u. U. ein neues Thema eröffnet. Hieraus kann eventuell ein neuer Beratungsauftrag formuliert werden.

Im Zusammenhang mit Pränataldiagnostik wird der Wechsel des Beratungsauftrages, aufgrund des Konfliktpotenzials der Thematik, als besonders schwierig erfahren. Zwei Fragen sind dabei von besonderem Interesse:

1. *ethisch:* Wie weit darf eine Beraterin gehen, um eine Frau dazu zu bewegen, sich mit der Thematik auseinander zu setzen? Wer gibt ihr den Auftrag, von sich aus aktiv das Thema anzusprechen – sie selbst, der Träger mit seiner Werthaltung oder die Gesellschaft (bzw. deren einzelne Gruppierungen)?

2. *methodisch:* Auf welche Weise lässt sich das Angebot „Beratung im Zusammenhang mit pränataler Diagnostik" am besten in ein Beratungsgespräch integrieren?

Zu Erstens: Beraterinnen erleben sich in einem Zwiespalt, der sich wie folgt beschreiben lässt:

Zwiespalt		
Ängste vor dem Auslösen von Konflikten („Vertreiben aus dem Paradies")	versus	Verpflichtung, das Angebot zu machen (da die Konfrontation mit dem Thema in der heutigen ärztlichen Schwangerenvorsorge unausweichlich ist).

Mit anderen Worten: Wie weit kann man in der Aufklärung gehen? Wo ist die Grenze der Beratung? Diese Fragen wurden unter den Mitarbeiterinnen der Projektstandorte diskutiert und führten zu dem Schluss, dass das Beratungsangebot auch bei anders lautendem ursprünglichen Auftrag dargestellt werden sollte, aber ohne dabei zu insistieren oder überzeugen zu wollen. Die Gestaltung des Wechsels ist zum einen persönlichkeitsabhängig, wird aber andererseits auch von der jeweiligen Grundkonzeption der Beratung beeinflusst. Angesichts dieser Schwierigkeiten ist es am besten, von einer Notwendigkeit des AUSHANDELNS auszugehen.

Beraterin und Ratsuchende legen gemeinsam fest, ob, wie weit und in welche Richtung sie gemeinsam im Gespräch weitergehen wollen. Zu respektieren ist in jedem Falle, wenn die Ratsuchenden das Angebot der Beraterin ablehnen. Der Auftrag zu einer Beratung kann nur von ihnen gegeben werden. Es ist ihr Recht, Wissen zu erwerben, sich auseinander zu setzen oder nicht wissen zu wollen. Wie im medizinischen Bereich, haben Ratsuchende in der psychosozialen Beratung ein Recht auf Nicht-Wissen.

Zu Zweitens: Mögliche Ansätze, die Thematik in der Beratung zu integrieren, sind:
– Die Beraterin nennt Themenbereiche, zu denen Information und Beratung möglich sind, einschließlich medizinischer Untersuchungen in der Schwangerschaft (vgl. 3.3.4). So kann die Ratsuchende selbst auswählen, worum es gehen soll – neben dem Anliegen, das ursprünglicher Beratungsgrund war.
– Die Beraterin fragt, wie es der Frau mit der Schwangerschaft – seelisch und körperlich – geht; wie sich das Kind entwickelt. Die Frage „Wie geht es Ihnen?" ist oft schon der Auslöser, über Untersuchungen zu erzählen und eine mögliche Überleitung von der Informations- und Hilfevermittlung zum Erleben der Schwangerschaft einschließlich der pränatalen Diagnostik.
– Anschließende Fragen können sein, ob schon ärztliche (gezielte pränataldiagnostische) Untersuchungen stattgefunden haben bzw. bevorstehen, wie das ärztliche Angebot erlebt wurde. – „Wie weit ist es mit den Untersuchungen? Welche sind schon erfolgt?"
– Möglich ist eine Nachfrage, ob die ärztliche Aufklärung ausreichend verständlich war. Hier ist es unter Umständen notwendig, den Hintergrund der Frage zu erhellen, um nicht (zusätzliche) Ängste zu schüren, z.B.: „Eine häufige Erfahrung ist, dass Frauen nach der ärztlichen Information noch Verständnisfragen haben."

– Im ursprünglich materiellen Hilfen o. a. Sachthemen gewidmeten Gespräch werden Sorgen der Frau und Anfragen im Zusammenhang mit der Pränataldiagnostik deutlich. Die Gewichtung verschiebt sich dann auf die psychische Seite.

Eine variable Gestaltung von Überleitungen ist folglich möglich und nötig, orientiert an den individuellen Bedürfnissen der Ratsuchenden. Die Vertiefung der Thematik in medizinische Detailfragen, in die ethische Problematik wird dementsprechend variabel gehalten.

Solange es um das Aushandeln eines Beratungsauftrages im Zusammenhang mit der Pränataldiagnostik geht, werden in erster Linie Fragen gestellt, anstatt zu informieren. Es bleibt eine Gratwanderung im oben beschriebenen Sinne. Dies führt zu ethischen Fragestellungen in der Beratung.

3.3.8 Kriterium: Ethische Fragestellungen in der Beratung

Ethische Aspekte betreffen die Beratung zur Pränataldiagnostik in zweierlei Hinsicht:
1. Die Frage nach dem Beratungsauftrag ist eine ethische Dimension der Beratung.
2. Ethische Probleme wirft das Thema selbst auf und es ist die Frage, wie und ob – methodisch – diese angesprochen werden können.

1. Ethische Dimension der Beratung

In der Schwangerschaftskonfliktberatung werden ethische Fragestellungen immer berührt, auch wenn sie nicht ausgesprochen werden oder unbewusst bleiben. Die ethischen Überzeugungen der Beraterin treffen auf die der Klientinnen, dahinter stehen die unterschiedlichen Normen der gesellschaftlichen Gruppierungen. Werte werden in Rechten ausgedrückt.

Die Leitsätze des Bundesverfassungsgerichtes zum Urteil über das Schwangeren- und Familienhilfegesetz vom 28. 5. 1993 stellen für einen Schwangerschaftskonflikt folgendes fest: Mit dem Lebensrecht des ungeborenen Kindes nach Artikel 1 Grundgesetz und seinem Recht auf Menschenwürde und Entfaltung kollidiert das Recht der schwangeren Frau auf Schutz ihrer Menschenwürde, ihr Leben und ihre körperliche Unversehrtheit sowie ihr Persönlichkeitsrecht. Der Staat hat beide Rechtsgüter zu berücksichtigen, wenn er Maßnahmen zur Erfüllung seiner Schutzpflicht ergreift. Da die Grundrechte der Frau nicht generell die Grundrechte des Kindes aufheben können, muss der Gesetzgeber Ausnahmen bestimmen nach dem Kriterium der Unzumutbarkeit. Schwerpunkt des Schutzkonzeptes ist seither die Beratung der Schwangeren. Ihr Auftrag – und damit ihre ethische Dimension – ist es, eine Entscheidung ermöglichen zu helfen, die einerseits die Integrität der Frau und andererseits die Integrität des ungeborenen Lebens wahrt. Der Ausgang der Beratung muss offen sein, die Beratung soll ermutigen zur Fortsetzung der Schwangerschaft und Perspektiven eröffnen für ein Leben mit dem Kind.

Der Widerstreit von Rechten und Werten spiegelt sich auch in den Rechtfertigungsgrundlagen beim Thema Pränataldiagnostik. Woopen unterteilt die pränatale Diagnostik nach ihren Handlungszielen: die therapiebezogene (Störungen vermeiden und behandeln) und die existenzbezogene Diagnostik (Woopen, 2001). Bei der letzteren geht es um die Entscheidung über Leben und Tod des Ungeborenen. Sie bezeichnet – wie in den Leitsätzen (s. o.) – das Recht auf Leben des Ungeborenen und das Leben der Frau als konkurrierende Güter. Der Pränataldiagnostik, deren Ziel eine Entscheidung über die Existenz des Ungeborenen ist, steht das Tötungsverbot entgegen. Erst die denkbare Möglichkeit, einen Schwangerschaftsabbruch durchführen lassen zu können, gibt die Voraussetzung zur Billigung einer existenzbezogenen pränatalen Diagnostik. Da die Pränataldiagnostik dem Wissenserwerb über das ungeborene Kind dient, stellt sich die Frage, ob von einem Recht des Embryos auf Schutz seiner Privatsphäre und seiner persönlichen Daten gesprochen werden kann. Die Verfügungsgewalt von Eltern über ihre Kinder – einschließlich des Wissens über das Kind – steht einem Recht des Kindes auf eine offene Zukunft entgegen, seiner Möglichkeit freier Lebensgestaltung. Dieses Recht könnte auch dem ungeborenen Kind zugestanden sein. Pränataldiagnostik ließe sich dann nur mit dem Wohl des Betroffenen – des Ungeborenen – rechtfertigen, bzw. aus einer „hinreichend qualifizierten Konfliktsituation."

Das Ansprechen ethischer Themen kann ein Weg sein, andere Perspektiven einzuführen, als sie dem Ratsuchenden bisher vertraut waren, und das ethische Gesichtsfeld so zu erweitern. Das kann heißen, ethische Konflikte auch dann gezielt anzusprechen, wenn die Ratsuchenden selbst nichts dazu äußern bzw. erkennen lassen. Grundlage dafür ist dann die Kenntnis möglicher Konfliktfelder in einem bestimmten Thema, also auch die beraterische Erfahrung. Fortbildung und Supervision sind dabei erforderlich. Voraussetzung eines solchen Vorgehens ist, dass die Beraterin für sich selbst Klarheit erarbeitet:

• Möchte ich mich überhaupt eines beraterischen Themas annehmen, das so starke Werte-Konflikte in sich trägt?

Folgende Konsequenzen (siehe Abbildung 6) sind zu erwarten:

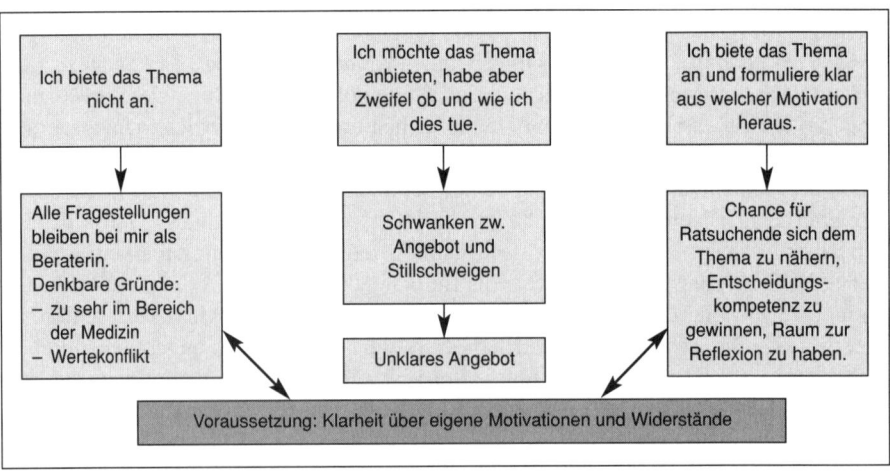

Abbildung 6: Intervention (modellhaft)

Die modellhafte Darstellung von Interventionen zeigt, dass Wollen und Nichtwollen im Beratungsgespräch Unterschiedliches auslösen. Klarheit über die eigenen Motive und Widerstände ist die Voraussetzung für ein klares Angebot gegenüber der Klientin. Dies bietet ihr erst die Möglichkeit, sich gegenüber dem Angebot zu positionieren.

• Welche Einflussfaktoren gibt es für die eigene Positionierung der Beraterin? Was sind mögliche Motivationen und Widerstände? Was gibt den „inneren" Auftrag, durch den letztlich das Angebot überhaupt zustande kommt und in seiner Form bestimmt wird?

Die Abbildung 7 verdeutlicht mögliche Aspekte.

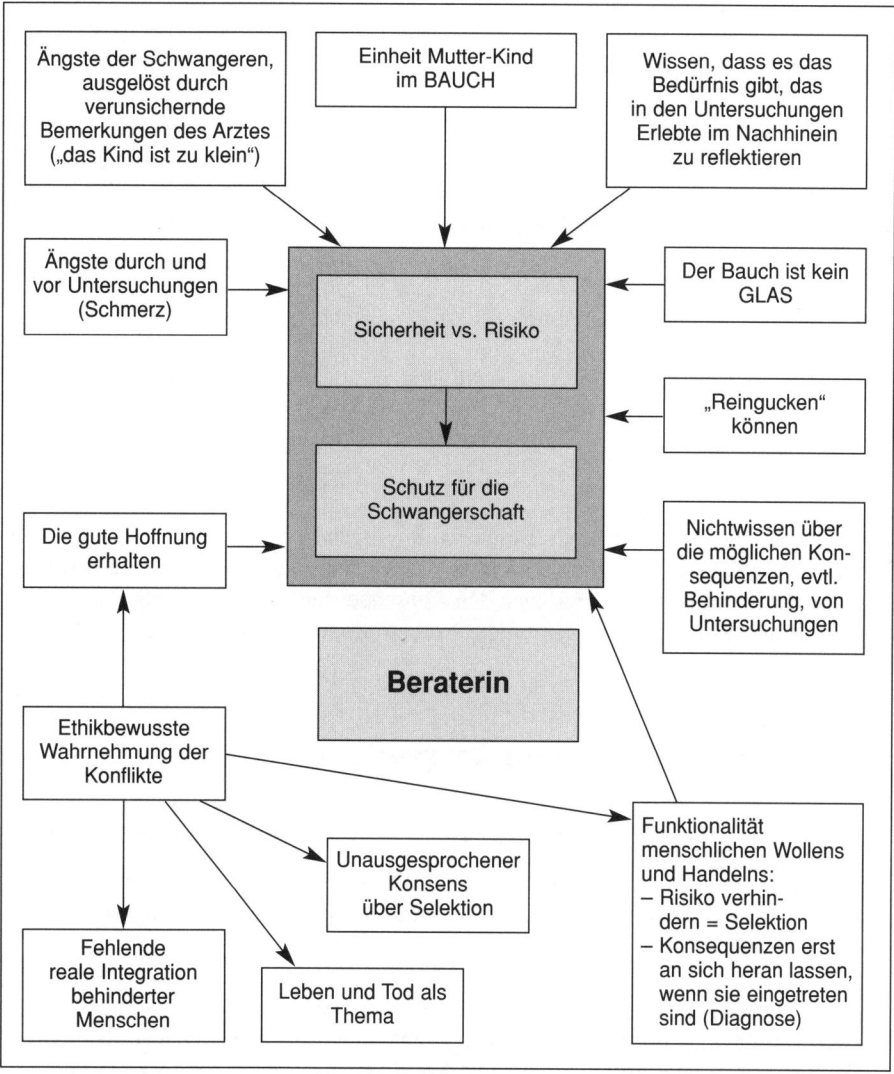

Abbildung 7: Einflussfaktoren auf die Positionierung der Beraterin

Es wird deutlich, dass die Beraterin, ebenso wie die Ratsuchende, in ihrem Denken, Fühlen und Handeln von einer Vielzahl von Faktoren bestimmt wird (vgl. 3.3.2). Reflektierter, bewusster Umgang mit diesen Faktoren heißt: sie stehen der Beraterin als Wissens-Elemente in der Beratung zur Verfügung.

2. Ethische Themen in der Beratung

Solange die Beraterin nicht die Werthaltungen der Ratsuchenden kennt, kann sie beim aktiven Ansprechen ethischer Themen nur von ihren eigenen Positionen ausgehen und diese offen legen. „In der Beratung kann dies dann als Orientierungspunkt dienen, auf den man sich gemeinsam zubewegt. Oder aber auch als Reibungsfläche, bzw. Kontrapunkt, gegen den die Schwangere oder das Paar nach einer Auseinandersetzung Stellung beziehen kann" (BMFSFJ, 2001).

Das ist erst möglich, wenn eine tragfähige Beziehung zwischen ihr und der Klientin/ dem Paar aufgebaut wurde. Ziel ist es, die Perspektive der Ratsuchenden versuchsweise zu erweitern um eine andere oder ergänzende Sicht. Die Beraterin „riskiert" hier also bewusst eine Konfrontation. Der Weg ist auch hier ein Aushandeln, d. h.

– Anbieten, was in der Beratung zu „holen" wäre		nicht aufdrängen; die Grenzen der Ratsuchenden
– Ausloten, was fragbar und sagbar ist	ABER	einhalten – behutsam und im Respekt vor der Situation und
– ethische Fragen stellen		Überzeugung des Gegenübers

Zwischen diesen Polen wird jede Beraterin ihre eigene Position suchen müssen. Ein Beispiel ist, in der Beratung die Perspektive des Kindes einzubringen. Abstrahiert heißt das: „Es gilt in der Beratung zwischen den Konsequenzen einer Handlung für die Frau selbst und den Konsequenzen für andere Mitbetroffene zu differenzieren" (BMFSFJ, 2001).

3.3.9 Kriterium: Beraterische Kompetenzen

1. Grundqualifikation/Basiskompetenzen (siehe Kapitel Rahmenbedingungen)

Die Kompetenzen (vgl. 3.3.4) „Annehmen, Ernstnehmen und Balance zwischen Nähe und Distanz" sind auch in der psychosozialen Beratung bei Pränataldiagnostik unabdingbare Arbeitsvoraussetzungen.

Beraterinnen in der Schwangerenberatung haben meist ein Hochschulstudium als Sozialarbeiterin/-pädagogin oder Psychologin abgeschlossen und verfügen daher über methodische Voraussetzungen zu Situations- und Konfliktanalyse sowie zu Interventionstechniken. Für die Arbeit in der Schwangerenberatung sind Weiterbildungen gefordert, die

Kenntnisse vermitteln in: allgemeiner Gesprächsführung, rechtlichen und medizinischen Grundlagen, Krisenintervention sowie Gesprächsführung mit Paaren und Familien. Viele Beraterinnen haben sich zudem Qualifizierungen erworben für Ehe- und Lebensberatung, systemische Familienberatung, Mediation, Sexualpädagogik oder sie haben therapeutische Ausbildungen absolviert. Wesentlicher Anteil aller dieser Weiterbildungen ist Selbsterfahrung. Regelmäßige Supervision sichert eine kontinuierliche Reflexion der Beratungsprozesse für die einzelne Beraterin.

2. Kompetenzen, die sich aus den Kriterien ergeben

Im Rahmen des Modellprojektes „Erarbeitung von Beratungskriterien für die Beratung Schwangerer bei zu erwartender Behinderung des Kindes, hat sich die Notwendigkeit gezeigt, auf folgenden Gebieten Kenntnisse und Qualifikationen der Beraterinnen zu erweitern:
– Medizinische Kenntnisse der Pränataldiagnostik und Reproduktionsmedizin. Sie bedürfen einer laufenden Aktualisierung.
– Persönliche Auseinandersetzung mit ethischen Aspekten – Haltungen, Wertvorstellungen, Normen (Umgang mit Behinderung, Krankheit, Tod, Lebensqualität, Leid).
– Reflexion der Umfeldeinflüsse auf die Ratsuchende(n) – systemische Perspektive (Frausein in unserer Kultur, Schwangerschaft als weiblicher Lebensprozess, Einbindung des Einzelnen in die Systeme von Partnerschaft, Familie, Beruf usw., Stellung der Ratsuchenden gegenüber dem medizinischen System).
– Kenntnis des Lebensalltags von Menschen mit Behinderungen und Unterstützungsmöglichkeiten. Kenntnisse von verschiedenen Arten von Behinderungen oder Erkrankungen (Fördermöglichkeit, Bildung usw.).
– Erweiterung einer spezifischen Qualifikation zur Beratung nach Tod- und Fehlgeburt bzw. Schwangerschaftsabbruch oder Verlust des Kindes – Trauerbegleitung (vgl. 3.4.7).
– Erlernen von Formen der interdisziplinären Zusammenarbeit (vgl. Kapitel 4).
– Darstellung der Arbeit nach außen (Öffentlichkeitsarbeit – vgl. Kapitel 5).

Die Arbeit mit Ratsuchenden im Kontext pränataler Diagnostik erfordert grundsätzlich innere, vorurteilsfreie Offenheit der Beraterin und Respekt für die Anliegen, Gefühle und Gedanken der Frau/des Paares. Es ist daher notwendig, dass jede Beraterin für sich die eigenen Grenzen für Beratung und Begleitung (z. B. bei einem späten Schwangerschaftsabbruch) klärt und prüft, ob sie die innere Bereitschaft zu dieser Form psychosozialer Beratung mitbringt.

3.4 Beratungsinhalte und Anforderungen

Entlang einer zeitlichen Perspektive lassen sich pränataldiagnostische Prozesse gliedern in die Zeit vor Inanspruchnahme pränataler Diagnostik, zwischen den Untersuchungen bzw. beim Warten auf Befunde und nach einem pathologischen Befund. Diese Phasen haben charakteristische Inhalte, aus denen unterschiedliche Beratungsanforderungen resultieren.

Sie werden im Folgenden beschrieben, wobei auf die Entscheidungsalternativen nach einem pathologischen Befund jeweils in einem eigenen Abschnitt eingegangen wird und sich ein Abschnitt zusätzlich mit der Beratung nach einem späten Schwangerschaftsabbruch befasst.

3.4.1 Vor Pränataldiagnostik

• *Situation der Frau*

Zu diesem Zeitpunkt sind die werdenden Eltern in „guter Hoffnung". Sie haben sich für das Kind entschieden und sind nun auf dem Weg einer emotionalen Öffnung und Identifikation mit dem Ungeborenen. Dies äußert sich z. B. in einer intensiven, zukunftsträchtigen und hoffnungsvollen Auseinandersetzung mit den Veränderungen, die das erwartete Kind provoziert, angefangen von Veränderungen in der Wohnung, beim Arbeitsplatz, Anschaffen von Babykleidung und dem Mitteilen der Schwangerschaft gegenüber Verwandten und Freunden (vgl. Brünig, Meyer, Arbeitspapiere für den Kurs: „Pränatale Diagnostik" – Zur Beratung vor, während und nach pränataler Diagnostik, 1999).

Dennoch ist eine Schwangerschaft für die Frau/das Paar auch von der Sorge um die Gesundheit des Kindes begleitet. Dies steht meist nicht im Vordergrund des Bewusstseins, denn oft bleibt sie hinter der „freudigen Erwartung" verborgen. Pränataldiagnostik erscheint als eine Möglichkeit, diese Sorge durch Gewissheit zu ersetzen. Um Beruhigung zu erlangen, tendieren viele werdende Eltern dazu, die Untersuchungsangebote anzunehmen. Je nach Umfang und Verständlichkeit der ärztlichen Aufklärung vor der pränatalen Diagnostik sind werdende Eltern gut oder weniger gut informiert über Risiken und Konsequenzen. Auf Grund des fließenden Überganges der Pränataldiagnostik in die allgemeine gynäkologische Schwangerenvorsorge ist vielen Frauen/Paaren nicht bewusst, dass sie hier eine Entscheidung treffen, die zu einem Konflikt führen kann, und dass sie ein Recht auf Nichtwissen und Nicht-Inanspruchnahme haben. Bereits die erste Ultraschalluntersuchung in der 10. Schwangerschaftswoche sucht nach Hinweisen auf Fehlbildungen. Andere Frauen/Paare hingegen betrachten die diagnostischen Möglichkeiten als eine Chance oder ein ihnen zustehendes Recht und entscheiden sich bewusst dafür. Bei einigen Frauen jedoch lösen die Untersuchungsangebote erst Ängste und Unsicherheiten aus.

• *Anlässe zur Schwangerenberatung*

Wenn man den ersten Ultraschall als pränatale Diagnostik bezeichnet, kommen sehr selten Frauen vor diesem in die Beratungsstelle. Meist melden sie sich danach an, somit aber *vor* Triple-Test, Amniocentese und Feinultraschall. Auch wenn Frauen die Untersuchungen in Anspruch nehmen wollen, beschäftigt viele dieses Thema innerlich weiter. Wenn sie zu diesem Zeitpunkt in die Beratungsstelle kommen, kann davon ausgegangen werden, dass das ein aktuelles Thema ist. Grundsätzlich gibt es in diesem Kontext zwei Gründe, die Beratungsstelle aufzusuchen:

– *Allgemeine Schwangerenberatung (soziale, finanzielle Absicherung)*. In den meisten Fällen geht es in erster Linie um eine allgemeine soziale Beratung im Hinblick auf Schwangerschaft und Elternrolle. Psychosoziale Beratung kann durch diese Niedrigschwelligkeit dazu genutzt werden, dass Ängste und Unsicherheiten in Bezug auf eine mögliche Behinderung des Kindes von der Frau thematisiert werden. An dieser Stelle ist es für die Beraterin wichtig, den Wechsel des Beratungsauftrages wahrzunehmen und von anderen Themen abzugrenzen um diesem Thema im Gespräch Raum zu geben (siehe 3.3.7). Lehnt eine Frau es ab, dies zu thematisieren, gilt dies als ihre Entscheidung, der die Beraterin mit Respekt begegnet.

– *Direkte Anfrage zur Pränataldiagnostik*. Zu einer direkten Anfrage kann es kommen, wenn

– werdende Eltern nach einer ärztlichen Information sich bei einer zweiten Institution weitere Informationen einholen möchten;

– das Bedürfnis nach genauem Bedenken von Entscheidungsaspekten oder eine grundsätzliche Skepsis gegenüber der medizinischen Schwangerenvorsorge besteht;

– die Diagnostik-Angebote Beunruhigung und Angst bei der Frau/dem Paar hervorrufen.

• *Ziele und Wege in der Beratung*

Im Vordergrund geht es um das Verstehen dessen, was die Schwangere/das Paar will. Ihr Anliegen ist zu klären:
– Wunsch nach einem gesunden Kind?
– Informationsbedürfnis?
– Entscheidungskonflikt?
– Pränataldiagnostik – ja/nein oder welche der möglichen Untersuchungen?

Ziel der Beratung ist es, die Frau/das Paar in der Entscheidungsfindung zur Pränataldiagnostik zu unterstützen, eigene Vorstellungen, Wünsche und Ängste reflektieren und Handlungsmöglichkeiten zu entwickeln zu helfen. Zum Tragen kommen in der Beratung die Kriterien, die unter 3.3 ausführlich beschrieben wurden:
– das Angebot von Zeit und Raum für mögliche Gesprächsinhalte (s. u.),
– damit Ängste, Phantasien und Befürchtungen bewusst werden und ausgesprochen werden können und
– immer wieder die Ambivalenzen aufnehmen bzw. ansprechen.
– Ernstnehmen, aushalten, respektieren, sortieren und ordnen auch widersprüchlicher Gefühle, Fragen und Gedanken der Frau bzw. des Paares (Heinkel, 2000).

Folgende Gesprächsinhalte haben sich in der Beratungspraxis als typisch für diese Phase erwiesen:
– *Reflexion des beim Arzt Erlebten*. Im Rahmen von psychosozialer Beratung kann die Frau/das Paar über ihre Verunsicherung durch das Testangebot, ihre Ängste vor Untersuchungsschmerzen und vor den Risiken sprechen.

– *Bedenken von Gründen für/wider die Inanspruchnahme von Pränataldiagnostik.* Dabei kann es sich um das Abwägen zur Entscheidung Triple-Test und Amniocentese (oft nach Besprechen des obigen Themas) handeln.

– *Informations- und Wissensvermittlung zu Methoden der Pränataldiagnostik.* Das betrifft ihre Risiken, Ergebnisgenauigkeit, mögliche Alternativen (Vorsorge bei einer Hebamme) und Konsequenzen. Die Orientierung erfolgt dabei am bisherigen Wissen der Frau/des Paares und der Bedeutung der diagnostischen Angebote für ihr Leben (s. u.).

Dies heißt u. a. auch, zu verdeutlichen, dass sie im Falle eines positiven Befundes vor weiteren schwer wiegenden Entscheidungen stehen würden. Neben den Informationen über die medizinischen Untersuchungen spielen Hinweise über mögliche Behinderungsbilder (Spina bifida, Trisomie 13, 18, 21 usw.) eine wichtige Rolle wie auch das Recht auf Nichtwissen in Eigenverantwortlichkeit. Wenn in der Beratung festgestellt wird, dass für eine Entscheidung weitere medizinische Informationen gebraucht werden, dann kann die Frau/das Paar ermutigt werden, sich diese beim Arzt einzuholen. Es ist sinnvoll, Fragen an den Arzt nochmals bzw. neu zu formulieren und so den nächsten Arztbesuch vorzubereiten.

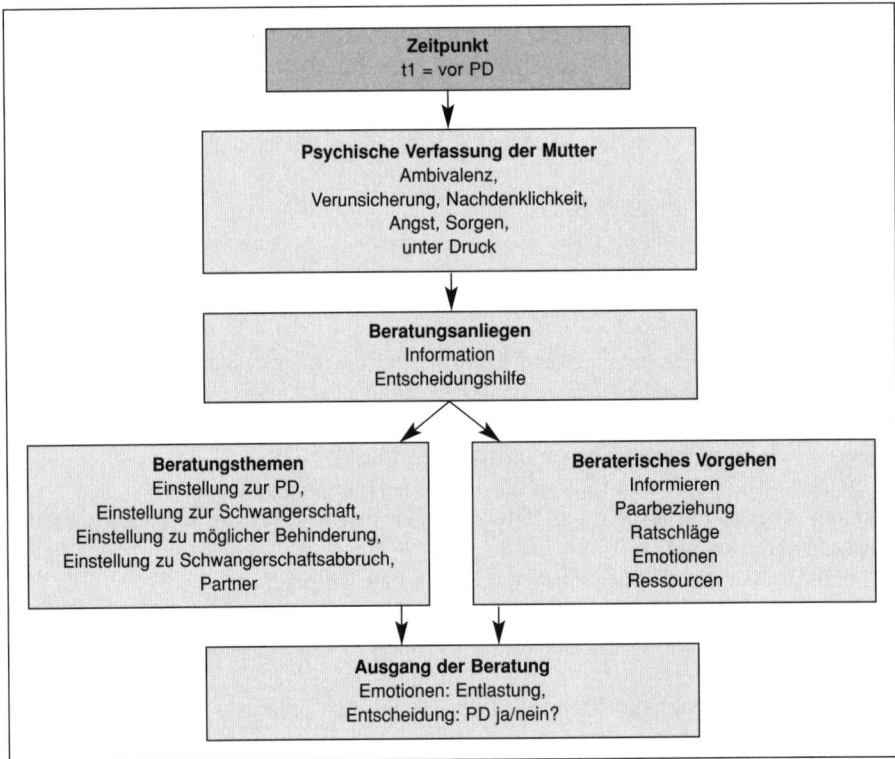

Abbildung 8: Wesentliche Aspekte der Beratung vor der Pränataldiagnostik (Pauli-Magnus, 2001)

Weitere Gesprächsinhalte sind:
- Bedeutung der Schwangerschaft vor dem Hintergrund von Biografie und Partnerschaft. Reflexion der Auswirkungen von Pränataldiagnostik auf Partnerschaft und Familie, Kinderwunsch – Wunschkind, Alter der Frau, Gesundheit der Frau, Stabilität der Partnerbeziehung (vgl. 3.3.6).
- allgemeine Ängste, die mit einer Schwangerschaft einhergehen: finanzielle Lage, berufliche Einbindung, Wohnsituation, Zukunft, Rollenwechsel zur Mutterschaft.
- Reflektieren des Themas „Behinderung" einschließlich vorstellbarer Zukunftsperspektiven.

Bei den letzten drei Punkten sucht die Beraterin gemeinsam mit der Frau/dem Paar nach bisherigen erfolgreichen Bewältigungsstrategien.

• *Kooperationspartner*

- Niedergelassene Gynäkologinnen, bei denen Frauen die Schwangerenvorsorge durchführen lassen. Ziel ist es, dass hier auf die Möglichkeit der Inanspruchnahme des psychosozialen Beratungsangebotes hingewiesen wird.
- Hebammen, die Schwangerenbegleitung und Unterstützung anbieten.
- Einrichtungen und Dienste, die Eltern mit behinderten Kindern beraten.

Die wesentlichen Aspekte der Beratungssituation zu diesem Zeitpunkt zeigt die Abbildung 8.

3.4.2 Während Pränataldiagnostik

• *Situation der Frau*

Gemeint ist hier die Zeit zwischen einem ersten Verdachtshinweis (nach Triple-Test, Ultraschall in der 20. Schwangerschaftswoche) und weiterer Diagnostik (hochauflösender Ultraschall, Amniocentese) sowie die Wartezeit auf Befunde. Aufgrund der begrenzten Aussagekraft pränataldiagnostischer Maßnahmen zieht in vielen Fällen eine erste Untersuchung weitere nach sich. Nicht selten offenbart sich den Betroffenen erst zu diesem Zeitpunkt die ganze Tragweite dieser Verfahren (z. B. Überweisung aus der normalen gynäkologischen Schwangerschaftsvorsorge wegen Unsicherheit der Ärztin zum Ultraschall Degum II).

Das Belastende dieser Zeit ist das Warten auf den Befund: je nach Verfahren dauert es etwas mehr als 1 Woche (Triple-Test) oder 2 bis 3 Wochen (Amniocentese), in Extremfällen 6 bis 7 Wochen (z. B. bei Wiederholung einer Untersuchung). Normalerweise wird in dieser Zeit der Frau die emotionale Bindung zum Kind bewusst. „Die meisten Frauen empfinden das als die eigentliche Zumutung der Pränataldiagnostik an sie: die Widersprüchlichkeit der Anforderung, einerseits die Schwangerschaft, das Kind zu beschützen, andererseits potentiell vor der Entscheidung zu stehen, diese Schwangerschaft abzubrechen. Die potentielle Abhängigkeit der

Schwangerschaft vom Befundergebnis erzwingt geradezu eine schwer erträgliche Distanz zur Schwangerschaft und zum ungeborenen Kind. Die „Schwangerschaft auf Probe" ist eine spezifische Sekundärfolge der PD" (Nippert, BzgA-Forum, 2000).

Für Frauen, die sich einer invasiven Pränataldiagnostik unterzogen haben, teilt sich die Schwangerschaft in zwei sehr unterschiedliche Phasen ein: in die Zeit vor dem Untersuchungsergebnis und in die Zeit der Schwangerschaft danach. Auf Bitten der Schwangerenberaterin schilderte eine Frau diese Phasen schriftlich. Entscheidungsprozess und Erleben werden sehr anschaulich:

Fallbeispiel

„Als wir uns für ein drittes Kind entschieden, stand für uns fest, dass wir die Möglichkeiten der pränatalen Diagnostik nutzen wollen. Bei unserem 2. Kind wurde mit 8 Monaten ein bösartiger Tumor festgestellt. Nach 2-jähriger sehr harter und erfolgreicher Therapie hatten wir den Wunsch, für unsere beiden Kinder noch ein Geschwisterchen zu bekommen. Auf Empfehlung der Ärzte suchten wir die genetische Beratungsstelle auf. Da man nach den vorgenommenen Untersuchungen eine familiäre Krebserkrankung ausschloss, stand für uns fest, wir wollen noch ein Kind. Uns wurde die pränatale Diagnostik angeboten, einmal auf Grund der Erkrankung unseres Sohnes und meines Alters, ich war im 35. Lebensjahr …

In der 12. Schwangerschaftswoche erfolgte eine nochmalige genetische Beratung, bei der das weitere Vorgehen besprochen wurde. Es erfolgte die Überweisung an die Frauenklinik zu einer ersten Ultraschalluntersuchung. Bei diesem Termin wurde die Nackentransparenz (Nackenfalte des Embryos) gemessen … Obwohl alles im Normbereich lag, schlug man uns die Amniozentese (Fruchtwasserpunktion) vor. Zwar besteht bei dieser Untersuchung das Risiko einer Fehlgeburt, wir haben uns aber trotzdem dafür entschieden. Für uns stand von vornherein fest: Hätte diese Untersuchung irgendeinen Hinweis auf eine Behinderung ergeben, dann hätten wir uns schweren Herzens gegen dieses Kind entschieden, denn wenn man diese Untersuchung machen lässt, sollte man sich bereits vorher im Klaren sein, was man bei einem positiven Bescheid für eine Entscheidung treffen will.

Durch die Krankheit unseres Sohnes und die damit verbundene enorme psychische Belastung hätten wir die Kraft für ein behindertes Kind nicht mehr aufbringen können. Nach der Untersuchung hieß es erst einmal Warten, drei mir endlos vorkommende Wochen. Obwohl ich mich auf mein Kind freute, konnte ich die Schwangerschaft noch nicht richtig genießen, die Angst war stärker. Dann kam endlich das Ergebnis, dass, soweit mit den heutigen Methoden der pränatalen Zytogenetik erkennbar ist, wir mit einem chromosomal gesunden Kind rechnen können.

Alle 6 Wochen musste ich bis zum Ende der Schwangerschaft nach X. zum Ultraschall, wo die Entwicklung der Bauchorgane und das Wachstum kontrolliert wurden. Zwar war ich jedes Mal ganz schön aufgeregt, aber es war auch beruhigend für mich zu wissen, dass es dem Kind gut geht. Am 1. April konnten wir dann endlich unsere Tochter P. überglücklich in die Arme schließen.

(Niederschrift einer Klientin der Schwangerenberatungsstelle Löbau, 2001)

• *Beratungsanlässe*

Die Anlässe sind die gleichen wie vor der Pränataldiagnostik, denn trotz aller Befürchtungen läuft die organisatorische Vorbereitung auf den erwarteten Familienzuwachs weiter. Frauen kommen auch, weil sie die Beratungsstelle und die Beraterin bereits kennen (aus einer vorherigen Schwangerschaft, von einem ersten Gespräch). In Beratungsinhalten und -zielen ergibt sich ein großer Überschneidungsbereich mit der Zeit vor der pränatalen Diagnostik. Die Erfahrung zeigt, dass viele Frauen in dieser Zeit weniger offen sind für Gespräche, trotz der anzunehmenden Belastung.

• *Ziele und Wege in der Beratung*

Es geht zunächst darum herauszufinden, was die Frau/das Paar möchte. Die psychische Reaktion und das Verhalten von Frauen sind je nach Persönlichkeitstyp unterschiedlich. Solange die eigenen Ressourcen und Selbsthilfemuster greifen, suchen die Betroffenen darin Zuflucht.

Es ist nachvollziehbar, funktionell und sinnvoll, dass sich Schwangere in einer Situation innerer Zerrissenheit eher zurückziehen, die Möglichkeit negativer Untersuchungsergebnisse verdrängen oder verleugnen, auf keinen Fall darüber sprechen und von niemandem darauf angesprochen werden wollen. Dieses Verhalten ist adäquat. Vielleicht ist es die einzige Chance, eine nicht erträgliche innere Spaltung zu überstehen. Im Beratungsgespräch ist das in der Gesprächsablehnung zum Ausdruck kommende Schutzbedürfnis zu achten.

Mit Konsequenzen eines pathologischen Befundes beschäftigen sich die meisten Frauen/Paare erst, wenn diese (Untersuchungen, Spätabbruch usw.) tatsächlich vor der Tür stehen. Folglich ist es sinnvoll, dass sich die Beraterin für diesen Fall als Ansprechpartnerin zur Verfügung stellt. Dies wird allgemein positiv aufgenommen. Mitunter besteht nochmals die Möglichkeit, Ja oder Nein infrage kommender weiterer Diagnostik zu bedenken. Es geht dann auch darum, Ängste und Phantasien, die ein Leben mit einem behinderten Kind für die Klientinnen bedeuten, zu konkretisieren.

Einige Frauen reflektieren ihre Ängste vor einem positiven Befund im Gespräch. Sie gestatten es sich nicht, die innere Verbindung zum Kind zu halten; sie erleben die Schwangerschaft, das wachsende Kind eher ich-fern, wie eingefroren. Reden über das erwartete Kind und über ambivalente Gefühle können dazu beitragen, die Beziehung zum Kind zu bestärken. Sucht die Frau Hilfe in einer eher verstört-chaotischen Lage, gilt es, sich zunächst einen Überblick zu verschaffen. Strukturierendes Nachfragen, Bleiben bei einem Thema können ihr helfen, innere Ordnung und damit etwas Ruhe zu erlangen.

- *Kooperationspartner*

Zusätzlich zu den bereits unter 4.4.1 erwähnten Kooperationspartnern sind in dieser Phase der Beratung noch folgende Einrichtungen wichtig:
– Zentren, an denen Pränataldiagnostik durchgeführt wird.
– Sozialpädiatrie und Einrichtungen der Behindertenhilfe.

Von diesen Stellen sollte auf die emotionale Unterstützungsmöglichkeit durch Beratungsstellen hingewiesen werden. Verunsichernde bzw. unklare Befunde können zwischen Kooperationspartnern und Beratungsstelle besprochen werden.

Der nachstehende Beratungsverlauf illustriert, welche Prozesse bei Schwangeren in dieser Phase pränataler Diagnostik typischerweise ausgelöst werden. In diesem Falle wurde ein Gespräch u. a. deshalb möglich, weil bereits bei einem vorherigen Beratungstermin Vertrauen zwischen Ratsuchender und Beraterin entstanden war. Der Abbruch der Paarbeziehung während der Pränataldiagnostik ist eine besondere Verschärfung eines Konfliktes, der sich bei Paaren in dieser Situation entwickeln kann.

Fallbeispiel

Anlass des ersten Beratungsgespräches in der 18. Schwangerschaftswoche sind Fragen zur rechtlichen und finanziellen Absicherung in Schwangerschaft und Erziehungsurlaub. Die Schwangere erscheint allein. Sie ist zirka 25 Jahre alt, hat eine Ausbildung zur Kindergärtnerin abgeschlossen und ist nach der Ausbildung arbeitslos geworden. Ein Jahr lang hat sie im Rahmen einer Arbeitsbeschaffungsmaßnahme in einer integrativen Kindertagesstätte gearbeitet. Ihr Partner ist im gleichen Alter wie sie, arbeitslos, hat sich zur Bundeswehr verpflichtet und erwartet seine Einberufung. Anknüpfend an die Sachfragen findet sehr schnell ein Übergang zu persönlichen Themen statt: das erwartete Kind ist ein Wunschkind, obwohl die äußere soziale Situation nicht für Nachwuchs geeignet erscheint. Mit Stolz trägt die junge Frau ihren Bauch. Neugierig und mit Freude erwartet sie das Kind.

Weil die erste Stunde zur Klärung der sozialen Fragen nicht ausreicht, wird ein zweiter Termin in einer Woche vereinbart. Zu diesem Gespräch ist der Partner mit dabei. Die Ratsuchende ist verweint und wirkt verstört, wogegen der Partner ruhig, fast „cool" erscheint.

Auf Nachfrage erfährt die Beraterin: 4 Tage zuvor hat der behandelnde Gynäkologe mitgeteilt, der Triple-Test habe einen Verdacht auf Trisomie 21 ergeben, außerdem besteht eine Toxoplasmose-Infektion. Das umfangreiche Papier zum Triple-Test-Ergebnis verschaffe keine Klarheit, obwohl eine Aufklärung darüber erfolgt ist, dass der Test eine Risikoprognose und keine Diagnose ergebe. Die Verdachtsmitteilung sei schockierend gewesen, sie fühlte sich nicht informiert und alleingelassen mit ihren Fragen und Ängsten. Sie habe sofort am nächsten Tag in ein pränataldiagnostisches Zentrum zur Amniocentese gemusst. Das Wochenende sei schlimm für sie gewesen.

Die Ratsuchende zeigt der Beraterin das Schriftstück zum Triple-Test. Beim gemeinsamen Lesen wird deutlich, dass die Zahlenangaben zum Risiko nicht das sind, was der Schwangeren weiterhilft.

Ihr Erleben der letzten Tage wird in der Beratung aufgenommen. Es ist Zeit, die Emotionen verbalisierbar zu machen und Zeit zum Weinen. Das erwartete Kind erschien durch die Diagnostik, den geäußerten Verdacht, beiseite geschoben und erhält in der Beratung wieder Raum. Es wird thematisiert, was es für das Paar hieße, mit einem behinderten Kind zu leben. Sie kennt geistig und körperlich behinderte Kinder aus der integrativen Kindertagesstätte. Wenn das Kind eine der möglichen Behinderungen hätte, könnte sie sich vorstellen, das Leben mit Kind zu bewältigen. Sollten sich beide Verdachtsdiagnosen bestätigen, fürchte sie, der Aufgabe nicht gewachsen zu sein. Der Partner möchte sich nicht dazu äußern. Für ihn steht die bevorstehende Einberufung in die Bundeswehr im Vordergrund. Gesprochen wird darüber, dass die zwei Wochen Wartezeit auf den Befund schwer werden.

Die Beratung nimmt zwei Stunden in Anspruch. Am Ende ist die junge Frau deutlich gelöst, hält ihren Bauch und äußert – in etwa – sich die Erwartung auf ihr Kind, die Bindung zu ihm nicht nehmen lassen zu wollen. Es wird vereinbart, dass die Ratsuchende sich nach Bekanntgabe der Untersuchungsergebnisse nochmals meldet.

Deutlich wurde, dass der Partner sich in die emotionale Situation seiner Freundin nicht einfühlen konnte, eher abblockte bei an ihn gerichteten Fragen zu einer gemeinsamen Zukunft mit Kind.

Etwa 1 Monat später kommt die junge Frau allein in die Beratungsstelle. Sie hatte zwei Wochen in der Frauenklinik gelegen zur medikamentösen Toxoplasmosebehandlung und nach der Entlassung noch 2 Wochen lang zu Hause Medikamente einnehmen müssen. Die Werte seien nun in Ordnung. Die Amniocentese habe den Triple-Test-Verdacht nicht bestätigt. Allerdings habe sie sich von ihrem Freund getrennt. Die letzten Wochen haben ihr gezeigt, dass er in einer für sie schweren Zeit kein verlässlicher Partner sei, sein Hund sei ihm wichtiger als das gemeinsame Kind. Sie habe vor, in die Nachbarstadt zu ziehen und bis zur Entbindung zunächst mit Freunden in einer Wohngemeinschaft zu leben.

Kurz vor der Entbindung ruft sie nochmals in der Beratungsstelle an. Ihr und dem erwarteten Kind geht es gut.

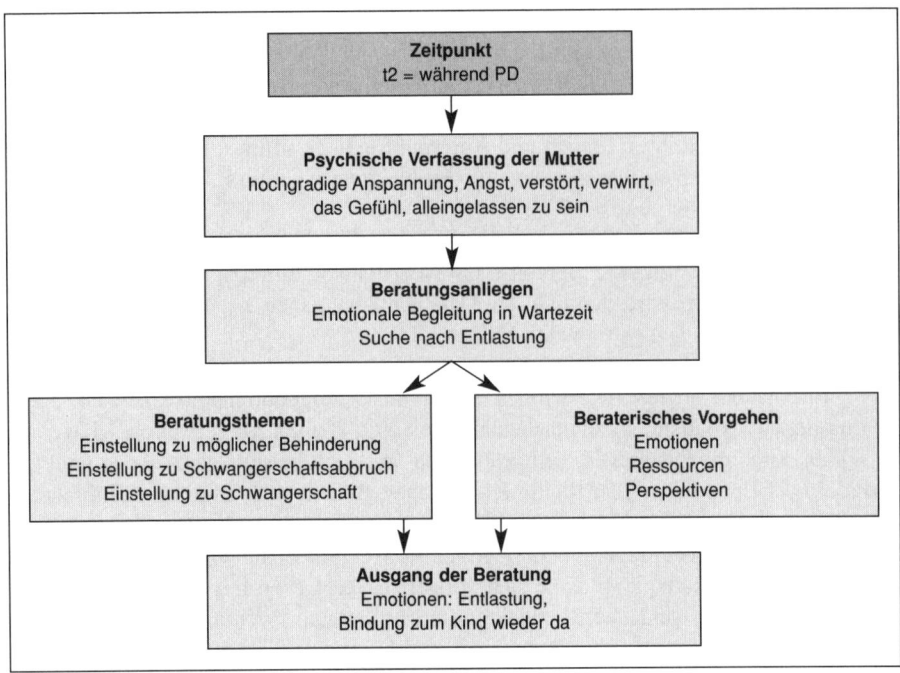

Abbildung 9: Beratung während der Pränataldiagnostik (Pauli-Magnus, 2001)

3.4.3 Nach Pränataldiagnostik – bei Bestätigung einer medizinisch norm-entsprechenden Embryonalentwicklung

Eine Beratung nach Inanspruchnahme von Pränataldiagnostik heißt nicht zwangsläufig Beratung in der Entscheidungsfindung zum Spätabbruch oder die Entscheidung für ein möglicherweise behindertes Kind.

Die meisten Frauen/Paare erhalten eine Bestätigung dafür, dass durch die Untersuchungen keine normabweichenden Fehlbildungen oder Behinderungen festgestellt werden konnten. In den seltensten Fällen erhalten die werdenden Eltern einen positiven Befund. Auf diese Situationen wird in den folgenden Punkten ausführlich eingegangen.

Die Zeit des angstvollen Wartens und Bangens um die Gesundheit des Kindes ist vorbei. Frauen/Paare sind erleichtert und verlieren allmählich ihre „Erstarrung". Mit der Mitteilung – nach Triple-Test, Fein-Ultraschall oder Amniocentese – dass die gezielt untersuchten Merkmale sich im medizinisch definierten Normbereich bewegen, „bricht das Eis", Entspannung bekommt Raum. Die Zeit des stillen Hoffens „es wird schon nichts erkannt werden", des „möglichst nicht darüber Reden, sonst wird vielleicht doch noch was festgestellt", ist überstanden.

Dies erklärt, dass die Betroffenen jetzt ein Bedürfnis entwickeln, darüber zu reden. Es scheint für Frauen wichtig zu sein, diese Zeit und dieses Erleben retrospektiv reflektieren zu können als Möglichkeit zu rationaler und emotionaler Verarbeitung. Im Rahmen von psychosozialer Beratung kann Raum und Zeit zum Zuhören geboten werden, zum Bewusstmachen von Beweggründen für Entscheidungen, Erkennen und Benennen von Ambivalenzen, Reflektieren der Reaktionen und gegebenenfalls Einflussnahmen von Partner, Arzt und sonstigem Umfeld.

3.4.4 Nach Pränataldiagnostik – nach der Information über einen pathologischen Befund

• *Situation der Frau*

Die Schwangerschaft ist zu diesem Zeitpunkt bereits recht weit fortgeschritten, in der Regel sind die Frauen im fünften oder sechsten Monat. Sie haben bereits die ersten Kindsbewegungen gespürt. Die verschiedenen Untersuchungen haben ihre Spuren hinterlassen. Die Frau/das Paar sehnt sich nach Ruhe, die wie sie hoffen nach der Befundmitteilung eintritt. Auch wenn ein pathologischer Befund befürchtet und vielleicht halb erwartet wurde, bedeutet die Mitteilung ein Schockerlebnis für die Schwangere und ihren Partner. Entscheidungsdruck und Gefühle sind eigentlich nicht mehr zu ertragen. Die Betroffenen erleben eine Krise. Nach der Phase des Schocks, spüren Frauen/Paare auch Erleichterung darüber, jetzt endlich mehr Klarheit zu haben und zu wissen, um welche Erkrankung es sich handelt. Obwohl dieses genauere Wissen äußerst schmerzhaft ist, führt es häufig zu einer Entlastung bei den Betroffenen, weil sie sich jetzt besser einstellen und vorbereiten können, auf das, was auf sie zukommt (vgl. Meyer, Brünig, EZI 1999).

Andererseits soll sich die Schwangere einer Realität stellen, die sie nicht real erlebt. Das Kind lebt weiter in ihr, aber es ist anders als erwartet. Eine Diagnose umzusetzen auf das Kind im Bauch ist schwierig; es können angsterregende Vorstellungen entstehen. Manche hoffen, alles wäre ein Irrtum und versuchen mit großer Energie, noch mehr und noch bessere Diagnostiker zu finden. Eine mögliche Reaktion ist, das Kind im Bauch behalten zu wollen und schwanger zu bleiben. Viele Frauen fühlen, dass mit einer solchen Diagnosemitteilung die Beziehung zum ungeborenem Kind mit einem Schlag unterbrochen oder gar durchtrennt wird. Es gibt nicht nur ein typisches Reaktionsmuster.

In dieser Situation können die meisten werdenden Eltern den Ausführungen der Ärztin zum Krankheits- oder Behinderungsbild des Kindes nicht mehr folgen. Sie sind affektiv erstarrt, nicht in der Lage Fragen zu stellen, geschweige denn eine autonome und eigenverantwortliche Entscheidung zu treffen. In den meisten Fällen fehlen den Betroffenen eigene Erfahrungen mit Menschen mit Behinderungen, so bilden sozial vermittelte negative Klischees und Erfahrungen aus zweiter Hand die Grundlage. Hinzu kommt, dass die medizinische Diagnose erklärungsbedürftig für medizinische Laien ist und keine Voraussage über die Zukunft des Kindes und seine individuellen Entwicklungsmöglichkeiten treffen kann. Frauen werden mit der Erwartung konfrontiert, dass nach dem Befund nur ein Abbruch als Ausweg denkbar ist (vgl. 3.3.2).

Unter diesen Voraussetzungen sollen Schwangere und Partner entscheiden. Hier zeigt sich nun die Folge fehlender vorheriger Auseinandersetzung mit einem positiven Befund: zum Abwägen bleibt kaum Zeit. Sämtliche Konflikte, die mit dem Ja zur Pränataldiagnostik unterschwellig präsent waren, brechen voll auf. Das kann im übrigen auch bei Frauen geschehen, die sich bewusst und gut informiert für die pränatale Diagnostik entschieden hatten, denn die emotionale Seite bleibt bestehen. Die Eltern stellen sich immer wieder die gleichen quälenden Fragen:
– Warum gerade ich/wir?
– Habe ich/haben wir Schuld daran?
– Was können wir jetzt tun?
– Gibt es Behandlungs-/Therapiemöglichkeiten?

• *Anlässe zur Beratung*

Von der Gesamtstatistik her betrachtet sind genetisch bedingte Normabweichungen, wie auch schwere, im Ultraschall sichtbare körperliche Fehlentwicklungen selten. Demzufolge sind Beratungen nach einem pathologischen Befund auch in Schwangerenberatungsstellen nicht häufig.

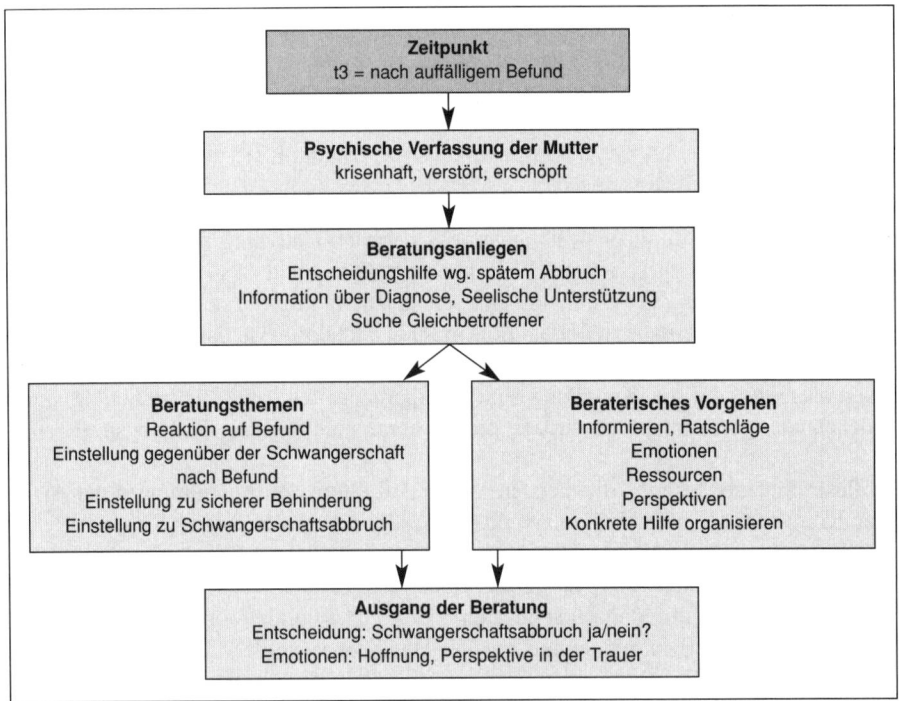

Abbildung 10: Beratung nach der Pränataldiagnostik bei auffälligem Befund (Pauli-Magnus, 2001)

• *Ziel und Weg*

Psychosoziale Beratung in dieser Entscheidungssituation heißt zu beachten, dass Ähnlichkeiten zur Schwangerschaftskonfliktberatung bestehen, es hier aber um die Entscheidung für oder gegen ein gewünschtes Kind geht, das für das Leben der Schwangeren/ des Paares angenommen ist und für welches die Lebensplanung eingerichtet wird.

Wesentlicher Bestandteil der Beratung ist, beide Handlungsoptionen mit ihren konkreten Schritten, sozialen und emotionalen Konsequenzen zu antizipieren und Ressourcen zu erschließen, die eine tragfähige Entscheidung ermöglichen. Die Entscheidung selbst ist von den Betroffenen zu fällen, das Ergebnis der Beratung bleibt offen.

Wir haben uns in dieser Darstellung dazu entschlossen, die beiden Entscheidungsoptionen „Fortsetzen der Schwangerschaft" und „Schwangerschaftsabbruch" zu trennen. Die oben beschriebene Ausgangs-Situation der Frau/des Paares ist für beide Fälle gleich. Der jeweils „andere" Weg bleibt schon deshalb immer in Betracht, weil er die andere Seite im Bewusstsein der Betroffenen repräsentiert. Sie ist in jedem Falle vorhanden, auch wenn sie verdrängt ist und nicht darüber gesprochen wird.

• *Kooperationspartner*

Vorrangig ist hier die Zusammenarbeit anzustreben mit Zentren/Ärztinnen, die Diagnosemitteilungen machen, um in krisenhafter Verfassung kurzfristig Beratung für Ratsuchende verfügbar zu machen. Wünschenswert wäre auch eine Befunderläuterung zwischen Beraterin und Ärztin.

3.4.5 Nach der Entscheidung für ein voraussichtlich behindertes Kind

• *Anlässe für Beratung*

Nach Befundmitteilung (in der Schwangerschaft). Frauen/Paare suchen die Beratungsstelle auf, nachdem sie den ersten Schock überwunden haben. Vorteilhaft ist hier eine bestehende Vertrauensbeziehung zur Beraterin, die sich in vorherigen Gesprächen gebildet hat. Dies müssen nicht Beratungen bei der Entscheidungsfindung für oder gegen die Inanspruchnahme gewesen sein. Unseren Erfahrungen nach betrifft dies auch Frauen/Paare, die auf Grund einer allgemeinen Beratung rund um Schwangerschaft die Beratungsstelle aufgesucht hatten. Den werdenden Eltern fällt der Gang zur Beratungsstelle dadurch leichter.

Die Reaktionen nach der Diagnoseeröffnung können verschieden sein (vgl. 3.4.4). Die Entscheidung zur Fortsetzung der Schwangerschaft kann unterschiedlich viel Zeit erfordern. So gibt es Frauen/Paare, die trotz der krisenhaften Situation, in der sie sich befinden, sehr schnell wissen, dass sie das Kind bekommen werden (z. B. wegen grundsätzlicher Ablehnung eines Abbruchs). Andere Frauen/Paare durchleben einen langen ambivalenten Prozess des Hin- und Hergerissenseins bis zur Entscheidung für das Kind.

Gesichtspunkte, die zur Entscheidung für die Fortsetzung der Schwangerschaft bei den werdenden Eltern beitragen sind (vgl. Baldus, 2000):
- prinzipielle moralische Werte
- religiöse Erziehung
- *persönliche* Erfahrungen mit anderen Menschen mit Behinderungen
- das Sehen des Ungeborenen auf dem Ultraschallmonitor und das Fühlen von Kindsbewegungen
- Unterstützung und Reaktion von Freunden und der Familie

Zu beachten ist hier, dass es sich bei den Diagnosen auch um „nicht lebensfähige" oder im medizinischen Fachjargon als „nicht mit dem Leben vereinbare" Fehlbildungen oder genetische Defekte handeln kann. Dies sind z. B. Anencephalus, Trisomie 13 und 18. Bei diesen Fehlbildungen kann das Kind außerhalb des mütterlichen Bauches nicht eigenständig leben. Es stirbt wenige Stunden nach der Geburt oder nach einigen Tagen oder Wochen aufgrund der organischen Fehlbildungen. Medizinische Forschung und Technik kann diesen Kindern nicht zum Leben verhelfen.

Für die Praxis der Beratungsstelle ist es wichtig, dass es Frauen/Paare gibt, die sich trotz dieser Diagnose für das Austragen des Kindes entscheiden. Dieser Schritt wird nicht immer von der Ärztin verstanden. Die werdenden Eltern müssen sich hier oft rechtfertigen und um ihre Entscheidung kämpfen. Die Beraterin kann durch emotionale Begleitung während der Schwangerschaft und darüber hinaus, die Frau/das Paar unterstützen. Auch praktische Hilfen, wie beispielsweise bei der Suche einer Klinik oder einer Hebamme sind denkbar (vgl. 3.4.6). Hierfür hat die psychosoziale Beratungsstelle ein Kooperationsnetz, auf welches sie zurückgreifen kann.

Nach der Geburt eines behinderten Kindes – wenn erst nach der Geburt eine Behinderung diagnostiziert wird. Es kommt auch vor, dass Frauen/Paare sich nach der Geburt eines behinderten Kindes an die Schwangerenberatungsstelle wenden.

Wenn z. B. Erst-Trimester- und/oder Triple-Test keine Auffälligkeiten ergeben haben, wurde keine weiterführende Diagnostik vorgenommen. Die Eltern waren fest in der Annahme, dass sie durch die Inanspruchnahme der Pränataldiagnostik Sicherheit hinsichtlich der Gesundheit des Kindes haben. Die Diagnosemitteilung nach der Geburt kann sie in eine tiefe Krise stürzen. Für sie bricht eine Welt zusammen. Schock, Wut, Trauer und Enttäuschung sind vorherrschende erste Reaktionen. Die jungen Eltern konnten sich nicht im Vorherein damit auseinandersetzen, was es heißt, ein behindertes Kind zu bekommen. Sie konnten sich nicht über die Behinderung informieren. Sie haben Angst vor der Zukunft und fühlen sich hilflos in Bezug auf die neue Lebenssituation. Mitunter kann es zu Schwierigkeiten in der Eltern-Kind-Beziehung kommen bis hin zur Ablehnung des Kindes. Steht nicht das soziale Umfeld als Unterstützung bereit, kann dies zur Isolation der jungen Familie führen. Unseren Erfahrungen nach ist es hier wichtig, aufsuchende Beratungsarbeit zu leisten, d. h. in die Kliniken gehen und den Eltern Unterstützung und Begleitung anbieten. Dafür brauchen Beraterinnen ein Kooperationsnetz.

• *Ziele und Weg der Beratung*

Entlastung und Beruhigung der Frau/des Paares. Die Gewissheit, das erwartete Kind hat eine Behinderung, kann die Frau/das Paar an die Grenzen dessen bringen, was man aushalten kann. Der Prozess der Verarbeitung kann viel Kraft und Zeit beanspruchen. Die psychosoziale Beratung bietet hier Raum und Zeit, um die verzweifelten, traurigen und ängstlichen Gefühle wahrnehmen, ansprechen und sortieren zu können. Die Beraterin bietet Begleitung für die weitere Schwangerschaft an.

Bestärken der getroffenen Entscheidung. Die Frau/das Paar können erzählen, wie sie den Prozess der Entscheidungsfindung erlebt haben. Die Beraterin spricht Gefühle, Gedanken und Vorstellungen an, die für das Austragen der Schwangerschaft sprechen.

Schuldgefühle und Trauer ernst nehmen. Die Frau/das Paar werden unterstützt beim Umgang mit Schuldgefühlen und Selbstzweifeln. Sie verarbeiten einen Verlust, nehmen Abschied vom vorgestellten Wunschkind und von ihrer bisherigen Lebensplanung. Das bedeutet auch Trauer um das gewünschte gesunde Baby, um das erwartete Kind in seinem „So-Sein" annehmen und akzeptieren zu können.

Information und Beratung hinsichtlich des Befundes. Die Art und Weise der Befundmitteilung wirkt sich auf die Vorstellungen über die Ausmaße der Behinderung des Kindes aus. Eine wichtige Rolle spielt hier die Verständlichkeit der Diagnose für medizinische Laien. Verallgemeinerungen führen zur Verstärkung von vielleicht verklärten Vorstellungen. Die psychosoziale Beratung kann verständliche Informationen über die Diagnose geben. Über die Zukunftsperspektive des zu erwartenden Kindes mit Behinderung können auch hier keine genauen Voraussagen gegeben werden. Die Beraterin orientiert sich am Wissensstand des Paares und knüpft daran an. Unsere Erfahrungen zeigen, dass vor allem eine Differenzierung des pauschalierten Begriffes „Behinderung" notwendig ist.

Zukunftsperspektiven für das Leben mit dem Kind besprechen und entwickeln. Die Beraterin gibt der Frau/dem Paar Informationen über das mögliche Leben mit einem Kind mit Behinderung/Krankheit. Wichtig ist in diesem Kontext: Behinderung kann nicht wegtherapiert oder -gefördert werden.

Einige Eltern tendieren dahin, möglichst alles in ihrer Kraft stehende tun zu müssen, damit das „Leid" des Kindes vermeidbar wird. Dies kann auch durch die Beraterin verstärkt werden, wenn diese vorschnell Therapien vorschlägt oder den Eltern rät so schnell wie möglich Frühförderung in Anspruch zu nehmen. – Hier ist es notwendig, auf andere Fachdisziplinen zu verweisen und mit ihnen zusammenzuarbeiten. Die Vermittlung einer Selbsthilfegruppe kann den Betroffenen helfen, das Kind mit seiner Behinderung anzunehmen. Die Erfahrungen anderer Eltern und Familien können dabei hilfreich sein.

Vermittlung von weiterführenden Hilfsangeboten. Hierzu zählen Beratungsstellen für Menschen mit Behinderung, Frühförderstellen und Familienberatungsstellen. Die Frau/das Paar können dabei unter dem Erwartungsdruck stehen, die ihnen vorgeschlagenen

Stellen sofort aufzusuchen. Auch ist die Schwelle, eine neue Beratungsstelle aufzusuchen, oftmals zu hoch. Bessere Zugangswege können durch gemeinsame Gespräche
oder aufsuchende Beratungsarbeit geschaffen werden.

Organisation von konkreten Hilfen. Diese können die Beantragung von rechtlichen Ansprüchen, die Unterstützung bei deren Durchsetzung und die Vermittlung einer Haushaltshilfe sein.

• *Kooperationspartner*

Beratungsstellen für Menschen mit Behinderung, Sozialpädiatrische Zentren, Pädiater,
Frühförderstellen, Kliniken, Hebammen

Folgender Fall macht die Komplexität von psychosozialer Beratung nach Pränataldiagnostik deutlich.

Fallbeispiel

Eine junge Familie sucht die Beratungsstelle auf, um sich Informationen über
rechtliche und finanzielle Ansprüche einzuholen. Die Frau ist 21 Jahre alt und zu
diesem Zeitpunkt noch im Erziehungsurlaub, ihr Mann (27 Jahre) ist arbeitslos.
Für das Paar ist dies die vierte Schwangerschaft. Beratungsinhalte sind zunächst
finanzielle Hilfen aufgrund der Schwangerschaft, die materielle Absicherung
(Sozialhilfeanspruch), der bevorstehende Wohnungswechsel und der Wohngeld-
anspruch der Familie. Zu diesem Zeitpunkt ist die Frau in der 19. Schwangerschaftswoche. Nach dieser Klärung erzählt die Familie, dass es sich um keine Wunsch-
schwangerschaft handle, da sie innerhalb kürzester Zeit zwei Kinder verloren hatten.
Das erste Kind (ein Mädchen) ist mit 2,5 Jahren an einer Stoffwechselerkrankung
verstorben. Das zweite Kind (ein Junge, 1,5 Jahre) lebt in der Familie. Während
der dritten Schwangerschaft kam es in der sechsten Woche zu einem Abort. Daraufhin verschenkte die Familie ihre gesamten Babysachen. Eine erneute Schwangerschaft nach den Verlusten war nicht geplant.

Das Thema Pränataldiagnostik und mögliche Behinderung des ungeborenen Kindes wurde nicht vertieft besprochen, da die finanzielle Absicherung der Familie
im Vordergrund stand (Antragstellung von Wohngeld und Sozialhilfe). Die Beraterin verwies auf die Möglichkeit eines weiteren Gespräches.

Einige Wochen später rief eine niedergelassene Gynäkologin in der Beratungsstelle an, um einige Informationen bei Beratung nach medizinischer Indikation
und einer eventuellen Kostenübernahme der Fahrtkosten zur Klinik bei einem späten Schwangerschaftsabbruch einzuholen. Die Mitarbeiterin der Beratungsstelle
gab der Ärztin die rechtlichen Informationen (unabhängiges Zweitgutachten einer
anderen Ärztin).

Einen Tag später kommt die Familie in die Beratungsstelle (ohne vorherige Termin-vereinbarung). Das Paar wirkt sehr verstört. Innerhalb der Beratung wird klar, warum die Familie sofort ein Gespräch wünscht. Der Mann entschuldigt sich zu-erst dafür, dass sie unangemeldet gekommen wären, die Beraterin jedoch das letzte Mal gesagt habe, dass die Familie wieder kommen kann, wenn unvorherge-sehene Probleme auftauchen würden. Er fängt langsam an zu erzählen, seine Frau ist dazu nicht in der Lage. Das Paar war gerade bei ihrer Gynäkologin. Die Frau berichtet, dass sie vor ca. zwei Wochen in einer Klinik zu einer Untersuchung waren, die ihnen von der Ärztin angeraten wurde. Beim heutigen Besuch bei der Gynäkologin wurde ihnen der Befund mitgeteilt. Das erwartete Kind habe die gleiche Stoffwechselerkrankung wie ihre verstorbene Tochter. Nach dieser Diag-nosemitteilung erfolgte die Mitteilung, dass man dieses Kind noch abtreiben kann und dass dies für die Eltern die einzige Möglichkeit sei. Im Weiteren hätte das Paar keinerlei Zeit mehr noch lange darüber nachzudenken, ob eine Spätabtreibung in Erwägung gezogen wird, Zitat: „nach der 22. Woche macht es ihnen niemand mehr".

Ohne das Paar zu fragen, wie sie zu diesem Kind nach dem Befund stehen oder der Betroffenheit Raum zu geben, griff die Ärztin zum Telefonhörer und machte für die Frau einen Termin mit einem niedergelassen Facharzt für Neurologie und Psychiatrie fest. Das Paar erhielt die Information, dass die Frau vor dem Eingriff erst noch zum Psychiater muss.

Die Art und Weise des Umganges sei so schockierend für das Paar gewesen, dass sie sich nicht in der Lage fühlten, der Ärztin in irgendeiner Weise während des Gespräches zu widersprechen oder Fragen über Nichtverstandenes zu stel-len. Die Frau fühlte sich von der Ärztin bevormundet, nicht fähig eigene Ent-scheidungen treffen zu können und schuldig, schwanger geworden zu sein. Das Erleben des Gespräches wurde von der Beraterin aufgegriffen. Es wurde Zeit und Raum gegeben, sich mit dem Erlebten erstmals auseinander zusetzen. Der Frau wurde immer mehr bewusst, dass sie schon jetzt vor dem nächsten Ter-min bei dieser Ärztin Angst verspürt und allein auf keinen Fall hingehen möchte. Die Beraterin brachte die Vorstellung eines Wechsels der Ärztin ein, bei dieser wurde sie ruhiger. Das Paar beschloss sofort die Ärztin zu wech-seln.

Im weiteren Beratungsprozess wurde durch die Beraterin hinterfragt, was denn die Diagnose für die Familie bedeutet. Die diagnostizierte Stoffwechselerkran-kung des Kindes wurde thematisiert. Dem Paar wurde dadurch deutlich, wie viel sie über diese Erkrankung wissen, Experten in eigener Sache sind und auch wissen, dass die Diagnose noch nichts über das tatsächliche Krankheitsbild aussagt. Für die Familie besteht die Entscheidung für dieses Kind bereits seit dem Bekannt-werden der Schwangerschaft, durch die Untersuchung habe sich nichts daran ge-ändert. Durch den enormen Druck, der durch die Ärztin ausgelöst wurde, waren sie nicht fähig, eine Entscheidung zu treffen.

Die Beratung nimmt fast zwei Stunden in Anspruch. Am Ende des Gespräches ist das Paar deutlich gelöster, allein die Vorstellung den Arzt zu wechseln, beruhigt vor allem die Frau.

Die Beraterin verweist das Paar auf die Beratungsstelle für Menschen mit Behinderungen und deren Angehörige.

3.4.6 Nach der Entscheidung zu einem späten Schwangerschafts- abbruch

• *Anlässe für Beratung*

Die Erfahrungen von Beraterinnen und von Frauen/Paaren besagen, dass Beratung zu diesem Zeitpunkt eine Hilfe zur Vorbereitung auf Abbruch/eingeleitete Geburt, Abschied und Trauer war. Nicht alle Beraterinnen sind auf diese Thematik vorbereitet. Sie erfordert den Erwerb weiterer spezieller Kompetenzen und die eigene Auseinandersetzung mit der Verantwortung für Leben und Tod, mit der eigenen Sicht auf Lebensqualität und Lebenswert. Bei den Betroffenen ist zu bedenken, dass die praktische und psychische Bewältigung der Situation Kräfte und Zeit absorbiert. Es ist zu überlegen, ob Beraterinnen sich zu Haus- oder Krankenhausbesuch entschließen, wenn entweder die Frau/das Paar selbst oder die Ärztin mit deren Einverständnis einen ersten (telefonischen) Kontakt hergestellt haben.

Ein Hinderungsgrund für Beratung in dieser Situaton kann die Angst sein: „darüber reden" würde die ohnedies schon schwere Entscheidung wieder in Frage stellen. Frauen formulieren dann: „Ich mach jetzt Augen-zu-und-durch", „Ich muss das jetzt machen". Das heißt auch: ich hätte wohl die Wahl, aber wenn ich länger beim Wählen verharre, halte ich das seelisch und körperlich nicht aus.

• *Ziele und Wege*

Die Ausgangsposition der Beraterin muss es sein, die Entscheidung der Frau/des Paares zu akzeptieren. Folgende Beratungsziele sind in dieser Situation auch wichtig:
– Verstehen, was das Paar/die Schwangere will
– Ruhe und Anhalten ermöglichen, um eine gemeinsame Arbeitsebene zu finden.

Angesichts der konkreten – nicht mehr phantasierten – Entscheidungsanforderung treten die folgenden Ziele hinzu:

Das Schwangersein und das Kind als Realitäten bestätigen. So wird nicht geleugnet, dass das Kind lebt und dass es um den Abschiedsprozess von dieser Schwangerschaft und diesem Kind geht. Auch jetzt noch ist es wichtig, Zeit und Raum für das Erleben der Schwangerschaft zu haben.

Für die widerstreitenden Gefühle (s. o.) Ausdrucksmöglichkeiten suchen. Wut, Trauer, Angst und Schuld werden nebeneinander gelten gelassen und dürfen benannt werden.

Der „andere Weg" kann nun nochmals eine Rolle spielen (s. u. – Umgang mit Schuld und Trauer). Sollte sich wider Erwarten eine Wendung in der Entscheidungstendenz ergeben, wird all das wichtig, was Punkt 3.4.5 beschreibt. (Kenntnisse über Arten von Behinderungen, Lebensperspektiven von Menschen mit dieser Behinderung, Kontakte zu Hilfsangeboten für Behinderte).

Die nächsten praktischen Schritte bis zum Abbruch besprechen. Frauen haben jetzt einen enormen organisatorischen Aufwand zu leisten:
a) Konsultation bei einem zweiten Arzt. Er muss bestätigen, dass im Hinblick auf die jetzigen oder künftigen Lebensverhältnisse aus ärztlicher Erkenntnis ein Abbruch angezeigt ist, „um eine Gefahr für das Leben oder die Gefahr einer schwerwiegenden Beeinträchtigung des körperlichen oder seelischen Gesundheitszustandes der Schwangeren abzuwenden und die Gefahr nicht auf eine andere für sie zumutbare Weise abgewendet werden kann" (§ 218 a (2) Strafgesetzbuch – medizinische Indikation). Dies kann auch ein Psychiater sein. Hier besteht die Gefahr, dass eine krisenhafte Lebenssituation, die nicht krankheitswertig, wohl aber schwer zu durchleben ist, über eine Krankheitszuschreibung pathologisiert wird.
b) Für die Geburtseinleitung und einige Zeit nach dem Abbruch ist eine Krankschreibung nötig und eine entsprechende Mitteilung an die Arbeitsstelle. Nahestehende Personen müssen Mitteilung erhalten, weil sie unter Umständen Geschwisterkinder betreuen sollen und der Haushalt zu versorgen ist.
c) Für vorbereitende ärztliche Untersuchungen werden etliche Termine anberaumt.
d) Zur Absicherung der Medizinerinnen wird die Frau um ihre schriftliche Einwilligung zum Abbruch gebeten. § 218 a (2) StGB sieht die Einwilligung vor, in der Praxis gerät sie aber zu einer schriftlichen Begründung der Schwangeren – das kann eine zusätzliche Belastung sein.

Termine und Management sind einerseits kräftezehrend und belastend, werden von Frauen aber z. T. als „Ablenkung" erlebt, die Anteilnahme von Bekannten und Verwandten auch als Stützung. In der Beratung kann es wichtig sein, die konkrete Tagesgestaltung bis zum Abbruch zu besprechen und Fragen für einen nächsten Termin bei Gynäkologin oder Humangenetikerin vorzubereiten.

Auf die Ereignisse der eingeleiteten Geburt/des Todes vorbereiten. Ein Schwangerschaftsabbruch in hohen Wochen kann nicht mit den Mitteln der Absaugung und Kürettage erfolgen. Stattdessen wird über Hormongaben die Geburt dosiert eingeleitet. Wird damit gerechnet, dass das Kind den Abbruch überlebt, dann wird in einigen Fällen auch über eine Kaliumchloridgabe das Kind vor der Geburt getötet. Die Frau durchlebt einen Geburtsprozess über mehrere Stunden, mitunter auch Tage. So schwer das ist, berichten Frauen aber auch, dass sie die Geburt als eigenes aktives Tun erlebt haben, dass das eine Voraussetzung für einen aktiven Abschied und für ein Annehmen der Realität war. Wenn der Partner dabei ist, kann das für die Frau eine Stütze und für ihn selbst ebenfalls eine Hilfe zum Erfassen der Realität sein. Eltern/Frauen, die nach der Entbindung das Kind angesehen, vielleicht eine Weile gehalten und bei sich gehabt haben, berichten ebenfalls, dass ihnen dies eine Hilfe war. Sie konnten das Kind als ihr Kind identifizieren und Abschied nehmen. Die Furcht, das Aussehen des Kindes nicht ertragen zu können, bestätigt sich so nicht. Hierzu können sich aber nicht alle entschließen. Es kann auch ein erster Schritt zum Überleben des schier Unerträglichen sein, zunächst jegliche Konfrontation zu meiden. Als solcher ist er auch zu respektieren.

Es folgen praktische Fragen, deren Beantwortung aber Elemente für eine Trauerverarbeitung enthalten:
– Sollen Fotos gemacht werden? Soll das Kind zur Obduktion freigegeben werden?
– Soll es beerdigt werden?
– Wird es einen längeren Klinikaufenthalt geben – wenn ja, ist ein Einzelzimmer besser oder im Gegenteil der nahe Kontakt zu Frauen, die gerade entbunden haben?
– Soll das Kind einen Namen bekommen?
– Welche Hilfe zur Vorbereitung einer Bestattung wird benötigt, was ist zu bedenken an Formalitäten und Kosten?
– Welche Abschiedsrituale sind individuell möglich, wenn es nicht zu einer Bestattung kommt?
– Was soll Freunden und Bekannten mitgeteilt werden?

Auswirkungen auf das nahe Umfeld bedenken. Für den Partner bedeutet ein pathologischer Befund ebenfalls ein einschneidendes Ereignis. Möglicherweise werden seine Bestürzung, Angst und Trauer gar nicht von ihm und vom Umfeld wahrgenommen, weil er beansprucht wird in seiner stützenden Funktion. Schon vorhandene – mitunter jugendliche – Geschwisterkinder nehmen das Geschehen sehr bewusst wahr. Sie übertragen den Entscheidungsprozess der Eltern auf mögliche eigene Lebensperspektiven. Besonders Mädchen beginnen, sich intensiv mit Schwangerschaft auseinanderzusetzen. Ängste, die hier entstehen, kann die Beraterin verstehen und versuchen, mit den Betreffenden selbst ins Gespräch kommen.

Eine ausführliche Darstellung sprengt den Rahmen dieses Handbuches. Wir verweisen daher gern auf die Literatur, die uns selbst für die Beratung hilfreich ist. (Materialien der EKFuL-Konferenzen 1997 und 1998; „Schlechte Nachrichten nach vorgeburtlicher Entwicklung", Freiburger Genetische Beratungsstelle, 1998; „Gute Hoffnung – jähes Ende", VELKD, 1996)

Das folgende Beispiel beschreibt einen Prozess psychosozialer Beratung bei einem pathologischen Befund:

Fallbeispiel

In der Schwangerenberatung meldet sich eine Frau Mitte dreißig mit der Bitte um Beratung zu Triple-Test und Amniocentese. Sie ist verheiratet, die Kinder sind 16 und 9 Jahre alt. Sie wie auch ihr Mann arbeiten seit vielen Jahren im gleichen technischen Beruf, seit kurzem im selben Betrieb. Schon lange wünscht sie sich sehr stark ein drittes Kind. Jetzt ist sie in der 14./15. Schwangerschaftswoche.

Dieser Schwangerschaft vorangegangen war eine Fehlgeburt im dritten Monat. Nun hat ihr der behandelnde Gynäkologe dringend Triple-Test und Amniocentese angeraten. Sie hat Zweifel, ob sie die Untersuchungen in Anspruch nehmen soll, denn sie möchte die Schwangerschaft nicht gefährden und weiß nicht recht, ob die Untersuchungen „etwas bringen". Die Frage der Beraterin nach Beweggründen für die pränatale Diagnostik ergibt: vor der Geburt des zweiten Kindes hatte eine Schwangerschaft mit einer Totgeburt geendet. Diese Geburt ist in der Erinnerung noch immer als traumatisches Ereignis präsent, zumal keine Befunde bekannt sind und die Frau nach der Geburt das Kind nicht gesehen hat. Nach einem Abwägen ihrer persönlichen Gründe entscheidet sie sich, die angebotenen Untersuchungen nicht durchführen zu lassen.

Etwa fünf Wochen später ruft sie wieder bei der Beraterin an. Sie ist deutlich angespannt und versucht, sachlich zu schildern, was geschehen ist. Der 2. Ultraschall ließ erkennen, dass sich das Kind nicht altersgerecht entwickelt. Ihr Gynäkologe bedrängt sie massiv, sie solle sich zur Amniocentese entschließen. Sie glaube weiterhin nicht, dass ihr die Amniocentese weiterhelfe. Außerdem kann und möchte sie sich nicht vorstellen, dass in einem Leben zweimal das gleiche passieren könnte – also eine Wiederholung der Ereignisse in der 2. Schwangerschaft. Sie möchte ein Beratungsgespräch, zusammen mit ihrem Mann, fühlt sich aber körperlich und seelisch nicht in der Lage, in die Beratungsstelle zu kommen.

Daraufhin fährt die Beraterin zu einem Hausbesuch. Es ist wenige Tage vor Weihnachten, die Wohnung ist adventlich geschmückt. Beiden Ehepartnern sind Druck und Sorge anzumerken. Beim Ehemann äußert sich das eher in ratlosem Schweigen, sie versucht so viel als möglich Informationen zu sammeln. Die große Tochter kommt zum Gespräch dazu. Sie unterstützt die Mutter bei der Informationssuche und ist ihr auch emotional sehr verbunden. Gemeinsam mit der Beraterin werden Aussagemöglichkeiten von Amniocentese und Fein-Ultraschall im Hinblick auf persönliche Handlungskonsequenzen für das Paar erörtert. Ein Fein-Ultraschall erscheint beiden Partnern als sinnvoll in ihrer Situation.

Erwogen wird, ob eine humangenetische Beratung in Anbetracht der Schwangerschaftsbiographie Orientierungshilfe sein könnte. Hierfür entscheidet sich das Paar. Sehr deutlich spricht die Frau aus, dass sie sich nach wie vor über die Schwangerschaft freut, das Schwangersein genießt und dieses Erleben schützen möchte vor den offensiven Infragestellungen durch pränatale Diagnostik. Weihnachten und den Jahreswechsel wünscht sie sich als ungestörte Zeit, möglichst ohne Belastung, als Zeit, die ihrer Familie einschließlich des Kindes in ihrem Bauch gehört. Weitere Untersuchungen sollen erst danach folgen. Für den Mann hat der beim Ultraschall geäußerte Verdacht bereits eine reale Dimension, er möchte aber seine Frau nicht zusätzlich belasten und behält seine Gedanken für sich. In der Beratung ist es wichtig, dass die Wünsche und Bedenken beider wahrgenommen werden und Raum erhalten. Die jugendliche Tochter wird in das Gespräch einbezogen. Das Paar und die Beraterin vereinbaren, dass sich die Schwangere bei aktuellen Änderungen oder Fragen meldet, der nächste gemeinsame Termin aber erst nach Weihnachten stattfindet.

Der ortsansässige Frauenarzt empfindet die Bitte um Überweisung zur Humangenetik zunächst als Eingriff in seinen Kompetenzbereich, trägt den Entschluss des
Paares dann aber doch. Der Fein-Ultraschall bestätigt, dass sich das Kind nicht weiterentwickelt, auch die Bewegungen sind eingeschränkt. Die humangenetische Beratung ergibt, dass die Anamnese Rückschlüsse auf ein eventuelles genetisches Risiko zulässt. Das Ehepaar fühlt sich ernstgenommen in seinen Ängsten. Es stimmt
nun dem Vorschlag für eine Amniocentese zu. Zusätzlich setzt sich das Paar mit der
Klinik in Verbindung, an der vor 10 Jahren die Totgeburt war, bittet um Herausgabe
der alten Befunde und um eine weitere Bewertung der jetzt vorliegenden Befunde.
Alle Ultraschalluntersuchungen zeigen schwere multiple Entwicklungsstörungen
des Kindes, die seine Lebensfähigkeit außerhalb des Mutterleibes unmöglich machen.

Inzwischen hat sich die Frau sehr belesen über mögliche pathologische Befunde.
Sie kann ganz allmählich den Gedanken zulassen, dass ihr erwartetes Kind kein
gesundes und kein lebensfähiges Kind sein wird. Für den Mann werden die be-
sorgten Nachfragen der gemeinsamen Kollegen zur Belastung. Die Partner besprechen ihr Erleben untereinander. Beide beginnen sich darauf vorzubereiten,
dass sie von dem Kind Abschied nehmen werden. Für die Frau bedeutet das, sich
auch von ihrer Schwangerschaft zu verabschieden. Sie holt bei der Beraterin
detailliert Informationen zum Ablauf eines späten Schwangerschaftsabbruches
ein. Eine große Rolle spielt die Angst, den Abbruch psychisch „nicht verkraften"
zu können. Es geht nun darum, das kommende Geschehen in seinen praktischen
Schritten und seiner psychischen Dimension zu antizipieren. In telefonischen und
persönlichen Kontakten werden die nötigen Arztgespräche vor- und nachbereitet.
Besprochen wird, was nach dem Abbruch geschehen soll. Ein Beerdigungsplatz
wird bestimmt. Die große Tochter sucht einen Namen für das Kind aus.

Wenige Tage vor dem Abbruch ist zwischen Beraterin und Schwangerer Thema,
ob die Entscheidung zum Spätabbruch so für die Frau richtig ist. Im Gewissens-
konflikt, sich aktiv gegen die Fortsetzung der Schwangerschaft zu entscheiden
oder abzuwarten, bis sie mit einer Totgeburt endet, gibt schließlich die Erkenntnis
den Ausschlag, dass dieses Kind nicht wird leben können in der Welt und dass ihre
Kraft nicht mehr ausreicht, es weiter in sich zu tragen. Sie hat das Gefühl, dem
Kind alles gegeben zu haben, was ihr möglich war.

Den Schwangerschaftsabbruch bzw. die Geburt erlebt das Ehepaar gemeinsam.
Das Klinikpersonal ist darauf vorbereitet und reagiert sehr einfühlsam. Das Kind
kommt tot auf die Welt. Die Eltern begrüßen es, halten es eine Weile bei sich, es
erhält seinen Namen, Fotos werden gemacht, bevor es abgegeben wird. Das Paar
empfindet eine große Gemeinsamkeit.

Zur Beerdigung sind neben den Eltern und beiden Kindern auch die Großeltern
und auch die Beraterin da. Der Pfarrer hält die Trauerpredigt und segnet das Kind
aus. Die Beraterin hat für die Eltern und – gesondert – für die Tochter kleine
Schreiben vorbereitet.

Einige Monate später findet ein Nachgespräch mit der Frau statt. Im Rückblick empfindet sie, dass der Entscheidungsprozess und die Ereignisse in einer Weise abgelaufen sind, die für ihr Leben tragbar ist – trotz aller Trauer. Sie kann sich ihrer Familie zuwenden, die Paarbeziehung ist stabil.

Die Tochter wandte sich ein Jahr später eigenständig an die Beraterin. Sie hatte sich intensiv mit Schwangerschaft, Schwangerschaftsabbruch, Behinderung und Pränataldiagnostik weiterbeschäftigt und wollte eine schulische Belegarbeit zu diesen Themen verfassen. Im Gespräch konnte sie reflektieren, was die Ereignisse in ihrer Familie für sie und ihre Zukunft bedeuten.

3.4.7 Nach einem Schwangerschaftsabbruch

• *Situation der Frau*

Ein später Schwangerschaftsabbruch ist ein traumatisches Ereignis. Die körperliche Anspannung lässt nach dem Ereignis nach. Wenn alle Formalitäten und Rituale vorüber sind, kehrt äußerlich Ruhe ein. Nun werden physische und psychische Erschöpfung oft erst wahrgenommen. Nicht in jedem Fall sind jetzt sofort Gespräche hilfreich. Oft ist zunächst Abstand nötig und Zeit, so dass ein erstes Vernarben der Wunden beginnen kann.

Noch lange nachdem eine Entscheidung umgesetzt ist in die Tat, kann es sein, dass der Betreffende mit sich hadert, trauert, wütend ist auf die Umstände, die zur Entscheidung beigetragen haben und auf Menschen, um derentwillen – aus Liebe, aus Angst, unter Druck – er sich so und nicht anders entschieden hat.

• *Anlässe zu Beratung*

Im Zusammenhang mit Spätabbrüchen kann es zu sehr intensiven Einmalgesprächen kommen wie auch zu Beratungs- und Begleitungsprozessen über mehrere Monate.

Wir haben darauf hingewiesen, dass Frauen/Paare oft erst weit nach dem traumatischen Ereignis Beratungsstellen aufsuchen (vgl. 3.3.1 und 3.3.5). Auch dann kommt das Thema nicht unbedingt direkt zur Sprache. Hier mag eine Rolle spielen, dass ein Abbruch nicht als zu rechtfertigender Grund für Lebenskrisen oder Partnerschaftskonflikte gilt. Das trifft auch für traumatische Erfahrungen mit Pränataldiagnostik insgesamt zu. „Man" ist ja selber „schuld", hat ja „selbst entschieden". Mögliche Anlässe sind:
– Angst vor einer und in einer folgenden Schwangerschaft,
– Partnerschaftsprobleme: Paare beschreiben, sie hätten sich „auseinandergelebt", würden nur noch „nebeneinander herleben", sich „nicht mehr verstehen",
– Anfragen nach Erholungsmöglichkeiten, insbesondere Mütterkuren. Neben dem Bedürfnis nach Entspannung und Kräftesammeln kann dies ein leichter vor sich selbst zu rechtfertigender Beratungsanlass sein, als zu sagen „Ich werde eigentlich nicht fertig mit dem Trauma".

• *Ziele und Wege*

Trauerarbeit mitleisten. Nach einem Spätabbruch gestehen sich Frauen ihre Trauer um das verlorene Kind oft nicht zu, weil sie eine selbst getroffene Entscheidung nicht in Verbindung mit Trauer bringen. Im Umfeld rechnet niemand mehr mit Trauer, denn im Leben, „in der Welt" hat es das Kind so nicht gegeben. Seine Existenz im Bauch der Mutter ist für die Umgebung schwer begreiflich. Bewusstmachen und Zulassen von Trauer verhindert, dass aufgerichtete Dämme irgendwann brechen und überfluten. Kanalisieren und Dosieren können einem völligen körperlichen und seelischen Zusammenbruch vorbeugen. Reichen die Ressourcen (eigene und im Umfeld) und die psychosoziale Beratung nicht aus, die Trauer letztlich zu bewältigen, dann ist die Vermittlung in eine Psychotherapie angezeigt.

Verhindern einsamer Trauer. Es geht in der Paarebene darum, die unterschiedliche Art der Schmerzbewältigung bewusst zu machen und zu verstehen, dass es sich um unterschiedlichen Umgang mit Trauer um ein gemeinsames Kind handelt. Das ist die Voraussetzung für gegenseitige Annahme und Stützung und kann verbitterten Rückzug und gegenseitige Schuldzuweisungen vermeiden.

Schuldgefühle ernstnehmen. Schuldgefühle kleiden sich in unterschiedliche Formen. Es ist wichtig, dass die Beraterin hier genau hinhört, nicht beschwichtigt und bagatellisiert in der vermeintlich hilfreichen Absicht, der Frau zermürbende Selbstvorwürfe zu ersparen. Eine häufige Form sind Rechtfertigungen: z. B. „Schlimmer finde ich ja, wenn Frauen ihre Kinder aussetzen. Das ist schlimm!" „Wenn ich mir vorstelle, wie das Kind leiden müsste – nee, dann ist es doch besser so – nicht? Schuldgefühle sind Ausdruck einer rückblickenden Bewertung der Ereignisse, der Auseinandersetzung mit eigener Verantwortung, mit der eigenen Position als handelndes Subjekt in einem Wertegefüge. Das heißt, Schuldgefühle können ein ethisches Thema in der Beratung sein. Wenn die Beraterin das Thema aufgreift, hat die Frau nochmals die Chance, sich mit ihren Wertvorstellungen und den Ambivalenzen darin zu beschäftigen. Das ist eine Voraussetzung, das Geschehen als Realität zu akzeptieren, Brüche im Selbstbild zu verstehen oder einfach nur anzunehmen. Für eine innerpsychische Integration dieses Lebensereignisses sind das wichtige Voraussetzungen.

Zukunftsperspektive ansprechen. Sind die obigen Schritte in Ansätzen gelungen, dann kann über die Zukunft wieder nachgedacht werden. Dazu gehört die Angst, mit einer erneuten Schwangerschaft wieder gleiches zu erleben. Thema ist dann der Kinderwunsch in der Lebensplanung, Suche nach Möglichkeiten des Umgangs mit Angst. Ein weiteres Thema ist die Familie mit den schon vorhandenen Kindern. Bindet sich die Mutter jetzt besonders an eines der Kinder, weil sie das als Stärkung und Trost erlebt? Wie kann hier einer Funktionalisierung entgegengewirkt werden? Was haben die Kinder erfahren, welche Bilder und Ängste entwickeln sie? Wie können die Kinder für ihre Trauer einen Ausdruck finden, welche gemeinsame Form kann es für Eltern und Kinder geben?

• *Kooperationspartner*

Ärztinnen, Hebammen, Pflegepersonal, die Kontakt zur Frau nach dem Eingriff haben, eventuell Seelsorger in Kliniken und Psychotherapeutinnen.

Das Beispiel zeigt, dass die Auseinandersetzung mit einem späten Schwangerschaftsabbruch ein längerer Prozess ist, in dem Beratung erst Monate nach dem Ereignis angefragt werden kann:

Fallbeispiel

Frau X. hat erfahren, dass man in der Schwangerenberatungsstelle einen Antrag auf die Stiftung „Hilfe für Familien, Mutter und Kind" stellen kann und meldet sich deswegen an. Sie ist Mitte 30, arbeitet als Verkäuferin und erwartet ihr erstes Kind. Es dauert einige Zeit, bis die Ratsuchende Vertrauen gewinnt. Sie wirkt sehr zurückhaltend und hat Scheu, Fragen zu stellen. Erst als sich die Beraterin nach ihren Lebensumständen erkundigt, entsteht ein Kontakt: die Schwangerschaft kam vollkommen unerwartet, Frau X. hatte geglaubt, sie bekäme keine Kinder. Ihr Partner ist geschieden und lebt nicht fest mit ihr zusammen. Er hat schon große Kinder, freut sich jetzt aber auf die Vaterschaft. Für sie ändern sich alle Lebensumstände und sie hat große Sorge, dass es ihr nicht gelingen könnte, sich umzustellen: Sie hat das dörfliche Anwesen ihres verstorbenen Vaters zu bewirtschaften und muss sich um ihre dort lebende Mutter kümmern. Frau X. ist sich nicht sicher, ob sie zugleich den eigenen Mutterpflichten gerecht werden kann. Außerdem bereitet ihr die finanzielle Zukunft nach der Geburt des Kindes Kopfzerbrechen.

Die Beraterin nimmt sich Zeit, über die Ängste und Unsicherheiten zu sprechen, sie informiert über die rechtlichen und finanziellen Rahmenbedingungen in Schwangerschaft und Erziehungsurlaub. Am Schluss des Gespräches erfährt sie, dass der Schwangeren vom Gynäkologen wegen eines auffälligen Triple-Testes eine Amniocentese angeraten wurde und sie vor der Untersuchung Angst hat.

Für dieses Thema wird ein zweiter Termin vereinbart. Die Ratsuchende möchte nun wissen, wie die Untersuchung abläuft und welche Gefahren bestehen. Die Beraterin gibt die gewünschten Informationen. Mit einer eventuell negativen Diagnose möchte sich Frau X. jetzt nicht befassen; sie hat die Hoffnung, dass „vielleicht ja auch nichts ist".

Die Amniocentese ergibt einen pathologischen Befund, die Schwangerschaft wird abgebrochen. Danach trifft Frau X. bei einem Besuch in der Beratungsstelle die Beraterin nicht an, die Beraterin sucht darauf telefonisch Kontakt zu ihr. Frau X. möchte sich nicht weiter mit dem Geschehenen beschäftigen. Die Diagnose hat sie nicht wissen wollen. Sie hofft, „dass es noch mal klappt".

Ein Jahr später kommt sie wieder in die Beratungsstelle, sie ist erneut schwanger, jetzt im 4. Monat. Wieder steht eine Amniocentese bevor. Eine Chorionzottenbiopsie ist bereits durchgeführt worden, sie ergab keinen Befund. Jetzt erzählt Frau X. über die Schmerzen während und nach der Amniocentese im vergangenen Jahr.

Erst bei einem weiteren Termin spricht sie über den Schwangerschaftsabbruch. Sie benennt ihre Schuldgefühle und reflektiert über den inneren Zwiespalt vor der Entscheidung. Bei all den Ängsten, die sich mit der ersten Schwangerschaft verbunden hatten, war es ihr nicht vorstellbar erschienen, außerdem noch den Anforderungen als Mutter eines Kindes mit Behinderung gerecht zu werden. Der Schwangerschaftsabbruch selbst war schlimm für sie. Es fällt ihr schwer, Worte dafür zu finden. Dennoch ist deutlich zu spüren, dass mit dem Berichten eine Lockerung geschieht. Frau X. selbst sagt, dass sie dies alles noch niemandem erzählt hat. Mit der Beraterin darüber zu sprechen war ihr möglich, weil sie deren innere Anteilnahme und Verständnis für ihre gesamte Situation empfunden hatte.

Bis zur Geburt des Kindes gibt es noch einige Kontakte wegen sozialrechtlicher Angelegenheiten. Die Schwangerschaft verläuft normal. Sorgen vor den neuen Aufgaben werden jetzt überwogen von der Freude auf das Kind. Sie meldet sich noch einmal, um voller Glück die Geburt ihrer Tochter mitzuteilen.

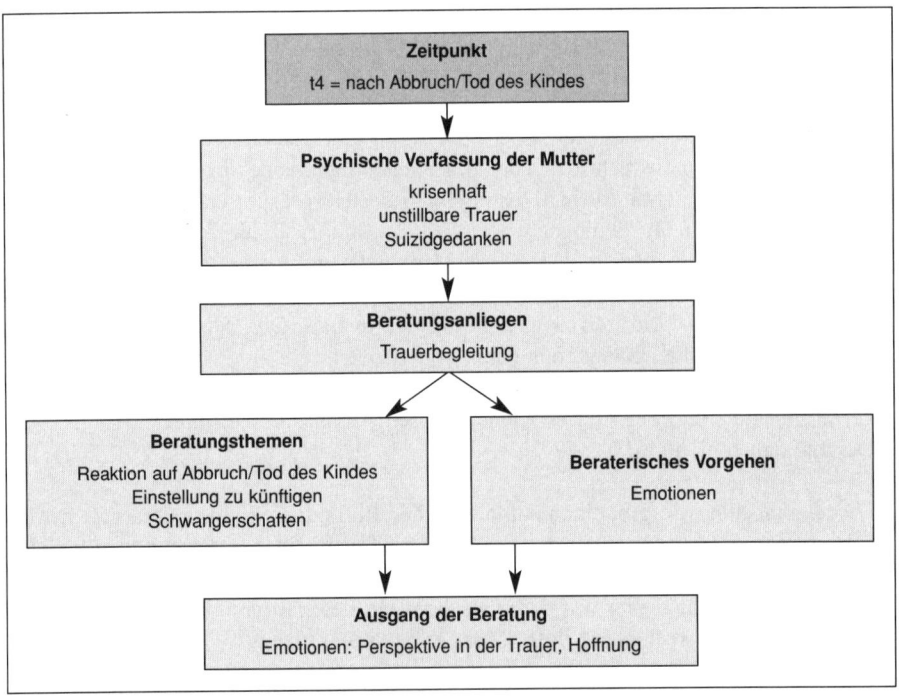

Abbildung 11: Beratung nach Schwangerschaftsabbruch (Pauli-Magnus, 2001).

4. Kooperation und Vernetzung

Elisabeth Cramer & Ulla Beckers

Für die Beratung vor, während und nach Inanspruchnahme der Pränataldiagnostik ist Kooperation und Vernetzung ein unerlässlicher Bestandteil der Arbeit. Im folgenden Kapitel werden Möglichkeiten und Grenzen der Zusammenarbeit mit anderen Berufsfeldern beschrieben.

4.1 Kooperation: Beschreibung, Zielsetzung, Voraussetzungen, Hemmnisse

Kooperation ist ein Begriff, der jedem Menschen in unterschiedlichen Zusammenhängen immer wieder begegnet. Laut Duden (Das Fremdwörterbuch, 1982) definiert sich dieser wie folgt: „Kooperation ist die Zusammenarbeit verschiedener (Wirtschafts)partner, von denen jeder einen bestimmten Aufgabenbereich übernimmt." „Charakteristische Merkmale eines interdisziplinären Kooperationsmodells sind „eine gemeinsame Zielsetzung, Planung gemeinsamer Aktivitäten, Gleichberechtigung sowie die persönliche Interaktion und Kommunikation der beteiligten Berufsgruppen" (Müller, 2001, S. 79). Als unabdingbare Voraussetzung für das Gelingen von Kooperation, Koordination und Vernetzung sieht Ernst von Kardoff (1998) Aushandlungsprozesse zwischen den beteiligten Professionen, Organisationen usw. Für alle Formen der Zusammenarbeit ist es notwendig, dass eine Verständigung über bestehende Unterschiede zwischen den „beteiligten Akteuren" erreicht wird. Gemeinsamkeiten sowie die Ziele und Grenzen der Zusammenarbeit müssen ausgehandelt und in verbindlichen Regelungen festgelegt werden (vgl. BMFSFJ, 2001).

Trotz dieser ausführlichen Beschreibung werden weitere Fragen aufgeworfen:
- Was sind die Ziele einer solchen Zusammenarbeit?
- Welche Voraussetzungen müssen geschaffen werden oder vorhanden sein für eine (gute) Kooperation?
- Was kennzeichnet eine gute Kooperation?
- Warum ist es mit einigen Kooperationspartnerinnen leicht, mit anderen nur schwer oder gar nicht möglich, eine Zusammenarbeit aufzubauen?

Die Betrachtung wissenschaftlicher Modelle von Kooperationen hilft hier einen Schritt weiter. Der Arbeitspsychologe Theo Wehner (1998) beschreibt Kooperation als Prozess, durch den gleichberechtigte Partner eine Form von Zusammenarbeit entwickeln, die beiden nützt und die dazu führt, dass das aus der Zusammenarbeit resultierende Produkt eine erhebliche Verbesserung erfährt. Die Ziele von Kooperation werden unter den jeweils folgenden Abschnitten genauer beschrieben. Grundsätzliche Ziele werden hier bereits kurz zusammengefasst: Kooperation im Bereich der Pränataldiagnostik hat u. a. das Ziel

– einer klientinnenbezogenen Zusammenarbeit,
– eines fachbezogenen Austauschs und der Förderung der interdisziplinären Zusammenarbeit,
– einer verbandlichen und politischen Förderung des psychosozialen Beratungsangebotes zur Pränataldiagnostik.

Für die Erreichung dieser Ziele gibt es einige notwendige Voraussetzungen: Die Mitarbeiterinnen verschiedener Institutionen und unterschiedlicher Berufsgruppen müssen ein fachliches und persönliches Interesse an Austausch und Kontakt haben – das heißt, in der Regel müssen mindestens zwei Seiten ein Interesse an Zusammenarbeit haben, um Probleme, die im Umgang mit Patientinnen oder Klientinnen entstehen bzw. bestehen, besser lösen zu können. Eine Zusammenarbeit kann nur entwickelt werden auf der Grundlage gegenseitigen persönlichen Kennenlernens und der Kenntnisse der jeweiligen Denk- und Arbeitsweise der beteiligten Professionen; dabei ist ein hohes Maß an Transparenz und Offenheit erforderlich.

Gleichzeitig ist die fachliche Kompetenz der jeweils anderen Profession anzuerkennen und wertzuschätzen. Eine Zusammenarbeit kann einerseits sporadisch geschehen, bei Bedarf entstehen oder auf Vereinbarung hin mit einer gewissen Regelmäßigkeit stattfinden – ohne akute Problemsituation im Hintergrund, das kann z. B. in Arbeitskreisen für Pränataldiagnostik der Fall sein. Darüber hinaus sind auch die Arbeitsformen und -bedingungen gemeinsam festzulegen. Dazu gehören die Verteilung von Verantwortlichkeiten und die Organisation von Informationsweitergabe und -rückfluss. Jede beteiligte Profession klärt für sich selbst ab, welcher soziale, finanzielle und zeitliche Aufwand für unterschiedlich positive Folgen angemessen ist.

In der Praxis hat sich herausgestellt, dass es insbesondere zwischen psychosozialem und medizinischem Bereich häufig zu Missverständnissen kommt. So ist die Definition dessen, was Beratung für die verschiedenen Berufsgruppen bedeutet, den beteiligten Gruppen häufig unklar. Zu einer gelingenden Kooperation gehört dementsprechend auch die Entwicklung einer gemeinsamen Sprache. Auf dem Hintergrund dieser Betrachtungen sind die unterschiedlichen Kooperationsansätze wohl erst als Anfangsstadium zu sehen. Hemmnisse für die Kooperation scheinen sich vor allem an der Unkenntnis des jeweils anderen Arbeitsgebiets und mangelnder Abgrenzung der Beratungskonzepte festzumachen.

Allgemeiner gesagt, muss es an dieser Stelle in Zukunft darum gehen, das Profil psychosozialer und ärztlicher Beratung im Zusammenhang mit Pränataldiagnostik prägnanter zu formulieren und genauer darzustellen. Überwiegend fachinterne Arbeitsbeziehungen und die Geschlossenheit der einzelnen Berufsgruppen erschweren bisher die Kooperation – das bedeutet, dass innerhalb der jeweiligen Berufsgruppe Zusammenarbeit erprobt ist und funktioniert, eine Zusammenarbeit mit anderen Professionen aber eher unüblich ist.

Über die speziellen Schwierigkeiten in der Zusammenarbeit zwischen medizinischen und psychosozialen Berufen wird noch unter dem Punkt „Zusammenarbeit mit niedergelassenen Gynäkologinnen" ausführlich berichtet. Juristische Vorgaben können eine Zusammenarbeit ebenfalls behindern. Zu nennen sind hier beispielhaft die Regelungen zur Arzthaftung, die es erschweren, andere Professionen an dem medizinischen Beratungsprozess teilnehmen zu lassen. Die Schweigepflicht der Beraterinnen sowie der Ärzte erschweren ebenfalls eine fallbezogene Zusammenarbeit.

Erste Erfahrungen einer gezielten Zusammenarbeit zum Wohl von Patientinnen und Klientinnen gibt es durch die Einrichtung sogenannter Qualitätszirkel (Bahrs, 1995). Im Gesundheitsbereich werden hier bereits gute Erfahrungen beim beruflichen Austausch verschiedener ärztlicher Fachrichtungen gemacht. Aufgrund dieser Erfahrungen wurde an der Universität Heidelberg ein Konzept zur Kooperation zwischen unterschiedlichen Berufsgruppen entwickelt und erste Schritte umgesetzt (vgl. Kapitel 6).

4.2 Bedeutung von Kooperation und Vernetzung für die Beratung von schwangeren Frauen

Das ganzheitliche Verständnis der Schwangerenberatung ist besonders auf Kooperation und Vernetzung ausgelegt. Im Lebensprozess von Frauen sind die neun Monate der Schwangerschaft eine Zeit der Veränderung und des Übergangs; Veränderung für den Körper der Frau, erfahrbar und spürbar als Belastung, aber auch als ein Zuwachs an Kraft und Selbstvertrauen; Veränderung für die Seele von Frauen, erfahrbar als erhöhte Sensibilität für die eigenen Gefühle und Bedürfnisse; Veränderung für die Partnerschaft, Rollen verändern sich, aus einer Frau wird eine Mutter, aus einem Mann wird ein Vater. Beide entwickeln sowohl unabhängig von einander, als auch gemeinsam Vorstellungen von Mutter-/Vater-/Eltern- und Familie-Sein. Oft geschieht dies in Anlehnung, manchmal auch in Abgrenzung zur eigenen Herkunftsfamilie. Die Veränderung gilt auch für den sozialen Status einer Frau, in den meisten Fällen sind es in unserem Kulturkreis die Frauen, die ihre Berufstätigkeit unterbrechen oder aufgeben, um für das (die) Kind(er) zu sorgen (vgl. Kapitel 3.2.2).

In einer Zeit, deren Kennzeichen die Veränderung ist, erfahren viele Probleme, die eine Frau/ein Paar hat, eine Zuspitzung, erst recht wenn die Schwangerschaft als konflikthaft erlebt wird. Für diese bedeutsame Umbruchphase ist für alle, die Frauen und Paare in der Schwangerschaft beraten, im Sinne einer optimalen Begleitung der Betroffenen, eine vernetzte Arbeitsweise und Kooperation mit den unterschiedlichsten Einrichtungen und Berufsgruppen unerlässlich. Nur in wenigen Fällen, mit denen eine Beraterin zu tun hat, ist eine so umfangreiche Unterstützung und Hilfe erforderlich, wie in dem folgenden Beispiel:

Fallbeispiel

Frau M. ist dreißig Jahre alt und bereits Mutter einer vierjährigen Tochter. Sie ist geschieden und geht einer stundenweisen Beschäftigung nach, bezieht ergänzende Sozialhilfe. Frau M. ist erneut, allerdings ungeplant und zunächst unerwünscht, schwanger. Bereits zu Beginn der Schwangerschaft treten gesundheitliche Probleme auf, die immer wieder zur Arbeitsunfähigkeit führen. In der 18. Schwangerschaftswoche treten Blutungen und Wehen auf, so dass Frau M. für längere Zeit ins Krankenhaus eingewiesen werden soll. Dieser Einweisung stimmt Frau M. nicht zu, da sie nicht möchte, dass ihre Tochter in einer Pflegefamilie oder einer stationären Einrichtung untergebracht wird. Verwandte oder Freunde, denen sie ihre Tochter anvertrauen könnte, leben nicht in der Nähe. Zu diesem Zeitpunkt nimmt sie telefonisch Kontakt zur Schwangerschaftsberatungsstelle auf. Sie weiß nicht, was sie machen soll, wie es für sie und ihre Tochter in den noch folgenden Wochen der Schwangerschaft weitergehen soll. Sie ist physisch und psychisch durch die Ereignisse so belastet, dass sie nicht in der Lage ist, die erforderlichen Dinge selbst anzugehen.

Bei einem Hausbesuch werden erste Fragen besprochen und Erfordernisse angegangen. Frau M. benötigt Hilfe bei der Versorgung ihrer Tochter und ihres Haushalts, sie benötigt Hilfe beim Einkauf und der Essenszubereitung. Der Einsatz einer Familienpflegerin wird hier notwendig. Die Beraterin versucht kurzfristig den Einsatz über verschiedene Träger im Ort zu organisieren. Dieses gelingt nicht, da alle zur Verfügung stehenden Fachkräfte im langfristigen Einsatz sind. Da die Beratungsstelle gute Kontakte zu Pfarrgemeinden hat, wird hierüber eine ehrenamtliche Helferin gefunden, die sich stundenweise um den Haushalt von Frau M. kümmern kann. Der Einkauf aller notwendigen Dinge und das Bringen und Abholen der Tochter zum und vom Kindergarten wird von einem Zivildienstleistenden des Mobilen Sozialen Dienstes übernommen. Das mittägliche Essenkochen kann entfallen, da auch kurzfristig das „Essen auf Rädern" die Versorgung von Mutter und Tochter mit einer warmen Mahlzeit übernimmt. Alle weiteren notwendigen Kontakte zum Arzt, zur Krankenkasse wegen der Kostenübernahme der Haushaltshilfe, zum Sozialamt wegen der Kostenübernahme des Mittagessens, dem Arbeitgeber etc. übernimmt die Beratungsstelle. Die notwendigsten Anschaffungen zur Vorbereitung auf die Geburt dieses Kindes wie z. B. Erstausstattung und Kinderbett wurden ebenfalls gemacht.

In diesem Fall konnte ein Netz von Hilfsmöglichkeiten zur Verfügung gestellt werden, das es Frau M. ermöglichte, zu Hause zu bleiben und trotzdem der besonderen Situation einer komplikationsreichen Schwangerschaft gerecht zu werden. Das Kind wurde drei Wochen vor dem errechneten Entbindungstermin gesund geboren.

Dieses Beispiel beschreibt eine Form von Kooperation, nämlich die direkte Zusammenarbeit verschiedener Berufsgruppen zum Wohle einer Klientin und deren Familie.

4.3 Bedeutung von Kooperation und Vernetzung für die Beratung von Frauen und Paaren bei Inanspruchnahme der Pränataldiagnostik

Mehr noch als in der allgemeinen Schwangeren- und der Schwangerschaftskonflikt-beratung ist die Kooperation mit unterschiedlichen Berufsgruppen für die Beratung von Frauen und Paaren vor, während und nach Inanspruchnahme von Pränataldiagnostik von Bedeutung. Zum einen sind die medizinischen Zusammenhänge, die diagnostischen Verfahren und die Aussagekraft der Testverfahren für medizinische Laien eine sehr komplexe Materie, zum anderen legt die enge Verflechtung von Schwangerenvorsorge und der Suche nach Normabweichungen, Fehlbildungen und Behinderungen bei vielen Frauen die Annahme nahe, alle Untersuchungen seien im Hinblick auf die Gesundheit ihres ungeborenen Kindes richtig und sinnvoll. Es geht in der Folge von Inanspruchnahme von Pränataldiagnostik um Entscheidungen, die die betroffene Frau/das Paar in tiefe Konflikte stürzen können, bei denen es keine einfachen Lösungen gibt.

Es geht um die Frage, ein erwünschtes Kind mit eventuell auch unerwünschten Eigenschaften annehmen zu können. Damit geht es implizit immer auch um eine Bewertung eines Menschen mit einer Behinderung und dessen Lebensrecht. Die Auseinandersetzung mit ethischen Werten und Vorstellungen ist für die Entscheidungsfindung für oder gegen das Leben mit einem Kind mit Behinderung unumgänglich.

4.4 Kooperation mit anderen Berufsgruppen und Einrichtungen

Die enge Verflechtung von Schwangerenvorsorge und Pränataldiagnostik wurde bereits unter Punkt 4.3 kurz angesprochen. Niedergelassene Gynäkologinnen, Humangenetikerinnen in der Praxis vor Ort, aber auch in Humangenetischen Instituten, niedergelassene Hebammen und andere Schwangerenberatungsstellen sind hier unumgängliche Kooperationspartner.

4.4.1 Kooperation in psychosozialen Arbeitsgemeinschaften

In verschiedenen Städten wie zum Beispiel in Berlin haben sich psychosoziale Arbeitsgemeinschaften gegründet, um hierdurch den berufsübergreifenden fachlichen Austausch zu institutionalisieren. An diesen Arbeitsgemeinschaften sind Schwangerschaftsberaterinnen, Hebammen, Medizinerinnen und weitere Berufsgruppen beteiligt (vgl. Kapitel 5). In diesem Rahmen werden unterschiedliche Aufgaben bearbeitet, zum Beispiel gemeinsame Öffentlichkeitsarbeit, gemeinsame Erarbeitung von Informationsmaterial für Betroffene und andere Berufsgruppen. Wichtige Voraussetzung für eine gelingende

Kooperation können durch die Einrichtung einer solchen Arbeitsgemeinschaft erfüllt werden unter anderem das gegenseitige Kennenlernen der beteiligten Personen, deren Denk- und Arbeitsweise (vgl. Kapitel 4.1).

4.4.2 Kooperation mit niedergelassenen Gynäkologinnen und deren örtlichen Berufsverbänden

Bezüglich des Ziels einer klientenbezogenen Zusammenarbeit ist es notwendig, das gesamte Beratungsangebot der Schwangerschaftsberatungsstelle einschließlich der Beratung bei Inanspruchnahme von Pränataldiagnostik bei Ärztinnen bekannt zu machen. In der Praxis muss auf diese Aufgabe sehr viel Zeit und Aufmerksamkeit verwandt werden. Hier liegen bereits Erfahrungen vor. Unterschiedliche Wege können beschritten werden:
– Anschreiben an die Gynäkologinnen mit den dargestellten Angeboten der Beratungsstelle schicken,
– Persönliche Gespräche führen, d. h. Besuch einzelner oder aller Gynäkologinnen im Einzugsbereich der Beratungsstelle,
– Gespräch(e) mit der/dem Vorsitzenden des Berufsverbandes führen, um diese(n) als „Verbündete(n)" zu gewinnen. Dadurch ist es einfacher, bei anderen Ärztinnen auf die Notwendigkeit psychosozialer Beratung aufmerksam zu machen.

Möglicherweise kann mit der Ärztin im (interdisziplinären) Fachteam der Beratungsstelle oder mit einer anderen Gynäkologin, zu der die Mitarbeiterinnen der Beratungsstelle gute Kontakte haben, besprochen werden, wie Informationen bei den niedergelassenen Kolleginnen „gut ankommen". Es können Strategien entwickelt werden, die Mittel so zu wählen, dass sie beim Adressaten Aufmerksamkeit erregen (vgl. Kapitel 5).

Nach den bisherigen Erfahrungen sind einige „Fallstricke" zu beachten: Das Beratungsangebot ist prägnant und deutlich darzustellen. Die Abgrenzung zwischen medizinischer und psychosozialer Beratung muss sehr klar erkennbar sein. Das hört sich leicht und selbstverständlich an, macht aber in der Umsetzung einige Probleme. Für die angesprochene Ärztin muss deutlich werden, welche Vorteile ein Hinweis auf psychsoziale Beratung für ihre Patientin und für sie als Ärztin hat, zum Beispiel: In der Praxis ist selten Zeit für ausführliche Gespräche mit Patientinnen über deren Lebenssituation über die notwendige medizinische Beratung hinaus, zudem können Gespräche nur begrenzt abgerechnet werden. Das ist u. a. ein Vorteil im Angebot von psychosozialer Beratung.

Daneben sind Ärztinnen an einer schnellen und unkomplizierten Vermittlung, wie sie es aus dem System der medizinischen Versorgung kennen, interessiert. Das kann in der Regel von der Schwangerschaftsberatung gewährleistet werden, wie es sich in der Schwangerschaftskonfliktberatung lange bewährt hat. Dieses sollte auch deutlich benannt werden. Es kann davon ausgegangen werden, dass Bezeichnungen wie z. B. „Beratung" von Medizinerinnen anders definiert und verstanden werden, als von Mitarbeiterinnen aus psychosozialen Arbeitsfeldern (vgl. Kapitel 1.2; 1.3).

Im Gesundheitswesen regeln hierarchische Strukturen die Arbeitsabläufe zwischen den Professionen und Einrichtungen. In diese Strukturen ordnen sich auch die niedergelassenen Gynäkologinnen ein. Für einen ersten Kontakt kann daher der Weg über die Verbandsvorsitzende oder eine andere Medizinerin mit einer Verbandsfunktion effektiver sein als der direkte Kontakt zu einzelnen Ärztinnen. Teil dieser Strukturen sind auch die Vorbehalte, die bei Medizinerinnen gegenüber psychosozialen Berufen bestehen können, sowie mögliche Unterschiede im Menschenbild, in der Einstellung zu Gesundheit und Krankheit und im Umgang mit schwierigen Entscheidungssituationen.

Vorbehalte und einseitige Zuschreibungen gibt es auch unter Beraterinnen. Hier gilt es zu klären, wie die eigenen Einstellungen zu medizinischen Professionen sind und welche Erwartungen an eine Kooperation mit Ärztinnen geknüpft werden. Erfahrungsgemäß sehen viele Gynäkologinnen bisher lediglich nach einem auffälligen Befund nach Pränataldiagnostik einen Bedarf an weitergehender psychosozialer Beratung bei ihren Patientinnen, den sie selbst nicht abdecken. Deshalb sollte der Begründung für psychosoziale Beratung vor und während Pränataldiagnostik besondere Aufmerksamkeit geschenkt werden.

Lassen Sie sich nicht entmutigen, wenn nur eine kleine Anzahl der Gynäkologinnen im Einzugsbereich der Beratungsstelle auf die Kontaktversuche reagieren und zu Gesprächen bzw. Zusammenarbeit bereit sein wird. Möglicherweise bedarf es vieler Versuche, die kooperationswilligen Ärztinnen herauszufinden. Die sich daraus ergebenden Kontakte sollten sorgfältig gepflegt werden. Eine frustrierende Erfahrung allerdings ist es, wenn Versuche, mit der Ärztin einen Gesprächstermin zu vereinbaren, bereits bei der Anmeldung scheitern – entweder weil das vorher versandte Anschreiben nicht weitergeleitet wurde bzw. als Werbebrief in den Abfall wanderte oder die Ärztin durch die Sprechstundenhilfe ausrichten lässt, dass an einem Gespräch kein Interesse besteht oder sogar kein Bedarf für psychosoziale Beratung anlässlich der Pränataldiagnostik gesehen wird.

Bereits vor der ersten Kontaktaufnahme sind bestimmte Dinge zu bedenken, zum Beispiel: Wann ist es ratsam, den Kontakt aufzunehmen? Die Erfahrungen haben gezeigt, dass es förderlich ist, sich mit dem Tagesablauf der Ärztin, die zur Kooperation gewonnen werden soll, vertraut zu machen. Anrufe in der Praxis, um sich über die Sprechstundenzeiten zu informieren, sind von Vorteil. Hierbei können bereits die Arzthelferinnen befragt werden, wann der günstigste Zeitpunkt für ein Telefonat bzw. ein persönliches Gespräch sein kann. Es bedarf dabei gelegentlich einer besonderen „Standfestigkeit" und einiger guter Argumente, um sich nicht abweisen zu lassen. Arzthelferinnen haben die Aufgabe, unerwünschte Störungen von der Ärztin fernzuhalten. Gegebenenfalls sind mehrere Versuche notwendig, um das angestrebte Ziel zu erreichen. Weitere Erfahrungen haben gezeigt, dass allgemeine Anschreiben an Ärztinnen nicht den gewünschten Erfolg haben. Ein persönlicher Brief mit dem Anliegen und einigen Informationsbroschüren kann, sollten die Versuche, ein Gespräch anzubahnen nicht gelingen, in der Praxis vorbei gebracht werden. Hierbei kann nochmals versucht werden, die Ärztin persönlich zu sprechen. Als günstige Zeiten für einen Besuch in der Praxis haben sich der Mittwochmittag oder die Abendzeiten nach Beendigung der Sprechstunde erwiesen.

Kooperationsformen und -möglichkeiten werden im Einzelfall von den Absprachen zwischen Gynäkologin und Mitarbeiterin in der psychosozialen Beratung abhängen. Ausführliche Informationen und Aufklärung über Testverfahren, über Risiken und Konsequenzen, aber auch das Aufzeigen von Alternativen, wenn die Betroffenen keine selektive Pränataldiagnostik in Anspruch nehmen möchten, gehört zum Aufgabenbereich der Ärztin. Dieses sind medizinische Informationen, die eindeutig in die medizinische Beratung fallen. Wünschenswert ist, dass die Ärztin nach erfolgter medizinischer Beratung die betroffene Frau auf die psychosoziale Beratung hinweist, damit sie hier weitere Unterstützung bekommen kann, unter Umständen auch bei der Entscheidung für oder gegen die Inanspruchnahme von pränataldiagnostischen Untersuchungsverfahren (vgl. Kapitel 3.3.1). Das gleiche gilt für die Wartezeit nach Inanspruchnahme der Chorionzottenbiopsie oder einer Fruchtwasseruntersuchung. Hier liegt die Betonung auf der Möglichkeit einer Begleitung in einer Zeit der besonderen psychischen Anspannung (vgl. Kapitel 3.3.2). Besonders für die Situation nach einem auffälligen Befund sollte explizit der Hinweis auf die mögliche Hilfestellung bei der psychischen und sozialen Bewältigung dieser Mitteilung und einer Entscheidungsfindung durch die psychosoziale Beratung einer Schwangerschaftsberatungsstelle erfolgen (vgl. Kapitel 3.3.3 ff.).

Eine weitere Form der Kooperation können gemeinsame Gespräche von Ärztin und Beraterin mit der Patientin und deren Partner sein – insbesondere bei der Mitteilung eines auffälligen Befundes. In der Regel bekommen die werdenden Eltern hier eine Information, die sie trotz der Inanspruchnahme der Pränataldiagnostik nicht erwartet haben. Eigentlich wollten sie nur eine Bestätigung dafür, dass sie ein gesundes Kind bekommen. Diese Mitteilung, die in der Regel eine schwere Krise auslöst, bringt eine grundsätzliche Veränderung der Lebenssituation für die werdende Mutter und das familiäre Umfeld mit sich.

Je nach Trägerschaft, Beratungskonzept und Selbstverständnis der Beratungstätigkeit ist es auch vorstellbar, dass eine Beraterin zu bestimmten Zeiten in der Praxis einer Gynäkologin anwesend ist, speziell für Frauen/Paare die die Pränataldiagnostik in Anspruch nehmen wollen/sollen oder sich in sonstigen schwierigen Situationen in der Schwangerschaft befinden (vgl. Kapitel 3.2.4). Dabei könnte (von Fall zu Fall) entschieden werden, ob mit der Ärztin und Beraterin gemeinsame Gespräche geführt werden oder Gespräche mit der Ärztin vor- oder nachbereitet werden oder ob psychosoziale Beratung ein eigener Aufgabenbereich innerhalb der frauenärztlichen Praxis sein kann.

Die beiden letzten Modelle sind lediglich Ideen, die aus der Praxis entstanden sind, aber so noch nicht umgesetzt wurden. Erfahrungen haben gezeigt, dass Beraterinnen aus der psychosozialen Beratung für Kooperationen mit den niedergelassenen Gynäkologinnen viel Geduld und großen Ideenreichtum benötigen, um sich nicht zu schnell entmutigen zu lassen.

4.4.3 Kooperation mit niedergelassenen Hebammen und Hebammen in Krankenhäusern

Seit einigen Jahren treten Hebammen wieder verstärkt mit dem Angebot der Schwangerenvorsorge an die Öffentlichkeit. In diesem Arbeitsfeld werden sie sowohl mit den Angeboten der Pränataldiagnostik als auch mit den Ängsten und Sorgen der schwangeren Frauen/Paare konfrontiert. Andere Berührungspunkte der Hebammen mit Pränataldiagnostik liegen in den Erfahrungen, über die Frauen in Geburtsvorbereitungskursen berichten und nicht zuletzt bei Geburten von Kindern mit Behinderungen. Weitere Anknüpfungspunkte sind

– für Hebammen an Krankenhäusern die Begleitung der Schwangeren bei der Durchführung eines späten Schwangerschaftsabbruchs im Zusammenhang mit einer Pränataldiagnostik.
– in der Betreuung der gebärenden Frauen (zum späten Schwangerschaftsabbruch) sowie durch den Umgang mit Kindern, die bei einer Abtreibung lebend zur Welt kommen.

Hebammenverbände haben in den letzten Jahren intensive Diskussionen über den Umgang mit der Pränataldiagnostik geführt und Stellungnahmen erarbeitet (Bund Deutscher Hebammen e. V., 1999). In der Vor- und auch Nachsorge haben Hebammen den Anspruch, Frauen auch psychosozial zu betreuen, so dass sie gut über psychosoziale Beratungsangebote in ihrem Einzugsgebiet informiert sind. In der Regel begrüßen Hebammen das Angebot von Beratung vor, während und nach Inanspruchnahme der Pränataldiagnostik in einer Schwangerschaftsberatungsstelle und sind zur Zusammenarbeit bereit. Auch hier können nach den örtlichen Gegebenheiten unterschiedliche Voraussetzungen bestehen, aber auch unterschiedliche Kooperationsformen entwickelt werden:

– Fallbezogene Zusammenarbeit mit klarer Absprache über die Aufgaben der Hebamme und der Beraterin.
– „Besuch" einer Beraterin in einem Geburtsvorbereitungskurs, der von einer Hebamme geleitet wird, um hier über die Angebote der Beratungsstelle zu informieren.
– Gemeinsame Initiierung einer „Frühschwangeren-Gruppe", in der Frauen sich gegenseitig in der Schwangerschaft stützen und Angebote ihrer Ärztin mit Hebamme und/oder Beraterin besprechen können.
– Gemeinsame Veranstaltungen zur Pränataldiagnostik für unterschiedliche Adressatinnengruppen planen und durchführen.
– Regionale Stammtische initiieren, an denen Hebammen und Beraterinnen teilnehmen.
– Gemeinsame Gespräche auf Verbandsebene zum Kennenlernen der jeweiligen Aufgaben.

4.4.4 Kooperation mit anderen Schwangerenberatungsstellen

Träger von Schwangerschafts-/Schwangerschaftskonfliktberatungsstellen sind regional, auf Landes- und Bundesebene organisiert (siehe Kapitel 2). Auf der regionalen Ebene der Beratungsstelle ist eine Kooperation mit Stellen des gleichen Trägers zu gewährleisten, um ein gemeinsames, an den Grundwerten des Trägers ausgerichtetes Beratungskonzept fortzuschreiben:

- Beraterinnen sollten die Umsetzung dieses Beratungskonzeptes mittragen, eine Standortbestimmung hinsichtlich der Zielsetzung vornehmen, die personellen und finanziellen Ressourcen abklären und die Rahmenbedingungen, die der örtliche Träger bereitstellen kann, festschreiben.
- Beraterinnen können Beratungserfahrungen hinsichtlich Anzahl, Problemlagen von und Lösungsmöglichkeiten für Klientinnen bei Inanspruchnahme von Pränataldiagnostik austauschen und so Berechnungsgrößen für das Einzugsgebiet und die notwendige personelle Ausstattung für den Arbeitsschwerpunkt Beratung vor, während und nach Inanspruchnahme der Pränataldiagnostik bestimmen.
- Beraterinnen haben dadurch die Möglichkeit Ansätze, Erfahrungen, Konzepte aus der Beratung zur Pränataldiagnostik anderer Beratungsstellen in die bisherige Arbeit der „eigenen" Schwangerenberatungsstelle einzubringen und einzubinden.

In vielen Städten und Kreisen bestehen trägerübergreifende Arbeitsgemeinschaften oder Arbeitskreise der Schwangeren-/Schwangerschaftskonfliktberatungsstellen. Diese Arbeitskreise geben Hinweise für den Beratungsbedarf in einer Region und können ähnlich wie die Beratungsstellen des eigenen Verbandes ein Instrument kollegialer Beratung und kritischer Überprüfung der eigenen Arbeit sein. Außerdem dienen sie einem Informations- und Erfahrungsaustausch.

Erste positive Erfahrungen konnten bereits mit trägerübergreifenden Fortbildungskonzepten gesammelt werden. Unterschiedliche Erfahrungen und Sichtweisen ermöglichen eine Erweiterung des Blickfeldes.

Beispiel

Die Arbeitsstelle Pränataldiagnostik/Reproduktionsmedizin im Bundesverband für Körper- und Mehrfachbehinderte e. V. hat in Kooperation mit dem Bundesverband der Arbeiterwohlfahrt eine Kursreihe zur „Beratung im Kontext von Pränataldiagnostik und Reproduktionsmedizin" konzeptioniert. Die bereits in diesem Arbeitsfeld gesammelten Erfahrungen unterschiedlicher Arbeitsgruppen, Verbände und Vereine wie dem Deutschen Roten Kreuz, des Sozialdienstes katholischer Frauen, der Evangelischen Konferenz für Familien- und Lebensberatung, dem Weibernetz e. V., dem Bundesnetzwerk von FrauenLesben mit Beeinträchtigung, dem Bund Deutscher Hebammen und der Initiatorinnen flossen bei der Entwicklung der Fortbildungsreihe mit ein. Die hier konzipierte berufsbegleitende Fortbildung spricht unterschiedliche Professionen an, die mit dem Thema „Pränataldiagnostik" Berührung haben.

4.4.5 Kooperation mit niedergelassenen Humangenetikerinnen und humangenetischen Beratungsstellen

Frauen und Paare werden in der Regel von „ihrer" Frauenärztin zu einer Kollegin in der Humangenetik überwiesen, wenn Erbkrankheiten in der Familie von Frau und/oder Mann bekannt sind und das Paar wissen möchte, wie hoch das Risiko ist, dass es ein Kind mit einer solchen Erbkrankheit zur Welt bringen wird. Ebenso werden Frauen und Paare dorthin verwiesen, die bereits ein Kind mit einer Behinderung geboren haben und bei dem die Ursache dieser Behinderung unklar ist. Die Patientinnen, denen das Aufsuchen einer Humangenetischen Beratungsstelle angeraten wird, können bereits schwanger sein oder sie lassen sich vor der Entscheidung zu einer (weiteren) Schwangerschaft beraten.

Die humangenetische Beratung geht von den konkreten bekannten oder gerade bekannt gewordenen genetischen Erkrankungen aus und ermittelt durch die Erhebung der Familienanamnese und der Erstellung von Stammbäumen in der Regel eine persönliche genetische Belastung des jeweiligen Paares. Bei der Mitteilung der Ergebnisse werden gelegentlich wie in den Humangenetischen Beratungsstellen der Universitäten Heidelberg, Homburg und Freiburg psychosoziale Beraterinnen hinzugezogen, um eine umfassende Beratung für das jeweilige Paar zu gewährleisten (vgl. Kapitel 1.3.3).

Eine Kooperation mit einer niedergelassenen Humangenetikerin oder einer Humangenetischen Beratungsstelle kann sich zum Beispiel über die Fragen ergeben oder entwickeln, die in der Schwangerschaftsberatung mit schwangeren Frauen auftauchen, die in der Frühschwangerschaft Drogen konsumiert haben, speziell, wenn es sich um den Konsum von Ecstasy und anderen Designerdrogen handelt, deren Auswirkungen auf die Entwicklung des Embryos/Feten noch nicht geklärt sind. Unklarheiten über die Auswirkung von Polamidon oder anderen Substitionsmitteln in der Therapie von drogenabhängigen (schwangeren) Frauen und die Frage der Auswirkung von längerfristigem kontinuierlichen Drogenkonsum des werdenden Vaters auf das Ungeborene sind weitere Fragen, die mit Humangenetikerinnen besprochen werden können. Darüber hinaus sind es häufig auch gängige, frei verkäufliche Medikamente, die in der Frühschwangerschaft eingenommen wurden und im weiteren Verlauf der Schwangerschaft Unsicherheiten und Ängste in Bezug auf die Gesundheit des ungeborenen Kindes auslösen. Hier kann aufgrund der Kooperation häufig auf kurzem Weg das Risiko abgeklärt und der Schwangeren unnötige Sorgen und Ängste genommen oder gegebenenfalls eine humangenetische Beratung angeregt werden.

Nach der Diagnose einer seltenen genetischen Erkrankung beim Ungeborenen ist es auch eine große Hilfe, wenn die Beraterin selbst die Kenntnisse und Erfahrungen der Humangenetik in Anspruch nehmen kann. Durch das umfangreiche Wissen in der Humangenetik über Auswirkungen bestimmter genetischer Defekte kann die Beraterin ihren fachlichen Hintergrund für Gespräche mit betroffenen Frauen/Paaren erweitern. Durch eine solche Kooperation kann der Frau/dem Paar weiteres Fachwissen zur Verfügung gestellt werden.

Erfahrungen zeigen auch hier eine Bereitschaft zur Zusammenarbeit mit Beratungsstellen vor Ort.

Beispiel

Durch die enge Zusammenarbeit zwischen einem Pränataldiagnostischen Zentrum und einer Schwangerschaftsberatungsstelle kommt es gelegentlich zu der Situation, dass nach Inanspruchnahme von Pränataldiagnostik der betroffenen Frau eine Diagnose mitgeteilt werden muss, die weder den Pränataldiagnostikern noch der behandelnden Gynäkologin genau bekannt ist. Hier ist es sehr hilfreich, dass die Beraterin der Schwangerschaftsberatungsstelle guten Kontakt zu der Praxis der niedergelassenen Humangenetikerin hat. Diese ist gerne bereit zunächst schriftliche Informationen über das diagnostizierte Krankheitsbild zu faxen und steht auch im Anschluss an diese erste Information für weitere Fragen zur Verfügung. Auf Wunsch der betroffenen Frau/des Paares besteht auch die Möglichkeit, kurzfristig einen Termin in der Humangenetischen Praxis zu vermitteln.

4.5 Bestandsaufnahme der örtlichen Beratungseinrichtungen, Selbsthilfegruppen, Vereine und Verbände für Menschen mit Behinderungen

Für die konkrete Beratungsarbeit sind genaue Kenntnisse der vor Ort oder in den Regionen tätigen Selbsthilfegruppen und örtlichen Gliederungen der größeren Vereine und Verbände wichtige Adressaten, sowohl für den gegenseitigen Austausch als auch für eine längerfristige Kooperation. Daher hat es sich als sehr hilfreich erwiesen, eine detaillierte Bestandsaufnahme für den Einzugsbereich der Beratungsstelle vorzunehmen, bevor Kooperationspläne in die Tat umgesetzt werden. Häufig gewinnt man hierdurch Erkenntnisse, die sich ansonsten nur mühsam über andere Wege eröffnet hätten.

Möglichkeiten der Zusammenarbeit sind:
- Austausch von Informationen und Informationsmaterial,
- Hinweis auf die jeweils andere Beratungsstelle etc. bei konkreten Anlässen,
- Klientenbezogene Zusammenarbeit im Einzelfall – z. B. Vermittlung von Eltern in der Entscheidungsphase nach auffälligem Befund an Eltern, die bereits ein Kind mit der diagnostizierten Erkrankung oder Behinderung in ihrer Familie haben,
- gemeinsame Entwicklung von Konzepten für bisher fehlende Angebote vor Ort – auch unter Einbeziehung weiterer Kooperationspartnerinnen,
- Vorbereitung und Durchführung von Öffentlichkeitsarbeit, Arbeitstagungen, Fachgesprächen etc. für unterschiedliche Adressatinnengruppen mit unterschiedlichen Themen.

4.5.1 Kooperation mit (stationären) Einrichtungen der Behindertenhilfe

Die Beratung in einer Entscheidungssituation, in der es um das Austragen eines Kindes mit Behinderungen oder einen Schwangerschaftsabbruch geht, lebt unter anderem von der Fähigkeit der Beraterin, mit den Betroffenen Lebensperspektiven entwickeln zu können, die das Leben mit einem behinderten Kind anschaulich machen und die Betroffenen anleitet, die eigenen Verhaltensweisen und Vorstellungen auf diese Perspektiven zu beziehen. Voraussetzungen dafür sind Kenntnisse über unterschiedliche (stationäre) Einrichtungen und deren Arbeitsweisen, die für Eltern und Kinder in der Zeit nach der Geburt und über die ersten Lebensjahre hinaus relevant sind. Insbesondere das Beratungsangebot, das die Unterstützung und Begleitung über die Geburt eines Kindes mit Behinderung hinaus beinhaltet, bedarf dieser Kenntnisse.

4.5.2 Kooperation mit Beratungsstellen für Menschen mit Behinderung und deren Familien

Die Zusammenarbeit mit den Beratungsstellen für Menschen mit Behinderungen und deren Familienangehörigen ist für die Beratung bei Inanspruchnahme der Pränataldiagnostik und bei zu erwartender Behinderung des Kindes unerlässlich. Die Mitarbeiterinnen haben umfangreiche Kenntnisse über Rechtsansprüche von und Entlastungsmöglichkeiten für Eltern, die ein Kind mit Behinderung geboren haben. Hier kann auf kurzem Weg eine Ergänzung zum Angebot der psychosozialen Beratung erfolgen. Auch schon während der Schwangerschaft, in der Entscheidungsphase für oder gegen das Kind mit Behinderung, kann den werdenden Eltern auf Wunsch durch diese Beratungsstelle Kontakt zu Eltern vermittelt werden, die ein Kind mit einer ähnlichen oder gleichen Behinderung haben, um mit diesen, ebenfalls direkt Betroffenen, über den Lebensalltag mit diesem Kind zu sprechen. Außerdem besteht die Möglichkeit, gemeinsam mit diesem oder anderen Diensten fehlende oder mangelhafte Angebote zu ermitteln, Konzepte für diese Lücken zu entwickeln und diese mit Unterstützung der jeweiligen Träger umzusetzen.

4.5.3 Familienratgeber

Die Arbeitsstelle REHAPLAN an der Carl von Ossietzky Universität Oldenburg hat in Zusammenarbeit mit der Bundesvereinigung Lebenshilfe für Menschen mit geistiger Behinderung e. V., Marburg einen Internet-Ratgeber für Familien mit behinderten Kindern entwickelt. Dieser Familienratgeber soll einerseits konkrete Informationen für Menschen mit Behinderung bieten, andererseits als Steuerungsinstrument kommunaler Angebote und als Grundlage für interkommunale Vergleiche zur Verfügung stehen; er soll somit auch als Informationssystem für Städte, Landkreise und Gemeinden dienen.

Die konkreten Informationen beziehen sich auf regionale Unterstützungs- und Hilfsangebote, die die jeweilige Kommune zeitnah aktualisieren und ergänzen kann. Dieses kann betroffenen Familien bei der Bewältigung des Lebensalltags eine große Hilfe sein.

Darüber hinaus kann hiermit eine Bestandsaufnahme aller Hilfsangebote vor Ort erhoben und Angebotslücken identifiziert werden. Lokale Angebote können ergänzt, stärker vernetzt und damit effektiver gemacht werden.[2]

4.5.4 Kindernetzwerk

Das Kindernetzwerk ist eine Vereinigung von Vereinen und Eltern-Selbsthilfegruppen, betroffenen Eltern, Einzelpersonen, Reha-Kliniken, Sozialpädiatrischen Zentren, Ärzten, Therapeuten und anderen Pflegeberufen. Dieses Netzwerk hat sich zur Aufgabe gemacht, Eltern und Betroffene über Behinderungen und Krankheiten unterschiedlichster Art umfangreich zu informieren. Es besteht eine Datei mit 1 750 Schlagworten von A wie Aarskog Syndrom bis Z wie Zytomegalie. Es werden weiterführende Literaturangebote gemacht, durch die sich Eltern oder Betroffene weitergehend über die spezielle Erkrankung oder Behinderung informieren können. Es werden Anfragen zu Ärzten, Reha- und anderen Behandlungszentren beantwortet, speziell wenn es um die Behandlung seltenerer Erkrankungen oder Syndrome geht. Ebenso werden Kontaktadressen von Eltern mit behinderten Kindern oder zu Selbsthilfegruppen vermittelt. Die Unterstützung bei der Gründung einer neuen Selbsthilfegruppe wird ebenfalls angeboten.[3]

4.5.5 Kooperation mit Frühförderstellen

Frühförderstellen werden vielen Eltern von Kindern, die mit Behinderungen geboren werden, sowie den Eltern von Frühgeborenen bei der Entlassung aus dem Krankenhaus als eine wichtige Einrichtung für die Förderung ihres Kindes genannt. Das Angebot der Begleitung und Unterstützung nach der Geburt eines Kindes mit Behinderung, das eine Schwangerenberatungsstelle machen kann, bezieht sich zunächst auf die Situation der Eltern. Es werden Hilfen bei der Überwindung des Schocks oder der Trauer über diese Geburt, bei der Annahme des Kindes durch die Entwicklung von Lebensperspektiven für die Familie angeboten. Zu jedem Zeitpunkt nach der Geburt können diese Unterstützungsangebote in Anspruch genommen werden. Dadurch kann die psychosoziale Beratung eine Ergänzung zu der Arbeit der Frühförderstellen sein, die in erster Linie die körperliche und seelische Entwicklung des Kindes fördert.

Eine konkrete Zusammenarbeit bietet sich an für:
- einzelfallbezogene Kooperation,
- Gespräche/Fortbildungen im Team der Mitarbeiterinnen der Frühförderung über Methoden, Risiken und Konsequenzen von Pränataldiagnostik,
- darstellen und bekannt Machen des Beratungsangebots speziell im Hinblick auf Frauen, deren Kind in der Frühförderung betreut wird und die erneut schwanger sind/ werden wollen,

---

2 Internetadresse: www.familienratgeber.de
3 Internetadresse: www.kindernetzwerk.de

- um Informationen über Fördermöglichkeiten für Kinder mit unterschiedlichen Krankheiten, Entwicklungsverzögerungen oder Behinderungen zu erhalten, als Hintergrundinformation für Beratungsgespräche nach diagnostizierter Erkrankung oder Behinderung des Kindes,
- um weitere Hilfsmöglichkeiten/Angebote für Frauen/Eltern zu entwickeln und mit entsprechenden Kooperationspartnerinnen umzusetzen.

Beispiel

Durch regelmäßige Gespräche mit Mitarbeiterinnen der Frühförderstelle des Verbandes wurde deutlich, dass Eltern, die ein Kind mit Entwicklungsverzögerung oder Behinderung haben, oft das Gefühl haben, sie ständen mit ihren Problemen alleine da. Daher kann ein Gruppenangebot für diese Eltern eine große Entlastung bedeuten. Da die Frühförderstellen aufgrund ihrer Finanzierungsmodalitäten (in NRW) nur geringe Kapazitäten für Gruppenarbeit haben, kam die Idee auf, dieses Gruppenangebot gemeinsam mit der Schwangerschaftberatungsstelle anzubieten. Dieses Angebot wurde zunächst von betroffenen Eltern gut angenommen. Es wurden viele unterschiedliche Informationen ausgetauscht und persönliche Gespräche geführt. Später allerdings wurde deutlich, dass die Zusammensetzung der Gruppe in Bezug auf die Behinderung oder Entwicklungsverzögerung der Kinder möglichst homogen sein sollte. Es entstanden „Konkurrenzen" in Bezug auf die Entwicklungsverzögerung bzw. Behinderung: „Dein Kind hat ‚nur' eine Entwicklungsverzögerung, während mein Kind eine Trisomie 21 hat, dein Kind hat ‚nur' eine Trisomie 21, während mein Kind schwerst mehrfachbehindert sein wird." Eine Möglichkeit diese Probleme von Anfang an zu reduzieren ist, dieses bereits bei der Planung der Gruppe mit zu berücksichtigen und die teilnehmenden Eltern danach auszusuchen. Die Mitarbeiterinnen der Frühförderung werden bereits bei der Anmeldung der Kinder über die Art der Behinderung, wenn die Ursache bekannt ist, informiert.

4.5.6 Kooperation mit integrativen und heilpädagogischen Kindergärten

Auch integrative und heilpädagogische Kindergärten gehören zu den Einrichtungen, die für Eltern mit behinderten Kindern relevant werden, sobald diese das Kindergartenalter erreichen. Um Betroffene auf wohnortnahe Einrichtungen hinweisen zu können, ist der Kontakt zu Einrichtungen im Einzugsbereich der Beratungsstelle wünschenswert. Weitere Kooperationsmöglichkeiten können sein:
- Austausch über den Kenntnisstand zur Pränataldiagnostik (Methoden, Konsequenzen, Risiken) mit dem Mitarbeiterinnen-Team,
- Auslegen von Informationsmaterial der Beratungsstellen,

- Informationen über die Einrichtung, spezielle Angebote, einzelne Krankheitsbilder/ Behinderungsarten und über die Elternarbeit erwerben,
- einzelfallbezogene Kooperation, z. B. Bereitschaft der Leitung/der Mitarbeiterinnen zum Gespräch mit schwangeren Frauen/Paaren, die konkrete Informationen wünschen,
- eventuell Zusammenarbeit mit anderen Einrichtungen der Behindertenhilfe zur Entwicklung von Forderungen zur Situationsverbesserung behinderter Menschen und deren Angehörigen an z. B. Kommunen oder andere Adressatinnen.

Ähnliche Intentionen regen dazu an, Kontakte zu Regelkindergärten und -schulen mit integrativer Arbeitsweise sowie Schulen für Lern- und Geistigbehinderte zu knüpfen.

4.5.7 Kooperation mit familienunterstützenden Diensten

Im Zusammenhang mit dem Beratungsangebot einer Entscheidungshilfe für oder gegen das Austragen eines Kindes mit Behinderung und der Begleitung nach Geburt eines Kindes mit Behinderung sind Kenntnisse über die familienunterstützenden Dienste vor Ort, ihrer Arbeitsweise, das Anmelde- und Auswahlverfahren der Betreuungspersonen sowie die Frage der Kostenübernahme unerlässlich. Gleiches gilt für Einrichtungen der Kurzzeitpflege regional und überregional.

4.6 Kooperation mit überregional arbeitenden Vereinen und Verbänden

Anknüpfungspunkte für eine Kooperation sind hier die Stellungnahmen und Erklärungen, die fast jeder Behindertenverband auf Bundesebene zur Pränataldiagnostik[4] veröffentlicht hat. Die Publikationen der Verbände geben oft wertvolle Hinweise auf neue medizinische Entwicklungen, Forschungsvorhaben bezüglich Heilung oder Chancen auf Verminderung negativer Auswirkungen einer angeborenen oder erworbenen Behinderung. Häufig geht es dabei um eine realistische Einschätzung von Hoffnungen, die sich an Verfahren wie Präimplantationsdiagnostik (PID), therapeutisches Klonen etc. knüpfen. In den Vereinen und Verbänden wie z. B. der Lebenshilfe e. V. oder dem Verein für Mehrfach- und Körperbehinderte findet sich ein großer Erfahrungsschatz im Umgang mit und in der Verarbeitung von Behinderungen, sowohl was die Menschen mit Behinderungen selbst, als auch die Situation von Eltern behinderter Kinder betrifft.

---

4 z. B. Bundesverband der Lebenshilfe e. V., Bundesverband für Mehrfach- und Körperbehinderte, Bundesverband Herzkranke e. V.

Häufig bieten die regelmäßigen Publikationen ein Forum für Betroffene, „sich etwas von der Seele" zu schreiben. Viele solche Erfahrungsberichte bieten für Beraterinnen einer Schwangerenberatungsstelle wertvolle Einblicke in Probleme, die Eltern von Kindern mit Behinderungen zu bewältigen haben, angefangen von medizinischen Fakten zu der Behinderung ihres Kindes, über notwendige Behandlungen und möglicherweise anstehende Operationen in den ersten Lebenswochen und -monaten, bis hin zu Veränderungen in der Partnerschaft und Reaktionen des familiären Umfeldes. Zudem unterhalten große Verbände Behinderteneinrichtungen für behinderte Menschen aller Altersstufen.

Kooperationskontakte bieten sich also für folgende Möglichkeiten an:
– Regelmäßiger oder einmaliger Bezug der Veröffentlichungen unterschiedlicher Verbände und Selbsthilfegruppen,
– Nutzen der Stellungnahmen zur Pränataldiagnostik auf Bundesebene, um vor Ort Anknüpfungspunkte zum Gespräch mit der örtlichen Ebene zu finden,
– Teilnahme von Beraterinnen aus der Schwangerenberatung an Fortbildungen des Vereins/Verbandes.
– Mitarbeit bei öffentlichen Veranstaltungen des Verbandes/Vereins.

Beispiel

Regelmäßig veranstalten große Behindertenorganisationen Fachtagungen zu bestimmten Behinderungsarten wie z. B. zum Thema Down-Syndrom. Es bietet sich an, anlässlich einer solchen Veranstaltung einen Informationsstand zum Thema psychosoziale Beratung bei Inanspruchnahme von Pränataldiagnostik anzubieten. Die anwesenden Eltern ebenso die Kinder oder Familienangehörige mit Down-Syndrom sind aufgeschlossen und gesprächsbereit. Es können unterschiedlichste Erfahrungen gesammelt werden über das, was Familien erlebt haben, als sie erfuhren, dass sie ein Kind mit Down-Syndrom erwarten oder geboren haben und welche Hilfsangebote in diesem Fall wirksam waren.

4.7 Kooperation mit medizinischen Einrichtungen

Unterschiedliche medizinische Einrichtungen haben vor, während und nach der Inanspruchnahme von Pränataldiagnostik, so wie nach der Geburt eines Kindes mit Behinderung oder nach einem späten Schwangerschaftsabbruch Kontakt mit (schwangeren) Frauen. Für die Beratungstätigkeit ist es von großem Vorteil, mit diesen Einrichtungen im Einzugsbereich der Beratungsstelle enge Kontakte zu pflegen.

4.7.1 Kooperation mit Perinatalzentren und gynäkologischen Abteilungen, die Pränataldiagnostik durchführen

Im Sinne einer guten Begleitung von Schwangeren in der Schwangerschaftsberatung ist es unerlässlich, Kontakte zu dem/den regionalen Perinatalzentrum/zentren und geburtshilflichen Abteilungen, die pränataldiagnostische Untersuchungen durchführen, aufzubauen. Dort werden erfahrungsgemäß die weitaus meisten invasiven Eingriffe durchgeführt. Zwischen niedergelassenen Gynäkologen und diesen Zentren und Abteilungen gibt es in der Regel eine enge Zusammenarbeit. Die Rahmenbedingungen, die Arbeitsweise und der Umgang des Personals mit den Patientinnen im Perinatalzentrum beeinflussen die Möglichkeiten der psychischen Verarbeitung des Eingriffs und der Mitteilung eines auffälligen Befundes.

Maßnahmen zur Kooperationsförderung können sein:
– Auslegen von Informationsmaterial der Beratungsstelle im Perinatalzentrum,
– Hinweis auf die Beratungsstelle zu dem Zeitpunkt, wenn Frauen von der Frauenarztpraxis angemeldet werden,
– Zuschicken von Informationsmaterial bei der schriftlichen Terminbestätigung durch das Perinatalzentrum,
– Hinweis auf die Beratungsstelle durch die Ärztinnen, die Fruchtwasseruntersuchungen oder Chorionzottenbiopsien durchführen,
– Mitgabe von Informationsmaterial und/oder Visitenkarten der Beraterinnen durch die Sekretärin oder die Ärztinnen,
– Anwesenheit der Beraterinnen zum Zeitpunkt der Fruchtwasseruntersuchung oder anderen Untersuchungen (z. B. des Fehlbildungsultraschalls), um das Beratungsangebot bei der betroffenen Frau/dem betroffenen Paar bekannt- bzw. ein konkretes Gesprächsangebot zu machen,
– Regelmäßige „Sprechzeiten" von Beraterinnen in der Klinik,
– Hinzuziehung der Beraterinnen nach Bedarf, entweder zu gemeinsamen Gesprächen mit der Ärztin oder zu Gesprächen in der Klinik unmittelbar vor oder nach der Untersuchung oder bei stationär aufgenommenen Patientinnen, bei denen ein Gesprächswunsch oder -bedarf besteht,
– Gemeinsame Gespräche zwischen Ärztin und Beraterin in regelmäßigen Abständen zu unterschiedlichen Fragestellungen,
– Gegenseitige Information über Fortbildungsangebote, interessante Literatur u. ä.,
– Gemeinsamer Besuch von Ärztinnen und Beraterinnen bei interdisziplinär ausgeschriebenen Fortbildungsveranstaltungen, z. B. der Evangelischen Konferenz für Familien- und Lebensberatung (EKFuL), der Arbeiterwohlfahrt (AWO), der Arbeitsstelle für Pränataldiagnostik beim Bundesverband für Körper- und Mehrfachbehinderte (BVKM) oder anderen Fortbildungsträgern (vgl. Kapitel 6),
– Initiierung und/oder Organisation von interdisziplinären Fortbildungsangeboten, z. B. in der Fortbildungsakademie einer Klinik in der Region,
– Gespräche mit dem Krankenhaussozialdienst (so vorhanden), den Seelsorgerinnen und Psychologinnen des Krankenhauses zur Vorstellung des Beratungsangebots und zur Entwicklung möglicher weiterer Kooperationen.

Beispiel

Seit einigen Jahren besteht ein intensiver regelmäßiger Kontakt zwischen dem Sozialdienst eines Krankenhauses, dem ein Perinatalzentrum angegliedert ist, und der Schwangerschaftsberatungsstelle. Die Krankenschwestern, die dort arbeiten, werden auch in dem Pflegeseminar des Krankenhauses ausgebildet. An der Durchführung dieser Ausbildung sind auch die Mitarbeiterinnen des Sozialdienstes beteiligt. Durch die regelmäßigen und persönlichen Kontakte ergab sich das Angebot an die Beratungsstelle, eine Fortbildungseinheit zum Thema „Psychosoziale Beratung bei Inanspruchnahme von Pränataldiagnostik und bei zu erwartender Behinderung eines Kindes" zu gestalten. Bisher wurden diese Unterrichtseinheiten in verschiedenen Jahrgängen durchgeführt, jedes Mal mit positiver Resonanz.

4.7.2 Kooperation mit Kinderkliniken

Die Kooperationspartner für die psychosoziale Beratung sind hier die neonatologischen Intensivstationen, in denen Kinder mit Behinderungen und Frühgeborene medizinisch versorgt werden, bei denen das Vorliegen einer Behinderung oder der Grad einer Behinderung noch nicht feststeht. Kooperationspartner sind aber auch die Fachabteilungen, in denen diese Kinder regelmäßig zur Überprüfung und Prophylaxe ambulant untersucht werden oder zur Behandlung stationär aufgenommen werden.

Insbesondere Eltern mit schwerstbehinderten Kindern oder Kindern mit einer sehr geringen Lebenserwartung können bei jeder Untersuchung Ergebnisse mitgeteilt werden, die die Prognosen zur Entwicklung oder den Lebenschancen des Kindes drastisch verändern und die Eltern sehr verstören können. Das Ziel dieser Kooperation ist es, dazu beizutragen, ein tragfähiges Netz für Eltern mit behinderten Kindern für die Zeit nach der Entlassung aus der Klinik zu knüpfen und das Beratungsangebot zur Unterstützung und Begleitung nach Geburt eines Kindes mit Behinderung bekanntzumachen.

Mögliche Kooperationsformen können sein:
- Schriftliche Informationen für Ärztinnen und Pflegepersonal über das Beratungsangebot,
- Bitte um Weitergabe des Infomaterials der Beratungsstelle an betroffene Eltern, möglicherweise Erstellung von gesondertem Informationsmaterial, z. B. Elternbriefe, Elternmappe (siehe Kapitel 5.2.5),
- Kontaktaufnahme mit dem behandelnden Arzt im Einzelfall zur Abklärung anstehender Fragen,
- Einzelfallbezogene Zusammenarbeit mit dem Sozialdienst und dem psychologischen Dienst des Krankenhauses,
- Austausch von Informationen über finanzielle Ansprüche betroffener Eltern und über die Erfahrungen bei deren Durchsetzung,

– Einladung der Krankenhaussozialdienst-Mitarbeiterinnen in Arbeitskreise der Schwangerenberatungsstellen.

Beispiel

Ein extrem frühgeborenes Kind ist in der neonatologischen Intensivstation eines Perinatalzentrums aufgenommen worden. Die Eltern dieses Kindes leben nicht am selben Ort und müssen große Kosten und Mühen auf sich nehmen, um regelmäßigen Kontakt zu ihrem Kind zu haben. Hier besteht die Möglichkeit, gemeinsam mit dem Sozialdienst, für die Mutter eine Unterkunftsmöglichkeit im Familienhaus der Klinik oder, wenn dieses nicht vorhanden ist, im Schwesternwohnheim des Krankenhauses zu organisieren. Die Beratungsstelle vor Ort kann, wenn bereits ältere Geschwisterkinder da sind, die Organisation der Versorgung und Betreuung dieser Kinder übernehmen. Eine enge Zusammenarbeit ist in diesem Fall besonders für das Wohl des Neugeborenen von großer Bedeutung.

4.7.3 Kooperation mit Kliniken, in denen Schwangerschaftsabbrüche im Zusammenhang mit Pränataldiagnostik durchgeführt werden

In den Kliniken, in denen Schwangerschaftsabbrüche durchgeführt werden, ist das Angebot „Beratung nach Schwangerschaftsabbruch" in der Regel bereits durch die Beratungsstelle bekannt gemacht worden. Der Aufgabenbereich „Beratung nach einem späten Schwangerschaftsabbruch" ist hier noch zu ergänzen. Häufig werden Frauen bei einem späten Schwangerschaftsabbruch von den Krankenschwestern, später von einer Hebamme, betreut. Beide Berufsgruppen sind insofern auch Kooperationspartner der psychosozialen Beratung (siehe Kapitel 3.4.7).

Möglichkeiten der Zusammenarbeit sind:
– Informationsmaterial zur Weitergabe an betroffene Frauen/Paare zur Verfügung stellen,
– Gespräche mit Hebammen und Krankenschwestern, um das Beratungsangebot bekanntzumachen,
– Gespräche mit Chefärztin/leitender Ärztin mit dem gleichen Ziel,
– Angebot, nach Bedarf zur Beratung einer Frau ins Krankenhaus zu kommen
– Möglichkeiten des Abschiednehmens mit dem Pflegepersonal besprechen; einen Fortbildungstag zu diesem Thema organisieren (evtl. gemeinsam mit der Selbsthilfeinitiative „verwaiste Eltern" oder „Regenbogen": Diese Organisationen wurden von betroffenen Eltern gegründet, um einen Ort für Gespräche über den Tod ihres Kindes zu schaffen. Es geht hier besonders um das Abschiednehmen, die Be- und Verarbeitung von Schuldgefühlen, Trauerarbeit, anderen Trost zu geben, ihnen zu zeigen, dass sie nicht alleine in ihrer Trauer und mit dem Erlebten sind.),

– Gespräche mit den Seelsorgerinnen im Krankenhaus, um das Beratungsangebot bekanntzumachen, damit Frauen bei der Entlassung aus dem Krankenhaus auf die Beratungsstelle hingewiesen werden können,
– Möglichkeiten für entlastende Gespräche, auch dem Krankenhauspersonal, anbieten.

Kliniken nehmen einen bedeutenden Stellenwert im Gefüge des Gesundheitswesens ein, unterliegen allerdings auch den hierarchischen Strukturen des medizinischen Systems. Nach den bisherigen Erfahrungen sind Chefärzte von Frauenkliniken dem Angebot einer psychosozialen Beratung im Zusammenhang mit Pränataldiagnostik durchweg aufgeschlossen. Zudem berichten sie über wirtschaftliche und juristische Zwänge, denen die niedergelassenen Kolleginnen in wesentlich höherem Maße als die Krankenhausärztinnen ausgesetzt sind.

4.8 Kooperation mit Bildungseinrichtungen

Zu nennen sind hier:
– Familienbildungsstätten,
– Bildungswerke unterschiedlicher Träger,
– Land-/Volkshochschulen,
– Frauenbildungshäuser usw.

Diese erreichen durch ihr Angebot eine wesentlich größere Anzahl von Menschen als eine Beratungsstelle. Zusätzlich werden auch Schwangere auf den Themenkreis „Pränataldiagnostik" aufmerksam gemacht, sofern die Einrichtung Angebote für werdende Mütter/Eltern durchführt. Es besteht hier auch die Möglichkeit, Informationsmaterial für Geburtsvorbereitungskurse etc. zu hinterlegen. Außerdem können Mitarbeiterinnen, die ausführlich über das Angebot der Schwangerschaftsberatungsstelle informiert wurden, auch im Rahmen ihrer Kurse oder persönlichen Gesprächen mit werdenden Eltern, die Informationen weitergeben.

Weitere Aspekte zur Gestaltung von Kooperationsmöglichkeiten können sein:
– Darstellung des Beratungsangebots bei Pränataldiagnostik und der Arbeitsweise der Beratungsstelle im Kreise der Kursleiterinnen von Kursen für werdende Mütter/Eltern,
– Durchführung eines thematischen Abends zum Thema PD aus der Sicht psychosozialer Beratung in den Räumen der Bildungseinrichtung,
– Initiierung einer Veranstaltungsreihe z. B. zur Pränataldiagnostik und Bioethik (z. B. Thema: ‚Mensch nach Maß?!'),
– Teilnahme an Podiumsdiskussionen zur Pränataldiagnostik.

Wichtig: Es erweist sich als sehr schwierig, das Thema „Pränataldiagnostik" an die entsprechende Altersgruppe, nämlich an Frauen und Männer in der Familienaufbauphase, heranzubringen. Es ist wie bei vielen anderen Themen auch, so lange es sie nicht betrifft, interessieren sie sich nur wenig für dieses spezielle Thema. In der Regel kommen die wichtigen Fragen erst auf, wenn das Thema für sie ganz drängend ist und sie unter großem Zeitdruck stehen. Daher sollten gemeinsam mit der Bildungseinrichtung Strategien entwickelt werden, wie dieses Thema in das Angebot des Hauses eingebettet werden kann. Diese Erfahrungen wurden durch andere Beratungsstellen z. B. Cara in Bremen, bestätigt.

4.9 Aufbau von Kooperationsstrukturen

Einen neuen Aufgabenbereich einzurichten und als festen Bestandteil des Beratungsangebotes zu installieren und bekanntzumachen benötigt viel Kreativität und Ideenreichtum.

4.9.1 Von der Idee zum ersten Kontakt

Schwangerschafts- und Schwangerschaftskonfliktberatung ist in hohem Maße eine individuelle Hilfe; Klientenbezogene Kooperation ist ein charakteristisches Merkmal. Es fällt deshalb Schwangerenberaterinnen nicht schwer, diejenigen Einrichtungen aufzulisten, die über das Beratungsangebot informiert werden müssen und mit denen eine Kooperation sinnvoll und notwendig wäre. Am Anfang stehen jedoch einige wichtige Feststellungen:

1. Nicht alle erwünschten Kooperationspartnerinnen arbeiten interdisziplinär.
2. Die Kooperation bezieht sich in der Regel auf unterschiedliche Fachdienste oder Fachleute der gleichen Profession. Multiprofessionelle Zusammenarbeit muss erst noch entwickelt werden.
3. Intensität und Ausmaß von Kooperation werden von den Beratungskriterien, dem Beratungskonzept und der Schwerpunktsetzung innerhalb eines Teams bestimmt. Einfluss hat auch die Persönlichkeit der Beraterin, die die Arbeit ausführt, deren Fähigkeiten und grundlegende Werthaltung. Deshalb ist zu Beginn, aber auch in einzelnen Phasen der Arbeit immer wieder zu reflektieren, ob die angestrebten Kooperationen noch den ursprünglichen Intentionen entsprechen. Möglicherweise bewirkt erfolgreiche Kooperation eine Veränderung der ursprünglichen Ansätze. Für die Anfangsphase ist Zeit und Raum für Reflexionsmöglichkeiten mit in die Planung einzubeziehen.
4. Vor der ersten Kontaktaufnahme sollte neben der Überlegung, welches Ziel mit der Kooperation verfolgt werden soll, auch die Frage nach dem Gewinn für beide Kooperationspartnerinnen, der beabsichtigten Investition von Zeit und Energie und den Kriterien für Erfolg oder Misserfolg von Kooperationen im Team geklärt werden (vgl. Kapitel 2).
5. Da Ärzte und medizinische Einrichtungen für die Beratung vor, während und nach Inanspruchnahme von Pränataldiagnostik besonders wichtige Kooperationspartnerinnen sind, sind den bisherigen Kooperationserfahrungen mit dem medizinischen Bereich besondere Aufmerksamkeit zu schenken (siehe Kapitel 4.4.1).

Welche Art der Kontaktaufnahme gewählt wird, ist stark abhängig von der gewohnten Arbeitsweise der Beratungsstelle. Möglicherweise sind die bekannten Formen auch für neue Kooperationspartnerinnen funktionell. Vermutlich müssen jedoch neue Formen entwickelt werden oder es kann auf bereits erprobte zurückgegriffen werden, wie sie in Kapitel 5.3.1 beschrieben werden.

4.9.2 Wie kann der Träger mithelfen?

Für eine neue Schwerpunktsetzung in einem Fachdienst ist es unerlässlich, dass neben den Kolleginnen in der Beratungsstelle auch Mitarbeiterinnen von anderen Fachdiensten des Trägers und insbesondere die Geschäftsführung/der Vorstand des Verbandes die Arbeit mittragen.

Kann für den ersten Teil der Aufbauphase zunächst kein zusätzliches Personal eingestellt werden, so kommt auf die Kolleginnen im Team mehr Arbeit zu. Das muss offen im Team besprochen und im Konsens darüber entschieden werden. Beginnen sollte die Arbeit aber erst dann, wenn absehbar ist, dass langfristig zusätzliche personelle Kapazitäten für die Arbeit zur Verfügung gestellt werden können. Die Leitung sollte in einzelnen Phasen der Kooperationsentwicklung mit einbezogen werden. Geschäftsführer oder Vorstandsvorsitzende von Wohlfahrtsverbänden haben in der Regel in ihrem Einzugsbereich berufliche, politische oder verbandspolitische Kontakte und werden von einigen Kooperationspartnerinnen eher als Ansprechpartner „auf gleicher Ebene" akzeptiert. Sie können für die Beraterinnen „Türen öffnen". Voraussetzungen sind hier echtes Interesse der Leitungsebene und ein vertrauensvolles Miteinander. Positiv wirkt sich auch die Unterstützung der Vorstände/Leitungsebene von regionalen und überregionalen Gliederungen des Verbandes aus. Als A und O beim Aufbau von Kooperation hat sich jedoch das persönliche Gespräch erwiesen mit einer auf die Kooperationspartnerinnen zugeschnittenen Darstellung des eigenen Angebots, mit Interesse an der Arbeitsweise des Gegenüber und Respekt vor den Leistungen der jeweils anderen Profession. Mit personeller Kontinuität und Zuverlässigkeit bezüglich übernommener Aufgaben kann eine Basis für die Suche nach Gemeinsamkeiten sowie Unterschieden und Differenzen geschaffen werden.

4.9.3 Ein Netz von Multiplikatorinnen knüpfen

Multiplikatorinnen, die ein bestimmtes Wissen erwerben, dieses weitergeben, um so die erworbenen Kenntnisse zu vervielfachen, sind für die Kooperation und Vernetzung von großer Wichtigkeit. Die unterschiedlichsten Kontakte – gleichgültig, ob sie sich zu einer längerfristigen und beständigen Kooperation entwickeln oder einmalig bleiben – dienen dem Bekanntwerden des Beratungsangebots, des Trägers und der Beraterinnen. Multiplikatorinnen sind häufig untereinander vernetzt. Dieses Netz zu pflegen, ist eine weitere Aufgabe der Beratungsstelle. Die Möglichkeiten dafür sind z. B. regelmäßige Rundbriefe mit neuesten Informationen, die für alle interessant sein können – Kurzmeldungen oder Referate zu Themen aus der Bioethik, interessante Fachartikel zur Pränataldiagnostik, zu Behinderungen und ähnliches. Einladungen zu Veranstaltungen der Beratungsstelle sollten immer auch an die Multiplikatorinnen geschickt werden, alleine schon, um die Wertschätzung für deren Arbeit und das Engagement auszudrücken. Positiv können auch regelmäßige Treffen sein, bei denen gemeinsame Themenwünsche entweder aus dem Kreis der unterschiedlichen Professionen vorbereitet und dargestellt oder mit Hilfe eines Referenten bearbeitet werden können. Multiplikatorinnen sorgen mit dafür, dass die Beratungsstelle zu einer festen Kooperationspartnerin auch für andere Einrichtungen und Dienste werden kann.

Beispiel

Bereits zu Beginn der Beratungstätigkeit im Rahmen der Pränataldiagnostik wurde ein Netzwerk aus vielen interessierten Menschen ins Leben gerufen. Angesprochen wurden diejenigen, die beruflich oder im privaten Umfeld Berührung mit dem Thema Behinderung haben, z. B. Selbsthilfegruppen, der Beratungsstelle bekannte betroffene Eltern, Mitarbeiterinnen aus der Frühförderung, den heilpädagogischen oder integrativen Kindergärten, der Schule für geistig Behinderte, Kinderärzte, Gynäkologen, die niedergelassenen Ärzte für Humangenetik, Pfarrgemeinden, Caritaskonferenzen etc. Aus dieser Gruppe wurde ein Netzwerk gegründet, das sich zum einen mit Pränataldiagnostik und angrenzenden Themen intensiv befasst, zum anderen aber wollen die Beteiligten Ansprechpartnerinnen für Familien sein, die ein Kind mit Behinderung erwarten bzw. geboren haben.

4.9.4 Kontakte zu Fachleuten aus den politischen Parteien

Aus der Beratungsarbeit entsteht zwangsläufig auch ein Interesse an der politischen Diskussion innerhalb der Parteien und einzelner Fachgremien. Die Diskussion um die Bioethik-Konvention auf europäischer und nationaler Ebene und die Entscheidung zur Einsetzung der Enquete-Kommission ‚Recht und Ethik in der modernen Medizin‘ fand in den letzten Jahren statt. Um aktuelle Informationen zu erhalten und Erfahrungen von Betroffenen in die politische Diskussion einbringen zu können, sind Kontakte zu Fachleuten aus der Politik wünschenswert und notwendig.

Die Kontakte zu den ortsansässigen Land- oder Bundestagsabgeordneten können sehr nützlich sein, um Vorschläge zur Änderung von Richtlinien und Gesetzen anzubringen. Es sollten Diskussionen im politischen Rahmen genutzt werden, um Erfahrungen aus der Beratungspraxis mitzuteilen. Es hat sich gezeigt, dass Politiker in der Regel durch konkrete Beispiele aus der Beratungspraxis zu überzeugen sind.

4.9.5 Vernetzung mit Organisationen und Einrichtungen, die am Thema Pränataldiagnostik und an angrenzenden Themen arbeiten

Unterschiedliche Organisationen und Verbände sind mit dem Thema Pränataldiagnostik befasst. Zu nennen sind hier das Netzwerk gegen Selektion durch Pränataldiagnostik, Arbeitsgruppen des Trägers oder übergeordneter Gremien – z. B. das Zentralkomitee Deutscher Katholiken, der Evangelische Kirchentag, Fachausschüsse von Frauenverbänden (Landesfrauenrat, Katholische Frauengemeinschaft Deutschland, Evangelische Frauenhilfe etc.). Es ist von der Beratungsstelle jeweils auszuwählen, inwieweit auch diese Gruppen Kooperationspartnerinnen sein können. Kontakte zu einigen der Gruppen haben sich sowohl für Austausch von Informationen und Fortbildung als auch für Öffentlichkeitsarbeit als sinnvoll erwiesen.

5. Öffentlichkeitsarbeit

Gisela Pingen-Rainer

„Soziale Arbeit ist ohne Kommunikation nicht möglich. Das betrifft die Verständigung zwischen Klient, Sozialarbeiter, Träger und Öffentlichkeit gleichermaßen. Die kommunikativen Prozesse zwischen diesen Ebenen in Gang zu setzen und zu halten, verlangt einen offensiven Austausch, Reflexion und Präsentation der eigenen Tätigkeit. Die Organisation dieser Prozesse erfordert Kommunikationsmanagement, nämlich eine umfassende, langfristig angelegte und systematisch geplante Öffentlichkeitsarbeit, die Inhalte, Absichten und Ziele der Sozialarbeit darstellt und darüber mit der Öffentlichkeit in einen Dialog eintritt. Öffentlichkeitsarbeit hat die Aufgabe, interne Verständigung, fachliche Vernetzung und öffentliche Aufmerksamkeit herzustellen." (Kreft und Mielenz, 1996)

Im folgenden Kapitel wird beschrieben, warum Öffentlichkeitsarbeit eine notwendige Komponente ist, wenn ein psychosoziales Beratungsangebot vor, während und nach pränataler Diagnostik und bei zu erwartender Behinderung eines Kindes einen eigenen Stellenwert im Rahmen von Schwangerschaftsberatung erhalten soll. Es werden verschiedene konkrete Maßnahmen beschrieben, mittels derer sich Öffentlichkeitsarbeit zu diesem Thema gestalten lässt. Gleichzeitig werden Erfahrungen vermittelt, die von den am Modellprojekt beteiligten Beratungsstellen auf diesem Gebiet gemacht wurden. Den Leserinnen dieses Buchs für die Beratungspraxis soll sich durch Anregungen dabei ein praktischer Nutzen in der Umsetzung eigener Ideen ergeben.

Gezielte Öffentlichkeitsarbeit ist wesentlicher Bestandteil der Etablierung eines neuen Beratungsangebots. Zumeist gibt es in fachlichen Zusammenhängen eine gewisse Kenntnis des bestehenden Beratungsangebots einer Beratungsstelle. Dennoch sollte nicht darauf verzichtet werden durch kontinuierliche Öffentlichkeitsarbeit das Profil der Arbeit nach außen darzustellen um sowohl in medizinischen und psychosozialen Fachkreisen, bei vermittelnden sozialen Diensten als auch bei potentiellen Ratsuchenden wahrgenommen zu werden.

Schwangerschaftsberatung als solche ist vor allem durch die gesetzlichen Vorgaben des § 219 StGB im Zusammenhang mit einem Schwangerschaftskonflikt bei Ärztinnen und Frauen bekannt. Was darüber hinaus an Beratung, Begleitung und Vermittlung von Hilfen dort geleistet wird, ist vielfach nicht bekannt. In manchen Städten spricht es sich herum, wohin man mit welchen Problemen gehen kann, weil sich ein bestimmtes Image der Beratungsstellen verschiedener Träger herausgebildet hat. Das Angebot der psychosozialen Beratung zu Fragen vorgeburtlicher Diagnostik und bei zu erwartender Behinderung eines Kindes fußt auf der Ausgestaltung des § 2 SchKG (siehe auch Kapitel 2) und ist integriert in ein umfassendes Beratungsangebot in Schwangerschaftsfragen, wird jedoch noch nicht explizit in allen Schwangerschaftsberatungsstellen angeboten.

Entscheidet sich ein Träger hierzu ein Beratungsangebot zu schaffen, ist die breite Information der Öffentlichkeit wichtig, um sicherzustellen, dass das Beratungsangebot wahrgenommen werden kann und wie der Zugang hierzu ist. Man muss sich darüber im Klaren sein, dass Öffentlichkeitsarbeit zum Thema „Beratung zu vorgeburtlicher Diagnostik" nicht als Aufgabe von Beraterinnen „so nebenbei" geleistet werden kann. Eine fachlich gut qualifizierte Sozialarbeiterin/-pädagogin, die im Kontakt mit Klientinnen hervorragende Arbeit leisten kann, ist möglicherweise völlig damit überfordert, gute Öffentlichkeitsarbeit zu leisten, die ganz andere Fähigkeiten erfordert. Ein Beratungsangebot nach außen darzustellen, was vor allem auch von Professionen rund um die Schwangerenversorgung wahrgenommen wird, erfordert zusätzliche Qualifikationen, die mit entsprechender Fortbildung sicher erfolgreicher sind, als mit einem langwierigen Prozess des „learning by doing", bei dem viele Misserfolge mit eingeplant werden müssen. Da die Notwendigkeit zur Außendarstellung auch ein gewisses Maß an persönlichem Engagement bedeutet, wird mit Öffentlichkeitsarbeit vor allem der- oder diejenige zu betrauen sein, der oder die ein Interesse und Talent hierfür entwickelt.

Um wirksam Öffentlichkeitsarbeit zu leisten, ist es notwendig, vorher im Team und mit dem Träger gemeinsam eine Situationsanalyse (Wo stehen wir?) und eine Zielbestimmung (Was wollen wir erreichen?) vorzunehmen und die Möglichkeiten der Durchführung zu prüfen (vgl. Luthe & Schäfers, 2000). Dabei sind unter anderem folgende Fragen zu klären:
– Was soll dargestellt werden? Welches Profil? Womit soll geworben werden?
– Wie ist der Zusammenhang mit sonstigen Beratungsangeboten?
– Was/wer soll durch Öffentlichkeitsarbeit erreicht werden?
– Wer ist fähig und in der Lage (Qualifikation, Arbeitskapazität o. ä.) Öffentlichkeitsarbeit zu leisten?
– Welche professionelle Unterstützung ist einzuholen?
– Welche Maßnahmen sind sinnvoll?
– Welches Bild von Schwangerschaft wird mit der Öffentlichkeitsarbeit transportiert?
– Welches Image der Institution soll kommuniziert werden?
– Welche speziellen Bedürfnisse hat die Zielgruppe?
– Welche Möglichkeiten der Kooperation gibt es?
– Welche „Konkurrenz" durch andere Anbieter ist zu berücksichtigen?

5.1 Bekanntmachung des Beratungsangebots in der breiten (Fach-) Öffentlichkeit

5.1.1 Presseartikel

Die regionale Presse (Tageszeitungen, Wochenblätter, Verbandsnachrichten etc.) ist von großer Bedeutung für die Bekanntmachung (neuer) Beratungsangebote bzw. -schwerpunkte wie z. B. die psychosoziale Beratung zur Pränataldiagnostik. Da sie sowohl Auf-

merksamkeit bei Multiplikatorinnen wie auch in breiten Schichten der Bevölkerung
schafft, die in einem Einzugsgebiet angesprochen werden sollen, ist sie ein gutes Medium zu informieren und sich darzustellen.

Erfahrungsgemäß ist die Aufnahmefähigkeit für Inhalte von Zeitungsberichten nur kurz-
lebig und führt dazu, dass Informationen nur diejenigen erreichen, die entweder aufgrund eines besonderen beruflichen oder persönlichen Interesses am Thema aufmerksam
werden oder die gerade in diesem Moment vom Thema betroffen sind. In der Regel interessiert das Thema Pränataldiagnostik daher vor allem Medizinerinnen, Hebammen und
Mitarbeiterinnen und Engagierte in der Behindertenarbeit. Frauen fühlen sich meist nur
angesprochen, wenn sie Erfahrungen hiermit gemacht haben oder selbst gerade schwanger sind und eine diesbezügliche Entscheidung ansteht. Es handelt sich um ein sachlich
kompliziertes Thema, das für ein Pressegespräch alltagssprachlich verständlich aufbereitet werden muss. Sich mit den Möglichkeiten und Konsequenzen einer Pränataldiagnostik auseinanderzusetzen gehört zu den „unliebsamen und schwierigen" Themen in
der Schwangerschaft. Daher ist es sinnvoll, einen (aktuellen) Aufhänger für dieses Thema
zu nutzen oder es in einen weiteren Kontext zum Thema Schwangerschaft zu integrieren.

Grundsätzlich gibt es unterschiedliche Möglichkeiten im Umgang mit der Presse: Bewährt hat sich die direkte Ansprache von Redaktionen oder am besten noch von persönlich bekannten bzw. zu gesundheitlichen- oder sozialen Themen schwerpunktmäßig
arbeitenden Redakteuren. Für ein Pressegespräch können aktuelle Ereignisse oder Entwicklungen zum Thema als Aufhänger genutzt werden. Wichtig ist es einen Problem-
aufriss im Gespräch zu vollziehen, der dem sachlich komplizierten Thema gerecht wird
und trotzdem allgemein verständlich bleibt (Redakteurinnen sind in der Regel beim
Thema Pränataldiagnostik auch nur Laien). Inhalte des Beratungsangebots, die Fach-
lichkeit der Personen, die Beratung anbieten (am besten mit Foto), aktuelle Ereignisse
und Grundpositionen des Trägers sowie auf jeden Fall die Information, wie man die Beratungsstelle erreichen kann, sollten im Pressegespräch genannt werden. Das Gespräch
kann vorbereitet werden, in dem für die Presse die wichtigsten Informationen (auch
Flyer und Öffentlichkeitsmaterial) in Form einer Pressemappe zusammengestellt werden, damit Informationen nicht verloren gehen.

Eine andere Möglichkeit ist es, Presseberichte selbst zu verfassen, was vor allem wegen
der Komplexität der Zusammenhänge sinnvoll sein kann. Viele Zeitungen drucken auch
von örtlichen Trägern selbst verfasste Darstellungen ab, behalten sich jedoch Kürzungen
vor. Der Kontakt zu Presseorganen ist nach Möglichkeit durch persönliche Ansprache
der Redakteure sowie durch Hintergrundgespräche zu gestalten. Um die psychosoziale
Beratung zu Fragen vorgeburtlicher Diagnostik dauerhaft bekannt zu machen, ist es auch
wichtig auf regelmäßige Medienpräsenz zu achten. Sowohl durch Interviews mit Redakteuren von Presse, Rundfunk und (Regional-)Fernsehen als auch Pressekonferenzen, zu
denen man gezielt einlädt, lassen sich verschiedene Themen und Aspekte des Beratungsangebots in regelmäßigen Abständen darstellen. Außerdem sind natürlich durchgeführte öffentliche und nicht-öffentliche Veranstaltungen wie Podiumsdiskussionen
oder einzelne Projekte gut dazu geeignet die Aktivitäten einer Beratungsstelle durch
Presseberichte öffentlich darzustellen.

5.1.2 Informationsstand bei öffentlichen Veranstaltungen

Um das psychosoziale Beratungsangebot zu Fragen pränataler Diagnostik und bei zu erwartender Behinderung eines Kindes als integrativen Bestandteil der Schwangerschaftsberatung bekannter zu machen, ist es sinnvoll, mit Infoständen überall dort vertreten zu sein, wo Frauen zu erreichen sind. Zum Beispiel gibt es im kirchlichen Spektrum vielfältige Möglichkeiten der Teilnahme an Kirchentagen, Diözesanveranstaltungen, Tagen der offenen Tür, ehrenamtlichen Foren etc. Insbesondere auch gesundheits- und frauenpolitische Fachveranstaltungen im kommunalen Bereich bieten Raum zur Darstellung. Der Infostand auf öffentlichen Veranstaltungen stellt einerseits für Fachpublikum wie Ärztinnen, Hebammen, Beraterinnen aus der Behindertenhilfe, Seelsorgern etc. eine unverbindliche Möglichkeit der Information und Kontaktaufnahme dar. Anderseits können Frauen/Paare in verschiedenen Lebenslagen auf die Beratungsmöglichkeiten aufmerksam gemacht werden. Für die Standgestaltung hat sich folgendes als sinnvoll erwiesen:
– optisch gut wahrnehmbare, möglichst auch professionelle Gestaltung eines Standes, z. B. durch Stellwände oder leicht transportierbare sogenannte Quick-Screens u. a.,
– deutliche Kennzeichnung des Trägers durch das Logo,
– Auslage von Flyern, Broschüren und Fachliteratur,
– optische Darstellung leicht verständlicher Grafiken, z. B. zum Triple-Test oder zum Altersrisiko für chromosomale Störungen,
– Beteiligung des Publikums durch Aktionen, z. B. durch das Puzzle „Wunschkind", entwickelt von der Beratungsstelle PUA (Beratungsstelle zu vorgeburtlichen Untersuchungen und Risikoschwangerschaften, Diakonisches Werk Württemberg),
– kritischer Einsatz von Fotos (z. B. auf problembeladene Darstellungen verzichten), Bilder sollen anziehen und nicht abschrecken, auf Ästhetik achten: Die Infostände machen die Beratungsarbeit und den Träger bekannter und rücken das dargestellte Thema mehr ins öffentliche Bewusstsein, führen aber nicht unbedingt als Konsequenz zu einer unmittelbar wahrnehmbaren Steigerung von Beratungsnachfragen.

5.1.3 Entwicklung und Versand von Informationsmaterial

Zur öffentlichen Darstellung des psychosozialen Beratungsangebotes gehört wesentlich eine verschriftlichte Form der Ansprache von möglichen Adressaten. Sowohl die potentiellen Nutzerinnen von Beratung wie auch Multiplikatorinnen, die auf Beratung hinweisen können, werden hiermit angesprochen. Die Flyer, Broschüren und Plakate müssen maßgeblich von den zu vermittelnden Inhalten und dem Beratungsprofil geprägt sein. Diese sollten die jeweilige Institution bzw. die verbandlich prägenden Leitbilder deutlich werden lassen. Die inhaltliche Gestaltung von Öffentlichkeitsmaterial gehört in die Hände der Beratungsfachkräfte, die Gestaltung und das Layout sollte von professionellen Grafikerinnen erstellt werden, die in der Regel auch noch einmal stark den „Nutzerblick" haben und somit wertvolle Anregungen für die gewünschte Wirkung geben können.

Im Modellprojekt „Entwicklung von Beratungskriterien für die Beratung Schwangerer bei zu erwartender Behinderung eines Kindes" hat sich gezeigt, dass es wenig sinnvoll ist, Materialien zu erstellen, die aufgrund des vorgegebenen Themas eher Problem orientiert sind oder Misstrauen in den Schwangerschaftsverlauf erzeugen. Bei der Gestaltung von Flyern zum Thema „Pränataldiagnostik" sollten folgende Aspekte berücksichtigt werden: Es ist wichtig, Frauen Sicherheit zu geben und an ihr fürsorgliches Gefühl dem Kind gegenüber zu appellieren, sowie ihnen die Möglichkeit der aktiven Gestaltung des Schwangerschaftsprozesses zu eröffnen. Dabei kann die Frage vorangestellt werden, wofür Frauen in der Schwangerschaft sorgen möchten (Familie, Partnerschaft, eigene Gesundheit, Wohlergehen des Kindes, Finanzen u. a.). Von dem Thema „Was kommt in der Schwangerschaft auf Sie zu?" ausgehend, können Frauen animiert werden, alle Fragen zu stellen, die sie beschäftigen. Fragen zu stellen ist eine wichtige Form des „sich Sorgens" und daher sollten Frauen deutlich dazu ermuntert werden. Im Text kann auch ein Spektrum an Themen vorgegeben werden. In einem Flyer sollte aber vor allem auch deutlich werden, was Frauen und Paare in einer Beratungsstelle bekommen können bzw. worin der Nutzen eines Beratungsgesprächs für sie liegen könnte. Sinnvoll ist es auch, das Thema „vorgeburtliche Diagnostik" und „Beratung bei zu erwartender Behinderung" nicht ins Zentrum der Darstellung eines Beratungsangebots zu rücken, sondern einzureihen in verschiedene Fragestellungen zum Komplex Schwangerschaft, die für Frauen ebenfalls wichtig sind:

Wir haben Zeit für Sie ...

– wenn Sie sich über die Vereinbarkeit von Beruf und Familie informieren möchten (Erziehungsurlaub, Kinderbetreuung u. a.),
– wenn Sie sich Gedanken über die Veränderungen in Partnerschaft und Familie machen (…),
– wenn Sie sich über die Möglichkeiten der finanziellen Unterstützung informieren lassen oder diese Hilfen beantragen wollen (…),
– wenn Sie sich um die eigene Gesundheit oder die Ihres Kindes sorgen (z. B. bei Risikoschwangerschaften),
– wenn Sie sich zu vorgeburtlicher Diagnostik informieren oder einen Standpunkt finden wollen (…),
– wenn Sie sich über Methoden der Familienplanung und Fragen der Sexualität beraten lassen wollen,
– wenn bei Ihrem Kind eine Behinderung diagnostiziert worden ist,
– wenn Sie ein Kind verloren haben und Begleitung und Kontakt brauchen.

(Auszug aus dem Flyer „Ich bekomme ein Kind …" der Schwangerschaftsberatung des Sozialdienst katholischer Frauen in Dülmen).

Öffentlichkeitsmaterialien, die auf Beratungsmöglichkeiten vor oder in einer Schwangerschaft hinweisen, liegen zweckmäßigerweise dort aus, wo üblicherweise schwangere Frauen aufmerksam werden: in Arztpraxen und Kliniken, bei Hebammen, in Gesundheitszentren und Familienbildungsstätten, bei Behörden und sozialen Diensten, evtl. in Kirchengemeinden (auch Bio- oder Buchläden etc. können geeignete Orte sein).

Um die Bereitschaft von Ärztinnen zu fördern, Infomaterial in Wartezimmern auszulegen oder persönlich weiterzugeben, hat sich das folgende Vorgehen bewährt:

Beispiel

Das Team einer Beratungsstelle legt 2 niedergelassenen Gynäkologinnen einen Textentwurf für einen Flyer vor, der das Format des Mutterpasses haben sollte und das gesamte Beratungsangebot einschließlich der Beratung zur Pränataldiagnostik enthielt. Ziel dabei war es, ärztliche Vorschläge mit einzuarbeiten und die Akzeptanz für die Weitergabe eines solchen Einlegeblattes in den Mutterpass zu fördern, das auch den Rechtsanspruch auf Beratung in allen Schwangerschaftsfragen gemäß § 2 SchKG aufführte. Die Ärztinnen äußerten konstruktive Kritik und aufgrund dessen kam es zu geringfügigen Textänderungen, die von beiden Seiten akzeptiert werden konnten.

5.1.4 Öffentliche Diskussionsveranstaltungen für interessierte Laien, Fachleute und Politiker

Die Durchführung von öffentlichen Diskussionsveranstaltungen ist eine gute Möglichkeit als Beratungsstelle „ins Gespräch" zu kommen. Durch die Presse und persönliche Anschreiben ist ein gewünschtes Teilnehmerspektrum anzusprechen. Es sollten natürlich auch Pressevertreter eingeladen werden. Zu klären ist von vornherein auch, wer angesprochen werden soll mit einer Diskussion rund um das Thema „Pränataldiagnostik": Frauenärztinnen, Hebammen, Juristinnen, Behindertenverbände oder Selbsthilfegruppen u. a. Es hat sich in diversen öffentlichen Veranstaltungen immer wieder gezeigt, dass man mit solchen Maßnahmen vor allem fachlich und gesellschaftspolitisch interessierte Menschen erreicht, nicht aber Frauen, die das Thema persönlich betrifft. Durch die Auswahl der Referentinnen bzw. Podiumsteilnehmerinnen kann man maßgeblich steuern, wer sich von der Ankündigung einer öffentlichen Veranstaltung angesprochen fühlt. Beabsichtigt man z. B., dass Ärztinnen die Veranstaltung besuchen, ist es sinnvoll, einen interessanten (hochkarätigen) medizinischen Experten einzuladen. Die psychosoziale Seite, die den Aspekt von Beratung zum Thema einbringen soll, sollte mit Experten von außerhalb besetzt sein, um das bestehende Beratungsangebot vor Ort fachlich zu untermauern. Bei der Planung sollte ebenfalls Wert auf einen guten Moderator gelegt werden. Eine qualifizierte Moderation trägt wesentlich zum Gelingen einer öffentlichen Veranstaltung bei. Hierfür sollten Kosten nicht gescheut werden. Beispiele von thematischen Veranstaltungen zur Pränataldiagnostik:

- Wie viel vorgeburtliche Diagnostik brauchen wir – wie viel wollen wir? Der Umgang
  mit Pränataldiagnostik in Deutschland und in europäischen Nachbarländern in inter-
  disziplinärer Perspektive. (Expo Hannover 2000),
- Kind als Schaden? (Recklinghausen 1999),
- Vorgeburtliche Diagnostik „Werdende Eltern zwischen guter Hoffnung und der
  Angst vor einer Behinderung ihres Kindes" (Dülmen 1999).

5.1.5 Publikation des Rechtsanspruches auf Beratung

Nach dem Schwangerschaftskonfliktgesetz vom 21. 8. 1995 hat „jede Frau und jeder
Mann … das Recht, sich … in Fragen der Sexualaufklärung, Verhütung und Familienplanung sowie allen eine Schwangerschaft unmittelbar berührenden Fragen von einer
hierfür vorgesehenen Beratungsstelle informieren und beraten zu lassen". (…) Zum
Anspruch auf Beratung gehört auch die Nachbetreuung nach einem Schwangerschaftsabbruch oder nach der Geburt eines Kindes (§ 2 SchKG). Ausdrücklich wird im Gesetz
die Möglichkeit erwähnt, dass Frauen und Männer sich im Zusammenhang mit Pränataldiagnostik über „die Hilfsmöglichkeiten für behinderte Menschen und ihre Familien, die vor und nach der Geburt eines in seiner körperlichen, geistigen oder seelischen
Gesundheit geschädigten Kindes zur Verfügung stehen" beraten lassen können. Dieser
Rechtsanspruch auf Beratung ist Frauen/Paaren nur unzulänglich bekannt und wird
auch kaum publiziert. Da er die rechtliche Grundlage von Beratungsarbeit in Schwangerschaftsberatungsstellen darstellt und insbesondere – eingebettet in vielfältige
Angebote – auch die Beratung in allen Fragen vor, während und nach einer Pränataldiagnostik sowie einem Schwangerschaftsabbruch aufführt, können Schwangerschaftsberatungsstellen die Öffentlichkeitsarbeit u. a. auch hierauf aufbauen (siehe auch Kapitel 2).

Innerhalb des Modellprojektes „Entwicklung von Beratungskriterien für die Beratung
Schwangerer bei zu erwartender Behinderung eines Kindes" war die Veröffentlichung
des Rechtsanspruches auf Beratung in Schwangerschaftsfragen ein zentrales Anliegen.
Das Dokument, das jede Frau in der Schwangerschaft erhält, ist der Mutterpass und so
liegt es nahe, hierin auf psychosoziale Beratung durch Schwangerschaftsberatungsstellen hinzuweisen, wie dies auch für die Beratung durch Arzt oder Hebamme gilt. Ein erster Schritt war es, ein Einlegeblatt für den Mutterpass zu erarbeiten, wie es beim SkF
Dülmen entwickelt wurde, um den Rechtsanspruch auf Beratung gemäß § 2 SchKG
bekannt zu machen.

Die weitergehende Initiative des Modellprojektes ging jedoch dahin, einen Eintrag in
den bundesweit verbreiteten Mutterpass aufzunehmen. Daher wurde eine Eingabe in
den Bundesausschuss für Ärzte und Krankenkassen veranlasst, der Änderungen des
Mutterpasses maßgeblich beschließen kann. Der in den Mutterpass aufzunehmende
Formulierungsvorschlag lautet: „Ihr Arzt und/oder Ihre Hebamme stehen Ihnen für alle
Fragen der Schwangerschaft zur Verfügung. Sie haben auch das Recht, sich in allen
Schwangerschaftsfragen bei einer hierfür vorgesehenen Beratungsstelle beraten zu las-

sen. Anschriften erhalten Sie über die Wohlfahrtsverbände oder das örtliche Gesundheitsamt." Gleichzeitig wurde angeregt, verbindlich in den Mutterschaftsrichtlinien aufzunehmen, dass werdende Eltern von behandelnden Gynäkologinnen auf den Beratungsanspruch bei Schwangerschaftsfragen hingewiesen werden sollten. Auch wenn die bundesweite Bekanntmachung des Rechtsanspruches auf Beratung von verschiedenen Seiten unterstützt wird, ist es sinnvoll, in der Öffentlichkeitsarbeit einer jeweiligen Schwangerschaftsberatungsstelle immer wieder durch Öffentlichkeitsmaterial oder bei Veranstaltungen darauf hinzuweisen.

5.2 Maßnahmen, um interessierte/betroffene Frauen zu erreichen

Die vorgenannten Maßnahmen dienen im Wesentlichen dazu, das Beratungsangebot einer breiten Öffentlichkeit bekannt zu machen. Da Frauen im gebärfähigen Alter die Hauptzielgruppe von Schwangerschaftsberatung darstellen, sind Überlegungen wichtig, wie man Frauen in dieser speziellen Lebenslage erreichen kann. Die Flut von Informationen durch Ärztinnen und Zeitschriften oder Broschüren, die Frauen in der Schwangerschaft erreichen, ist groß. Sich in diesem Dschungel mit einem (psycho)-sozialen Beratungsangebot zu präsentieren ist nicht immer leicht. Wie die Bedürfnisse von Frauen bei der Gestaltung von Öffentlichkeitsmaterialien berücksichtigt werden können, wurde unter Punkt 5.1.3 bereits erwähnt. Die im Folgenden genannten Maßnahmen für Öffentlichkeitsarbeit richten sich an Schwangere sowie an Frauen, die vielleicht noch schwanger werden wollen. Gerade, was die Aufklärung und Entscheidungssituation vor einer Pränataldiagnostik angeht, sollte es Ziel von Öffentlichkeitsarbeit sein, Frauen zu erreichen bevor „sie in die Mühle der Pränataldiagnostik geraten".

5.2.1 Veröffentlichungen in Zeitschriften und Broschüren für Frauen

Frauenzeitschriften und Broschüren für Frauen (z. B. regionales Frauenhandbuch) sind geeignete Medien, um darin die Adressen von Beratungsstellen für Fragen in der Schwangerschaft aufzunehmen. Meist ist die Aufnahme der Adresse durch ein kurzes Anschreiben möglich. Es lohnt sich zu überlegen, welche Medien diesbezüglich regional in Frage kommen. Die Adressen und Telefonnummern der am Modellprojekt beteiligten Beratungsstellen wurden regional und bundesweit in Zeitschriften für Frauen veröffentlicht. Nicht nur Zeitschriften für Schwangere, sondern auch allgemeine Frauenzeitschriften oder solche, die Rubriken für Beratung und Lebenshilfe haben, können Adressen aufnehmen. Es zeigte sich, dass Frauen meist nur eine kurze Zeit in ihrer Schwangerschaft Interesse am Thema oder Beratungsbedarf haben und auch nur dann aufnahmefähig für diesbezügliche Informationen sind. In einer akuten Situation, wie

z. B. nach der Mitteilung eines auffälligen Befundes, suchen Frauen auch an weit entfernteren Orten telefonischen Kontakt und Auskünfte. Eine gute Möglichkeit, Frauen das Beratungsangebot bekannt zu machen, besteht auch darin, in regionalen Broschüren zu publizieren. So gibt es an vielen Orten Broschüren wie: „Kinderkriegen in Münster", „Wegweiser für werdende Eltern", „Piccolo – vom Kind erwarten bis Kindergarten", „Info-Broschüre für Eltern behinderter Kinder" und andere, die zumindest die Adresse aufnehmen, häufig aber auch Darstellungsmöglichkeiten des Angebotes bieten. Wenn vor Ort keine derartigen Broschüren existieren, lohnt sich evtl. der Aufwand, in Zusammenarbeit mit anderen Institutionen, Vereinen oder Einzelpersonen eine solche Broschüre zu erstellen, um Beratungsangebote rund um die Schwangerschaft gebündelt zu präsentieren.

5.2.2 Info-Telefon

Frauen beschaffen sich Informationen zu Themen in der Schwangerschaft häufig aus Büchern, Zeitschriften, dem Internet – kurz gesagt – den Medien. Insbesondere zu Themen, die etwas problematisch erscheinen, ist es meist leichter, sich in eigener Regie zu informieren, als direkt ein Gespräch mit einem erfahrenen Gegenüber zu suchen. Aus diesem Grund richtete der Modellprojektstandort Recklinghausen ein Info-Telefon mit Informationen zu vorgeburtlicher Diagnostik ein, eine Art Hotline, die man anrufen kann, um wichtige Informationen zu einzelnen Untersuchungen per Band abzufragen, quasi anonym. Am Ende der Schaltung wird dann noch die direkte Kontaktaufnahme zu einer Beraterin geboten, die zweimal wöchentlich für zwei Stunden direkt weitergehende telefonische Auskünfte und Beratung ermöglicht.

Telefonische Beratung unterscheidet sich grundsätzlich vom persönlichen Gespräch mit einem sichtbaren Gegenüber und erfordert eine spezielle Qualifikation der Beraterin. Die Anforderungen an telefonische Beratung müssen nach Möglichkeit vor Einrichtung eines Beratungstelefons abgeklärt werden und machen gegebenenfalls entsprechende Fortbildung notwendig.

Das Info-Telefon wurde nach entsprechender Veröffentlichung in Zeitschriften für Schwangere bundesweit genutzt, allerdings nicht nur für Anfragen zur pränatalen Diagnostik, sondern auch für alle möglichen anderen Themen, die während der Schwangerschaft interessieren. Die bundesweite Bekanntmachung der Telefonnummer brachte es mit sich, dass Frauen nach Beratungsmöglichkeiten in ihrer Region fragten und so ist es mit der Einrichtung von telefonischer Beratung auch notwendig, ein Netz von Beratungsmöglichkeiten in der gesamten Bundesrepublik zu eruieren. Es hat sich als sinnvoll erwiesen, einen Zähler einzubauen, damit man Aufschluss darüber erhält, wie häufig der Anschluss genutzt wird. Für die Öffentlichkeitsarbeit zur Bekanntmachung eines Info-Telefons ist folgendes zu beachten: die Telefonnummer muss in einschlägigen Zeitschriften und Broschüren ständig (und nicht nur einmal) publiziert werden. Zweckmäßig ist der Druck und die Verbreitung eines Plakates mit der Telefonnummer, ähnlich wie die Plakate der Telefonseelsorge.

5.2.3 Teilnahme an frauenspezifischen Veranstaltungen

Veranstaltungen, die speziell auf die Interessen von Frauen abgestimmt sind, bieten ein gutes Forum der Selbstdarstellung von Trägern psychosozialer Beratung. Sowohl mit einem Info-Stand/Büchertisch o. ä. wie auch der Teilnahme an Podiumsdiskussionen etc. kann man Beratungsangebote darstellen. Sinnvoll ist es dabei, nicht nur vorgeburtliche Diagnostik und mögliche Behinderungen in den Mittelpunkt zu rücken, sondern auch andere Themen, die rund um Schwangerschaft Sorgen machen können: Risikoschwangerschaft, Fehlgeburt, Totgeburt, Erkrankungen von Mutter und Kind, familiäre Belastungen etc.

Themen, die zu stark problemorientiert präsentiert werden, verursachen häufig Abwehrreaktionen bei Ansprechpartnern und werden von Teilnehmern gemieden. Wichtig ist es dann, positive Aspekte in der Darstellung mit einzubeziehen. Frauenspezifische Veranstaltungen können sein, z. B. Internationaler Frauentag, Frauengesundheitstage, Frauenfrühstück in Familienzentren, Frauenmessen, u. a. aber auch Veranstaltungen für einen festen Kreis von Frauen wie Gesprächskreise oder Frauengruppen.

5.2.4 Kursangebote in Familienbildungsstätten

Viele Familienbildungsstätten bieten einmalige Informationsabende zu vorgeburtlicher Diagnostik an, die sowohl von Ärztinnen als auch von Schwangerschaftsberaterinnen durchgeführt werden. Erfahrungsgemäß ist es sehr schwierig, zu diesem Thema interessierte Frauen und Paare anzusprechen. Manchmal kommen wenige Teilnehmerinnen, manchmal überhaupt keine und Kursteilnehmerinnen sind dann meist beruflich Interessierte, z. B. Hebammen oder Mitarbeiterinnen der Frühförderung und nicht Schwangere oder Frauen, die schwanger werden wollen.

Selbst die Kooperation in der Durchführung durch eine Ärztin und eine Beraterin motiviert anscheinend nicht genug, dass Schwangere sich für dieses Thema mit einer gewissen Ausschließlichkeit (nur ein Aspekt von Schwangerschaft) interessieren. In Geburtsvorbereitungskursen ist die Integration des Themas manchmal möglich, jedoch finden die Kurse in der Regel zu einem Zeitpunkt statt, wo die Schwangerschaft schon weit fortgeschritten ist und Entscheidungen über die Pränataldiagnostik längst getroffen wurden.

5.2.5 Elterninformationen

Psychosoziale Beratung im Rahmen vorgeburtlicher Diagnostik wird nicht nur für die Zeit der Schwangerschaft angeboten, sondern ist vor allem auch dann wichtig, wenn ein Kind mit Behinderung geboren wird oder Eltern das Schockerlebnis verarbeiten müssen, wenn sie nicht darauf vorbereitet waren. Häufig gibt es in Kliniken noch keine adäquate psychosoziale Versorgung der Mutter und des Vaters, gleichwohl bekannt ist, dass die erste Zeit und die erste Mitteilung an die Eltern maßgeblich Anteil daran haben, wie der Schock überwunden werden kann. Menschliche Anteilnahme und medizinisches

Fachwissen sind gefragt, aber auch der Hinweis darauf, wo Hilfe in dieser Situation zu
erhalten ist. Ein speziell auf die erste Zeit nach der Geburt eines kranken oder behinderten Kindes zugeschnittene Broschüre kann Rat suchenden Eltern Hinweise auf
Beratungsangebote geben. Hierfür sollte mit dem Klinikpersonal eine Vereinbarung getroffen werden, solche Informationen standardmäßig an betroffene Eltern auszuhän-
digen.

Ein Beispiel für eine solche Broschüre ist die vom Caritasverband Recklinghausen
erstellte Elternmappe „Mein Kind ist anders – Jedes Kind ist liebenswert". Hierin
werden Eltern persönlich angesprochen und auf ihre Situation, die von vielen Unsicherheiten geprägt ist, eingegangen. Die Broschüre nennt Frühförderstellen und
Kontaktpersonen in der Region, an die Eltern sich bei Behinderungen wie z. B. Down
Syndrom oder Spina bifida wenden können. Zusätzlich sind überregionale Adressen
aufgeführt wie z. B. die der Bundesvereinigung Lebenshilfe e. V. in Marburg. Wichtige überregionale Organisationen und Vereine sind u. a. noch das Kindernetzwerk und
„Leona", ein Verein für Eltern chromosomal geschädigter Kinder. Die Elternmappe
wurde in Zusammenarbeit mit Frühförderstellen und betroffenen Eltern erarbeitet,
denen die Situation und die Bedürfnisse von Eltern nach der Geburt eines behinderten Kindes gut bekannt sind.

5.2.6 Internetpräsenz

Das Internet ist mittlerweile für viele Menschen das Medium geworden, mit dem sie
ihre Informationsbedürfnisse befriedigen und Lösungen für ihre Probleme suchen. Es
ist ein interaktives Medium, denn es bietet Nutzern einerseits die Möglichkeit, die für
sie interessanten Seiten aufzusuchen und Informationen abzufragen, andererseits aber
auch selbst aktiv zu werden und Kontakt per E-Mail oder z. B. im Chat aufzunehmen.
Das Internet bietet einen niedrig schwelligen Zugang zu Informationen und Kontakt-
möglichkeiten aller Art (sofern die Nutzer sich mit Suchmaschinen zurecht finden) und
kann daher von jedem genutzt werden. Insbesondere für Menschen in schwierigen Lebenssituationen oder in Entscheidungskonflikten bietet das Internet die Möglichkeit
der aktiven und gleichzeitig unverbindlichen Kontaktaufnahme oder Informationsabfra-
ge, wobei zugleich die Anonymität gewahrt bleiben kann. Insofern ist die Bedeutung des
Internets auch von Beratungsstellen nicht zu unterschätzen.

Frauen und Paare, die im Hinblick auf die Inanspruchnahme der Pränataldiagnostik
oder den Umgang mit einem auffälligen Befund Entscheidungen treffen müssen, mögen
häufig nicht mit anderen Menschen darüber sprechen, da sie das ethisch-moralische
Konfliktpotenzial scheuen oder Druck von außen abwehren wollen. So fallen Entscheidungen ins Private und gerade hier ist der Gebrauch des Internets häufig hilfreich. Es
ist bekannt, dass vor allem bei seltenen Diagnosen und auffälligen Befunden in der
Schwangerschaft oder nach der Geburt eines behinderten Kindes die Suche im Internet
für viele Betroffene Informationen und Kontakt- und/oder Therapiemöglichkeiten er-
schließt. Aber auch die Suche nach qualifizierten Beratungsmöglichkeiten sollte per

Internet realisiert werden können und daher ist die Internetpräsenz für psychosoziale Beratungsstellen als Mittel von Öffentlichkeitsarbeit besonders wichtig.

Nicht nur Online-Informationen, sondern auch psychosoziale Beratung via Internet anzubieten, ist eine der medialen Herausforderungen für Beratungsstellen. Dabei zeigt sich jedoch, dass Beratung per E-Mail oder Chat (z. B. auch mit anderen Betroffenen) in keinem Fall die sogenannte „face-to-face"-Beratung ersetzen kann, da ein Beratungssetting mit dem Angebot des personalen Kontakts und der Aufnahme von Beziehung wichtige Voraussetzung für den Beratungserfolg darstellt (vgl. Rieg & Laszig, 2001).

Ist eine Beratungsstelle daran interessiert, sich mit ihrem Beratungsangebot im Internet zu präsentieren, ist in der Regel die Einbeziehung einer professionellen Web-Designerin sinnvoll. Mit Hilfe dieser Spezialistin lassen sich Fragen der Gestaltung einer Web-Site, der Kosten für regelmäßige Pflege und Einstellung ins Internet und der optimalen Nutzbarkeit durch Verlinkung klären.

Folgende Fragen können im Zusammenhang mit einer geplanten Internetpräsenz auftauchen:
- Was will ich inhaltlich darstellen?
- Welches Erscheinungsbild wähle ich (auf corporate design achten)?
- Welche Möglichkeiten will ich den Nutzerinnen bieten? Herunterladen von Dateien (z. B. Infos über Pränataldiagnostik), Eintragung ins Gästebuch (Rückmeldung), Teilnahme an Diskussionsforen (Austausch mit anderen Nutzern), Kontaktaufnahme zur Beratungsstelle per E-Mail.
- Wie können Informationen und Beiträge aktualisiert werden?
- Wie kann der Eintrag und die Verlinkung zweckmäßig gestaltet werden, damit potentielle Nutzer überhaupt auf eine Website aufmerksam werden? U. a. durch Einrichtung einer geeigneten domaine (Internetadresse, die durch den Titel schon auf das aufmerksam macht, was angeboten wird, z. B. www.praenatale.info) und Anmeldung bei Suchmaschinen.
- Wie verändert sich das Setting von psychosozialer Beratung, wenn Anfragen telefonisch oder per Internet kommen? Welchen Arbeitsauftrag erhalten Beraterinnen im Zusammenhang mit Internetpräsenz?
- Welche Kosten entstehen für die Erstellung und Pflege einer Website?

Eine gezielte und vor allem gut zugängliche Internetpräsenz ist im psychosozialen Beratungsbereich noch immer eher eine Seltenheit. Viele Träger von Beratungsstellen sind mit dem Medium noch zu wenig vertraut, um dessen Bedeutung für Ratsuchende einschätzen zu können. Die Zurückhaltung betrifft auch die Erstellung eines gelungenen Gesamtkonzeptes für die Internetpräsenz, da hier noch zu wenig Erfahrungen damit vorliegen. Innerhalb des Modellprojektes konnte in der vorgegebenen Zeit eine einzelne oder gemeinsame Internetpräsenz aus verschiedenen Gründen nicht realisiert werden, obwohl sie von allen beteiligten Beratungsstellen ausdrücklich als sinnvoll erachtet wurde.

5.3 Förderung der Kooperation mit Einrichtungen und Berufsgruppen

Öffentlichkeitsarbeit spielt bei der Etablierung und weiteren Ausgestaltung des Beratungsangebots zur vorgeburtlichen Diagnostik eine große Rolle und findet auf vielen Ebenen statt. Wesentliches Ziel von Öffentlichkeitsarbeit ist die Gewinnung von Kooperationspartnern und solchen Personen und Institutionen, die an psychosoziale Beratung weiter vermitteln können. Wenn man bedenkt, dass psychosoziale Beratung für viele Menschen erst dann in den Blick kommt bzw. notwendig wird, wenn sie sich in akuten Krisen oder Entscheidungssituationen befinden, ist es wichtig, dass Personen/ Institutionen, denen sich die Situation offenbart, geeignete Weitervermittlungsmöglichkeiten kennen. Daher ist es von größter Bedeutung, Öffentlichkeitsarbeit durch Ansprache von Multiplikatorinnen zu organisieren. Zur Zielgruppe der Multiplikatorinnen und möglichen Kooperationspartnerinnen gehören maßgeblich Frauenärztinnen, aber auch Hebammen oder Mitarbeiterinnen der Frühförderung und Behindertenhilfe. Umgekehrt dient Öffentlichkeitsarbeit bei Multiplikatoren auch dazu, zu eruieren, mit wem sich eine Zusammenarbeit als sinnvoll erweist. Hierbei sind sowohl Einzelkontakte wie auch Vernetzungsmöglichkeiten zu berücksichtigen. Im Folgenden geht es um einige Maßnahmen, mit denen andere Berufsgruppen und Multiplikatoren auf das psychosoziale Beratungsangebot aufmerksam gemacht werden können.

5.3.1 Persönliche Ansprache von möglichen Kooperationspartnern

Die persönliche Kontaktaufnahme zu möglichen Kooperationspartnern ist nach wie vor die Methode der Wahl, um das Beratungsangebot zur vorgeburtlichen Diagnostik vorzustellen und ins Gespräch zu kommen, Nachfragen zu ermöglichen und Möglichkeiten der gegenseitigen Kontaktgestaltung auszuloten. Die persönliche Vorstellung vermittelt dem Gegenüber einerseits eine Vorstellung der Beraterin als Person und anderseits ihrer fachlichen Kompetenz sowie der Eingebundenheit in die Trägerstruktur. Dies sind wichtige Informationen, die Hebammen, Seelsorger, Mitarbeiterinnen der Behindertenhilfe und vor allem Ärztinnen immer wieder abfragen, um sich ein Bild davon machen zu können, ob sie Frauen und Paaren empfehlen können, sich an eine Beratungsstelle zu wenden. Bevor ein persönliches Gespräch stattfindet, sind sinnvollerweise Fragen zu klären, wie z. B.
– Was stelle ich dar?
– Wie präsentiere ich mich?
– Was bringe ich mit (Informationsmaterial)?
– Welche Bedingungen (zeitlich und strukturell) gibt es zu beachten?

Es ist nicht immer einfach den persönlichen Kontakt zu Ärztinnen überhaupt zustande zu bringen. Der stringente Arbeitsablauf in vielen Praxen und Kliniken lässt häufig wenig Zeit für ein persönliches Gespräch. Darum ist es wichtig nach ruhigen Zeiten im Betrieb zu fragen und sich einen Gesprächstermin in einer Zeit geben zu lassen, in der nicht die nächste Patientin behandelt werden will. Es empfiehlt sich auch vorher ein Anschreiben zu schicken, dem man schon einiges Informationsmaterial beifügt. Hilfreich kann es auch sein, mit einem vorstrukturierten Fragebogen den Gesprächsverlauf zu gestalten.

Beispiel: Fragebogen für ein strukturiertes Gespräch

1. Was bieten Sie im Zusammenhang mit vorgeburtlicher Diagnostik an? (Informationsmaterial, Beratung, Diagnostik?)
2. Führen Sie selbst diagnostische Untersuchungen durch, wenn ja welche und zu welchem Zeitpunkt bzw. bei welcher Indikation?
3. Wie schätzen Sie den Beratungsbedarf Ihrer Patientinnen ein?
4. Mit wem arbeiten Sie zusammen und an wen vermitteln Sie?
5. Wie viel Zeit steht für ein ärztliches Beratungsgespräch zur Verfügung?
6. Sehen Sie Möglichkeiten einer Zusammenarbeit mit einer Schwangerschaftsberatungsstelle? In welchem Fall?
7. Welche Hilfestellungen halten Sie für notwendig, wünschenswert, wenn werdende Eltern von einer erwarteten Behinderung ihres Ungeborenen erfahren?

Der schwierigste Punkt ist erfahrungsgemäß, das Beratungsprofil der eigenen Arbeit kompetent darzustellen und die Nutzbarkeit für Frauen und Paare deutlich zu machen, denn gerade die verschiedenen Definitionen von Beratung (gynäkologisch, humangenetisch, psychosozial) geraten immer wieder durcheinander. Ziel des Gesprächs ist es, dem Gegenüber klar zu machen, in welchen Fällen und unter welchen Konditionen psychosoziale Beratung ein geeignetes Angebot für Rat suchende Frauen/Paare sein kann (siehe auch Kapitel 3). Da Ärztinnen in Deutschland in die Versorgung von Schwangeren von Anfang an eingebunden sind und Pränataldiagnostik mittlerweile zur Erfahrung in jeder Schwangerschaft wird (zumindest beim Ultraschall), ist das Gespräch mit Ärztinnen von elementarer Bedeutung für die Öffentlichkeitsarbeit, um damit auch Frauen, die Beratung brauchen, den Zugang hierzu zu ermöglichen.

5.3.2 Gründung und Teilnahme an fachspezifischen Arbeitskreisen

Die Gründung und Teilnahme an fachspezifischen Arbeitskreisen bieten beste Voraussetzungen für eine Kommunikation unter Fachleuten und damit der Bekanntmachung der eignen Arbeit. Gerade der regelmäßige Austausch von Berufsgruppen, die an einer Zusammenarbeit zum Thema Pränataldiagnostik interessiert sind, fördert die Transparenz verschiedener Arbeitsbereiche und trägt hiermit zur Bekanntmachung von Beratungsangeboten und Rahmenbedingungen bei, die den Beteiligten im Bedarfsfall auch den Verweis aufeinander ermöglicht. Voraussetzung für eine gelungene Zusammenarbeit ist der gegenseitige Respekt der Professionen untereinander. Bei der Zusammenarbeit in einem fachspezifischen Arbeitskreis, der unterschiedliche Berufsgruppen und verschiedene Arbeitsfelder umfasst, wird Öffentlichkeitsarbeit in Fachkreisen geleistet, meist auch trägerübergreifend. Die Kommunikation aller, die an einer Verbesserung der Beratung zur Pränataldiagnostik interessiert sind, wird durch regelmäßige Zusammenkünfte mit bewährten Kommunikationsregeln gefördert. Es kann formuliertes Ziel eines Arbeitskreises sein, nur interne Öffentlichkeitsarbeit zu leisten, um fachlichen Austausch zu ermöglichen. Die Darstellung der Arbeit eines Arbeitskreises nach außen ist aber ebenfalls wichtig, wenn eine breitere Öffentlichkeit erfahren soll, mit welchen Themen und Zielsetzungen sich ein Arbeitskreis befasst, wenn die Ergebnisse einen Nutzen für Frauen/Paare haben sollen, die mit PD in Berührung kommen oder öffentliche Diskussion und Meinungsbildung angeregt werden soll.

Ein Beispiel für einen Arbeitskreis, der vorrangig interne Arbeitsbeziehungen fördert, ist das „Interdisziplinäre Forum Pränataldiagnostik Berlin e.V." Die Zusammenarbeit der Teilnehmerinnen ist geprägt durch langjährige berufliche Zusammenarbeit zum Zwecke des interdisziplinären Austausches und Fallbesprechungen. Der Vereinszweck ist neben dem Aufbau eines „Informationszentrum Pränataldiagnostik", „die spezifischen Schwerpunkte der jeweiligen zu diesem Thema tätigen Personen und Institutionen" zusammenzufassen, damit „daraus Angebote zur Information, Fortbildung und Beratung aller Interessierten und Betroffenen entwickelt und durchgeführt werden können" (Vereinssatzung vom 3.3.99). Ein anderes Beispiel für einen Arbeitskreis, der vor allem auch nach außen wirken will, ist der Arbeitskreis „Pränatale Diagnostik" in Münster. Erklärte Ziele dieses Arbeitskreises sind:
– den Umgang mit vorgeburtlicher Diagnostik in Münster zu recherchieren und bekannt zu machen (Befragung Münsteraner Gynäkologen 1996),
– Frauen und Männern Informationen über die Anwendung und die möglichen Konsequenzen vorgeburtlicher Diagnostik zugänglich zu machen,
– eine breite Öffentlichkeit zu diesem Thema herzustellen,
– neue Wege in der Beratung zur vorgeburtlichen Diagnostik zu entwickeln.

Der Arbeitskreis setzt sich aus Interessierten unterschiedlicher Berufsgruppen zusammen, die in ihren Arbeitszusammenhängen Schwangere beraten, unterstützen und auch die Geburt vorbereiten. In längerfristiger Arbeit erstellte er eine Broschüre „Pränatale Diagnostik – Wie? Wozu? Warum?", die auf Antrag mit kommunalen Mitteln durch den Frauenausschuss der Stadt finanziert wurde. Sie soll Frauen und Paaren ermöglichen, sich grundlegend über die Chancen und Risiken vorgeburtlicher Diagnostik zu informieren, einen persönlichen Standpunkt zu entwickeln, sowie Entscheidungshilfen zu finden. Sie enthält auch einen Adressenteil mit Hinweisen auf Beratungsmöglichkeiten zu diesem Thema.

Der Projektstandort Löbau initiierte ebenfalls einen Arbeitskreis im Anschluss an eine Fachtagung im Juni 2000. Während der interdisziplinär besetzten Fachtagung wurde deutlich, dass es unter den Teilnehmerinnen Interesse für eine Zusammenarbeit gab. Auf Initiative der Beratungsstelle konnte ein Kreis von 14 Teilnehmerinnen gefunden werden, die an einem regelmäßigen fachlichen Austausch miteinander interessiert waren. Durch die Fachtagung wurde eine Fachöffentlichkeit hergestellt, die daraufhin in Form eines Arbeitskreises in Arbeitsbeziehungen bzw. Austauschmöglichkeiten miteinander gelangen konnte. Wichtig ist an dieser Stelle, dass der Impuls und die Einladung von Seiten der Beratungsstelle ausging, die ein Interesse daran hatte, möglichst verschiedene Berufsgruppen zur Gründung eines Arbeitskreises zu motivieren.

5.3.3 Multiprofessionelle Entwicklung von Informationsmaterial

Öffentlichkeitswirksames Informationsmaterial, wie Flyer und Broschüren, die zum Thema Pränataldiagnostik in Zusammenarbeit unterschiedlicher Professionen erstellt werden, haben eine besondere Außenwirkung. Für Nutzerinnen wird deutlich bzw. sollte es deutlich werden, dass verschiedene Fachkompetenzen an der Erstellung zusammengearbeitet haben. Schließen sich Fachleute mit multiprofessionellem Hintergrund für die Erstellung von Öffentlichkeitsmaterialien zusammen, so erfordert es der Entwicklungsprozess, dass man die eigene professionelle Beschäftigung mit dem Thema und das eigene Denken für andere transparent machen muss. Dieser Prozess wird dann auch im Öffentlichkeitsprodukt sichtbar, denn es wird dann Wert auf allgemeine Verständlichkeit gelegt. So kann z. B. die Zusammenarbeit zwischen Angehörigen medizinischer, psychologischer und sozialer Berufe dazu anregen, medizinische Sachverhalte allgemein verständlich darzustellen und auf diese Weise Frauen und Paaren Wissen über Methoden, mögliche Ergebnisse und Konsequenzen von Pränataldiagnostik zu vermitteln und Beratungsmöglichkeiten zugänglich zu machen. Multiprofessionelle Kooperationen zur Erstellung von Öffentlichkeitsmaterialien zum Thema Pränataldiagnostik kann verschiedene Ziele haben:

– Information zur Pränataldiagnostik auf höchstmöglichem fachlichen Niveau allgemein verständlich darzustellen,
– die persönliche Auseinandersetzung mit dem Thema „Bedeutung von Behinderung als Grundlage von Entscheidungen über Pränataldiagnostik" anzuregen,
– auf Möglichkeiten und Grenzen moderner Schwangerenvorsorge hinzuweisen,
– die Eigenverantwortung und Patientinnenrechte von (zukünftigen) Schwangeren zu stärken,
– weiterführende Beratungsmöglichkeiten aufzuführen.

Beispiele für multiprofessionell gemeinsam entwickeltes Öffentlichkeitsmaterial sind z. B. die Broschüre des Arbeitskreis „Pränataldiagnostik in Münster – Wie? Wozu? Warum? Eine Informationsschrift zu vorgeburtlichen Untersuchungsmethoden" und der Flyer „Was will ich über mein ungeborenes Kind wissen? Informationen zur Pränataldiagnostik" des Arbeitskreises „Gesundheit, Frauen, Stadtentwicklung" der Hamburgischen Arbeitsgemeinschaft für Gesundheitsförderung.

5.3.4 Informations- und Diskussionsveranstaltungen für interessiertes Fachpublikum

Ein psychosoziales Beratungsangebot zu persönlichen Fragen in Entscheidungssituationen im Zusammenhang mit der Inanspruchnahme pränataler Diagnostik muss maßgeblich vor allem denen bekannt gemacht werden, die mit Schwangeren im beruflichen

Umfeld zu tun haben. Die Planung und Durchführung von Einzelveranstaltungen mit thematischen Schwerpunktsetzungen, zu denen Fachpublikum zur gemeinsamen Information und zum Austausch eingeladen wird, kann ein gutes Forum für Öffentlichkeitsarbeit bieten und dient außerdem dazu, Vernetzungsmöglichkeiten abzuklären.

Für die Planung einer Einzelveranstaltung am Nachmittag oder Abend sind die Bedürfnisse der eingeladenen Zielgruppe zu berücksichtigen. Sollen z. B. niedergelassene Gynäkologinnen zur Teilnahme motiviert werden, wählt man am besten die praxisfreie Zeit am Mittwoch Nachmittag. Um das Interesse für die Veranstaltung zu wecken, hat es sich als zweckmäßig erwiesen, Referentinnen einzuladen, die in ihrem Metier renommiert sind und den Teilnehmerinnen fachlich etwas zu bieten haben, z. B. anerkannte Pränataldiagnostikerinnen oder Humangenetikerinnen, führende Vertreterinnen von Behindertenorganisationen, Juristinnen, evtl. Politikerinnen und Vertreterinnen von Beratungsverbänden. Sinnvoll ist auch die gemeinsame Planung und Durchführung mit öffentlichen/kommunalen Stellen, z. B. dem Gesundheitsamt oder der Gleichstellungsbeauftragten. Im Rahmen des Modellprojektes wurden an verschiedenen Standorten Einzelveranstaltungen durchgeführt oder mitgestaltet, die verschiedene Themenschwerpunkte besetzten. Als günstige Rahmenbedingung für die Einladung zu einer solchen Veranstaltung wurde die Kooperation mit den Verbandsvertretern aus dem medizinischen Bereich genannt. Wenn neben der persönlichen Einladung durch die Veranstalter selbst (z. B. Beratungsstelle) eine Einladung an die Zielgruppe über die Berufsverbände (Gynäkologenverband, Hebammenverband, Ärztekammer, Kassenärztliche Vereinigung u. a.) erfolgt, wird die Wahrnehmung bei der Zielgruppe dafür geschärft, dass die Veranstalter an einer Teilnahme interessiert sind.

5.4 Regionale und überregionale Öffentlichkeitsarbeit

Die komplexe Thematik der Beratung zur Pränataldiagnostik macht es erforderlich, Beratungskonzepte und Entwicklungen innerhalb der weiter fortschreitenden Möglichkeiten der Diagnostik und der damit verbundenen Konsequenzen und Entscheidungskonflikte von Frauen und Männern in einem größeren Rahmen zu diskutieren. Daher ist es sinnvoll, die Entwicklung von Konzepten zu einer möglichst ganzheitlichen Beratung auch überregional und bundesweit sowie möglicherweise auch trägerübergreifend anzustreben. Aus diesem Grund wird überregionale Öffentlichkeitsarbeit notwendig, was alleine schon heißen kann, die eigene Herangehensweise in diesem Beratungsbereich für andere transparent zu machen, um in einen fachlichen Austausch zu gelangen.

5.4.1 Fachtagungen und Seminare

Die Planung und Durchführung von regionalen und überregionalen Fachtagungen und Seminaren dient der Bekanntmachung einer Einrichtung auf fachlichem Niveau. Mit thematisch kompetenten Referentinnen verschiedener Professionen und der Möglichkeit des Austauschs in Arbeitsgruppen wird jede Arbeitstagung dieser Art zu einem Forum für Öffentlichkeitsarbeit. Gerade weil sich die Notwendigkeit einer psychosozialen Beratung zu vorgeburtlicher Diagnostik in den letzten Jahren und insbesondere mit Einführung des Schwangerschaftskonfliktgesetzes herausgestellt hat, dienen überregionale Fachtagungen dazu Beratungskonzepte und Standards von Beratung und Qualifikation weiterzuentwickeln. Darüber hinaus wird der Austausch verschiedener Berufsgruppen gefördert, denn es zeigt sich, dass sich zu Themen rund um die Konsequenzen und ethischen Fragestellungen im Zusammenhang mit der Pränataldiagnostik verschiedene Professionen aus der Betreuung und Begleitung von Schwangeren wie Hebammen, Medizinerinnen, Psychologinnen und sozialpädagogischen Berufen zusammenfinden (vgl. jährliche Fachtagungen der EKFuL seit 1996).

Soll eine solche Fachtagung durchgeführt werden, ist es wichtig eine aussagekräftige Ausschreibung zu formulieren wie auch gezielt – eventuell über berufliche Organisationen oder Beratungsträger – Einladungen zu verschicken. Die Tagung sollte in verschiedenen Presseorganen angekündigt und auch Pressevertreter eingeladen werden. Lohnenswert ist es ebenfalls unter Umständen eine Tagungsdokumentation zu erstellen, die anschließend an die Teilnehmer verschickt und Interessierten zur Verfügung gestellt werden kann bzw. regelrecht veröffentlicht wird. Während der Tagung kann Öffentlichkeitsmaterial für das Fachpublikum ausgelegt werden.

5.4.2 Rundfunk- und Fernsehinterviews

In den letzten Jahren war verstärkt ein Interesse der Medien wahrzunehmen, Erfahrungen von Frauen mit der vorgeburtlichen Diagnostik und einer diagnostizierten Behinderung ihres Kindes zu publizieren. Auch die Möglichkeiten von Beratung und Unterstützung für Frauen und Paare wurden in diesem Zusammenhang thematisiert. Werden Beraterinnen zu diesen Themen für ein Interview angefragt, ist es wichtig sich entsprechend vorbereitet auf ein Gespräch einzulassen. Zum einen sollte der Träger von vornherein informiert werden bzw. Absprachen getroffen werden, wer für welche Anfragen zuständig ist. Außerdem kann der zeitliche Rahmen für ein Gespräch erörtert werden und die Beraterin bzw. der angefragte Interviewpartner sollte die Möglichkeit der inhaltlichen Vorbereitung erhalten, sowie den Gesamtrahmen der Sendung kennen. Ad hoc-Interviews, wie sie häufig von Zeitungsredaktionen am Telefon zu aktuellen Themen angefragt werden, sind manchmal besser nach kurzer Vorbereitung durch einen Rückruf sinnvoll anzugehen. Zu beachten ist natürlich auch die Verschwiegenheitspflicht gegenüber Klientinnen, insbesondere dann, wenn nach Einzelschicksalen gefragt wird. Der Umgang mit Rundfunk und Fernsehen kann natürlich auch aktiv von einer Beratungsstelle oder einem Träger angegangen werden, um gezielt Öffentlichkeitsarbeit zu initiieren. Es ist in jedem Fall sinnvoll, den Umgang mit Medien anhand von Fortbildungsmaßnahmen zu erlernen, damit auch wirklich das transportiert wird, was man mitteilen möchte.

5.4.3 Netzwerk

Das „Netzwerk gegen Selektion durch Pränataldiagnostik" ist ein überregionaler Zusammenschluss von beruflich wie auch persönlich Interessierten, die die Entwicklungen auf dem Gebiet der vorgeburtlichen Diagnostik und den daraus resultierenden Fragestellungen in der Gesellschaft kritisch hinterfragen. Es bietet ein Forum für gegenseitige Informationen über medizinische Entwicklungen, Rechts-, Gesundheits- und Frauenpolitik und die Möglichkeit der Diskussion über Fragen der Ethik und des Umgangs mit Behinderung in der Gesellschaft. Die Mitarbeit im Netzwerk, die durch Beitritt und Anerkennung der Statuten jeder Person möglich ist, fördert vor allem auch den bundesweiten Austausch zum Thema und sorgt durch regelmäßige Stellungnahmen der Sprecherinnen zu Gesetzesinitiativen und Richtlinien für die Herstellung einer kritischen Öffentlichkeit. Die Jahrestagungen des Netzwerks sind für Beraterinnen, die in ihren Beratungsstellen Öffentlichkeitsarbeit leisten, sehr empfehlenswert, um aktuelle Entwicklungen in Gesellschaft und Politik zu verfolgen und durch ihre Mitarbeit die Entwicklung von Beratungsstandards zu fördern.

5.5 Gestaltung politischer Willensbildung und Initiierung eines gesellschaftlichen Diskurses

Durch die Möglichkeit vorgeburtlich bereits Behinderungen und Erkrankungen des Menschen diagnostizieren zu können, werden eine Reihe von Fragen aufgeworfen: Wie viel wollen Frauen und Paare bereits vor der Geburt über ihr Kind wissen? Wie viel Wissen tut ihnen gut? Dürfen Medizinerinnen überhaupt etwas diagnostizieren, wozu sie keine Therapie anbieten können? Unterstützt die Anwendung von pränataler Diagnostik die gesellschaftliche Ausgrenzung von Menschen mit Behinderung? Ist ein Schwangerschaftsabbruch aufgrund einer diagnostizierten Behinderung ethisch vertretbar? Welche Auswirkungen hat ein Risiko-Screening auf das Erleben von Schwangerschaft? Diese und andere Fragen sind nicht nur von den direkt Betroffenen zu beantworten, sondern bedürfen auch eines gesamtgesellschaftlichen Diskurs darüber, wie mit den Folgen moderner Technik umgegangen werden soll.

Beraterinnen, die in der Schwangerschaftsberatung arbeiten und die Fragen und Konflikte von Frauen und Paaren kennen, können auch andere, nicht direkt betroffene Menschen dazu anregen über diese Fragen nachzudenken. Die nachfolgenden Vorschläge für eine Öffentlichkeitsarbeit sind als Anregungen gedacht, den vorgenannten Themenkomplex noch weiter in den öffentlichen Raum zu tragen.

5.5.1 Thematische Unterrichtseinheiten in Schulen

Vorgeburtliche Diagnostik und die damit verbundenen gesellschaftlichen und individuellen Konsequenzen können auch ein Thema im Schulunterricht sein. Die Auseinandersetzung mit den Möglichkeiten und Grenzen technischen Fortschritts, ethischen und gesellschaftlichen Fragen sowie der persönliche Umgang mit dem Thema Schwangerschaft, Behinderung, Menschenbilder ist für diverse Fächer an allgemeinbildenden und berufsbildenden Schulen von Interesse. An allgemeinbildenden Schulen sind Biologie, Religion oder Ethikunterricht bevorzugte Fächer, in denen Lehrerinnen zu Unterrichtseinheiten auch Beraterinnen mit entsprechender Beratungserfahrung einladen. Die Einbeziehung in ein Seminar an Fachhochschulen für Sozialarbeit/Sozialpädagogik wurde bereits praktiziert. An dieser Stelle kann durch die Übernahme von Unterrichtsgestaltung Öffentlichkeitsarbeit geleistet werden, die den Schülern und Schülerinnen ein Bewusstsein für das Thema und die Möglichkeiten psychosozialer Beratung zur Pränataldiagnostik vermittelt.

Wichtig ist es, thematische Einheiten zu den Problemstellungen anzubieten, die sich durch Pränataldiagnostik ergeben können, insbesondere an berufsbildenden Schulen im Gesundheitswesen: In Krankenpflege- oder Hebammenschulen kann ergänzend zu den vermittelten medizinischen Kenntnissen eine Sensibilität für psychosoziale Fragen in der Schwangerschaft geschaffen werden. Bei angehenden Gesundheitsberuflerinnen lohnt sich die Öffentlichkeitsarbeit von Beratungsstellen freier Träger, damit bei den Schülerinnen ein Bewusstsein dafür geschaffen wird, ganzheitlich zu denken und in konflikthaften Situationen bei der Betreuung von Frauen und Paaren die Vermittlung an Beratungsstellen in Betracht zu ziehen. Umfangreiches Unterrichtsmaterial für Hebammen und Angehörige medizinischer Fachberufe zu ethischen Fragen und Konfliktfeldern im Zusammenhang mit vorgeburtlicher Diagnostik gibt es u. a. zu beziehen beim Netzwerk gegen Selektion durch Pränataldiagnostik (Ensel & Mittelstädt, 1999). Öffentlichkeitsarbeit in Schulen hat bewusstseinsbildende Wirkung für das Thema selbst und kann jungen Menschen vermitteln, dass Menschen in schwierigen Lebenssituationen professionelle Hilfe in Form von psychosozialer Beratung suchen können.

5.5.2 Gespräche mit Politikern

Psychosoziale Beratung findet unter gesetzlich vorgegebenen Strukturen und politisch gestalteten Bedingungen statt. Unter diesem Gesichtspunkt ist es wichtig, immer wieder das Gespräch mit Politikern auf verschiedenen Ebenen zu suchen, um ihnen von den Lebensbereichen und Bedürfnissen von Frauen zu berichten, über die sie in der Politik Entscheidungen fällen. Aber auch die Anforderungen an Schwangerschaftsberatung werden von Politikern mitbestimmt. So ist die Diskussion um die Wiedereinführung einer verpflichtenden Beratung für Frauen mit einer embryopathisch motivierten medizinischen Indikation in der letzten Zeit immer wieder Gegenstand von Erörterungen gewesen. Hier können Träger und Beraterinnen immer wieder aus ihren Erfahrungen Wichtiges an Politiker weitergeben und deren Sachkenntnis erweitern oder Anspruch und Wirklichkeit von Beratung diskutieren. Auch was die finanzielle Ausstattung von Beratungsarbeit angeht, sind Politiker einzufordern, wenn sie Arbeitsanforderungen an Schwangerschaftsberatung stellen. So lässt sich die Umsetzung des Rechtsanspruchs auf Beratung in Fragen der Behinderung eines Kindes z. B. nicht ohne entsprechende finanzielle Absicherung gewährleisten.

5.5.3 Gesundheits-/sozialpolitische Stellungnahmen bei Expertengesprächen

Während der Laufzeit des Modellprojekts kam es zu unterschiedlichen Zeitpunkten zu Anfragen an die Projektbeteiligten, bei Expertengesprächen oder Anhörungen Stellungnahmen abzugeben. Es ging im wesentlichen um die Fragen nach der Wiedereinführung einer Pflichtberatung bei embryopathisch motivierter medizinischer Indikation, dem gesetzgeberischen Handlungsbedarf zur Vermeidung von Spätabbrüchen und dem Bedarf an unabhängiger – vom medizinischen System abgekoppelter – psychosozialer Beratung im Zusammenhang mit Pränataldiagnostik. Die Gespräche fanden vor allem auf Bundesebene statt, denkbar sind solche Gespräche aber auch im regionalen und landespolitischen Raum. Hier können Beratungsstellen, die zu Fragen vorgeburtlicher Diagnostik beraten, ihre Erfahrungen mit einbringen, am besten in Abstimmung mit den zuständigen Fachreferentinnen oder Verbandsvertreterinnen und auf diese Weise Öffentlichkeitsarbeit leisten.

5.5.4 Teilnahme an Großveranstaltungen

Die Präsenz auf Kirchentagen oder Fachmessen für Frauen sind eine weitere Möglichkeit auf psychosoziale Beratungsmöglichkeiten und das Konfliktpotenzial von Pränataldiagnostik aufmerksam zu machen. Auch Aktionen für die Besucher (z. B. Puzzle „Wunschkind" der Beratungsstelle PUA) können bewusstseinsbildend wirken. Die Teilnahme an derartigen Großveranstaltungen ist jedoch in der Regel sehr arbeits- und zum Teil auch kostenintensiv in Planung und Durchführung und erfordert auch eine professionelle Unterstützung in der Gestaltung des Messestands sowie der Materialien um sich deutlich aus der Menge der Anbieter hervorheben zu können.

Resümee: Anhand der vorstehend genannten Maßnahmen wird deutlich, dass Öffentlichkeitsarbeit im sozialen Bereich unverzichtbar ist und eine spezifische Kompetenz zur Kommunikation in verschiedenen gesellschaftlichen Bereichen erfordert. Bei der Etablierung von neuen Arbeitsschwerpunkten in der psychosozialen Beratung kommt gezielter Öffentlichkeitsarbeit eine besondere Bedeutung zu. Da die psychosoziale Beratung zu Fragen vorgeburtlicher Diagnostik und bei zu erwartender Behinderung eines Kindes auf Kooperation angelegt ist und eine Kommunikationsbasis mit dem medizinischen Versorgungssystem von Schwangeren erfordert, sind Beratungskräfte in diesem Schnittstellenbereich speziell zu qualifizieren. Öffentlichkeitsarbeit darf hier kein Schattendasein führen, sondern spielt neben der spezifischen Beratungskompetenz eine wesentliche Rolle. Insofern ist neben der beraterischen Tätigkeit ein hohes Maß an interprofessionellen Kommunikationsfähigkeiten zu erlernen, was man als Herausforderung begreifen sollte. In der Praxis der Schwangerschaftsberatung, wo Beraterinnen verschiedene Aufgaben übernehmen, wird dies nicht immer umsetzbar sein, sollte jedoch nach Möglichkeit beim Aufbau des Schwerpunktbereichs Berücksichtigung finden.

6. Fort- und Weiterbildung, Qualitätssicherung, Evaluation

Axel Dewald & Manfred Cierpka

6.1 Fort- und Weiterbildung

Selbstverständlich gibt es sowohl im Bereich der psychosozialen Schwangerenberatung als auch in der Gynäkologie eine verbindliche Grundausbildung (vergleiche Kapitel 2), sowie ein umfangreiches Angebot an Fortbildungsmaßnahmen. Relativ begrenzt ist aber das Wissen über die Aufgaben und die Tätigkeitsbereiche der anderen Berufsgruppen, die ebenfalls mit dem Thema Schwangerschaft befasst sind. Wird die Forderung nach Bereitstellung eines ganzheitlicheren Betreuungsangebots für schwangere Frauen und ihre Partner ernst genommen, so ist es unumgänglich, dass auch eine stärkere Verzahnung des Fachwissens stattfindet. Dies ist auch eine notwendige Voraussetzung für das Funktionieren von wie auch immer gearteten Formen der interdisziplinären Kooperation. Ausdrücklich nicht gemeint ist damit, dass es zu einer Angleichung der Kompetenzen der beiden Berufsgruppen zum Thema Schwangerschaftsberatung kommen soll. Gerade auf der psychosozialen Seite gibt es in dieser Hinsicht einige Befürchtungen. Ihre berechtigte Grundlage haben diese Sorgen in der häufig gemachten Erfahrung, dass es Ärzte und Ärztinnen gibt, die bezüglich Schwangerenberatung einen Alleinvertretungsanspruch proklamieren, ohne über eine ausreichende Qualifikation für psychosoziale Beratung zu verfügen. Viele Ärzte absolvieren die Fortbildung in Psychosomatischer Grundversorgung. Sachlich nicht gerechtfertigt ist jedoch die Einschätzung, dass Ärzte und Ärztinnen keine zusätzliche psychosoziale Beratungskompetenz bräuchten, da dies ausschließlich Aufgabe der speziell dafür ausgebildeten Beraterinnen in den Schwangerschaftsberatungsstellen sei und auch bleiben solle. Eine solche Meinung ist natürlich gerade in Hinblick auf ihre Außenwirkung vor dem Hintergrund der vielfältigen Forderungen nach vermehrter berufsgruppenübergreifender Kooperation nicht besonders hilfreich.

Strukturverändernde Überlegungen zur Psychosozialen Beratung bei Pränataldiagnostik sind auch vor dem Hintergrund der Diskussionen um die Qualitätssicherung zu sehen, die auch vor dem Bereich der psychosozialen Beratung nicht Halt machen (Haid-Loh et. al., 1995; Dietzfelbinger & Haid-Loh, 1998). Ein wesentliches Ergebnis des bereits häufiger erwähnten Modellprojekts (BMFSFJ, 2001) war, dass im Zusammenhang mit Pränataldiagnostik im Bereich der Strukturqualität am meisten Handlungsbedarf besteht. Strukturqualität meint die Faktoren, die vorhanden sein müssen, damit überhaupt eine Leistung im entsprechenden Gebiet erbracht werden kann. Darunter fallen beispielsweise die Qualifikation der Leistungserbringer, das Vorhandensein von Räumen mitsamt der notwendigen Infrastruktur, die zugrunde liegende Rechtsprechung und die Versorgungsstrukturen. Davon unterschieden werden die Prozessqualität und die Ergebnisqualität. Unter Prozessqualität fällt im hier zur Diskussion stehenden Feld die Weiterentwicklung der Beratungskriterien (siehe Kapitel 3). Wird nach Kriterien für die Ergebnisqualität gefragt, so sind damit Indikatoren für den Ausgang oder den Erfolg einer Beratung gemeint. Auf diesen Aspekt wird in Abschnitt 6.3 nochmal kurz eingegangen.

Bevor nun ausführlicher auf das Thema Fort- und Weiterbildung eingegangen wird, soll an dieser Stelle zunächst eine begriffliche Differenzierung vorgenommen werden. Weiterbildung meint die Form beruflicher Kompetenzerweiterung, der ein systematisches Curriculum zugrunde liegt, das über einen längeren Zeitraum zur Anwendung kommt. Dagegen ist mit Fortbildung ein periodisches Auffrischen, bzw. Aktualisieren des Wissens über bestimmte Themenbereiche gemeint.

Das Fort- und Weiterbildungsangebot zur Thematik „Beratung und Begleitung für Frauen und Paare im Zusammenhang mit vorgeburtlicher Diagnostik" muss mittlerweile als unabdingbare Voraussetzung für die Tätigkeit in diesem Bereich angesehen werden. Denn Beratung bei vorgeburtlicher Diagnostik stellt besondere Anforderungen an die Beraterinnen. Sie bedeutet die kontinuierliche Auseinandersetzung und Reflexion persönlicher Einstellungen und ethischer Positionen. Beratung bei vorgeburtlicher Diagnostik heißt auch, stets die gesellschaftlichen Bedingungen zu reflektieren, unter denen Schwangerschaft erfahren wird, auch vor dem Hintergrund der technischen Möglichkeiten der Reproduktionsmedizin.

In Kapitel 2 wurde bereits auf die rechtlich vorgeschriebenen Qualifikationen für Beraterinnen hingewiesen. Betrachtet man die Curricula der verschiedenen Ausbildungsträger etwas eingehender, so fällt auf, dass trotz gegenteiliger Behauptungen der Bereich pränatale Diagnostik oft nur einen geringen, mitunter auch noch gar keinen Anteil am Gesamtcurriculum ausmacht. Zumindest war dies das Ergebnis einer informellen Anfrage, die im Rahmen des o. g. Modellprojekts an verschiedene Träger für Schwangerenberatungsstellen gerichtet wurde. Vermutlich hat sich mittlerweile aber auch hier etwas geändert. Erfreulicherweise gibt es inzwischen einige Einzelinitiativen, die in eine positive Richtung weisen und auf deren Erfahrungen zurückgegriffen werden kann (siehe 6.1.3).

Die nachstehend beschriebenen 2 Fortbildungsmodelle können als Anregung für interessierte Leserinnen aufgefasst werden, die bereits mit der Entwicklung eigener Modelle für die Fort- und Weiterbildung befasst sind, oder dies beabsichtigen. In einem eigenen Abschnitt sollen außerdem einige Reaktionen von Beraterinnen auf den gesamten Aufgabenkomplex „Beratung zur Pränataldiagnostik", sowie ihre Wünsche an zukünftige Weiterbildungsangebote wiedergegeben werden.

6.1.1 Konzeptionelle Überlegungen zur Fort- und Weiterbildung

Hinsichtlich der Gestaltung von Weiterbildungsangeboten zum Thema „Psychosoziale Beratung und Pränataldiagnostik" können aufgrund der bisherigen Erfahrungen mehrere Prämissen formuliert werden:

1. Um eine schnelle Umsetzbarkeit zu gewährleisten, sollte sich das Angebot in bereits bestehende Weiterbildungsmöglichkeiten einfügen lassen.
2. Die von verschiedenen Aus- und Weiterbildungsträgern geschaffenen Strukturen sollten berücksichtigt und genutzt werden.
3. Der durch die Thematik bedingten Involviertheit verschiedener Berufsgruppen sollte Rechnung getragen werden, indem das Weiterbildungsangebot für verschiedene Professionen offen steht, bzw. in deren berufsgruppenspezifische Qualifizierungsangebote integriert werden kann.
4. In dem Weiterbildungscurriculum ist von vornherein die Notwendigkeit zur kontinuierlichen Fortbildung vorzusehen, um mit den rasanten medizinischen und technischen Entwicklungen Schritt halten zu können.
5. Aus Letzterem folgt auch die Notwendigkeit zur berufsübergreifenden Kooperation und Vernetzung. In der Zukunft verlangt dies vermutlich sowohl spezifische Interaktions- und Qualitätsmanagement-Kompetenzen, als auch ein fachübergreifendes Wissen.
6. Die Vermittlung der Weiterbildungsinhalte soll sich an den Grundsätzen des fallorientierten Lernens, der Einbeziehung von Selbsterfahrung und der Beachtung des jeweiligen gesellschaftlichen Kontextes orientieren.

Es werden zwei verschiedene Modelle vorgeschlagen, die unabhängig voneinander sind und sich in der Berücksichtigung der genannten Vorannahmen unterscheiden. Gemeinsam ist ihnen, dass dem Erwerb beraterischer Handlungskompetenz ein großer Stellenwert beigemessen wird, und dass sie sich hinsichtlich der Didaktik an den selben Prinzipien (siehe oben Punkt 6) orientieren. Damit ist gemeint, dass nach einer grundlegenden Einführung mehrere konkrete Musterfälle vorgelegt werden, anhand derer die verschiedenen Aspekte besprochen und bearbeitet werden und konkrete Handlungsschritte geübt werden können.

6.1.1.1 Ergänzungsmodul „Pränataldiagnostik"

Die in den meisten Fällen bereits modular aufgebaute Weiterbildung zur Schwangerschaftskonfliktberatung soll um dieses zusätzliche Thema erweitert werden. Die Durchführung erfolgt durch die bisherigen Ausbildungsträger unter Einbeziehung externer Fachleute. Die Zielgruppe ist beschränkt auf den Kreis der Schwangerschaftsberaterinnen, sowie eventuell in anderen Bereichen tätige Beraterinnen, die bereits über die grundlegenden Kompetenzen der psychosozialen Beratung verfügen.

Zeitlicher Umfang
– 5 Block-Seminare à 2 $1/2$ Tage verteilt über ca. ein Jahr, insgesamt 100 Stunden,
– 5 selbständig durchgeführte und dokumentierte Beratungsfälle,
– 10 Doppelstunden Supervision.

Inhalte

Ethische und rechtliche Aspekte:
- Ethische Prinzipien in Medizin und Biologie,
- Ethik der Beratung,
- Pränataldiagnostik und Rechtsprechung: Rahmenbedingungen, Konsequenzen und Widersprüche,
- Rechtliche Aspekte von Beratung: Juristische Grundlagen, Rechte von Betroffenen, Rechte und Pflichten der Beratenden, Behandlungsvertrag, Schweigepflicht.

Medizinische Aspekte:
- Pränataldiagnostische Verfahren: Indikationen, Vorgehensweisen, Risiken,
- Pränatal diagnostizierbare Erkrankungen und Behinderungen, Therapiemöglichkeiten,
- Bedeutung und Aussagekraft humangenetischer Risikobestimmungen,
- Schwangerschaftsabbruch nach medizinischer Indikation.

Psychologische Aspekte:
- Familienplanung und Kinderwunsch,
- Konsequenzen der Pränataldiagnostik für das Schwangerschaftserleben,
- Umgang mit Entscheidungskonflikten, kritischen Lebensereignissen,
- Familien- und Paardynamik.

Aspekte zum Thema Behinderung:
- Gesellschaftlicher und politischer Umgang mit Behinderung,
- Krankheit, Behinderung, Sterben, Tod. Wie gehen die Betroffen und ihre Familien damit um? Wie reagiert ihr soziales Umfeld?
- Soziale Hilfen für Behinderte und ihre Familien,
- Persönliche Auseinandersetzung mit dem Thema Behinderung. Selbsterfahrung.

Strukturelle Aspekte:
- Formen der Kooperation mit anderen Berufsgruppen,
- Reflexion der eigenen Position im System der Schwangerenversorgung,
- Öffentlichkeitsarbeit.

Praxis

- Nachweis von 5 selbständig durchgeführten Beratungsfällen unter Supervision.

6.1.1.2 Eigenständiges Weiterbildungscurriculum zum Thema „Beratung zu psychosozialen Aspekten im Kontext von Pränataldiagnostik und Humangenetik"

Dieses Angebot richtet sich explizit an Angehörige verschiedener Berufsgruppen und orientiert sich daher stark am Kooperationsgedanken. Da sich die unterschiedlichen Auffassungen über das Wesen von Beratung als eines der wesentlichen Hindernisse für eine weiterreichende Entwicklung von Kooperationsstrukturen erwiesen haben, nimmt dieser Bereich hier einen großen Raum ein. Die Teilnehmerinnen werden eingehend in Gesprächsführung und Beratungstechniken weitergebildet.

In sich ist das Curriculum wiederum modular aufgebaut. Hinsichtlich bestimmter Grundkompetenzen soll ermöglicht werden, dass einzelne Module aufgrund eines ausreichend vorhandenen Vorwissens ausgelassen, bzw. durch andere Wahlmodule ersetzt werden können. Dafür gilt es noch die entsprechenden Kriterien und Nachweismöglichkeiten festzulegen. Es soll damit auch ermöglicht werden, dass andere berufsspezifische Weiterbildungsformen (bspw. die medizinische Facharztausbildung) Teile des Curriculums übernehmen können und somit ein Transfer zwischen den Berufsgruppen gefördert werden kann. Dabei muss aber noch mal betont werden, dass dies keine beraterische Ausbildung ersetzen kann. Was die spezifischen Inhalte angeht, soll auch hier an dem Prinzip des fallorientierten Lernens, der Einbeziehung von Selbsterfahrung und der Berücksichtigung gesellschaftlicher Kontextbedingungen festgehalten werden.

Zeitlicher Umfang

- 8 Block-Seminare à 3 Tage verteilt über ca. 2 Jahre, insgesamt 200 Stunden,
- 10 selbständig durchgeführte und dokumentierte Beratungsfälle,
- 20 Doppelstunden Supervision,
- Hospitation im jeweils anderen Praxisfeld (120 Stunden).

Inhalte

I. Theoretische Grundlagen

Ethische Grundlagen
- Menschenbilder, Begriffe von Krankheit und Gesundheit,
- Anthropologische und ethische Ansätze in Philosophie, Religionen, Medizin, Psychologie, Sozialwissenschaften,
- Ethik beraterischen Handelns,
- Ethische und gesellschaftliche Fragen zur Pränataldiagnostik.

Grundkonzepte beraterischen Vorgehens
- Grundkonzepte gemäß dem klientenzentrierten Ansatz,
- Grundkonzepte gemäß dem verhaltenstherapeutischen Ansatz,

– Grundkonzepte gemäß dem psychodynamisch-tiefenpsychologischen Ansatz,
– Grundkonzepte gemäß dem systemischen Ansatz.

Rechtliche Fragen
– Rechtlicher Kontext der Beratungssituation,
– Pränataldiagnostik aus juristischer Sicht,
– Rechtliche Lage zum Schwangerschaftsabbruch,
– Recht auf Wissen und Nichtwissen.

Medizinische Aspekte der Pränataldiagnostik
– Grundlagen der Humangenetik,
– Pränataldiagnostische Verfahren: Einsatzfelder, Möglichkeiten, Risiken,
– Bedeutung von Wahrscheinlichkeitsaussagen.

Psychologische Fragen
– Psychologische Bedeutung von Schwangerschaft und Geburt
– Familie und chronische Krankheit oder Behinderung
– Schwangerschaftskonflikt, Schwangerschaftsabbruch
– Familiendynamik
– Umgang mit Gefühlen der Hilflosigkeit, Scham und Schuld

Soziale Fragen
– Kooperation der Berufsgruppen,
– Hilfsangebote bei Behinderung und Krankheit eines Kindes.

II. Praktische Ausbildung

Erwerb beraterischer Grundfertigkeiten
– Grundkurs Gesprächsführung mit Beratungstechniken gemäß dem psychody-
   namisch-tiefenpsychologischen, verhaltenstherapeutischen, klientenzentrierten
   und systemischen Ansatz,
– Übungen in paar- und familientherapeutischen Vorgehensweisen,
– Krisenintervention,
– Reflexion beraterischer Normen.

Falldokumentation und Methoden der Qualitätssicherung

Beraterische Praxis

– Nachweis von 10 supervidierten Beratungsfällen (mind. 1 Doppelstunde Supervision pro Beratungsfall), darunter mindestens eine Krisenintervention nach
   auffälligem Befund sowie einer Beratung nach Schwangerschaftsabbruch.
– Hospitation im jeweils anderen Praxisfeld (120 Stunden), z. B.: einer Klinik
   mit Geburtshilfeabteilung und/oder Perinatalzentrum, einer Einrichtung der
   Behindertenhilfe bzw. Frühförderung, einer psychosozialen Beratungsstelle mit
   Schwerpunkt Schwangerenberatung, einer humangenetischen Beratungsstelle.

6.1.2 Fort- und Weiterbildungsbedarf, Reaktionen von Beraterinnen

Genauere Kenntnisse über den Bedarf an Qualifizierungsmaßnahmen zum Thema Pränataldianostik fehlen bislang. Erste, wenngleich auch nicht als repräsentativ anzusehende, Hinweise ergab eine schriftliche Befragung der evangelischen Beratungsstellen, durchgeführt von der Evangelischen Konferenz für Familien- und Lebensberatung e. V. (siehe Anhang). Die Mitarbeiterinnen und Mitarbeiter von 468 Ehe-, Familien- und Lebensberatungsstellen (mit 89 integrierten Schwangerenberatungsstellen) sowie 151 explizite Schwangerenberatungsstellen wurden bei der Umfrage gebeten, sich neben der Frage nach dem Bedarf zu den Themen und der Form einer gewünschten Fortbildung zu äußern. Die bisherige Auswertung der Fragebögen (mit einer Rücklaufquote von mehr als 50 %) ergab: Knapp die Hälfte (149 Stellen = 47 %) bejahte einen solchen Bedarf. Als Themen für Fortbildungen wurden vor allem ethische Fragestellungen, medizinische Grundlagen und rechtliche Informationen genannt (jeweils rund drei Viertel der antwortenden Stellen). Knapp 60 % halten den Aspekt Paarberatung/Paardynamik für wichtig, rund 45 % Kooperation und Vernetzung. Geringerer Bedarf an Fortbildung wird im Hinblick auf Öffentlichkeitsarbeit (ca. 32 %) und auf Aspekte beraterischen Handelns (ca. 20 %) gesehen.

Aus den Ergebnissen der Umfrage und anhand der Rückmeldungen von Teilnehmerinnen an den verschiedenen Tagungen der Evangelischen Konferenz für Familien- und Lebensberatung e. V. zum Thema wird deutlich, dass bei zukünftigen Fort- und Weiterbildungsangeboten mindestens zwei Wege zu beschreiten sind: Zum einen sollten Fortbildungen angeboten werden, mit denen ein erster Einstieg in dieses Themenfeld und ein umfassender Überblick über die verschiedenen Fragestellungen – wie rechtliche, ethische, soziale und medizinische – gegeben werden. Zum anderen sollte dem Bedarf nach themenbezogenen Fortbildungen entsprochen werden, um sich Fragestellungen, die sich konkret aus der Beratungspraxis ergeben, intensiver zuwenden zu können.

Man kann sich der Frage nach dem Fortbildungsbedarf, oder allgemeiner gesagt nach einem zukünftigen Qualifikationsprofil von psychosozialen Beraterinnen, von einer ganz anderen Seite nähern. Ausgehend von den Basiskompetenzen über die eine Beraterin nach der Vorgabe des Gesetzes verfügen muss, kann überlegt werden, welche Ergänzungen angesichts der neuen Aufgabenfelder notwendig sein könnten. Die folgenden Aspekte stammen ebenfalls aus Befragungen und von Rückmeldungen, die das Diakonische Werk Löbau bei einer Fachtagung gesammelt hat.

Fachspezifische Kompetenzen bringen Schwangerenberaterinnen aufgrund ihrer Qualifikation und Erfahrung mit für:
– Konflikt- und Krisenberatung, Zeitdruck bei Entscheidungen,
– Psychodynamik von Einzel- und Paargesprächen,
– Methodik der Gesprächsführung,
– sozialpädagogische und psychotherapeutische Techniken.

Die Beratung im Kontext von Pränataldiagnostik – im Rahmen der psychosozialen Beratung nach § 2 Schwangerschaftskonfliktgesetz in einer Schwangerenberatungsstelle – verlangt darüber hinaus den Erwerb speziellen Wissens. Die folgenden Aspekte wurden von den befragten Beraterinnen genannt:

1. Recht
– Mutterschaftsrichtlinien,
– grundlegende sozialrechtliche Ansprüche behinderter Menschen,
– Hebammen-Gesetze,
– Abtreibungsrecht – speziell: medizinische Indikation,
– Arzt-Patient-Vertrag, Richtlinien Bundesärztekammer,
– Abrechnungs-Modalitäten ärztlicher und labortechnischer Leistungen.

2. Medizin
– Methoden vorgeburtlicher Untersuchungen, Zielstellungen, Risiken,
– Konsequenzen,
– Methodik humangenetischer Untersuchungen, Zielstellungen, Konsequenzen,
– Krankheitsbilder/Behinderungsformen und therapeutische Möglichkeiten.

Über den Umfang des Themas „Medizin" ist in der Diskussion unter Beraterinnen allerdings kaum Konsens zu erreichen. Grundkenntnisse in diesem Bereich sollten angestrebt werden. Für Detailfragen und zur Sicherheit für Beraterin und Ratsuchende ist tatsächlich die verlässliche Möglichkeit zur Rückfrage bei kooperierenden Ärztinnen und Ärzten unabdingbar notwendig.

3. Soziales – Verweisungs- und Vernetzungswissen
– Kenntnis der regionalen Angebote,
– Kooperation mit anderen Berufsgruppen: Hebammenpraxen, Geburtshäusern, Entbindungskliniken, gynäkologische Praxen und Frauenkliniken, humangenetische Praxen/ Kliniken, Frühförderstellen und heilpädagogische sowie integrative Kindertagesstätten, Eltern-Selbsthilfegruppen, Beratungsstellen für behinderte Menschen,
– präventive Arbeit und Öffentlichkeitsarbeit,
– Förder- und Hilfsmöglichkeiten für behinderte Kinder.

4. Praxisprobleme in der psychosozialen Beratung
– Spätabbruch/Trauerarbeit,
– persönliche Auseinandersetzung mit der Problematik (Pränataldiagnostik, Behinderung),
– praktische Umsetzung des Angebotes in der Beratungsstelle.

Nicht unerwähnt bleiben sollen in diesem Zusammenhang einige Reaktionen von Beraterinnen auf die Ausweitung ihres Tätigkeitsgebiets in Richtung Pränataldiagnostik samt der dafür notwendigen Qualifizierung. Es ist keineswegs so, dass alle Beraterinnen die Notwendigkeit sehen, sich in das Thema „Pränataldiagnostik" in dieser Intensität einzuarbeiten. Noch häufiger anzutreffen ist wohl das gleichzeitige Vorhandensein der Einsicht, dass das Thema sehr wichtig ist, und einer ausgeprägten Scheu, sich auf diesen doch sehr medizinisch geprägten Themenkomplex einzulassen. Dies scheint in erster Linie mit der Befürchtung zusammenzuhängen, die eigene Tätigkeit werde mit einem zusätzlichen Aufgabengebiet belastet. Unter den Beraterinnen, aber auch bei den Trägern von Beratungsstellen ist häufiger die Befürchtung anzutreffen, hier soll bei gleichem Etat und gleichem Personal eine zusätzliche Aufgabe erfüllt werden. Zusätzlich verschärft wird das Problem durch die Finanzierungsfrage. Da Fort- und Weiterbildung in diesem Bereich bisher nicht zentral bereitgestellt wird, sondern meist auch von den Wohlfahrtsverbänden getragen wird, fällt auch diese Forderung wieder auf die Träger zurück.

Bisherige Erfahrungen, entsprechende Bildungsangebote in erster Linie mittels eines hohen persönlichen Engagements Einzelner zu konzipieren und zu planen (siehe nächster Abschnitt 6.1.3), machen nur bedingt Mut. Trotz vieler lobender Worte bleibt die notwendige Förderung bislang noch häufig aus, oder gestaltet sich so schleppend, dass die Geduld der Initiatorinnen auf die Probe gestellt wird. Hier ist zukünftig ein größerer Einsatz der Politik und der Verbände gefragt. Dabei geht es in erster Linie um eine geänderte Praxis der Förderung von Qualifizierungsmaßnahmen. Darunter fällt aber auch die Frage, ob die Beraterinnen nicht häufiger freigestellt werden müssen, um dem erhöhten Fort- und Weiterbildungsaufwand nachkommen zu können. Wenn allgemein gefordert wird, dass das Beratungsangebot für schwangere Frauen und ihre Partner ausgeweitet werden soll, so dürfen die Beraterinnen und die Träger der Beratungsstellen bei der Umsetzung nicht alleine gelassen werden.

6.1.3 Mögliche Gestaltung von Fort- und Weiterbildungs- angeboten für den psychosozialen Bereich

Während es sich bei den unter 6.1.1 dargestellten Fortbildungskonzepten eher um ideal-typische Modellierungen handelte, geht es im Folgenden um die konkrete inhaltliche Gestaltung und die Durchführungsmodalitäten.

Wie bereits oben erwähnt, existiert zu der Thematik „Beratung zu pränataler Diagnostik" bislang noch kein all zu umfangreiches Fortbildungsangebot von Seiten der verschiedenen Träger. Aus dem psychosozialen Feld gibt es die Empfehlung, mittelfristig ein Modul zur Pränataldiagnostik in die Grundausbildung aufzunehmen (BMFSFJ, 2001). Dieses Modul muss noch spezifiziert werden. Weitere Grundfragen betreffen beispielsweise Dauer und Umfang der Maßnahme, so zum Beispiel die Frage, ob das Thema als ein abgeschlossener Block behandelt werden soll, ob eine Aufteilung in 1 bis 3 unabhängige Einheiten, die zeitlich verteilt werden, sinnvoller oder ob eine Integration in andere Themen anzustreben ist? In der Realität sind solche Fragen natürlich abhängig von den Strukturen der Träger, bzw. deren bereits existierenden Angeboten und müssen daher auch von diesen beantwortet werden. Interessant in diesem Zusammenhang ist auch die Überlegung, ob und wie eine Vernetzung der Fortbildungsträger erreicht werden könnte. Gerade wenn es um die Definition von Standards geht, oder auch in Hinblick auf zu verändernde Förderungsrichtlinien, ist ein geschlossenes und abgestimmtes Vorgehen der großen Verbände hilfreich, wenn nicht gar unumgänglich.

Außer der bislang angesprochenen Integration in die Grundausbildung der psychosozialen Beraterinnen soll es in absehbarer Zeit aber auch vermehrt eigenständige Angebote geben. Dabei soll auch unterschieden werden in Angebote zur Einführung in die Thematik, und solche, die zur Vertiefung dienen.

Um deutlich zu machen, wie so eine Fortbildungsveranstaltung aussehen könnte, soll hier die Fortbildung „Psychosoziale Beratung im Zusammenhang mit vorgeburtlicher Diagnostik" in Neudietendorf (Thüringen) ausführlicher vorgestellt werden. Ein weiteres Beispiel wäre das Programm „Psychosoziale Beratung und Begleitung im Rahmen vorgeburtlicher Diagnostik und bei zu erwartender Behinderung des Kindes", das der SkF in vier Blöcken zwischen September 2001 und April 2002 veranstaltet. Es soll mit dieser Auswahl nicht der Versuch gemacht werden, einen Standard zu definieren. An einem Beispiel soll die mögliche Umsetzung der Inhalte veranschaulicht werden. Davon abgesehen wäre es natürlich wünschenswert, es ließen sich aufgrund begleitender Dokumentationen und Evaluationen in absehbarer Zeit solche Standards festlegen.

Die hier vorzustellende Veranstaltung entstand aus einer Kooperation von Mitarbeiterinnen des Modellprojekts „Entwicklung von Beratungskriterien zur Beratung Schwangerer bei zu erwartender Behinderung des Kindes" mit Beauftragten der LIGA der Freien Wohlfahrtspflege in Thüringen. Die Vertreterinnen der LIGA wünschten sich eine Fortbildung als regionales Angebot für Beraterinnen in der Schwangerenberatung zum Einstieg in die Thematik und sahen hierin einen Bedarf auch aufgrund der Rückmeldungen von Beraterinnen vor Ort.

a) Programm
Erarbeitet wurde ein zweitägiges Fortbildungsprogramm für Mitarbeiterinnen von Schwangerenberatungsstellen aller in der LIGA vertretenen Träger[5]. Die Zielsetzung der Fortbildung, die am 24./25. 10. 2000 in Neudietendorf (Thüringen) mit 47 Teilnehmenden stattfand, war die Sensibilisierung für Fragestellungen im Zusammenhang mit vorgeburtlicher Diagnostik im Rahmen der Schwangerenberatung. Diese beinhaltete zwei Schwerpunkte: einerseits die persönliche Auseinandersetzung mit der Thematik und die selbstreflektierte Positionierung, andererseits die Sensibilisierung für mögliche Fragen bzw. Konflikte schwangerer Frauen im Zusammenhang mit vorgeburtlichen Untersuchungen. Bei der Konzipierung und Durchführung der Fortbildung wurde vorausgesetzt, dass die Teilnehmerinnen bereits über die grundlegenden beraterischen Kompetenzen verfügen, die zum Beispiel in der Weiterbildung zur Ehe-, Lebens- und Familienberatung sowie zur Schwangerschaftskonfliktberatung erworben wurden.

b) Vorgehen und Inhalte
Maßgeblich bei der Konzipierung und Durchführung dieser Fortbildung war zum einen die Wissensvermittlung über Referate und zum anderen die Herstellung des Praxisbezugs über Gruppengespräche und Rollenspiele. Ergänzend wurden zur Annäherung an

---

5 entnommen aus EKFul – Materialien zur Beratungsarbeit Nr. 20/2001: „Abschlussbericht des Modellprojektes des Bundesministeriums für Familie, Senioren, Frauen und Jugend: ‚Entwicklung von Beratungskriterien für die Beratung Schwangerer bei zu erwartender Behinderung des Kindes'."

die Problematik, die für Frauen und Paare durch vorgeburtliche Diagnostik entstehen kann, und zur Darstellung der gesellschaftlichen Dimension der Thematik Videofilme gezeigt. Insgesamt war bei der Programmgestaltung darauf geachtet worden, dass Informationsvermittlung, fachlicher Austausch und praktisches Üben sowie Einsatz von Medien in einem ausgewogenen und abwechslungsreichen Verhältnis zueinander standen. Was die formale Gestaltung betraf, so wurde darauf geachtet, dass die Teilnehmenden an beiden Tagen Gelegenheit zur An- und Abreise hatten. Angesichts knapper Budgets und nur wenigen Fortbildungstagen pro Jahr sind solche Aspekte von nicht zu unterschätzender Wichtigkeit.

Fortbildungsveranstaltung
Psychosoziale Beratung im Zusammenhang mit vorgeburtlicher Diagnostik
– Aufgabe der Schwangerenberatung –

24. 10. bis 25. 10. 2000 in Neudietendorf. In Zusammenarbeit mit Mitarbeiterinnen des Modellprojekts „Entwicklung von Beratungskriterien zur Beratung Schwangerer bei zu erwartender Behinderung des Kindes" (gefördert durch das Bundesministerium für Familie, Senioren, Frauen und Jugend)

Erster Tag, 24. 10. 2000

10.00 Uhr	Begrüßung
10.15 Uhr	Referat: Methoden der vorgeburtlichen Untersuchungen
11.15 Uhr	Pause
11.30 Uhr	Video: „In guter Hoffnung? Über die Angst vor einem behinderten Kind" von Maria Petersen
12.30 Uhr	Mittagspause
13.30 Uhr	Gruppenarbeit: Welche Probleme schafft Pränataldiagnostik? Welche Probleme löst Pränataldiagnostik?
15.00 Uhr	Plenum: Sehen Sie einen Beratungsbedarf von Frauen und Männern im Kontext von Pränataldiagnostik?
16.00 Uhr	Ende

Anschließend wird fakultativ der $1\,^{1}/_{2}$ stündige amerikanische Spielfilm „GATTACA" angeboten.

Zweiter Tag, 25. 10. 2000

10.00 Uhr	Beginn: Einführung in den Tag
10.15 Uhr	Gruppenarbeit: Beratungssituationen anhand von Fallbeispielen
12.00 Uhr	Plenum: Auswertung der Arbeitsgruppenergebnisse
12.30 Uhr	Mittagspause
13.30 Uhr	Referat: Zur psychosozialen Beratung im Zusammenhang mit vorgeburtlicher Diagnostik
14.00 Uhr	Gruppenarbeit: Welche Bedeutung hat vorgeburtliche Diagnostik in meinem Berufsalltag?
15.15 Uhr	Bericht aus dem Modellprojekt: Zur Umsetzung des Beratungsanspruchs für jede Frau und jeden Mann (§ 2 Schwangerschaftskonfliktgesetz)
16.00 Uhr	Ende

Abbildung 12: Beispiel für den Ablauf einer Fortbildungsveranstaltung

Die Inputs in Form von Referaten bezogen sich im Wesentlichen auf eine Einführung in die Methoden der vorgeburtlichen Diagnostik, eine Darstellung der Aufgaben und Anforderungen der psychosozialen Beratung in diesem Kontext und die Problemstellungen im Zusammenhang mit der Umsetzung des § 2 des Schwangerschaftskonfliktgesetzes.

Vorrangig sollte durch die geleiteten Diskussionsgespräche, ob im Plenum oder in den Arbeitsgruppen, eine Auseinandersetzung mit ethischen Problemen und eine Reflexion der persönlichen Einstellung zu den oftmals brisanten Fragestellungen gefördert werden. Eine Vertiefung der Fragestellung hinsichtlich der ethischen Dimension erfolgte durch konkrete Aufgabenstellungen in den Arbeitsgruppen. Im Einzelnen wurde nach den Grenzen und Möglichkeiten vorgeburtlicher Diagnostik gefragt und vor dem Hintergrund sowohl der individuellen als auch der gesellschaftlichen Perspektive bzw. der Perspektive des sozialen Umfelds von betroffenen Frauen und Paaren bewertet. Hieran schloss sich die Frage nach der Sichtweise der Teilnehmenden an, ob und in welchen Situationen ein Beratungsbedarf von Frauen und Paaren im Kontext von vorgeburtlicher Diagnostik gesehen wird.

Diskussionen im Themenbereich „Pränataldiagnostik" werden häufig mit einer hohen emotionalen Beteiligung und sehr kontrovers geführt. Um einen konstruktiven Austausch zu ermöglichen, sollten die Moderatorinnen und Arbeitsgruppen-Leitungen darauf achten, dass unterschiedliche Meinungen nebeneinander stehen bleiben konnten und sich keine gegenseitig abwertende Kommunikation entwickelte. Ebenso wurde das Ziel verfolgt, die Arbeitsgruppen in konstanter Gruppenzusammensetzung durchzuführen, um das persönliche Kennenlernen und eine vertrauensvolle Atmosphäre zu fördern.

In der weiteren Gruppenarbeit stand das eigene beraterische Handeln im Mittelpunkt. Mit Hilfe von Rollenspielen wurden Beratungssituationen und -prozesse aus der Perspektive der betroffenen Frau, des Mannes und der Beraterin sowie einer Beobachterin reflektiert. Durch die Reflektion der Selbst- und Fremdwahrnehmung wurden die vorhandenen sowie die zu ergänzenden Kompetenzen benannt. Als Strukturierungshilfe diente hierzu die Erstellung eines persönlichen „Kompetenzkontos", mit dem die einzelne Teilnehmerin klar für sich benennen konnte, welche Kompetenzen sie für solche speziellen Beratungssituationen – aufbauend auf schon vorhandene – dazugewinnen möchte. Dieses Vorgehen, die Selbstvergewisserung eigener und die Benennung noch gewünschter Kompetenzen, geht einher mit der Grundannahme, dass die Beraterinnen durch ihre Berufserfahrungen im Bereich der Ehe-, Lebens- und Familien- sowie der Schwangerschaftskonfliktberatung über grundlegende Kompetenzen zu Fragestellungen hinsichtlich Elternschaft und Schwangerschaft verfügen, die eine wesentliche Grundlage für ein Beratungsangebot zu vorgeburtlicher Diagnostik darstellen.

Eine weitere wesentliche Arbeitseinheit bei dieser Fortbildung, welche an die vorangegangenen Arbeitsgruppenergebnisse und die Vortragsinhalte anknüpfte, bildete der Transfer in den persönlichen Berufsalltag. Folgende Fragestellungen wurden hierbei bezogen auf die eigene Beratungsstelle behandelt:
- Welche Rahmenbedingungen sind für die Beratung zu vorgeburtlicher Diagnostik erforderlich?

– Welche Öffentlichkeitsarbeit ist notwendig, um das Beratungsangebot bei der Zielgruppe bekannt zu machen?
– Mit welchen anderen Berufsgruppen oder Stellen sollte kooperiert werden?
– Und auf die persönliche Situation bezogen: Welche Fortbildungen brauche ich zur Vertiefung dieser Thematik?
– Und eine ganz wesentliche Frage: Wo sind meine persönlichen Grenzen bei dieser Beratung, bei der möglicherweise existentielle Fragen nach Leben und Tod entstehen können?

Eine Rückkoppelung der Diskussion aus den Arbeitsgruppen fand statt, indem die Ergebnisse der Gruppenarbeit im Plenum vorgestellt wurden. Sozusagen als „methodische Klammer" für den gesamten Arbeitsprozess der Fortbildungsveranstaltung wurden die Ergebnisse der einzelnen Arbeitsschritte im Plenum sowie in den Untergruppen auf Packpapierbahnen schriftlich festgehalten, welche im Plenumsraum bzw. in den Arbeitsgruppenräumen aufgehängt wurden. So waren die einzelnen Schritte für die Teilnehmerinnen jederzeit nachvollziehbar und standen der Veranstalterin zur Dokumentation zur Verfügung.

Am Ende der Fortbildung wurden die Teilnehmenden gebeten, einen Fragebogen auszufüllen, mit dem sie ihre Einschätzung und Bewertung zum Verlauf der Veranstaltung vornehmen, sowie ihren Bedarf an weiteren Fortbildungsveranstaltungen angeben konnten.

c) Rückmeldung der Teilnehmenden
Die Fragebogenauswertung hat ergeben, dass die Teilnehmenden mit der Gestaltung des Programms, insbesondere mit der Balance zwischen Input von Informationen, praktischen Übungen und Raum für Diskussionen sehr zufrieden waren. Zur Frage nach dem Interesse und Bedarf an weiterführenden Fortbildungen wurden die folgenden Themenschwerpunkte konkret benannt:
– Reflexion ethischer Fragestellungen und die Bedeutung der ethischen Beratung,
– Beratung nach einem positiven Befund,
– Vertiefung der medizinischen Grundlagen zu den Methoden der vorgeburtlichen Diagnostik,
– Informationen über soziale Hilfen für Eltern mit behinderten Kindern,
– Kompetenzerwerb im Umgang mit der Paardynamik.

6.1.4 Interprofessionelle Fort- und Weiterbildungsangebote

Fortbildungsangebote, die sich gezielt an Vertreterinnen und Vertreter unterschiedlicher Berufsgruppen wenden, gibt es äußerst selten. Eine Ausnahme, die eher im Bereich der Medizin angesiedelt ist, ist eine Fortbildungsreihe, die von der Vereinigung „Psychosoziale Aspekte in der Humangenetik e. V." angeboten wird. Dabei wurde die Erfahrung gemacht, dass gemeinsame, d. h. berufsgruppen- und fachübergreifende Fortbildungen für alle Teilnehmer sehr anregend sind. Leider gibt es aber auch hier die Tendenz, dass die Ärzteschaft das Angebot weniger in Anspruch nimmt als die Angehörigen anderer Berufsgruppen. Nähere Informationen hierzu sind bei Wolff und Jung (1998) nachzulesen. Die Befürchtung, dass eine Vergrößerung der Schnittmenge zwischen den Kompetenzbereichen verschiedener Berufsgruppen automatisch auch zu schärferer Konkurrenz führt, wurde auch an anderer Stelle widerlegt. So konnten in Zusammenhang mit der psychosomatischen Grundversorgung durchaus kooperationsfördernde Folgewirkungen festgestellt werden. Die psychosomatische Grundversorgung ist ein kleiner, aber mittlerweile gut systematisierter Baustein in der fachärztlichen Ausbildung, mit der die Fähigkeit von Ärzten weiterentwickelt werden soll, die mal mehr, mal weniger große Beteiligung psychosomatischer Faktoren bei Erkrankungen zu erkennen und zu behandeln. Auch hier gab es die Befürchtungen von Seiten der Fachärzte für Psychotherapeutische Medizin, insbesondere aber von den psychologischen Psychotherapeuten, dass nicht ausreichend qualifizierte Personen von nun an in ihrem Gebiet „wildern". Diese Sorgen bewahrheiteten sich nicht. Stattdessen konnte festgestellt werden, dass die Kooperation in vielen Fällen zwischen den Anbietern verbessert werden konnte. In der Medizin muss zukünftig stärker darauf geachtet werden, dass die Ärzte das, was sie laut Weiterbildungsordnung lernen sollen, auch tatsächlich absolvieren. Hier sind in der Praxis der Weiterbildung noch viele Schlupflöcher vorhanden.

Aus dem psychosozialen Feld stammt ein Weiterbildungsangebot, das die Arbeiterwohlfahrt in Zusammenarbeit mit der Arbeitsstelle für Pränataldiagnostik und Reproduktionsmedizin im Bundesverband Körper- und Mehrfachbehinderte entwickelt hat. Voraussetzung für die Teilnahme war, dass die Interessenten in ihrer beruflichen Tätigkeit mit der Zielgruppe „Schwangere und ihre Partner" befasst waren. Der Aufbau der gesamten Reihe war modular angelegt. Einzelmodule waren jedoch auch belegbar. Ein Problem bei der Konzeption war die unterschiedliche beraterische Grundkompetenz der TeilnehmerInnen, beziehungsweise die Frage, wie hierüber innerhalb des Curriculums eine Angleichung erzielt werden kann. Auch hinsichtlich der praktischen Durchführungsbedingungen gab es im Vorfeld einige Probleme zu bewältigen. Zu klärende Aspekte waren zum Beispiel die Kosten der einzelnen Module, die Frage der Freistellung, die rechtlichen Grundlagen von Fortbildungen, die Kinderbetreuung (dies ist ein vertraglicher Bestandteil für Veranstaltungen, die vom BMFSFJ gefördert werden), die Dauer der einzelnen Blöcke, und die Zertifizierung nach Absolvierung des gesamten Kurses. Die Kursreihe war ausgeschrieben für Angehörige verschiedener Berufsgruppen. In der ersten Gruppe, mit der die Fortbildung durchgeführt wurde, befanden sich aber leider nur zwei Ärztinnen, die zudem auch im Bereich Beratung tätig waren. Positiv zu verzeichnen war, dass es auch Bewerbungen aus Österreich und der Schweiz gab, was einmal wieder den großen Bedarf an solchen Fort- und Weiterbildungsangeboten unterstreicht. Diese vielversprechende Veranstaltung weist in eine positive Richtung und die Dokumentation der AWO mitsamt eventueller Schlussfolgerungen für weitere Veranstaltungen wird mit Spannung erwartet.

Die Erfahrungen führen abschließend noch einmal zu der Frage, ob zukünftig möglichst gleich qualifizierte Mitarbeiterinnen ungeachtet ihrer ursprünglichen Berufsgruppenzugehörigkeit ausgebildet werden sollen. Dies muss eindeutig mit Nein beantwortet werden. Das Ziel soll vielmehr sein, die Berufsgruppen in ihren spezifischen

Kompetenzen zu stärken und sie zugleich aber auch zur besseren Kooperation anzuleiten. Ein wichtiger erster Schritt dazu besteht in der gegenseitigen Information über die eigenen Tätigkeiten, um so zu einem Abbau von Vorurteilen zu gelangen. Fortbildungsveranstaltungen, egal ob nach Berufsgruppen getrennt oder interdisziplinär, sind aber nur eine Möglichkeit, um die Kooperation zugunsten der betroffenen Frauen und ihrer Partner zu verbessern. Ein weiterer Weg besteht in der Durchführung von interprofessionellen Qualitätszirkeln, wie im nächsten Abschnitt beschrieben.

6.2 Interprofessionelle Qualitätszirkel zum Thema Kooperation im Zusammenhang mit Pränataldiagnostik

Im Modellprojekt zur Psychosozialen Beratung in der Pränataldiagnostik (BMFSFJ 2001) konnte festgestellt werden, dass die an der Betreuung schwangerer Frauen und ihrer Partner Beteiligten in den Bereichen der Medizin und der psychosozialen Beratungsstellen nur unzureichend miteinander kooperieren. Zur Förderung der interdisziplinären und vor allem der interprofessionellen Kooperation wurde exemplarisch ein interprofessioneller Qualitätszirkel in Heidelberg aufgebaut. Hierfür wurde im Vorfeld eine Konzeption erarbeitet, auf die weiter unten näher eingegangen wird. Bei der Konzeption solcher Qualitätszirkel, die in einem sensiblen Gebiet die Kooperation zwischen Berufsgruppen befördern sollen, muss zur gegenseitigen Vertrauensbildung und zur Motivation ein besonderer Schwerpunkt auf die Anfangs- und Vorbereitungsphase der Qualitätszirkel gerichtet werden.

6.2.1 Gründe für einen Bedarf an Qualitätszirkel-Arbeit zum Thema Kooperation

Um die Leistungen in der psychosozialen Versorgung den Bedürfnissen entsprechend erbringen zu können, müssen nicht nur die Basisdiagnostik und die Techniken der verbalen Intervention beherrscht werden. Immer wichtiger wird die Fertigkeit zur Weitervermittlung von Ratsuchenden bzw. die Kooperation derjenigen, die an der Versorgung und Beratung beteiligt sind. Solche fachspezifischen Fertigkeiten sind keineswegs selbstverständlich, sie müssen erworben und vertieft werden. Gerade zu Zeiten eines intensiver werdenden Konkurrenzdrucks auf der Seite der „Versorgungsanbieter" ist auf die Einhaltung von Standards in der Vermittlung und Vertiefung von Kenntnissen und Fertigkeiten in der Kooperation verstärkt zu achten. Für die interprofessionelle Zusammenarbeit, z. B. zwischen Ärztinnen und psychosozialen Beraterinnen, besteht im Hinblick auf praxisrelevante Konzepte zur Qualitätssicherung ein hoher Handlungsbedarf. Angesichts dieser Situation erscheint die Einrichtung von interdisziplinären Qualitätszirkeln eine geeignete Maßnahme, um einerseits die Kluft zwischen den Berufsgruppen zu verringern und andererseits eine konkrete fallbezogene Zusammenarbeit zum Wohl der Betroffenen zu fördern.

6.2.2 Funktion und Arbeitsweise von Qualitätszirkeln

Im Rahmen der Maßnahmen zur Kostendämpfung und zur Verbesserung der Qualität in der Medizin wurden Qualitätssicherungskonzepte aufgegriffen, die sich bereits in der Industrie bewährt hatten. Medizinische Qualitätszirkel sind – in der Regel bei den Kassenärztlichen Vereinigungen angesiedelte – Arbeitsgruppen, die unter der Anleitung eines fachfremden, aber erfahrenen Moderators über spezifische diagnostische und therapeutische Maßnahmen in der Praxis diskutieren und entsprechende Empfehlungen formulieren. Diese von der Basis ausgehenden Zirkel (bottom-up) werden in Deutschland von ca. 15 % der Ärzteschaft freiwillig und unentgeltlich besucht, die damit eine direktive, externe Qualitätskontrolle (top-down) vermeiden. Die Teilnahme der Ärztinnen an diesen Maßnahmen gilt im medizinischen Versorgungssystem als qualitätssichernd, weil die dort erworbenen Basiskompetenzen empirisch gesichert besser in der Praxis erhalten und wirksam bleiben als andere Fortbildungsmaßnahmen (z. B. Vorträge). Sie werden auch von den Ärzten selbst als praxisrelevant und effektiv eingeschätzt (Sandholzer 1999).

Langfristig sollen Qualitätszirkel dazu beitragen, dass bestimmte Standards in den von den Teilnehmerinnen und Teilnehmern definierten Bereichen der medizinischen Versorgung etabliert werden, z. B. die adäquate Behandlung bestimmter Störungen und die rechtzeitige Überweisung an entsprechende Experten. In den Qualitätszirkeln können auch Maßnahmen im Sinne von Handlungsleitlinien besprochen werden. Die Leitlinien-

Tabelle 1: Zielsetzungen ärztlicher Qualitätszirkel

Beschreibung, Rekonstruktion und Bewusstmachung eigener Regeln für das Vorgehen in der täglichen Praxis und Besprechung dieser Regeln in der Gruppe
Auffrischen und Erwerb von Wissen
Schulung der Fähigkeit zur Selbstbeurteilung und Selbstbeobachtung über das im jeweiligen Qualitätszirkel gewählte Thema hinaus
Exemplarisches Lernen am selbst gewählten Thema für das generelle therapeutische Handeln
Entwicklung von kommunikativen Kompetenzen und Teamfähigkeit
Förderung der Kooperation der an der Gesundheitsversorgung Beteiligten
Verbesserte Arbeitsmotivation durch emotionale Entlastung

entwicklung in Qualitätszirkeln verspricht als Bottom-up Strategie eine gute Ergänzung zu den von Experten formulierten Leitlinien. In den Vorgesprächen zur Etablierung eines Qualitätszirkels in Heidelberg hat sich ergeben, dass auch ein Bedarf an Basisinformation besteht, z. B. eine inhaltlich differenzierte Darstellung des regionalen Angebots an psychosozialen Beratungsstellen und Praxen oder Institutionen, die pränataldiagnostische Maßnahmen durchführen.

Die Ziele der ärztlichen Qualitätszirkel wurden von Bahrs et al. (2000) zusammengestellt. Die Zielvorstellungen verdeutlichen, dass es nicht nur um eine Veränderung der ärztlichen Praxis geht. Qualitätszirkel leisten auch das, was Hippokrates gefordert hatte: der Arzt muss auch an sein eigenes Wohlergehen denken.

6.2.3 Konzept zur Installierung der interprofessionellen Qualitätszirkel

In einer Vorbereitungsphase können sich die Teilnehmerinnen gegenseitig im direkten Gespräch über die eigenen Tätigkeitsbereiche informieren, um so zunächst die ersten Voraussetzungen für eine weitergehende Zusammenarbeit der Berufsgruppen zu schaffen. Dabei gilt es insbesondere, Unterschiede im Verständnis zentraler Begriffe (wie z. B. „Beratung") zu klären und zu einer gemeinsamen Sprache zu finden. Ein weiterer unverzichtbarer Bestandteil des Modells ist, dass der gesamte Prozess von einem neutralen Moderator koordiniert und begleitet wird.

In einem nächsten Schritt setzen die Teilnehmerinnen und Teilnehmer ihre jeweiligen Kolleginnen und Kollegen in den verschiedenen Gremien über diese Gesprächsrunde und die dahinter stehenden Ziele in Kenntnis. Wenn dort eine Einigung über mögliche eigene Ziele, sowie über mögliche Angebote an die jeweils andere Berufsgruppe erzielt wird, kann nach einer weiteren interdisziplinären Gesprächsrunde die Bildung eines berufsgruppenübergreifenden Qualitätszirkels angestrebt werden.

Die bisherigen Erfahrungen in Heidelberg lassen es geboten erscheinen, die berufsgruppeninterne Ziel- und Interessenklärung nicht parallel sondern sukzessive ablaufen zu lassen. Diese Modifikation bedeutet zwar, dass von der Grundidee der Gleichberechtigung der beteiligten Berufsgruppen abgewichen wird, gleichzeitig aber wichtige Ausgangsbedingungen berücksichtigt werden. Grund ist, dass es häufig Unklarheiten oder Missverständnisse darüber gibt, was eine psychosoziale Beratung ausmacht und worin deren Funktion besteht. Im Gegensatz dazu ist das Bild relativ fest umrissen, was während einer Sprechstunde bei einer Ärztin passiert, unabhängig davon, ob dieses Bild stimmig ist, oder nicht. Diesem Ungleichgewicht wird mit dem modifizierten Vorgehen Rechnung getragen. Der Einigungsprozess wird danach voraussichtlich erheblich beschleunigt, wenn sich die Vertreterinnen der psychosozialen Beratungsstellen zunächst über ein Profil ihrer Tätigkeit einigen und diese Information den Ärzten vorab zur Verfügung stellen. Im Anschluss daran sind die Ärzte aufgefordert, in ihren Gremien das Angebot zu diskutieren und mit einem eigenen Vorschlag zu reagieren.

Erst nach diesem Vorbereitungsprozess folgt die eigentliche Arbeitsphase der Qualitätszirkel. Nach der Erarbeitung entsprechender Empfehlungen zur Verbesserung der
Kooperation und entsprechender Abstimmung der Ergebnisse in der Gruppe (interne
Evaluation) können die formulierten Standards weiterer Ärztinnen und Mitarbeiterinnen der psychosozialen Beratungsstellen zur externen Evaluation vorgelegt werden, um
die Validität der Maßnahmen zu überprüfen. So können repräsentative Empfehlungen
angestrebt werden (vgl. Abbildung 13).

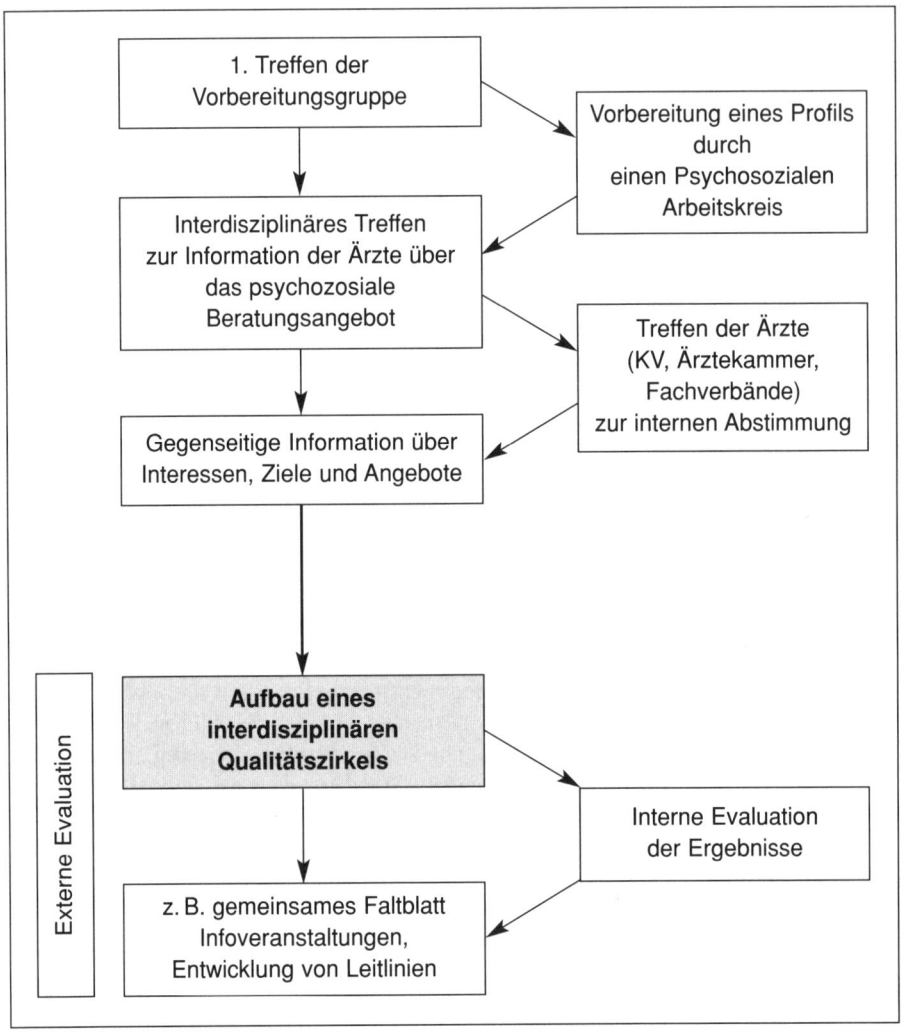

Abbildung 13: Kooperationsprozess

6.3 Qualitätssicherung

In nahezu jedem Bereich gibt es heutzutage Methoden und Maßnahmen, die der Qualitätssicherung und der Aufrechterhaltung von Standards dienen sollen. Dies gilt natürlich auch für den Bereich Beratung. Wie in manchen Gebieten der Medizin, vor allem aber in der Psychotherapie, so ist es auch in der Beratung sehr schwer, die Qualität der Arbeit zu messen. Direkte Erfolge oder eindeutig auf die Beratung zurückzuführende längerfristige Verbesserungen sind nur schwer und mit einem hohen Aufwand zu erfassen. Dies gilt insbesondere für objektive, d. h. von den beteiligten Personen unabhängig zu erfassenden Kriterien. Was bleibt sind zum einen subjektive Einschätzungen und zum anderen ausführliche Dokumentationen. Beides ist im Bereich der psychosozialen Beratung nicht unbedingt üblich. Gerade was die Dokumentation angeht, gibt es vielfältige Bedenken, die vom Datenschutz über die Schweigepflicht bis zu Befürchtungen reichen, die Schwellen zur Inanspruchnahme von Beratung durch den Einsatz von Fragebögen zu erhöhen. Die Ziele von Qualitätssicherungsmaßnahmen können sehr unterschiedlich sein. An erster Stelle steht natürlich der Versuch, zu überprüfen, ob das, was man tut auch den beabsichtigten, positiven Nutzen hat (Ergebnisqualität). Zweitens soll erfasst werden, ob das, was ein Anbieter tut, auch dem entspricht, was er zu tun vorgibt, und ob dieses professionelle Handeln auch dem Stand der Wissenschaft entspricht (Prozessqualität). Der letzte Punkt besteht darin zu beschreiben, unter welchen formalen und organisatorischen Bedingungen die Beratung stattfindet (Strukturqualität). Die Vorbehalte vieler Mitarbeiterinnen und Mitarbeiter in der Beratung gegenüber solchen Maßnahmen sind meist darin begründet, dass Qualitätssicherung nur Zeit und Aufwand kostet, die den Ratsuchenden abgeht, und dass der einzige belegbare Nutzen in der Kontrolle und im schlimmsten Fall in der Wegrationalisierung des Personals besteht. Auch wenn diese Befürchtungen manchmal nicht ganz falsch sind, ist doch zu bedenken, dass der Trend immer mehr dahin geht, Anbieter von Produkten im weitesten Sinne dazu zu verpflichten, deren Nützlichkeit und Effizienz nachzuweisen. Gerade in einem Bereich, der einerseits von staatlicher Förderung abhängig ist, andererseits aber einen staatlichen Auftrag erfüllt, wäre es ein ganz erheblicher Wettbewerbsvorteil, wenn es Beratungsstellen oder Trägern gelänge, die Wirksamkeit und Nützlichkeit der von ihnen angebotenen Beratung zu dokumentieren und zu belegen.

Zwar gibt es im Bereich der psychosozialen Schwangerschaftsberatung nur wenige Evaluations-Instrumente (BMFSFJ, 2000), die noch dazu nicht vollständig ausgereift sind. Dennoch würde es sich sicher lohnen, sich damit zu befassen, eventuell die vorhandenen Instrumente probeweise einzusetzen um sie dann zu verbessern und zur Routine zu machen. Im Folgenden wird ein speziell für den Bereich Beratung zu Pränataldiagnostik entwickelter Fragenbogensatz näher erläutert (BMFSFJ, 2000).

Zur Evaluation des eigentlichen Beratungsprozesses wurden drei Fragebögen entwickelt, die jeweils pro Beratungsfall ausgefüllt werden sollen: je ein Bogen von den Ratsuchenden selbst *(Beratungsrückmeldung)* und den Beraterinnen *(Dokumentation der Beratung)* im Anschluss an das erste Beratungsgespräch, sowie ein *Verlaufsbogen* am Ende der gesamten Beratung.

6.3.1 Beratungsrückmeldung

Für die Ratsuchenden ist eine auf das Wesentlichste beschränkte Befragung vorgesehen, die nach der Beratung auszufüllen ist und sich auf die Bewertung der Beratung selbst bezieht. Da die Beraterin Teil der zu bewertenden Situation ist, müssen diese Angaben von den Ratsuchenden direkt gemacht werden. Es wird – nach Einholen des schriftlichen Einverständnisses mit der Untersuchung – erfragt, ob die relevanten Probleme zur Sprache kamen, ob sich die Beratenen verstanden fühlten, was ihnen nach ihrer Ansicht generell und in Bezug auf das Thema Pränataldiagnostik am meisten geholfen hat, wie die Vorinformationen zu diesem Thema waren, ob sich neue Aspekte ergeben haben und wie das Ergebnis der Beratung beurteilt wird. Die Beratungsrückmeldung liegt in zwei Versionen vor (siehe Anhang S. 183 und S. 186): Neben der Standardversion A gibt es noch eine Version B mit drei Zusatzfragen zur Einstellung gegenüber der eventuellen Behinderung des Kindes, die Ratsuchenden vorgelegt werden soll, wenn die Frage der möglichen Behinderung im Zentrum des Gesprächs stand bzw. bereits ein auffälliger Befund diagnostiziert wurde.

6.3.2 Dokumentation der Beratung

Die Erhebung der sozialen Daten, die Problembeschreibung, die Einschätzung des Belastungsgrades usw. wird durch die Beraterinnen vorgenommen. Der Dokumentationsbogen (siehe Anhang S. 178) kann von der Beraterin im Verlauf des Gesprächs oder danach ausgefüllt werden. Es werden allgemeine soziodemographische Daten wie Alter, Berufsausbildung, Familienstand, Zahl der Kinder etc. erhoben, ferner werden schwangerschafts- und beratungsbezogene Angaben erfragt wie z. B. der Beratungsanlass, die vermuteten Erwartungen der Klientin bzw. des Paares, die Vorgeschichte der Schwangerschaft. Abschließend werden die Beraterinnen um eine Bewertung der Beratung aus ihrer eigenen Sicht gebeten sowie um eine Einschätzung, ob sich für die Beratenen neue Aspekte zu den Themen Pränataldiagnostik und Behinderung ergeben haben.

6.3.3 Verlaufsbogen

Die Evaluation einer Beratungskonzeption erfordert auch die Erhebung einiger Outcome-Maße, d. h. neben den wenigen Bewertungsfragen werden Informationen über den weiteren Verlauf im jeweiligen Beratungsfall benötigt. Hierzu soll von den Beraterinnen nach Beendigung des gesamten Beratungsprozesses pro Fall ein Verlaufsbogen (siehe Anhang S. 189) ausgefüllt werden, der neben einer Dokumentation über die Beratungsgesprächstermine und -teilnehmerinnen Aufschlüsse über den Beratungsverlauf seit dem Erstgespräch erhebt: Wie hat sich die Frau letztlich entschieden? Welchen Maßnahmen hat sie zugestimmt? Welche schicksalhaften Wendungen traten ein? Welche weiteren Personen/Institutionen wurden als hilfreich erlebt, und wie haben diese untereinander kooperiert?

Zur Erhebung dieser Verlaufsdaten soll bei einmaligen Beratungsgesprächen – diese scheinen die Mehrzahl der Beratungen auszumachen – am Ende vereinbart werden, dass die Ratsuchende(n) nach zwei Monaten von der Beraterin telefonisch kontaktiert werden und mit ihr/ihnen ein kurzes Gespräch in Form einer Befragung über den weiteren Verlauf geführt wird. Haben mehrere Beratungsgespräche stattgefunden, so gibt es keine telefonische Nachbefragung. Hier wird der Verlaufsbogen nach dem letzten Beratungsgespräch von der Beraterin ausgefüllt.

Alle drei Fragebögen sind vollständig im Anhang wiedergegeben. Sie sind damit ausdrücklich zur Weiterverwendung und zur Modifikation freigegeben. Einige Ergebnisse, die mit Hilfe dieser Fragebögen gewonnen wurden, bezogen sich auf einen Vergleich von psychosozialer und humangenetischer Beratung und sind unter Abschnitt 1.3.3., S. 29 f. abgedruckt.

Natürlich gibt es noch weitere Ansätze, mit denen der Beratungsprozess und das Beratungsergebnis beschrieben und analysiert werden kann. Ausführliche Informationen zum Thema Qualitätsmanagement in Zusammenhang mit psychosozialer Beratung sind in Dietzfelbinger und Haid-Loh (1998) zu finden. Neben verschiedenen Grundkonzepten gibt es dort eine ganze Reihe von konkreten Vorschlägen zur Qualitätssicherung in den einzelnen Formen der psychosozialen Beratung. Was die Forschung in Zusammenhang mit Ehe-, Familien- und Lebensberatung betrifft, so ist die Arbeit von Klann und Hahlweg (1994) anzuführen.

Literatur

Bahrs, O. (2000) Modellprojekt Qualitätszirkel in der Gesundheitsförderung. Impulse, Newsletter zur Gesundheitsförderung. Landesvereinigung für Gesundheit Niedersachsen e. V., Nr. 26.

Bahrs, O. (Hrsg.) (1995) Ärztliche Qualitätszirkel: Leitfaden für den niedergelassenen Arzt.

Baldus, M. (2001) Von der Diagnose zur Entscheidung – Entscheidungsprozesse von Frauen im Kontext pränataler Diagnostik. Praxis der Kinderpsychologie und Kinderpsychiatrie, 9/10, S. 736–752.

Bartram, C.-R. et al. (2000) Humangenetische Diagnostik. Wissenschaftliche Grundlagen und gesellschaftliche Konsequenzen. Wissenschaftsethik und Technikfolgenbeurteilung. Schriftenreihe der Europäischen Akademie zur Erforschung von Folgen wissenschaftlich-technische Entwicklungen. Bad Neuenahr-Ahrweiler Bd. 7.

Berufsverband Medizinische Genetik e. V. Leitlinien zur Erbringung humangenetischer Leistungen: 1. Leitlinien zur Genetischen Beratung, in: Medizinische Genetik 8/3 –Sonderbeilage, 1996, zitiert nach: M. Düwell und D. Mieth (Hrsg.) Ethik in der Humangenetik (1998). Tübingen: Francke.

Bund Deutscher Hebammen e. V. (1999) Hebammen-Standpunkte. Pränatale Diagnostik, Karlsruhe.

Bundesausschuss der Ärzte und Krankenkassen (1998) Richtlinien des Bundesausschusses der Ärzte und Krankenkassen über die ärztliche Betreuung während der Schwangerschaft und nach der Entbindung (Mutterschaftsrichtlinien).

Bundesministerium für Familien, Senioren, Frauen und Jugend (2000) Materialien zur Familienpolitik, Nr. 6: Zwischenbericht des Modellprojekts „Entwicklung von Beratungskriterien für die Beratung Schwangerer bei zu erwartender Behinderung des Kindes".

Bundesministerium für Familien, Senioren, Frauen und Jugend (im Druck) Materialien zur Familienpolitik: Abschlussbericht des Modellprojekts „Entwicklung von Beratungskriterien für die Beratung Schwangerer bei zu erwartender Behinderung des Kindes".

Bundesministerium für Gesundheit (1999) Qualitätssicherung in der Psychosomatik. Projektkoordinator: Hagen Sandholzer. Baden-Baden, Nomos Verlagsgesellschaft.

Bundesvereinigung Lebenshilfe für Menschen mit geistiger Behinderung e. V. (1998) Unser Kind mit Down-Syndrom – Ein erstes Lesebuch mit Informationen für Eltern, für ihre Angehörigen und Freunde, Marburg.

Bundesärztekammer (1998) Richtlinien zur pränatalen Diagnostik von Krankheiten und Krankheitsdispositionen. Deutsches Ärzteblatt 95.

Dewald, A. (2001) Schnittstellenprobleme zwischen medizinischer und psychosozialer Versorgung. Praxis der Kinderpsychologie und Kinderpsychiatrie, 9/10, S. 753–764.

Dewald, A. & Cierpka, M. (2001) Psychosoziale Beratung im Kontext von Pränataldiagnostik. Psychotherapeut, 46, S. 154–158.

Deutsche Arbeitsgemeinschaft für Jugend- und Eheberatung (DAJEB) e.V. (1998/1999): Beratungsführer, Band 1 und 2.

Deutscher Arbeitskreis für Jugend-, Ehe- und Familienberatung (DAK) (1998): Aufgaben und Tätigkeiten der/des Ehe-, Partnerschafts-, Familien- und Lebensberaterin/beraters; Rahmenordnung für die Weiterbildung zur/zum Ehe-, Partnerschafts-, Familien- und Lebensberaterin/ beraters.

Deutscher Arbeitskreis für Jugend-, Ehe- und Familienberatung (DAK) (1998): Gegenstandskatalog zur Rahmenordnung für die Weiterbildung zur/zum Ehe-, Partnerschafts-, Familien- und Lebensberaterin/berater.

Dietzfelbinger, M. & Haid-Loh, A. (Hrsg.) (1998). Qualitätsentwicklung – Eine Option für Güte. Untersuchungen aus dem Evangelischen Zentralinstitut für Familienberatung Nr. 20.

Duden, B. (1998) Beiträge zur feministischen Theorie und Praxis 21. Jg., Heft 49/50.

Düwel, M. & Mieth, D. (Hrsg.) Ethik in der Humangenetik. (1998). Tübingen: Francke.

Evangelische Konferenz für Familien- und Lebensberatung e.V. (EKFuL) (2000) Leitlinien für die Psychologische Beratung in evangelischen Erziehungs-, Ehe-, Familien- und Lebensberatungsstellen im Bereich der Evangelischen Kirche in Deutschland und des Diakonischen Werkes.

EKFuL (1996) Materialien zur Beratungsarbeit Nr. 10 – Beratung und Begleitung für Eltern mit einem behinderten oder von Behinderung bedrohtem Kind. Berlin.

EKFuL (1997) Materialien zur Beratungsarbeit Nr. 11 – LebensEntscheidungen. Beratung und Begleitung für Frauen und Paare im Zusammenhang mit vorgeburtlicher Diagnostik. Berlin.

EKFuL (1998) Materialien zur Beratungsarbeit Nr. 13 – Beratung und Begleitung für Frauen und Paare vor, während und nach vorgeburtlicher Diagnostik: Kriterien – Konzepte – regionale Vernetzung. Berlin.

EKFuL (2000) Materialien zur Beratungsarbeit, Nr. 15, Beratung und Begleitung für Frauen und Paare im Zusammenhang mit vorgeburtlicher Diagnostik – im interdisziplinären Dialog. Berlin.

EKFuL – Materialien zur Beratungsarbeit Nr. 20/2001: „Abschlussbericht des Modellprojektes des Bundesministeriums für Familie, Senioren, Frauen und Jugend: ‚Entwicklung von Beratungskriterien für die Beratung Schwangerer bei zu erwartender Behinderung des Kindes'.

Ensel, A. & Mittelstädt, S. (1999) Pränataldiagnostik und Hebammenarbeit. Ethische Fragen und Konfliktfelder in der Betreuung von Schwangeren, Gebärenden und Wöchnerinnen. Unterrichtsmaterialien für die Ausbildung von Hebammen und Angehörigen medizinischer Fachberufe. Düsseldorf: Verlag Selbstbestimmtes Leben.

Friedrich, H., Henze, K.-H., Stemann-Acheampong, S. (1998) Eine unmögliche Entscheidung. Pränataldiagnostik: Ihre psychosozialen Voraussetzungen und Folgen. VWB-Verlag, Berlin.

Friedrich, H., Henze, K.-H., Stemann-Acheampong, S. (1999) Der Entscheidungsprozess der Pränataldiagnostik und seine Rahmenbedingungen. Psychomed 2/99, S. 95 – 101.

Haid-Loh, A. et al. (1995) Familienberatung im Spiegel der Forschung. Untersuchungen aus dem Evangelischen Zentralinstitut für Familienberatung Nr. 17.

Haker, H. (1998a) Genetische Beratung und moralische Entscheidungsfindung. In: M. Düwell und D. Mieth (Hrsg.) Ethik in der Humangenetik. Tübingen: Francke.

Haker, H. (1998b) Entscheidungsfindung im Kontext pränataler Diagnostik. In: Kettner (Hrsg.) Beratung als Zwang. Frankfurt: Campus.

Kardorff, E. v. (1998) Kooperation, Koordination, Vernetzung, Anmerkungen zur Schnittstellenproblematik in der psychosozialen Versorgung. In: B Röhrle, G Sommer & F Nestmann (Hrsg.) Netzwerkintervention, Fortschritte der Gemeindepsychologie und Gesundheitsförderung, Band 2, Tübingen.

Klann, N. & Hahlweg, K. (1994). Beratungsbegleitende Forschung – Evaluation von Vorgehensweisen in der Ehe-, Familien- und Lebensberatung und ihre spezifischen Auswirkungen. Schriftenreihe des Bundesministeriums für Familie, Senioren, Frauen und Jugend, Band 48.1.

Kommission für Öffentlichkeitsarbeit und ethische Fragen der Gesellschaft für Humangenetik e. V.: Positionspapier, in Medizinische Genetik 8, 1996, 125–131. zitiert nach: M. Düwell und D. Mieth (Hrsg.) (1998) Ethik in der Humangenetik. Tübingen: Francke.

Kotzur, A. (2001) Kooperation in der pränatalen Diagnostik. Dokumentation Fachtag Pränataldiagnostik – Diakonisches Werk Löbau und Landratsamt Löbau-Zittau.

Kreft, D. & Mielenz, I. (1996) Wörterbuch soziale Arbeit. Weinheim, Basel: Beltz.

Luthe, D. & Schaefers, T. (2000) Kommunikationsmanagement- Strategische Überlegungen und konkrete Maßnahmen für eine beziehungsorientierte Öffentlichkeitsarbeit. In: S Nährlich & A Zimmer (Hrsg.) Management in Nonprofit-Organisationen. Opladen: Leske + Budrich.

Müller, D. (2001): Interdisziplinäre Kooperation in der Gesundheitsversorgung. Dr. med. Marbuse, Juli/August 2000, Frankfurt/Main.

Netzwerk gegen Selektion durch Pränataldiagnostik (1998) Konzeption Beratung. Rundbrief Nr. 6 (S. 14).

Nippert, I. & Horst, J. (1994) Die Anwendungsproblematik der pränatalen Diagnose aus der Sicht von Beratenen und Beratern. Gutachten im Auftrag des Büros für Technikfolgen-Abschätzung beim deutschen Bundestag.

Pauli-Magnus, C., Dewald, A. & Cierpka, M. (2001) Typische Beratungsinhalte in der Pränataldiagnostik – Eine explorative Studie. Praxis der Kinderpsychologie und Kinderpsychiatrie, 9/10, S. 771–785.

Presse- und Informationsdienst der Bundesregierung (1996) § 218, Was ist neu? Informationen für Frauen, Familien, Beratungsstellen und Ärzte über das Schwangeren- und Familienhilfeänderungsgesetz 1995.

Rieg, K. & Laszig, P. (2001) Beratung und Therapie im Internet. Beratung Aktuell.

Rieger, D. (2001) Interdisziplinäre Kooperation in der Anwendung pränataler Diagnostik – rechtliche Hintergründe. Dokumentation Fachtag Pränataldiagnostik – Diakonisches Werk Löbau und Landratsamt Löbau-Zittau.

Sanders, R. (2000) Internet und Beratung, die Bedeutung eines niederschwelligen Angebotes, Beratung Aktuell, 2.

Schmidt-Denter, U. (1996) Soziale Entwicklung. Ein Lehrbuch über soziale Beziehungen im Laufe des menschlichen Lebens. (3. korrigierte und aktualisierte Aufl.) Weinheim: Beltz Psychologie Verlags Union.

Verein zur Förderung psychosozialer Aspekte der Humangenetik (1998) Broschüre: Schlechte Nachrichten bei vorgeburtlicher Untersuchung. Freiburg.

Wehner, T. et al. (1998) Zusammenarbeit als Ereignis und Prozeß. In: E. Spieß (Hrsg.) Formen der Kooperation. Verlag für Angewandte Psychologie, Göttingen.

Wolff, G. & Jung, C. (1994) Nichtdirektivität und Genetische Beratung. Medizinische Genetik, 6, S. 195–204.

Woopen, C. (2001) Ethische Fragestellungen in der Pränataldiagnostik, Zeitschrift für Kinderpsychologie und Kinderpsychiatrie, 9/10, S. 695–703.

Internetseiten

www.familienratgeber.de
www.kindernetzwerk.de

Überblick über pränatale Untersuchungsmethoden

1. Ultraschall

Art des Verfahrens
- Es werden Schallwellen auf die Gebärmutter und das Ungeborene ausgesandt, die je nach Dichte des Gewebes verschiedene Echos reflektieren; diese Echos werden in ein Bild umgesetzt und machen eine Darstellung des Ungeborenen möglich.
- Vaginaler Ultraschall: Der stabförmige Schallkopf wird durch die Scheide bis dicht an die Gebärmutter geführt.
- Ultraschall über die Bauchdecke: Der Schallkopf wird über die Bauchoberfläche geführt.

Zeitpunkt und Wartezeit
- Vaginaler Ultraschall ab der 6. bis zur 14. Schwangerschaftswoche, Ultraschall über die Bauchdecke wird danach angewandt.
- Laut Mutterschaftsrichtlinien sind drei Ultraschalluntersuchungen vorgesehen: 9. bis 12., 19. bis 22. und 29. bis 32. Schwangerschaftswoche.
- Die Ergebnisse sind sofort verfügbar.

Gründe und Indikationen
- Bestätigung einer Schwangerschaft und Bestimmung des Geburtstermins, am sichersten bis zur 14. Schwangerschaftswoche.
- Ausschluss einer Eileiterschwangerschaft.
- Erkennen von Mehrlingen.
- Kontrolle des Wachstums des Ungeborenen.
- Kontrolle der Herzschläge während Schwangerschaft und Geburt (Doppler-Ultraschall).
- Klärung vaginaler Blutungen; Suche nach Gebärmutter-/Eileitertumoren und anderen die Schwangerschaft beeinträchtigenden Faktoren.
- Bestimmung von Plazentasitz und -struktur, Fruchtwassermenge und Kindslage.
- Suche nach Fehlbildungen.
- Vorbereitung und Überwachung von Fruchtwasseruntersuchungen und anderen in die Gebärmutter eindringenden Eingriffen.
- Untersuchung des Blutflusses in der Nabelschnur, der Plazenta und anderen fötalen Gefäßen (Doppler-Ultraschall).

Mögliche Ergebnisse und Diagnosen
- Aussagen über die Reife des Ungeborenen (Maße und Organstruktur) und teilweise über die Organfunktionen (z. B. der Nieren).

- Äußere Fehlbildungen; Fehlbildungen der Organe.
- Hinweise auf Chromosomenabweichungen z. B. Nackenfalte als Hinweis auf ein Down-Syndrom in der 11. Schwangerschaftswoche.
- Lage des Ungeborenen und der Plazenta kann sehr genau bestimmt werden.
- Zur Feststellung der Schwangerschaftsdauer sind Abweichungen von 10 Tagen bis zu 4 Wochen möglich; relative Genauigkeit nur im ersten Drittel der Schwangerschaft.
- Fehlinterpretationen sind je nach verwendeten Geräten, Erfahrung und Sorgfalt der Anwendenden möglich.

Risiken und Nachteile
- Vaginaler Ultraschall kann als unangenehmer bis schmerzhafter Eingriff empfunden werden.
- Bei einem unbegründeten Verdacht auf Fehlbildungen des Ungeborenen kann Unsicherheit und Angst ausgelöst werden.
- Einstieg in weitere Untersuchungen.

2. AFP plus oder Triple-Test

Art des Verfahrens
- Blutentnahme bei der Frau; Bestimmung des AFP- Niveaus (Alphafetoprotein) und der Hormone HCG und Östriol.
- Zusammen mit der Schwangerschaftsdauer und dem Alter der schwangeren Frau werden die Werte mittels Computerprogramm zueinander in Beziehung gebracht und ausgewertet.

Zeitpunkt und Wartezeit
- 16. bis 18. Schwangerschaftswoche.
- Ergebnisse liegen nach einer Woche vor.

Gründe und Indikationen
- Individuelle Risikoberechnung bezogen auf ein statistisches Durchschnittsrisiko hinsichtlich eines Down-Syndroms.
- Hinweise auf einen Neuralrohrdefekt beim Ungeborenen.
- Wird regional unterschiedlich auch ohne vorherige Beratung oder Einwilligung durchgeführt.

Mögliche Ergebnisse
- Risikospezifizierung bezogen auf Trisomie 21 und Neuralrohrdefekt.
- Kein sicheres Diagnoseverfahren; keine Aussage über tatsächliche Sachverhalte, sondern Berechnung von Wahrscheinlichkeiten.
- Unklare Befunde, die z. B. das Risiko für eine andere Chromosomenstörung erhöhen.

Risiken und Nachteile
– Insgesamt hohe Rate von falsch positiven und falsch negativen Aussagen: d. h., dass Frauen ein auffälliges Ergebnis erhalten, eine folgende Fruchtwasseruntersuchung dies aber nicht bestätigt. Auf der anderen Seite kann das Triple-Test-Ergebnis unauffällig sein, aber dennoch eine Trisomie vorliegen.
– Ungenaue, falsche Anwendung und Auswertung (z. B. bei Unklarheiten über den Zeitpunkt der Empfängnis; Zwillingsschwangerschaft) kann zu verunsichernden „auffälligen" Werten führen.
– Einstieg in weitere, risikoreichere Untersuchungen.

3. Amniozentese oder Fruchtwasserpunktion

Art des Verfahrens
– Bei örtlicher Betäubung Einstich mit einer Hohlnadel durch die Bauchdecke der Frau und die Fruchtblase unter Ultraschallkontrolle; Entnahme von Fruchtwasser, welches abgelöste Zellen des Ungeborenen enthält.
– Kultivierung der lebenden Zellen bis zur Zellteilung, danach ist eine Chromosomenuntersuchung möglich.
– Evtl. gezielte DNA-Analyse.
– Biochemische Tests.

Zeitpunkt und Wartezeit
– 13. bis 20. Schwangerschaftswoche.
– Abschliessendes Ergebnis liegt nach 2 bis 3 Wochen vor.
– Ergebnisse der Lungenkapazitätsprüfung des Ungeborenen liegen nach 2 Stunden vor.

Gründe und Indikationen
– Suche nach einer Chromosomenabweichung beim Ungeborenen.
– Neuralrohrdefekte oder Chromosomenabweichung eines früheren Kindes.
– Vorausgegangene Fehlgeburten mit Verdacht auf eine Chromosomenveränderung.
– Auffälligkeiten bei einem vorangegangenen Triple-Test oder Ultraschalluntersuchung.
– Abklärung von Blutgruppenunverträglichkeiten.
– Diagnostizierbare Erbkrankheiten nach genetischer Beratung.
– Feststellung der Lungenfunktion des Ungeborenen.

Mögliche Ergebnisse und Diagnosen
– Geschlechtsbestimmung.
– Chromosomenanalyse: Feststellung von Abweichungen.
– Diagnose von Neuralrohrdefekten („offener Rücken").
– Bei gezielter DNA – Analyse oder gezielter Stoffwechseldiagnostik Feststellung von Erbkrankheiten; Erkennung von Muskel – und Stoffwechselkrankheiten.
– Bei sorgfältiger Durchführung meist genaue Ergebnisse, Fehldiagnosen kommen vor.

Risiken und Nachteile
- Fehlgeburtsrisiko 0,5 bis 1 %.
- Wiederholung der Untersuchung kann notwendig sein.
- Krämpfe, Wehen, Fruchtwasserverlust und leichte Blutungen können auftreten.
- Lange Wartezeit auf den Befund kann belastend sein.
- Therapeutische Möglichkeiten nach festgestellter Behinderung/Erkrankungen sind nur selten.
- Beim Schwangerschaftsabbruch ist die Einleitung einer Geburt erforderlich.

4. Chorionzottenbiopsie oder Plazentabiopsie

Art des Verfahrens
- Entnahme von Gewebe aus den Zotten (Chorion) oder der Plazenta unter Ultraschallkontrolle.
  transzervikal: mittels einer dünnen Hohlnadel, die durch Scheide und Muttermund in die Gebärmutter eingeführt wird.
  abdominal: durch die Bauchdecke mittels einer Hohlnadel.
- Untersuchung des Chromosomensatzes und evtl. gezielte DNA-Analyse oder gezielte Stoffwechseldiagnostik.

Zeitpunkt und Wartezeit
- 9. bis 12. Schwangerschaftswoche.
- ab der 13. Schwangerschaftswoche Plazentabiopsie.
- Ergebnisse in der Regel in 1 bis 8 Tagen, nach Langzeitkultur länger.

Gründe und Indikationen
- Suche nach einer Chromosomenveränderung.
- Auffälliges Ultraschallergebnis (Nackenödem).
- Bei einer diagnostizierten Erbkrankheit nach genetischer Beratung.
- Verdacht auf eine Stoffwechselerkrankung.

Mögliche Ergebnisse und Diagnosen
- Analyse von Chromosomenabweichungen.
- Geschlechtsbestimmung.
- Feststellung von vererbbaren Krankheiten nach DNA-Analyse; Erkennung von Muskel- und Stoffwechselerkrankung.
- Mosaikbefunde können Wiederholung der Untersuchung nötig machen. Eine Langzeitkultur zur Sicherung der Ergebnisse sollte immer angeschlossen werden.
- Fehldiagnosen kommen vor.

Risiken und Nachteile
- Erhöhtes Fehlgeburtsrisiko (1,5 bis 4 %).
- Untersuchung kann in seltenen Fällen insbesondere bei sehr früher Anwendung zu Missbildungen an Fingern, Zehen, Zunge oder Unterkiefer des Neugeborenen führen.

- Es besteht die Gefahr einer Blutgruppenunverträglichkeit (bei Rh-neg. Frauen); vorbeugend muss Anti-D gespritzt werden.
- Schmerzen und Blutungen nach dem Eingriff sind möglich.
- Beimischung mütterlicher Zellen macht eine Wiederholung nötig.
- Bei Befunden gibt es in den meisten Fällen keine Therapie; es kann sich die Frage nach einem Schwangerschaftsabbruch stellen.

Glossar

Alpha-Fetoprotein (AFP):
Eiweiß, das der Fötus mit seinem Urin ins Fruchtwasser ausscheidet, zusammen mit dem Fruchtwasser wieder schluckt und in seinem Magen-Darm-Trakt abbaut. Dieses Eiweiß tritt im Verlauf der Schwangerschaft in den Blutkreislauf der Mutter ein, der Vorgang ist jedoch noch weitgehend ungeklärt.

Alpha-Feto-Protein-Bestimmung:
Der AFP-Wert kann im Fruchtwasser, aber auch im mütterlichen Blut nachgewiesen werden. Ein erhöhter Wert im Blut kann ein Hinweis auf einen *Neuralrohrdefekt* sein. Ein niedriger AFP-Wert kann auf ein Down-Syndrom hinweisen, die Aussagekraft ist allerdings gerade in Bezug auf das Down-Syndrom umstritten.

Amniozentese:
Fruchtwasseruntersuchung; invasive vorgeburtliche Untersuchung; mit Hilfe einer Nadel wird in der 14. bis 16. Schwangerschaftswoche durch die Bauchwand der Mutter Fruchtwasser entnommen, um auf den genetischen Zustandes Ungeborenen schließen zu können.

Amnion:
Eihaut, die den *Fötus* und das Fruchtwasser unmittelbar umgibt.

Anenzephalie:
Schwerer *Neuralrohrdefekt*; der knöcherne Schädel fehlt ganz oder teilweise, das Großhirn hat sich nicht entwickelt.

CTG (Kardiotokograph):
Herztonwehenschreiben; Gerät zur elektronischen Überwachung der Herztätigkeit des Ungeborenen, kommt am Ende der Schwangerschaft und während der Geburt zum Einsatz.

Chorea Huntington:
Erbkrankheit, die mit geistigem Verfall verbunden ist, der sich über viele Jahre hinziehen kann. Tritt meist erst in einem späteren Lebensalter auf, in der Regel um 40, in manchen Fällen aber auch erst um 70. Gentests verfügbar.

Chorion:
Äußeres Gewebe der Fruchtblase, umgibt den *Fötus* und die *Plazenta*.

Chorionzottenbiopsie:
Methode der genetischen vorgeburtlichen Diagnostik, die bereits ab der 9. Schwangerschaftswoche angewandt werden kann. Die Entnahme der fötalen Zellen erfolgt durch die Scheide oder über die Bauchdecke der Frau. Die Methode gilt allerdings in ihrer Aussagefähigkeit als etwas unsicherer und möglicherweise riskanter für die Schwangere und den *Fötus* als die *Amniozentese*.

Chromosomen:
Träger der menschlichen Erbsubstanz. Jeder menschliche Zellkern enthält 23 Chromosomenpaare. Eizelle und Spermie (Keimzellen) enthalten jeweils nur den halben Chromosomensatz, bei der Befruchtung werden sie zusammengeführt.

Chromosomenanalyse:
Untersuchung fötaler Zellen auf Anzahl und Intaktheit der vorhandenen *Chromosomen*.

Chromosomenanomalie:
Abweichung von der normalerweise vorhandenen Anzahl oder Struktur der *Chromosomen*.

Cystische Fibrose (Mukoviszidose):
Angeborene Funktionsstörung der Atemwege und eventuell der Bauchspeicheldrüse von un-

terschiedlichem Schweregrad; Genetest verfügbar.

DEGUM 2:
Besondere Qualifikation des Untersuchers zur Durchführung einer gezielten Fehlbildungsuntersuchung der deutschen Gesellschaft für Ultraschall in der Medizin.

DNA-Analyse:
Gezielte Untersuchung der Erbsubstanz zur Erkennung bestimmter genetischer Krankheitsbilder auf der Ebene des Gens.

Down-Syndrom (Trisomie 21):
Früher auch als Mongolismus bezeichnete genetische Abweichung bei der das *Chromosom* 21 dreimal statt zweimal vorhanden ist.

Duchennsche Muskeldystrophie:
Erbkrankheit; fortschreitender Zerfall der Muskulatur; betrifft nur Jungen; Gentest ist entwickelt.

Embryo:
Der sich aus der befruchteten Eizelle entwickelnde Organismus bis zum Abschluss der Organanlage in der zwölften Woche, danach *Fötus*.

Embryologie:
Lehre von der Entwicklung des *Embryos*.

Embryopathische Indikation:
Auch eugenische oder kindliche Indikation, nach der gemäß § 218 ein Schwangerschaftsabbruch bis zur vollendeten 24. Schwangerschaftswoche (nach letzter Regelblutung) straffrei ist; seit 01.07.1995 ist die eugenische Indikation abgeschafft, sie fällt unter die medizinische Indikation; Schwangerschaftsabbruch ist bei entsprechenden Voraussetzungen ohne Fristbegrenzung möglich.

Falsch-negativer Befund:
Vorliegen der Krankheit trotz unauffälligem Testergebnis.

Falsch-positiver Befund:
Testergebnis, das fälschlicherweise einen krankhaften Befund angibt.

Fetoskopie:
Operative Methode zur direkten Betrachtung des Föten und zur Gewinnung fötalen Gewebes. Fehlgeburtsrisiko bei ca. 5 % bei erfahrenen Untersuchern.

Fötus:
Heranwachsende Leibesfrucht ab der zwölften Schwangerschaftswoche.

Fruchtwasseruntersuchung:
siehe *Amniozentese*

Genkartierung:
Lokalisierung einer Erbanlage auf einem bestimmten Chromosom.

Genom:
Das gesamte genetische Material, die Erbsubstanz eines Lebewesens.

Gentherapie:
Einschleusen von Genen, um fehlerhafte Funktionen patienteneigener Gene zu ersetzen, erste Versuche bei Krebs- und Aidskranken. Im Experimentierstadium.

Geschlechtschromosomenanomalie:
Chromosomenfehlverteilungen bei den Geschlechtschromosomen x oder y.

Herztonwehenschreiber:
siehe *CTG*

Hydramnion:
Auffällige Vermehrung des Fruchtwassers; möglicherweise ein Hinweis auf Fehlbildung des *Fötus*.

Hydrozephalus:
Wasserkopf; mögliche Begleiterscheinung bei *offenem Rücken*.

Intrauterin:
Innerhalb der Gebärmutter.

Intrauterine Therapie:
Behandlung von fötalen Fehlbildungen oder Krankheiten in der Gebärmutter, z. B. durch Bluttransfusionen oder chirurgische Eingriffe.

Invasiv:
Eindringend.

Monogene Störung:
(Erb-)Krankheiten, die durch die Veränderung eines einzelnen Gens ausgelöst werden.

Mosaikbefund:
Eine genetische Normalabweichung, die nicht in allen Zellen nachzuweisen ist, oft mildere Krankheitsform.

Mukoviszidose:
siehe *Cystische Fibrose*

Nabelschnurpunktion (Cordocentese):
Eingriff, bei dem mit Hilfe einer kleinen Kanüle aus der Nabelvene Blut entnommen wird; findet auch Anwendung bei intrauteriner Therapie. Abortrisiko 1 bis 2 %.

Neuralrohrdefekt:
Verschlussstörung der Wirbelsäule oder des knöchernen Schädels, oft mit entsprechender Nervenschädigung.

Oesophagusatresie:
Fehlbildung der Speiseröhre; entwickelt sich am 23. Tag der Entwicklung eines *Embryos*, bei der Trennung von Luft- und Speiseröhre.

Offener Rücken:
Neuralrohrdefekt des Rückenmarks, auch „spina bifida" genannt; tritt in sehr unterschiedlicher Ausprägung auf. Es kann eine Begleitfehlbildung an der Hirnbasis geben, die meist einen Wasserkopf *(Hydrozephalus)* verursacht.

Perinatal:
Um den Zeitpunkt der Geburt.

Plazenta:
Mutterkuchen; Organ, das sich an der Innenwand der Gebärmutter entwickelt; verbindet den mütterlichen und den kindlichen Blutkreislauf, versorgt den *Fötus* mit lebenswichtigen Nährstoffen und Sauerstoff und entsorgt ihn von Stoffwechselprodukten.

Pränatal:
Vorgeburtlich.

Pränataler Bluttest:
siehe AFP-*Test*

Prostaglandin:
Substanz, die in vielen Körpergeweben vorkommt und wehenauslösend wirken kann; Prostaglandin-Gel wird zur Auflockerung des Muttermundes und zur Geburtseinleitung verwendet.

Retinitis Pigmentosa:
Erbliche Augenerkrankung, die zur allmählichen Verminderung des Sehvermögens führt; tritt manchmal erst im späten Alter auf, Gentest für einzelne Typen vorhanden.

Screening:
Systematische Untersuchung größerer Bevölkerungsgruppen (z. B. Schwangere, Ungeborene, Neugeborene) um die Auftrittswahrscheinlichkeit von Krankheiten oder genetische Abweichungen zu bestimmen.

Sectio:
Kaiserschnitt.

Sonographie:
Ultraschall.

Teratogen:
Medikamente, chemische Substanzen, Infektionen und Strahlen, die das Ungeborene im Mutterleib schädigen können.

Triple-Test:
Bluttest ab der 16. Schwangerschaftswoche, der das individuelle Risiko für Down-Syndrom und einen Neuralrohrdefekt aufgrund bestimmter Serumwerte der Mutter unter Berücksichtigung des mütterlichen Alters statistisch errechnet.

Trisomie 13 und 18:
Schwerwiegende Chromosomenstörungen, die bereits intrauterin oder kurz nach der Geburt zum Tode führen.

Trisomie 21:
siehe *Down-Syndrom*

Anhang

Anhang 1

Dokumentationsbögen aus dem Modellprojekt „Entwicklung von Beratungskriterien zur Beratung Schwangerer bei zu erwartender Behinderung des Kindes"
– Forschungsvertrag
– Dokumentationsbogen
– Beratungsrückmeldung Version A
– Beratungsrückmeldung Version B
– Verlaufsbogen

Anhang 2

Bestandsaufnahme: Psychosoziale Beratung in Zusammenhang mit vorgeburtlicher Diagnostik

Anhang 3

Vorgeburtliche Untersuchungen und psychosoziale Beratung für Frauen in der Schwangerschaft

Anhang 4

Professioneller Habitus von Gynäkologinnen und Pränatale Diagnostik

FORSCHUNGSVERTRAG UND ZUSTIMMUNGSERKLÄRUNG

Sehr geehrte Damen und Herren,

die von Ihnen aufgesuchte Beratungsstelle nimmt an einem durch das Bundesministerium für Familie, Senioren, Frauen und Jugend initiierten Modellprojekt teil, mit dem erreicht werden soll, dass in der Beratung zum Thema Schwangerschaft die persönliche Situation und die Konflikte der Ratsuchenden noch angemessener berücksichtigt werden können. Wir möchten Sie daher bitten, uns bei dieser Arbeit zu unterstützen, indem Sie die folgenden Fragen beantworten.

Die Beantwortung der Fragen ist selbstverständlich freiwillig. Die Auswertung erfolgt anonym und unter strenger Beachtung der Schweigepflicht. Sollten Sie mit einer Teilnahme an der Studie nicht einverstanden sein, so hat dies keinerlei Nachteile für Sie.

Wir danken Ihnen sehr herzlich für die Unterstützung unseres Vorhabens.

Ich bin mit der Übermittlung meiner Daten an das Projekt zur weiteren wissenschaftlichen Verwendung einverstanden.

Datum: _____

Unterschrift: _____

Institutions-Code:						
Berater(in)-Code:						
Kenn-Nummer:						

Dokumentation der Beratung   Datum: _____

1   Alter   Frau: _____   Mann: _____

2   Arbeit   (Mehrfachnennungen möglich)

2.1 Berufsausbildung   Frau   Mann

Keine abgeschlossene Ausbildung   ❏   ❏
Lehre oder vergleichbare Ausbildung   ❏   ❏
Meister/Techniker/Fachschulabschluss   ❏   ❏
Fachhochschulabschluss   ❏   ❏
Hochschulabschluss   ❏   ❏

Erlernten Beruf bitte hier eintragen: _____   _____

2.2 Wovon bestreiten die Beratenen ihren Lebensunterhalt?

                                        Frau   Mann

Erwerbseinkünfte   ❏   ❏
Leistungen des Arbeitsamtes   ❏   ❏
BAföG/Stipendium   ❏   ❏
Sozialhilfe   ❏   ❏
Unterhaltsleistungen   ❏   ❏
Rente   ❏   ❏
Keine eigenen Einkünfte   ❏   ❏

2.3 Bei Erwerbstätigkeit: Frau   Mann

Jetzt in einem **Teilzeit** – Arbeitsverhältnis   ❏   ❏
Jetzt in einem **Vollzeit** – Arbeitsverhältnis   ❏   ❏

3   Nationalität

Deutsch   ❏   ❏
Falls andere Nationalität, *welche:*   _____   _____

4   Glaubenszugehörigkeit   Frau: _____   Mann: _____

5   Familienstand/Lebensform

	Frau	Mann
mit Partner(in) lebend	❏	❏
ohne Partner(in) lebend	❏	❏
ledig	❏	❏
verheiratet	❏	❏
wiederverheiratet	❏	❏
geschieden	❏	❏
getrennt lebend	❏	❏
verwitwet	❏	❏

6   Kind(er)

- Kinder bitte nach dem Alter geordnet angeben; zuerst das älteste Kind (Kind 1), dann das zweitälteste usw.
- Falls Kind(er) verstorben sind, bitte das Todesjahr zusätzlich zum Geburtsjahr mit angeben.

6.1 Kinder

	Kind 1	Kind 2	Kind 3	Kind 4	Kind 5
Alter:	_____	_____	_____	_____	_____
Geschlecht:	_____	_____	_____	_____	_____
(ist ein)					
gemeinsames:	❏	❏	❏	❏	❏
nur der Frau:	❏	❏	❏	❏	❏
nur des Mannes:	❏	❏	❏	❏	❏
Pflege-/Adoptivkind:	❏	❏	❏	❏	❏
behindert:	❏	❏	❏	❏	❏

6.2 Lebenssituation je Kind

	Kind 1	Kind 2	Kind 3	Kind 4	Kind 5
lebt bei					
leibl. Eltern:	❏	❏	❏	❏	❏
bei Mutter:	❏	❏	❏	❏	❏
bei Vater:	❏	❏	❏	❏	❏
eigenständig:	❏	❏	❏	❏	❏
Sonstiges:	❏	❏	❏	❏	❏

7   In welche Gruppe ist die Klientin/das Paar einzuordnen?

❏   Allgemeine Schwangerschaftsberatung nach § 2 SchKG
❏   Beratung in Zusammenhang mit § 219 i. V. mit §§ 5, 6 SchKG
❏   Beratung vor Pränataldiagnostik nach § 2 SchKG
❏   Beratung während der Pränataldiagnostik nach § 2 SchKG
❏   Beratung nach Pränataldiagnostik, bzw. bei möglicher/zu erwartender
     Behinderung des Kindes nach § 2 SchKG
❏   nicht schwanger

8   Problembeschreibung

Beschreiben Sie bitte, mit welcher subjektiven Problematik die Klientin/das Paar zur
Beratung kommt.

Anlass: _____

_____

Schwerpunkt im Gespräch: _____

_____

_____

**9   Was glauben Sie, erwartet die Klientin/das Paar überwiegend
     von der Beratung?**
(Max. zwei Nennungen)

❏   Informationen
❏   Unterstützung/Beratung bei der Entscheidung für oder gegen (weitere)
     Pränataldiagnostik
❏   Unterstützung/Beratung bei persönlichen Problemen
❏   Unterstützung/Beratung bei zwischenmenschlichen/innerfamiliären
     Schwierigkeiten
❏   Unterstützung/Beratung bei der Entscheidung für oder gegen einen
     Schwangerschaftsabbruch
❏   Unterstützung/Beratung bei der Entwicklung einer Lebensperspektive mit
     einem behinderten Kind

❏   Sonstiges: _____

_____

_____

10 Wie gut ist die Klientin/das Paar Ihrer Meinung nach über Pränataldiagnostik informiert?

Sie ist/sind:

gar nicht ❏ .... ❏ .... ❏ .... ❏ sehr informiert

11 Wie gut ist die Klientin/das Paar Ihrer Meinung nach über die Auswirkungen, Unterstützungs- und Therapiemöglichkeiten bei eventueller Behinderung des Kindes informiert?

Sie ist/sind:

gar nicht ❏ .... ❏ .... ❏ .... ❏ sehr informiert

12 Welche Einstellung hat die Klientin/das Paar Ihrer Meinung zu pränataldiagnostischen Verfahren?

Sie hält/halten die Verfahren für:

gar nicht ❏ .... ❏ .... ❏ .... ❏ sehr hilfreich

13 Fragen zur Vorgeschichte der Schwangerschaft:

Die Klientin befindet sich in der _____ Schwangerschaftswoche.

	Ja	Nein	Nicht bekannt
Besteht ein Kinderwunsch?	❏	❏	❏
Gab es frühere Schwangerschaften? *Wenn ja, wieviele:* _____	❏	❏	❏
Gab es Fehlgeburten? *Wenn ja, wieviele:* _____	❏	❏	❏
Gab es Abtreibungen? *Wenn ja, wieviele:* _____	❏	❏	❏
Gab es bislang Komplikationen in der Schwangerschaft? *Wenn ja, welche:* _____	❏	❏	❏
Gab es bei einer früheren Schwangerschaft Komplikationen? *Wenn ja, welche:* _____	❏	❏	❏
Gibt es Probleme mit Medikamenten, Alkohol, Drogen?	❏	❏	❏
Hat der zukünftige Vater positiv auf die Schwangerschaft reagiert?	❏	❏	❏
Hat das familiäre Umfeld der Schwangeren positiv auf die Schwangerschaft reagiert?	❏	❏	❏

14   Wie beurteilen Sie als Berater/in das Ergebnis der Beratung insgesamt?

Die Beratung war insgesamt gesehen:

gar nicht ❑ .... ❑ .... ❑ .... ❑ sehr hilfreich

15   Wie zufrieden sind Sie als Berater/in mit dem Ablauf der Beratung?

Ich bin mit der Beratung:

gar nicht zufrieden ❑ .... ❑ .... ❑ .... ❑ sehr zufrieden

16   Haben sich Ihrer Meinung nach durch die Beratung neue Aspekte zum Thema Pränataldiagnostik für die Klientin/das Paar ergeben?

Wenn ja, welche?

_____

_____

_____

17   Haben sich Ihrer Meinung nach durch die Beratung neue Aspekte zum Thema Behinderung für die Klientin/das Paar ergeben?

Wenn ja, welche?

_____

_____

_____

Institutions-Code:						
Berater(in)-Code:						
Kenn-Nummer:						

Beratungsrückmeldung [Version A]   Datum: _____

Dieser Fragebogen wurde bearbeitet von:

❏ Frau
❏ Mann
❏ Begleitperson: _____

1 Bitte geben Sie an, was Ihnen Ihrer Meinung nach während der Beratung am meisten geholfen hat: (Mehrfachnennungen möglich)

❏ Information über rechtliche Fragen
❏ Information über finanzielle Fragen
❏ Zeit und Raum für meine Anliegen bekommen zu haben
❏ Gespräche über ethisch-moralische/religiöse Fragen und Aspekte
❏ Gespräche über persönliche Ängste
❏ Gespräche über meine Unsicherheit
❏ Gespräche über meine Belastungen
❏ Gespräche über Belastungen in der Partnerschaft
❏ Gespräche über die Belastungen und Veränderungen innerhalb meiner Familie
❏ Gespräche über mein gefühlsmäßiges Erleben der eigenen Schwangerschaft

❏ Sonstiges: _____

2 Die Themen, die mich besonders beschäftigt haben, wurden in der Beratung angesprochen.

Diese Aussage

stimmt gar nicht   ❏ .... ❏ .... ❏ .... ❏   stimmt völlig

3 Fühlten Sie sich von Ihrer Beraterin verstanden?

Ich fühlte mich:

gar nicht   ❏ .... ❏ .... ❏ .... ❏   sehr
verstanden   verstanden

4   Wie gut waren Sie vor der Beratung über die Vorgehensweisen, Möglichkeiten und Folgen der Pränataldiagnostik informiert?

gar nicht   ❏ .... ❏ .... ❏ .... ❏   sehr informiert

5   Bitte geben Sie an, was Ihnen Ihrer Meinung nach während der Beratung zu diesem Thema am meisten geholfen hat: (Bitte max. zwei Nennungen)

❏   Informationen über Vorgehensweisen, Möglichkeiten und Folgen der Pränatalen Diagnostik

❏   Informationen über meine Befunde nach der Pränatalen Diagnostik

❏   Informationen über Therapie- und Behandlungsmöglichkeiten bei pränatal diagnostizierten Erkrankungen

❏   Informationen über Betreuungs- und Fördermöglichkeiten für Eltern mit behinderten Kindern

❏   Begleitung und Hilfe auf dem Weg durch die Institutionen (d. h. Klinik, Diagnostik-zentrum etc.)

❏   Persönliche Betreuung/Verständnis (in einer für mich schwierigen Situation)

❏   Sonstiges: _____

6   Haben sich für Sie durch die Beratung neue Aspekte zum Thema Pränataldiagnostik ergeben?

_____

_____

_____

7   Wie wichtig war es Ihnen bisher, Kontakt zu haben mit:

	gar nicht			sehr
Ihrem/r behandelnden Gynäkologen/in	❏	❏	❏	❏
Ihrer Hebamme	❏	❏	❏	❏
der humangenetischen Beratungsstelle	❏	❏	❏	❏
Selbsthilfegruppen u. ä.	❏	❏	❏	❏
Sonstigen: _____	❏	❏	❏	❏

8   Zu wem wünschen Sie sich zusätzlich bzw. intensiveren Kontakt?

_____

9   Haben Sie gezielt eine kirchliche Beratungsstelle aufgesucht?

     Ja   **Nein**
     ❑   ❑

10   Wie beurteilen Sie das Ergebnis der Beratung insgesamt?

Die Beratung war insgesamt gesehen:

nicht hilfreich   ❑ .... ❑ .... ❑ .... ❑   sehr hilfreich

Institutions-Code:						
Berater(in)-Code:						
Kenn-Nummer:						

Beratungsrückmeldung [Version B]   Datum: _____

Dieser Fragebogen wurde bearbeitet von:

❏   Frau
❏   Mann
❏   Begleitperson: _____

1   Bitte geben Sie an, was Ihnen Ihrer Meinung nach während der Beratung am meisten geholfen hat: (Mehrfachnennungen möglich)

❏   Information über rechtliche Fragen
❏   Information über finanzielle Fragen
❏   Zeit und Raum für meine Anliegen bekommen zu haben
❏   Gespräche über ethisch-moralische/religiöse Fragen und Aspekte
❏   Gespräche über persönliche Ängste
❏   Gespräche über meine Unsicherheit
❏   Gespräche über meine Belastungen
❏   Gespräche über Belastungen in der Partnerschaft
❏   Gespräche über die Belastungen und Veränderungen innerhalb meiner Familie
❏   Gespräche über mein gefühlsmäßiges Erleben der eigenen Schwangerschaft

❏   Sonstiges: _____

2   Die Themen, die mich besonders beschäftigt haben, wurden in der Beratung angesprochen.

Diese Aussage

stimmt gar nicht   ❏ .... ❏ .... ❏ .... ❏   stimmt völlig

3   Fühlten Sie sich von Ihrer Beraterin verstanden?

Ich fühlte mich:

gar nicht   ❏ .... ❏ .... ❏ .... ❏   sehr
verstanden   verstanden

4 Wie gut waren Sie vor der Beratung über die Vorgehensweisen, Möglichkeiten und Folgen der Pränataldiagnostik informiert?

gar nicht ❏ .... ❏ .... ❏ .... ❏ sehr informiert

5 Bitte geben Sie an, was Ihnen Ihrer Meinung nach während der Beratung zu diesem Thema am meisten geholfen hat: (Bitte max. zwei Nennungen)

❏ Informationen über Vorgehensweisen, Möglichkeiten und Folgen der Pränatalen Diagnostik

❏ Informationen über meine Befunde nach der Pränatalen Diagnostik

❏ Informationen über Therapie- und Behandlungsmöglichkeiten bei pränatal diagnostizierten Erkrankungen

❏ Informationen über Betreuungs- und Fördermöglichkeiten für Eltern mit behinderten Kindern

❏ Begleitung und Hilfe auf dem Weg durch die Institutionen (d. h. Klinik, Diagnostikzentrum etc.)

❏ Persönliche Betreuung/Verständnis (in einer für mich schwierigen Situation)

❏ Sonstiges: _____

6 Haben sich für Sie durch die Beratung neue Aspekte zum Thema Pränataldiagnostik ergeben?

_____

_____

_____

B1 Wie sehr hat Sie der Gedanke an eine mögliche Behinderung Ihres Kindes vor der Beratung beschäftigt?

gar nicht ❏ .... ❏ .... ❏ .... ❏ sehr viel

B2 Bitte geben Sie an, was Ihnen Ihrer Meinung nach während der Beratung zu diesem Thema am meisten geholfen hat: (Bitte max. zwei Nennungen)

❏ Information über rechtliche Fragen

❏ Information über finanzielle Fragen

❏ Information über Betreuungs- und Fördermöglichkeiten für Eltern mit behinderten Kindern

❏ Gespräche über meine Trauer und Abschiednehmen nach dem Verlust meines Kindes

❏ Gespräche über die Ängste bezüglich einer möglichen Behinderung meines Kindes

❏ Sonstiges: _____

B3 Haben sich für Sie durch die Beratung neue Aspekte zum Thema Behinderung ergeben?

_____

_____

_____

7   Wie wichtig war es Ihnen bisher, Kontakt zu haben mit:

	gar nicht			sehr
Ihrem/r behandelnden Gynäkologen/in	❑	❑	❑	❑
Ihrer Hebamme	❑	❑	❑	❑
der humangenetischen Beratungsstelle	❑	❑	❑	❑
Selbsthilfegruppen u. ä.	❑	❑	❑	❑
Sonstigen: _____	❑	❑	❑	❑

8   Zu wem wünschen Sie sich zusätzlich bzw. intensiveren Kontakt?

_____

9   Haben Sie gezielt eine kirchliche Beratungsstelle aufgesucht?

Ja   Nein
❑   ❑

10 Wie beurteilen Sie das Ergebnis der Beratung insgesamt?

Die Beratung war insgesamt gesehen:

gar nicht hilfreich   ❑ .... ❑ .... ❑ .... ❑   sehr hilfreich

Institutions-Code:						
Berater(in)-Code:						
Kenn-Nummer:						

Verlaufsbogen (von der Beraterin auszufüllen)   Datum: _____

1 Teilnehmer(innen) an den Beratungsgesprächen.

Anzahl der Gespräche insgesamt: _____

Zeitraum, in dem die Gespräche stattfanden: von _____ bis _____

	Frau	Mann	Kind(er) 1, 2, 3	Sonstige Personen
Gespräch am:				
Gespräch am:				
Gespräch am:				
Gespräch am:				
Gespräch am:				
Gespräch am:				
Gespräch am:				
Gespräch am:				

2 Bitte machen Sie Angaben, über den Verlauf seit dem Erstgespräch:

	ja	nein	nicht bekannt
Pränatale Diagnostik wurde abgelehnt	❑	❑	❑
Pränatale Diagnostik wurde begonnen	❑	❑	❑
Pränatale Diagnostik wurde abgebrochen	❑	❑	❑
Pränatale Diagnostik wurde beendet	❑	❑	❑

Angewandte Form der Pränatalen Diagnostik bisher:

	ja	nein	nicht bekannt
Ultraschall	❑	❑	❑
Feindiagnostik/Fehlbildungsultraschall/ Dopplersonographie	❑	❑	❑
Chorionzottenbiopsie	❑	❑	❑

	ja	nein	nicht bekannt
Amniozentese	❏	❏	❏
Tripletest	❏	❏	❏
Sonstiges: _____	❏	❏	❏
PD ergab auffälligen Befund Wenn ja, Befund: _____	❏	❏	❏
Klientin entschied sich für einen Abbruch der Schwangerschaft	❏	❏	❏
Es kam zu einer Fehlgeburt/Totgeburt	❏	❏	❏
Die Geburt hat inzwischen stattgefunden	❏	❏	❏
Das Kind hat eine Behinderung Wenn ja, Befund: _____	❏	❏	❏
Es kam zur Durchführung/Vermittlung weiterer Maßnahmen Wenn ja, welche: _____	❏	❏	❏

3   Im Verlauf der Beratung kam es bei der Klientin zu weiteren Problemen.

	ja	nein	nicht bekannt
Familiäre Belastungen Wenn ja, welche: _____	❏	❏	❏
Gesundheitliche Probleme Wenn ja, welche: _____	❏	❏	❏
Seelische Belastungen Wenn ja, welche: _____	❏	❏	❏

4   Welche weiteren Stellen oder Personen wurden von der Klientin als hilfreich empfunden?

_____

5   Welchen Eindruck hatte die Klientin von der Zusammenarbeit der verschiedenen Personen/Institutionen untereinander, mit denen Sie Kontakt hatte?

Die Zusammenarbeit war insgesamt gesehen:

sehr gut   ❏ .... ❏ .... ❏ .... ❏   sehr schlecht

6   Haben sich für die Klientin in der Zwischenzeit neue Aspekte zum Thema
     Pränataldiagnostik ergeben?

     _____

     _____

7   Haben sich für die Klientin in der Zwischenzeit neue Aspekte zum Thema
     Behinderung ergeben?

     _____

     _____

Bestandsaufnahme: Psychosoziale Beratung in Zusammenhang mit vorgeburtlicher Diagnostik

– Ergebnisse einer Befragung evangelischer und ökumenischer Beratungsstellen –

Kornelia Sammet & Tomas Steffens

Die EKFuL führte Anfang 2001 eine Bestandsaufnahme zur Umsetzung des § 2 SchKG und zur psychosozialen Beratung in Zusammenhang mit vorgeburtlichen Untersuchungen durch. Dazu wurde ein Fragebogen entwickelt, der im Januar 2001 an 468 evangelische und ökumenische Ehe-, Familien- und Lebensberatungsstellen[6] sowie an 151 Schwangerschaftskonfliktberatungsstellen verschickt wurde. Der Fragebogen umfasste folgende Themenkomplexe:
- Beratungen „in allen eine Schwangerschaft unmittelbar oder mittelbar berührenden Fragen" nach § 2 SchKG;
- Beratungen in Zusammenhang mit vorgeburtlichen Untersuchungen;
- aufsuchende Arbeit im Zusammenhang mit vorgeburtlichen Untersuchungen;
- Bedarf an Fortbildungen für die Mitarbeiter zu diesen Themen sowie
- allgemeine Angaben zur Einrichtung (Arbeitsbereiche, Landeskirche).

Von den verschickten Fragebogen kamen 321 zurück. Damit beträgt die Rücklaufquote – vergleichsweise sehr hohe – 51,8 %. Die Rücklaufquote der Schwangerschafts- und Schwangerschaftskonfliktberatungsstellen liegt mit 56,2 % (85 Fragebogen) etwas höher als die der Ehe-, Familie- und Lebensberatungsstellen mit genau 50 % (234 Fragebogen)[7].

Zunächst soll hier kurz darauf eingegangen werden, welche Beratungsstellen an der Befragung teilgenommen haben und in die Auswertung aufgenommen wurden (1). Danach sollen die Aktivitäten der Stellen zu freiwilligen Beratungen nach § 2 SchKG (2) und ihre Erfahrungen mit Beratungen im Zusammenhang mit vorgeburtlichen Untersuchungen berichtet werden (3). Anschließend werden die Ergebnisse der Befragung zur aufsuchenden Arbeit (4) und zum Fortbildungsbedarf (5) in diesem Arbeitsfeld vorgestellt.

---

6 Davon waren 89 integrierte Einrichtungen mit Schwangeren- und Schwangerschaftskonfliktberatung.
7 Die Fragebogen hatten verschiedene Farben: Orange für die Ehe-, Familie- und Lebensberatungsstellen, gelb für die Schwangerschafts- und Schwangerschaftskonfliktberatungsstellen. Zwei Fragebogen kamen als Kopie auf weißem Papier zurück und konnten deshalb nicht eindeutig zugeordnet werden.

Befragte Beratungsstellen

Zuerst sollen die regionale Verteilung der befragten Beratungsstellen und ihre Arbeitsfelder vorgestellt werden. Im Fragebogen wurde danach gefragt, in welchen Landeskirchen sich die Einrichtungen befinden. Dabei ergibt sich folgendes Bild:

Tabelle 2: Regionale Verteilung der Beratungsstellen

Landeskirche	Anzahl
Anhalt	2
Baden	23
Bayern	26
Berlin-Brandenburg	19
Braunschweig	5
Hannover	29
Hessen und Nassau	20
Kurhessen-Waldeck	5
Lippe	1
Mecklenburg	7
Nordelbien	27
Oldenburg	1
Pfalz	21
Pommern	4
Reformierte Kirche	1
Rheinland	27
Kirchenprovinz Sachsen	12
Landeskirche Sachsens	17
Schaumburg-Lippe	1
Thüringen	7
Westfalen	22
Württemberg	20
Keine Angabe	24[8]
Insgesamt	321

Es zeigt sich, dass die großen Landeskirchen auch mit entsprechend großer Zahl im
Sample vertreten sind. Bemerkenswert ist jedoch die hohe Beteiligung von Beratungsstellen aus einzelnen Landeskirchen kleinerer und mittlerer Größe, wie Baden, der Pfalz,
der Kirchenprovinz Sachsen und der Landeskirche Sachsens. Beratungsstellen aus Bre-

---

8 Darunter fallen auch Fragebogen, in denen das Bundesland angegeben war (z. B. Nordrhein-Westfalen oder
   Baden-Württemberg) und die deshalb nicht eindeutig einer Landeskirche zugeordnet werden konnten.

men und der Schlesischen Oberlausitz sind nicht im Sample enthalten. Als Arbeitsfelder haben die befragten Beratungsstellen folgende angegeben:

Tabelle 3: Arbeitsbereiche

Arbeitsbereich	Anzahl der Beratungsstellen	% der Beratungsstellen
Lebensberatung	239	75,9
Familienberatung	229	72,7
Paarberatung	229	72,7
Schwangerenberatung	192	61,0
Schwangerschafts- konfliktberatung	191	60,6
Erziehungsberatung	166	52,7
Andere Arbeitsbereiche	124	39,4

Rund drei Viertel der Beratungsstellen bieten also Lebens-, Familien- und Paarberatung an, Schwangeren- und Schwangerschaftskonfliktberatung jeweils rund 60 %. Dies kann in reinen Ehe-, Familien- und Lebensberatungsstellen bzw. Schwangeren- und Schwangerschaftskonfliktberatungsstellen oder auch in integrierten Einrichtungen geschehen. Interessant ist, wie die Beratungsangebote kombiniert sind. Dazu lässt sich folgendes sagen: Von den 191 Stellen, die Schwangerschaftskonfliktberatung anbieten, machen 147 auch Lebensberatung, 133 Paarberatung, 127 Familienberatung und 80 Erziehungsberatung. 103 gaben noch andere Arbeitsfelder an, zumeist Sozialberatung. Man kann also von knapp 130 Einrichtungen ausgehen, in denen die Konfliktberatung in eine Ehe-, Familien- und Lebensberatung integriert ist, in drei Viertel davon wiederum zusätzlich mit Erziehungsberatung. 124 Stellen gaben an, keine Konfliktberatung anzubieten[9]. Von diesen haben 102 Familienberatung, 96 Paarberatung, 92 Lebensberatung, 86 Erziehungsberatung, 6 Schwangerenberatung und 21 andere als Arbeitsfelder genannt. Erziehungsberatung wird dabei von neun Stellen als alleiniger Arbeitsbereich aufgeführt.

Freiwillige Beratungen nach § 2 SchKG

Im ersten Teil des Fragebogens ging es darum, welche Bedeutung der Paragraph § 2 SchKG, der einen Anspruch auf freiwillige Beratung „in allen eine Schwangerschaft unmittelbar oder mittelbar berührenden Fragen" garantiert, in der Arbeit der Beratungs-

---

9 Sechs Beratungsstellen machten keine Angaben zu ihren Arbeitsfeldern.

stellen spielt. Tabelle 4 zeigt, dass in rund zwei Dritteln der Beratungsstellen entsprechende Beratungen, entweder direkt nach § 2 SchKG oder im Rahmen anderer Beratungsanlässe, durchgeführt wurden.

Tabelle 4: Wurden Beratungen nach § 2 SchKG durchgeführt?

	Häufig-keit	In % (von 317)
Ja, direkt nach § 2 SchKG	106	33,4
Im Rahmen anderer Beratungsanlässe	39	12,3
Ja, nach § 2 SchKG und im Rahmen anderer Beratungsanlässe	60	18,9
überhaupt nicht	109	34,4
Keine Angabe	3	0,9
Gesamt	317	100,0

Durch eine offene Frage sollte eruiert werden, zu welchen Themen diese Beratungen stattfanden. 199 Beratungsstellen haben dazu Angaben gemacht.[10] Viele haben dabei die Schwangerschaftskonfliktberatung oder die allgemeine Schwangerenberatung genannt, ohne dies weiter zu spezifizieren. Andere verwiesen auf einzelne Absätze des § 2, im Wortlaut oder durch Nennung der entsprechenden Ziffern. Die folgende Tabelle 5 zeigt die Anzahl ihrer Nennungen.

Tabelle 5: Themen von freiwilligen Beratungen nach § 2 SchKG

Themen von Beratungen nach § 2 SchKG	Anzahl	% der Beratungs-stellen (von 191)
Soziale und wirtschaftliche Hilfen	121	63,4
Familienfördernde Leistungen und Hilfen	116	60,7
Lösungsmöglichkeiten für psychosoziale Konflikte	108	56,5
Sexualaufklärung, Verhütung, Familienplanung	96	50,3
Methoden zur Durchführung eines Schwanger-schaftsabbruchs, mögliche Risiken und Folgen	77	40,3
Vorsorgeuntersuchungen und Kosten der Entbindung	56	29,3
Hilfen für Behinderte und ihre Familien	43	22,5
Rechtliche und psychologische Aspekte einer Adoption	27	14,1
Andere Themen	103	53,9

---

10 Einzelne Beratungsstellen wiesen daraufhin, dass sie als reine Erziehungsberatungsstellen auf einer anderen Rechtsgrundlage, nämlich § 28 KJHG, arbeiten.

Die Tabelle zeigt, dass Beratungen über soziale und wirtschaftliche Hilfen und familien-fördernden Leistungen am häufigsten genannt wurden. Doch psychosoziale Beratungen spielen eine fast ebenso große Rolle.

Viele Beratungsstellen nannten spezielle Themen, zu denen beraten wurde. Sehr häufig betraf dies sozialrechtliche Informationen zu Rechtsansprüchen (z. B. Mutterschutz, Er-ziehungsurlaub, Erziehungsgeld, Haushaltshilfe, Hebammenhilfe usw.), aber auch zum Kindschaftsrecht. Neben der Frage der Kinderbetreuung wurden sehr oft auch finanzielle Hilfen angesprochen, wie z. B. die Beantragung von Geldern aus Stiftungen und Fonds, die Vermittlung von Kuren usw. Besondere Gruppen von Schwangeren, wie z. B. Allein-erziehende oder Jugendliche wurden nach § 2 SchKG beraten. Auch Geburtsvorberei-tung und die Nachbetreuung nach einem Abbruch oder der Geburt eines Kindes nach § 2 (3) SchKG wird angeboten; zum letztgenannten gehört u. a. auch Stillberatung.

Große Bedeutung haben auch psychosoziale Beratungen nach § 2 SchKG. So waren ambivalente Einstellungen und Gefühle gegenüber der Schwangerschaft sowie Partner-schaftsprobleme und Konflikte bis hin zu Trennung und Scheidung der Partner Thema von Beratungen. In diesem Zusammenhang wurden Lebensberatung, Paarberatung und Krisenintervention erwähnt. Zudem wurden Beratungsgespräche zur Auseinanderset-zung mit einem Kinderwunsch und mit ungewollter Kinderlosigkeit geführt. Beratungen dienten auch der Trauerhilfe beim Tod eines Kindes, bei Fehlgeburt und Totgeburt. Schließlich ging es um die Verarbeitung von Schwangerschaftsabbrüchen, teilweise zu einem späten Zeitpunkt in der Schwangerschaft, teilweise erst nach vielen Jahren.

Einige Antworten der Beratungsstellen an dieser Stelle bezogen sich schon auf Bera-tungen in Zusammenhang mit vorgeburtlicher Diagnostik. Dabei wurde zum einen die Häufigkeit solcher Beratungen angesprochen:[11]

- Direkt zum Thema vorgeburtliche Diagnostik kam niemand, diese Fragen wurden einige Male (selten!) am Rande mitbehandelt.
- Am wenigsten gefragt: § 2 (2) 5 Pränataldiagnostik Hilfen und 8 Adoption

Zum zweiten wurde der Inhalt dieser Beratungen erwähnt:

- Frage und Belastung bei vorgeburtlicher Diagnostik
- Persönliche und Partnerschaftskrisen in Zusammenhang mit pränataler Diagnostik
- Fruchtwasseruntersuchung
- Druck des Arztes auf die Schwangere (älter als 35 Jahre) zur Fruchtwasseruntersuchung
- Vorgeburtliche Diagnostik im Rahmen von IVF-Behandlung
- Ablauf von Beratung in humangenetischem Institut (Rückmeldung im Rahmen der Diagnostik)
- Was ist vorgeburtliche Diagnostik? Vor dem Ergebnis: Angst davor, was wäre wenn? Nach dem Ergebnis, dass Behinderung möglich: eigentlich lehne ich Abbruch ab, aber … moralisch-ethische Fragestellung

---

11 Bei diesen und allen im Folgenden grau unterlegten Textteilen handelt es sich um wörtliche Zitate aus den Antworten auf die offenen Fragen in den Fragebogen.

Es ging hier also darum, welche vorgeburtlichen Untersuchungen durchgeführt oder den Ratsuchenden nahegelegt worden sind, wie mit diesen Untersuchungen umgegangen werden kann und welche Erfahrungen die Ratsuchenden mit Ärzten und humangenetischen Beratungsstellen gemacht haben. Im letzten oben aufgelisteten Zitat wurde schon eine Frage angesprochen, die auch einige andere Beratungsstellen als Thema von Beratungen nach § 2 SchKG genannt haben: die Angst davor, ein behindertes Kind zu bekommen, und den Umgang mit einer Diagnose, dass eine Behinderung des Ungeborenen zu erwarten ist:

- Möglicherweise zu erwartende Behinderung des Ungeborenen
- Konflikt, erwarte behindertes Kind, was tun (Entscheidung)
- Sorge um die Gesundheit des Kindes; Ängste vor gesellschaftlichen Hindernissen mit einem behinderten Kind
- Angst vor behindertem/krankem Kind
- Evtl. Behinderung, Bewältigungsstrategien? Religiöse Problematik

Manchmal wurden diese Ängste auch konkret begründet: zum einen mit Behinderungen, die es schon in der Familie gibt (bei den Partnern selbst oder bei schon vorhandenen Kindern), zum anderen damit, dass die Schwangere möglicherweise schädigenden Substanzen (z. B. Medikamenten) ausgesetzt war:

- Bei Behinderung des Partners oder eigener Behinderung in einer Beziehung; bei ambivalentem Kinderwunsch, allgemeiner Ängstlichkeit, bei bereits vorhandenem behindertem Kind; Partnerschaftskrise ... Frage: hält diese ein behindertes Kind aus?
- Behindertes Kind in der Familie
- Behinderte Menschen haben die Beratung ebenfalls in Anspruch genommen.
- Welche Auswirkungen haben z. B. Probleme am Arbeitsplatz oder Giftstoffe auf die Schwangerschaft?
- Medikamente in der Frühschwangerschaft
- Schwangerschaftsabbruch infolge Angst vor Schädigung des Kindes nach Medikamenteneinnahme in der Frühschwangerschaft [Nachbemerkung der Beratungsstelle: Verhalten der Ärzte, wenn erhöhte Gefährdung für Schädigung des Kindes besteht: bisherige Erfahrung: Verweis an Konfliktberatung zwecks Schwangerschaftsabbruch nach Beratungsregelung; keine Bereitschaft der Ärzte, über Indikation zu sprechen]

Schließlich haben Ratsuchende versucht, in Beratungsgesprächen die Erfahrung eines späten Schwangerschaftsabbruchs zu bearbeiten:

- später Abbruch – problematisch Schuldgefühle
- Beratung nach spätem Abbruch

Auf die Möglichkeit einer Beratung nach § 2 SchKG haben 186 Stellen (57,9 %), also mehr als die Hälfte der Befragten, auf verschiedenen Wegen aufmerksam gemacht, 117 (38,6 %) haben dies nicht getan, 18 haben dazu keine Angaben gemacht. Die große Mehrheit der Stellen, die Öffentlichkeitsarbeit zur freiwilligen Beratung betrieben haben, nämlich 166 (86,5 %) haben dazu Faltblätter genutzt, 94 (49 %) Veranstaltungen und 53 (27,6 %) Broschüren. 99 (51,6 %) haben andere Möglichkeiten gewählt. Hier wurde insbesondere Pressearbeit genannt, d. h. Artikel in örtlichen Zeitungen, aber auch kirchlichen Blättern oder Gemeindebriefen und Amtsblättern, Information der lokalen Presse und des Rundfunks, Anzeigen in Zeitungen oder kommunalen Wegweisern und der eigene Jahresbericht. Andere Wege der Verschaffung öffentlicher Aufmerksamkeit sind Telefonbücher bzw. die „Gelben Seiten", Plakate, das Türschild der Einrichtung.

Daneben wurde erwähnt, dass gezielt Kontakte aufgenommen wurden. So wurden häufig ortsansässige Gynäkologinnen und Gynäkologen, Hebammen oder Kliniken angeschrieben oder persönlich aufgesucht, um das eigene Beratungsangebot bekannt zu machen. Treffen von relevanten Gruppen (wie Frauengruppen, Mutter-Kind-Gruppen, Konfirmanden und Schulklassen) wurden manchmal zur Information genutzt. Multiplikatoren im kirchlichen (wie Pastoren oder Pfarrerinnen) wie auch im psychosozialen Bereich wurden auf das Angebot hingewiesen. Hier erwies sich die Vernetzung mit anderen Einrichtungen am Ort, vor allem anderen Beratungsstellen, als nützlich.

Manche Stellen erwähnten Veranstaltungen, die sie selbst organisiert oder an denen sie sich beteiligt haben, wie z. B. Vorträge, Ausstellungen, Podiumsdiskussionen mit anderen Institutionen zum Thema, Informationsveranstaltungen in Schulen und Gemeinden, Beteiligung an Info-Ständen bei Stadtteilfesten, Tage der offenen Tür usw. Schließlich wird – und dies wurde häufiger erwähnt – in Beratungsgesprächen, wenn es sich ergibt, auf die Möglichkeit einer Beratung nach § 2 SchKG hingewiesen.

Die im Fragebogen anschließende Frage danach, von wem die Ratsuchenden auf das Beratungsangebot hingewiesen wurden, zielte auf eine Erhellung der tatsächlichen Wege von Ratsuchenden in die Beratungsstelle. 215 Beratungsstellen machten zu dieser Frage Angaben. Am wichtigsten ist in diesem Zusammenhang der Kontakt zu Gynäkologinnen am Ort: 170 der antwortenden Stellen (82,8 %) gaben an, dass die Ratsuchenden von Frauenärzten auf das Beratungsangebot hingewiesen wurden. 157 Stellen (73 %) nannten die eigene Öffentlichkeitsarbeit, 70 (32,6 %) Hebammen. 136 Stellen (63,3 %) erwähnten noch andere Wege, wobei am häufigsten Mund-zu-Mund-Propaganda und private Empfehlungen von anderen Klientinnen, von Freunden und Freundinnen, Verwandten oder Bekannten genannt wurden. Daneben gibt es Fälle, bei denen in einer laufenden Beratung über dieses Angebot informiert wurde.

Auch von anderen Stellen wurden Ratsuchende auf die Beratung nach § 2 SchKG aufmerksam gemacht. In diesem Zusammenhang werden u. a. andere Beratungseinrichtungen, Multiplikatorinnen, Kirchengemeinden, Pfarrer, Schulen, Lehrer, Ämter und Behörden wie das Sozialamt und das Jugendamt, aber auch Gleichstellungsbeauftragte, Krankenkassen und Familienbildungsstätten erwähnt. Schließlich sind manche Ratsuchende durch Informationen in der Presse und anderen Medien[12] in die Beratungsstelle gekommen. Entscheidend dafür, dass das Beratungsangebot bekannt wird und Ratsuchende die entsprechenden Angebote auch nutzen können, ist also der Aufbau von Netzwerkbeziehungen zu anderen Professionellen und zu Institutionen im Bereich der psychosozialen Arbeit, aber auch zu örtlichen Medien.

---

12 Neben Zeitungen können hier kirchliche Gemeindebriefe, die Gelben Seiten bzw. das Telefonbuch, Internetpräsentationen z. B. der Landeskirche oder auch die Aufnahme in die Sprechstunden- und Adressenliste der Haupttageszeitung nützlich sein.

Beratungen in Zusammenhang mit vorgeburtlichen Untersuchungen

Der zweite Schwerpunkt des Fragebogens war der Themenkomplex Beratungen im Zusammenhang mit vorgeburtlichen Untersuchungen in den Beratungsstellen. 147 (45,8 %) der befragten 321 Stellen gaben an, dass schon derartige Beratungen durchgeführt wurden, wobei häufig darauf hingewiesen wurde, dass es sich um einzelne Fälle bzw. Ausnahmen handelt. 159 Einrichtungen (49,5 %) verneinten eine entsprechende Frage, 15 (4,7 %) machten dazu keine Angaben. In den meisten Fällen wurden diese Beratungen in der Schwangeren- (wie 122 = 72,9 % der antwortenden Stellen[13] anführten) und der Schwangerschaftskonfliktberatung (119 Stellen = 70,8 %) angefragt. Andere Beratungsbereiche spielen in diesem Zusammenhang eine untergeordnete Rolle: 41 Stellen (= 24,4 % der Einrichtungen, die hierzu Angaben machten) nannten die Paarberatung, 32 (= 19 %) die Lebensberatung, 12 (= 7,1 %) die Familienberatung und 6 (3,6 %) die Erziehungsberatung. Die Frage danach, zu welchem Zeitpunkt psychosoziale Beratungen im Zusammenhang mit vorgeburtlichen Untersuchungen durchgeführt wurden, beantworteten 163 Beratungsstellen, deren Angaben die folgende Tabelle 6 auflistet.

Tabelle 6: Zeitpunkt der psychosozialen Beratung in Zusammenhang mit vorgeburtlichen Untersuchungen

Zeitpunkt	Anzahl	in % (von 163)
Vor vorgeburtlichen Untersuchungen	115	70,6
Während des diagnostischen Prozesses	85	52,1
Nach einer Diagnose	70	42,9
Nach einer Entscheidung, die Schwangerschaft abzubrechen	67	41,1
Nach der Geburt eines Kindes mit Behinderung	33	20,2
Nach einer Entscheidung für ein Kind mit Behinderung	22	13,5
Zu einem anderen Anlass	15	9,2

Am häufigsten fanden psychosoziale Beratungen also frühzeitig, schon vor vorgeburtlichen Untersuchungen statt. Aber auch während des diagnostischen Prozesses und nach Erhalt einer Diagnose wurden Beratungen durchgeführt, d. h. Ratsuchende brauchten über die Information durch ihre Ärzte während der medizinischen Untersuchungen und bei Mitteilung der Diagnose hinaus eine psychosoziale Begleitung. Im Rahmen der

---

13 Die prozentualen Angaben beziehen sich hier und in den folgenden Tabellen nicht auf die Gesamtzahl der ausgewerteten Fragebogen, sondern nur auf die Beratungsstellen, die zu diesem Themenbereich jeweils Angaben machten.

Schwangerschaftskonfliktberatung waren vorgeburtliche Untersuchungen ebenfalls ein Thema, wie einige Beratungsstellen ergänzend bemerkten:

- vor der Entscheidungsfindung, die Schwangerschaft abzubrechen
- allgemeine Schwangerschaftskonfliktberatung
- Schwangerschaftsabbruch bis zur 12. Woche ohne Diagnose; befürchtete Behinderung bzw. höheres Risiko
- nach künstlicher Befruchtung und in Erwartung von Drillingen, wobei ärztlicherseits empfohlen wurde, nur Zwillinge auszutragen
- Beratung gemäß § 219 vereinzelt ein Gesprächsaspekt
- während der Entscheidung, die Schwangerschaft in der 12-Wochenfrist abzubrechen

Vereinzelt erwähnten Beratungsstellen, dass von einer Beraterin auf die Möglichkeit vorgeburtlicher Untersuchungen hingewiesen wurde, wenn eine Frau wegen Alkohol- bzw. Tablettenkonsums zu Beginn einer Schwangerschaft beunruhigt war und befürchtete, ein Kind mit Behinderung zu erwarten. In diesem Fall wurden vorgeburtliche Untersuchungen als Chance gesehen, solche konkreten Ängste auszuräumen und die Schwangerschaft fort zu setzen.

Schließlich erwähnten einzelne Beratungsstellen, dass Beratungen zu vorgeburtlichen Untersuchungen angefragt wurden, nachdem eine Schwangerschaft abgebrochen worden war:

- nach Schwangerschaftsabbruch
- bei erneuter Schwangerschaft nach Abbruch
- nach Abbruch der Schwangerschaft (mit beh. Diagnose, z. B. Down-Syndrom)

Auch in Hinblick auf zukünftige Schwangerschaften können psychosoziale Beratungen zum Thema vorgeburtlicher Diagnostik bedeutsam sein:

- vor der Entscheidung zur Möglichkeit weiterer Schwangerschaft
- bei erneuter Schwangerschaft, bei Erfahrungen mit PD vorhergehender Schwangerschaften

Beratungsgespräche in Zusammenhang mit vorgeburtlichen Untersuchungen werden vor allem von den betroffenen Frauen angefragt. Von 165 Beratungsstellen gaben 148 (89,7 %) an, dass die Frauen allein zu diesen Beratungen kommen. Sehr häufig suchen jedoch auch Paare gemeinsam die Beratungsstelle auf; dies konnten 127 (77 %) Einrichtungen aussagen. 20 Stellen erwähnten noch andere Ratsuchende:

- Freunde, Verwandte als Begleitung
- Freund/Bekannte (auch allein, um sich zu erkundigen)
- Freunde/Eltern
- Mit Mutter
- Schwiegereltern; Großmutter
- Frau und Freundin
- der Ehemann alleine

- Minderjährige mit Mutter, Heimerzieherin
- Ratsuchende in Begleitung einer Freundin, Übersetzerin, Eltern
- Zu uns kommen viele allein erziehende Mütter zur Beratung
- eine ganze Familie

Begleitpersonen sind also vor allem Freundinnen und Freunde, Verwandte und Bekannte. Aus diesem Personenkreis kamen auch häufiger Hinweise, durch die Rat suchende Frauen und Paare erst auf die Beratungsstelle aufmerksam wurden. Das zeigen die Antworten auf eine entsprechende Frage:

- Bekannte/Freunde
- Freunde, ehemalige Klienten
- Bekannte und Verwandte
- Rat von Freundinnen
- durch Informationen von Bekannten, die hier schon beraten wurden
- private Empfehlungen (Bekannte, Kirche z. B.)
- Bekannte, die diese Situation erlebt haben/kennen;

Daneben kamen Empfehlungen sehr häufig von Professionellen, mit denen Schwangere im Rahmen der Vorsorgeuntersuchungen und der vorgeburtlichen Untersuchungen zu tun haben, also von Ärztinnen und Ärzten, vom Klinikpersonal und von Hebammen:

- Frauenärzten
- niedergelassene Ärzte; Klinik
- überwiegend auf Empfehlung des Gynäkologen
- auf Anraten des behandelnden Gynäkologen/in
- Hinweis durch niedergelassene FrauenärztInnen bzw. Klinikpersonal
- von behandelnden Ärzten
- ausgewählte Frauenärzte
- Infoblatt, das beim Arzt ausliegt
- Kliniken
- städtische Frauenklinik, genetische Beratungsstelle
- Hinweis von Ärzten, die keine med. Indikation ausstellen wollen oder können
- Arzt, der selbst noch unsicher ist
- Gynäkologen, Hebammen
- Geburtshaus und Hebammen
- über Hebammen, Geburtshäuser, Frauengesundheitszentrum, Ärzte

Dass diese Berufsgruppen die Schwangeren auf das Angebot einer psychosozialen Beratung in Zusammenhang mit vorgeburtlicher Diagnostik hinweisen, macht deutlich, dass ihnen teilweise durchaus bewusst ist, dass die rein medizinische Information und Diagnose nicht ausreichend ist und einer Ergänzung durch psychosoziale Beratung bedarf. Allerdings können diese Angaben nicht verallgemeinernd als Aussagen über die Ärzteschaft als solche interpretiert werden. Dies klingt auch in manchen Antworten an: es sind „ausgewählte Ärzte", ein einzelner Arzt, „der also vermutlich nur in besonderen Situationen und mit einer eigenen

Motivation auf das Angebot einer psychosozialen Beratung hinweist, wird erwähnt; schließlich wird deutlich, dass die Information über die Beratung bisweiten nicht vom Arzt selbst kommt, sondern einem Faltblatt entnommen werden konnte, das im Wartezimmer ausliegt. Diese differenzierte Betrachtung der Angaben in den Fragebogen ist notwendig, denn viele Beratungsstellen erwähnen als zusätzliche Anmerkungen am Ende des Fragebogens, dass gerade Gynäkologinnen und Gynäkologen eher zögerlich, reserviert oder sogar ablehnend auf das Angebot einer psychosozialen Beratung reagieren. Wenn hier dennoch Frauenärzte sehr häufig als die Personen genannt werden, die den Frauen die psychosozialen Beratungsstellen empfehlen, so liegt das daran, dass sie die Berufsgruppe sind, mit denen jede Schwangere zu tun hat. Das bedeutet, dass es sich für die Beraterinnen durchaus lohnt, niedergelassene Frauenärzte, und sei es durch Faltblätter, über das eigene Angebot zu informieren. Das gleiche gilt für andere Institutionen und Professionelle, die ebenso Ratsuchende an Beratungsstellen verwiesen haben. So wurden in diesem Zusammenhang andere Beratungseinrichtungen genannt:

– Pro familia; andere Klienten
– andere Beratungsstellen
– humangenetische Beratungsstelle
– über Kolleginnen, die vom Angebot wissen

Daneben kamen Empfehlungen auch von anderen Stellen und Personen, die in irgendeiner Weise mit schwangeren Frauen zu tun haben:

– Jugendämter
– Behörden, Ämter
– Pfarrer
– Auf der Suche nach adäquaten Gesprächspartnern, auf Empfehlung des Frauenarztes oder von Pastoren
– Gemeindemitglieder
– Rechtsanwalt (!)
– durch Zufall

Deutlich wird hier, dass neben einer gezielten Information von Gynäkologen und Kliniken auch eine gute Öffentlichkeitsarbeit und eine breitere Streuung von Informationsmaterial, z. B. in Ämtern und Kirchengemeinden, durchaus sinnvoll ist. Aber auch ohne Empfehlung suchten Ratsuchende aus eigenem Antrieb die Beratungsstelle auf:

– eigener Anlass
– eigene Initiative
– auf eigenen Wunsch
– eigene Unruhe, eigene Unsicherheit, die vom Partner
– Mund-zu-Mund-Propaganda; von sich aus
– eigenes Bedürfnis, *selten* Ärzten
– bei Skepsis gegenüber den Informationen des behandelnden Gynäkologen auf eigene Initiative

Es besteht bei Schwangeren durchaus ein Bedarf an psychosozialer Beratung in Zusammenhang mit vorgeburtlicher Diagnostik, der so dringend ist, dass die betroffenen Frauen von sich aus das Beratungsangebot finden und die Beratungsstellen aufsuchen. Es ist nicht unbedingt Verlass darauf, dass die Ärzte auf das Angebot aufmerksam machen, weil sie vermutlich – im Unterschied zu den Ratsuchenden – nicht immer die Notwendigkeit einer ihre medizinische Beratung ergänzenden psychosozialen Beratung sehen. Voraussetzung dafür, dass diese Frauen erreicht werden können, ist eine gute Presse- und Öffentlichkeitsarbeit der Einrichtung. Auch diese wurde bei der Frage nach Empfehlungen und Wegen in die Beratungsstelle angeführt:

- Öffentlichkeitsarbeit der Stelle
- Faltblatt
- Presse
- diverse Öffentlichkeitsarbeit
- Medien (z. B. Internet, Fernsehen)
- Mundpropaganda, allgemeine Öffentlichkeitsarbeit
- verschieden: Empfehlung, Telefonbuch
- kirchlicher Gemeindebrief, Presse
- nach verstärkter Öffentlichkeitsarbeit – Presse

Es kommen auch Ratsuchende zu Beratungen in Zusammenhang mit vorgeburtlichen Untersuchungen, die schon vorher aus anderem Anlass die Beratungsstelle aufgesucht haben und von daher kennen:

- Aufgrund bereits bestehender Kontakte zur Beratungsstelle
- „Kennen" der Beratungsstelle

Schließlich kamen viele Beratungsgespräche im Zusammenhang mit vorgeburtlichen Untersuchungen durch Hinweise bei Beratungen zu anderen Anlässen zustande, wie die folgenden Antworten zeigen, die in ihrer großen Vielfalt aufgeführt werden sollen:

- durch die Pflichtberatung nach § 219 StGB
- in Zusammenhang mit der Beratung zu § 2 oder § 5 des SchKG
- ohne Empfehlung; Beratungen fanden immer im Zusammenhang mit der Schwangerenberatung bzw. der Konfliktberatung statt
- über andere Problematik, z. B. Schwangerenberatung, Stiftungsvermittlungen
- kein spezieller Hinweis, ergibt sich im Gespräch
- nicht bekannt, kamen zunächst wegen anderer Beratungsanliegen
- meistens im Rahmen der Mutter-Kind-Stiftung bei Beantragung, oder im Rahmen der Sozialberatung; bisher kam keine Schwangere speziell wegen dieses Themas
- in Gesprächen mit den Schwangeren ergeben sich Hinweise auf die Möglichkeit der vorgeburtlichen Untersuchung
- im Rahmen der Schwangerenberatung (soziale Beratung) wird die Beratung angeboten
- im Zusammenhang mit der Beantragung von wirtschaftlichen Hilfen
- im Zusammenhang mit § 219 auf Anraten des Frauenarztes
- nur in anderen Zusammenhängen, also Ehe- oder Lebensberatung

– vorgeburtliche Untersuchungen sind meist nicht der Beratungsanlass, das Thema
  wird erst im längeren Beratungsverlauf aufgenommen.
– Nachfragen und Ansprechen des Themas durch mich als Beraterin in der Schwangeren-
  beratung/Konfliktberatung
– meist durch unser eigenes Angebot/Angebotsnennung in der Beratung
– Beratung geschieht eher „zufällig" im Rahmen eines anderen Beratungsanlasses
– Die Frauen kommen erst zur Schwangerenberatung, an die sich dann Beratung im
  Zusammenhang mit vorgeburtlichen Untersuchungen anschließt
– eher zufällig in der sozialen Schwangerenberatung; oft auch bei Nachfragen durch
  die Beraterin und in der SKB
– fast alle Klientinnen kommen im Rahmen der Antragstellung für die Bundesstiftung

Diese hier ausführlich aufgelisteten Antworten zeigen, dass die betroffenen Frauen meist
nicht wegen einer Beratung in Zusammenhang mit vorgeburtlichen Untersuchungen in
die Stellen kommen, dass aber doch ein Bedarf nach Beratungsgesprächen zu diesem
Thema besteht. Das bedeutet, dass BeraterInnen dafür sensibilisiert sein sollten, damit
sie den Bedarf erkennen und auf das Angebot im Gespräch aufmerksam machen können.

Festhalten lässt sich, dass Ratsuchende auf vielfältigen Wegen in die Beratungsstellen
kommen. Dies erfordert eine gute Öffentlichkeitsarbeit, damit die Beratungsstelle und
ihr Angebot allgemein bekannt ist, und zwar nicht nur unter Ratsuchenden, sondern
auch unter den Professionellen im psychosozialen und medizinischen Bereich, also anderen Beratungsstellen, niedergelassenen GynäkologInnen, Hebammen und dem Personal in Frauenkliniken, darüber hinaus aber z. B. auch in Kirchengemeinden. Das zeigt:
der Aufbau von Kooperationsbeziehungen und die Arbeit an Netzwerken im psychosozialen Bereich[14] sind von großer Wichtigkeit. Viele Beratungsstellen pflegen schon
Kooperationen zu verschiedenen Institutionen und Professionellen. Dabei sind Kontakte
zu Ärzten am wichtigsten, wie die folgende Tabelle 7 zeigt:

Tabelle 7: Kooperationsbeziehungen

Kooperationsbeziehungen zu	Zahl der Beratungsstellen	In % (von 144)
Ärztinnen/Ärzten	105	72,9
Einrichtungen der Behindertenhilfe	48	33,3
Hebammen	37	25,7
Gesundheitsamt	28	19,4
Selbsthilfegruppen	16	11,1
Anderen	66	45,8

14 Zu verschiedenen Formen der Zusammenarbeit im psychosozialen Bereich vgl. zum Beispiel Ernst von
   Kardorff, Kooperation, Koordination und Vernetzung. Anmerkungen zur Schnittstellenproblematik in der
   psychosozialen Versorgung. In: Bernd Röhrle, Gert Sommer und Frank Nestmann (Hg.): Netzwerkintervention. Fortschritte der Gemeindepsychologie und Gesundheitsförderung Bd. 2. Tübingen. S. 203–222.

Diese Frage beantworteten 144 Beratungsstellen, d. h. die Mehrheit von 177 machten keine Angaben. Einige Beratungsstellen wiesen darauf hin, dass eine Zusammenarbeit nur von Fall zu Fall oder bei Bedarf praktiziert bzw. dass man sich kennt und über das die jeweilige Arbeit Bescheid weiß, ohne sich z. B. regelmäßig zu treffen:

- Sporadische Kontakte
- bei Bedarf
- zu Ärzten, aber nur als einmaliger Kontakt und Möglichkeit
- Kooperation insofern, dass wir Rücksprache ggf. halten können – jedoch *keine* regelmäßigen Kontakte
- noch nicht, wird noch in diesem Jahr aufgebaut bzw. intensiviert

Als andere, im Fragebogen nicht vorgegebene Einrichtungen, mit denen eine Kooperation besteht, wurden vor allem andere Beratungsstellen genannt:

- Schwangerenberatung/Schwangerschaftskonfliktberatung im Haus
- Kolleginnen in Schwangerenberatungsstellen
- ProFa, Caritas, SKF (regionaler AK)
- Pro familia
- Beratungsstellen
- Beraterinnen anderer Schwangerenberatungsstellen; im Bedarfsfall werden Probleme besprochen und Lösungen gesucht
- Schwangerschaftskonfliktberatungsstellen
- andere Beratungsstellen
- Wir haben eine SSB im Haus, zu der ständiger (und guter) Kontakt besteht
- Beratungsdienste, z. B. SKF

Daneben wurden spezielle Beratungsdienste erwähnt, die zum Thema vorgeburtliche Untersuchungen Beratungen anbieten, und zwar überregional bekannte Einrichtungen oder humangenetische Institute, wie z. B.:

- Pilotprojekt Löbau
- PUA, Beratungsstelle zu vorgeburtlichen Untersuchungen und bei Risikoschwangerschaft, Stuttgart
- überregionale Beratungsstellen mit dem Schwerpunkt „Pränatale Diagnostik"
- spezielle Beratungsstelle pränatale Diagnostik
- In Aufbau begriffen: Pränataldiagnostisches Zentrum; Klinikseelsorge
- Beratungsstelle Pränatale Diagnostik
- Humangenetisches Institut (Vernetzung, nicht formale Kooperation)
- spezielle Beratungsdienste (Uni Heidelberg), Netzwerk
- Humangenetisches Institut der Uni
- In Einzelfällen: humangenetische Institute (Uni)
- Beratungsstelle der Uniklinik zur vorgeburtlichen Diagnostik Klinik für Reproduktionsmedizin; Humangenetische Beratungsstelle, spezielle Beratungsstelle Genetische Beratungsstelle des Landes Rheinland-Pfalz

Außerdem gibt es an einigen Orten Arbeitskreise zum Thema vorgeburtliche Untersuchungen, über die eine Vernetzung der einzelnen Einrichtungen stattfinden kann:

– es gibt einen Arbeitskreis pränatale Diagnostik
– diverse Arbeitskreise
– AK Pränatale Diagnostik Münster (besteht aus Hebammen, Ärztin, Beraterinnen)

Schließlich führten einzelne Beratungsstellen noch andere Kooperationsbeziehungen
an; dabei handelt es sich um kommunale, regionale oder kirchliche Einrichtungen oder
Verantwortliche im Bereich der Behindertenhilfe, im Medizinsystem, aber auch in der
Frauen- und Bildungsarbeit:

– Lebenshilfe
– Frühförderstelle für Kinder
– Adoptionsvermittlungsmöglichkeiten für Kinder mit Behinderungen; wurde bislang
  nicht Thema
– Diakonische Bezirkstelle
– Kliniken
– Klinikpsychologin
– Uniklinik
– VHS, Gleichstellungsstelle, Kirchengemeinde(-räte), Pfarrerin
– Frauenarbeit städtisch bzw. vom LRA und kirchlich
– Pfarrer

Insgesamt zeigt sich also eine Vielfalt von Kontakten und Kooperationen, durch die eine
Verankerung der Arbeit der Beratungsstellen am Ort erreicht werden kann.

Aufsuchende Arbeit

In manchen Situationen ist es Ratsuchenden nicht möglich, in die Beratungsstelle zu
kommen, obwohl sie dringend einer psychosozialen Beratung oder Begleitung bedürfen,
z. B. weil sie sich in einer schweren Krise befinden oder weil sie aufgrund pränataler
Untersuchungen unter großem Entscheidungs- und Zeitdruck stehen. Deshalb beinhaltete der Fragebogen auch eine Reihe von Fragen zum Thema aufsuchende Arbeit.

Die Frage, ob Rat suchende Frauen und Männer in Zusammenhang mit dieser Thematik
aufgesucht werden, beantworteten 271 Beratungsstellen (50 gaben also keine Antwort),
von denen wiederum 27, d. h. 10 %, die Frage bejahten.[15] Dazu wurden in einigen Fällen
Erläuterungen und Kommentare ergänzend zu den Antworten vermerkt, wie z. B.:

---

15 Das bedeutet, dass 244 Beratungsstellen, d. h. 90 % der hier antwortenden Stellen, keine aufsuchende
   Arbeit durchführen. Auf die Gesamtzahl aller Beratungsstellen im Sample umgerechnet heißt das, dass
   8,4 % aufsuchende Arbeit praktizieren.

– bei dem derzeitigen Arbeitszeitumfang nicht, prinzipiell aber, wenn notwendig, im Einzelfall ja
– Zur Zeit nicht, bei mehr Personal ja;
– kein generelles Angebot, nur in Ausnahmefällen
– nur wenn es anders nicht geht im Einzelfall (wenn die Öffnungszeiten das nicht ab-decken; im Krankenhaus o. Ä.)

Zum einen wurde also auf Personalknappheit verwiesen, zum anderen betont, dass aufsuchende Arbeit kein Regelangebot ist, sondern nur in begründeten Ausnahme- bzw. Notfällen stattfindet. Jedoch halten mehr Beratungsstellen aufsuchende Arbeit für notwendig, als sie bisher schon praktizieren, wie die Antworten auf eine entsprechende Frage zeigen. Immerhin 77 Beratungsstellen, das sind knapp 40 % derer, die dazu Stellung bezogen[16], konstatierten, dass aufsuchende Arbeit im Zusammenhang mit dem Thema vorgeburtliche Untersuchungen notwendig ist.

Manche Beratungsstellen sehen zwar keine Notwendigkeit für entsprechende Angebote, sind aber bereit, im Einzelfall Ratsuchende aufzusuchen. Auf die Frage, ob sie wären bereit, aufsuchende Arbeit praktisch umzusetzen, antworteten 187 Beratungsstellen[17], von denen 93 diese Bereitschaft bejahten und 94 verneinten; d. h. knapp die Hälfte der antwortenden Beratungsstellen würde Ratsuchende aufsuchen.

Wenn Ratsuchende aufgesucht werden, dann geschieht dies meist im Krankenhaus oder zu Hause[18]; daneben wurden noch andere Orte genannt:

– Schulen (Präventionsarbeit)
– Friedhof

Wie schon gesagt, betonten viele Stellen, dass Ratsuchende nur in Ausnahmesituationen, in Einzelfällen und Notsituationen an anderen Orten aufgesucht werden. Dies schlägt sich auch in den Anlässen nieder, die für aufsuchende Arbeit angegeben werden:

– in besonderen Situationen, die verhindern, dass die Ratsuchenden nicht kommen können
– wenn die Klientin keine Möglichkeit hätte, in die Beratungsstelle zu kommen
– Wenn es den Ratsuchenden nicht möglich ist, die Beratungsstelle aufzusuchen
– körperliche oder psychische Beeinträchtigung, Wunsch nach Vertrautheit/Anonymität, kein ÖPNV …
– wird im Einzelfall entschieden

---

16 Keine Angabe machten dazu 128 Beratungsstellen, das sind 39,9 %. Von den anderen 193 halten 116 Beratungsstellen aufsuchende Arbeit für nicht notwendig (d. h. 60,1 % aller Antwortenden). Die 77 Beratungsstellen, die sie für notwendig halten, haben bezogen auf das gesamte Sample einen Anteil von 24 %, also ein knappes Viertel.
17 Keine Angabe machten 134, d. h. 41,7 % aller befragten Beratungsstellen.
18 20 Beratungsstellen gehen zu Ratsuchenden ins Krankenhaus, 19 sagten, dass sie Ratsuchende zu Hause aufsuchen, 6 nannten andere Orte.

- wenn jemand keine Fahrmöglichkeit hat oder gesundheitlich nicht in der Lage ist, in die Beratungsstelle zu kommen
- Wenn Ratsuchende die hiesige Dienststelle nicht aufsuchen können und um ein Beratungsgespräch bitten, werden i. d. R. Außentermine angeboten
- Zu Hause – bei Erkrankungen und Problemen mit Kinderbetreuung

Manchmal kommen Beratungsgespräche außerhalb der Beratungsstellen auch durch Anfrage oder Vermittlung von Ärzten oder dem Krankenhauspersonal zustande:

- Wunsch der Klientin, Anfrage durch den Arzt
- Anruf vom Krankenhaussozialarbeiter

Auch besondere Krisensituationen können Anlass dazu sein, dass Ratsuchende aufgesucht werden, wie die folgenden Antworten zeigen:

- in Krisensituationen bei stationären Aufenthalten unbedingt
- Totgeburt
- bei länger dauerndem Prozess/in der Krise
- in extremer Trauersituation/schwierige gesundheitliche Situation der Schwangeren

Schließlich geben einige Beratungsstellen an, dass sie ohne bestimmten Anlass Hausbesuche machen, einfach weil es der Wunsch der Klientinnen ist oder weil dies in der Einrichtung zur Schwangerenbegleitung gehört, wie die folgenden Antworten zeigen:

- Um in vertrauter Umgebung mit den Frauen über Pränataldiagnostik zu sprechen
- Anfrage nach Beratung
- Beratung nach Geburt, bei Minderjährigen mit Spannungen zu Eltern
- auf Wunsch
- Schwangerenbegleitung durch Hausbesuche

Insgesamt zeigt sich, dass nur wenige Beratungsstellen aufsuchende Arbeit leisten, und zwar fast ausschließlich in Notfällen und in Ausnahmefällen. Doch gerade in Ausnahmefällen, wenn die Ratsuchenden aus verschiedensten Gründen nicht in die Beratungsstelle kommen können, oder in Krisensituationen kann die Notwendigkeit dazu bestehen, und gerade dann ist die Bereitschaft der MitarbeiterInnen, zu den Ratsuchenden zu gehen, besonders groß.

Fortbildungsbedarf

Einen letzten Komplex im Fragebogen bildeten eine Reihe von Fragen zum Bedarf an Fortbildungen. 294 Beratungsstellen, also mehr als 90 % aller Befragten, äußerten sich dazu, von denen 152, das entspricht 51,7 %, einen Bedarf an zusätzlichen Fortbildungen zum Thema Beratung in Zusammenhang mit vorgeburtlichen Untersuchungen für sich sehen.[19] Manche Stellen, die zur Zeit keine Fortbildung benötigen, verwiesen auf regional vorhandene Angebote bzw. auf schon gemachte oder kurz bevor stehende Fortbildungen.[20]

- habe Fortbildung, z. Zt. nicht Schwerpunkt
- habe Fortbildungen und Tagungen in den letzten Jahren besucht, halte dies für sinnvoll
- Habe bereits an Fortbildung diesbezgl. teilgenommen! „Neue Beraterinnen" sollten dies auch unbedingt tun!

Das zeigt, dass auch Beraterinnen, die im Moment keine zusätzliche Fortbildung brauchen, diese für prinzipiell sinnvoll oder notwendig für die Beratungsarbeit ansehen. Betont wurde von verschiedenen Einrichtungen, dass Fortbildungen möglichst ortsnah stattfinden sollten. Die Frage nach der Form von Fortbildungen beantworteten 155 Stellen, also etwas weniger als die Hälfte. Dabei kommt eine eindeutige Präferenz dafür, sie als Ergänzungsmodul zur EFL und/oder Schwangerenberatung durchzuführen, zum Ausdruck, wie die folgende Tabelle 8 zeigt:

Tabelle 8: Form der Fortbildung

Form der Fortbildung	Anzahl der Stellen	in % (von 155)
Als Ergänzungsmodul zur EFL und/oder Schwangerenberatung	102	65,8 %
Zur Vertiefung der Thematik	70	45,2 %
Zum Einstieg in die Thematik	55	35,5 %

Die Mehrzahl der befragten Stellen würde eine solche Fortbildung am liebsten als Modul in die EFL- und/oder Schwangerenberatung aufnehmen. Dass durchaus schon Grundlagen gelegt sind, zeigt sich daran, dass eine große Zahl sich Vertiefungsseminare wünscht. Aber auch an Kursen zum Einstieg in die Thematik besteht durchaus Bedarf: immerhin ein Drittel aller Beratungsstellen mit Fortbildungsbedarf wünscht sie sich. Darin findet einen Niederschlag, was oben dazu gesagt wurde, wie Beratungen zu vorgeburtlicher Diagnostik zustande kommen: häufig kommen Ratsuchende mit anderen Anliegen, und die pränatale Diagnostik wird erst mit der Zeit zum Gegenstand des Beratungsgesprächs. Deshalb bedarf es einer besonderen Sensibilisierung der Beraterinnen für das Thema.

---

19 Keine Angabe zu dieser Frage machten 27 Beratungsstellen, das sind 8,4 % aller befragten Stellen. Auf die Gesamtheit der Fragebogen bezogen bejahten 47,4 % der Stellen einen Fortbildungsbedarf, für 142 Stellen gilt dies nicht.

20 Dabei wurden u. a. Angebote des EZI Berlin, der jeweiligen Landeskirche oder auch eine Kursreihe der AWO erwähnt.

Auch bei den Themen, die bei einer Fortbildung behandelt werden sollten, zeigen sich eindeutige Präferenzen der Beraterinnen, wie Tabelle 9 nachweist. Im Zentrum der Fortbildungen sollten medizinische Grundlagen, rechtliche Informationen und ethische Fragestellungen stehen; die Behandlung ethischer Probleme ist für die Beraterinnen in Fortbildungen ebenso zentral wie Medizin und Recht. Wichtig ist auch, dass Fragen der Paarberatung und -dynamik sowie von Kooperation und Vernetzung behandelt werden. Der Fortbildungsbedarf in Öffentlichkeitsarbeit – fast ein Drittel der befragten Stellen nannten sie – und in Hinblick auf Kooperation und Vernetzung zeigt, dass diese Aspekte nicht als in anderen Fortbildungen ausreichend abgehandelt angesehen werden, sondern bezogen auf das Thema vorgeburtliche Diagnostik zusätzlich benötigt werden. Als mögliche weitere, für sie wichtige Themen nannten Beratungsstellen allgemeine oder spezielle Aspekte der Gesprächsführung und des beraterischen Handelns:

– Gesprächsaufbau
– Gesprächsführung
– Entscheidung – Begleitung; individuelle – öffentliche Situation
– Krisenintervention
– z. B. Angebot PD-Info/Beratung von Seiten der Beraterin innerhalb der allg. Schwangerenberatung; Ansprechen ethischer Themen in der Beratung

Tabelle 9: Themen der Fortbildung

Thema	Zahl der Stellen	in % (von 154)
Medizinische Grundlagen	118	76,6%
Rechtliche Information	111	72,1%
Ethische Fragestellungen	110	71,4%
Paarberatung/-dynamik	92	59,7%
Kooperation/Vernetzung	66	42,9%
Öffentlichkeitsarbeit	48	31,2%
Aspekte beraterischen Handelns	30	19,5%
Anderes	4	2,6%

Die befragten Beratungsstellen konnten zusätzlich von sich aus Themen nennen, die ihrer Ansicht nach bei Fortbildungen behandelt werden sollten. So wünschen sich einige, dass die eigene Haltung der Beraterin und die Bedeutung einer psychosozialen Beratung in Abgrenzung zu anderen Professionellen reflektiert werden sollte:

– Kompetenz des Beraters in Abgrenzung zur ärztlichen Beratung
– Zusammenhang von PND mit anderen „Machbarkeiten" (Gentechnologie, Embryonenforschung etc.)

– kritische-geklärte Haltung zur vorgeburtlichen Diagnostik
– Reflexion der eigenen Haltung

Schließlich führten manche Einrichtungen noch spezifische Aspekte an, die sie gerne im Rahmen einer Fortbildung behandelt haben wollen, wie z. B.:

– Interdisziplinärer Austausch (Beraterinnen, Ärztinnen, Hebammen, Juristen, Theologen)
– Migrantinnenberatung, kulturelle Besonderheiten
– Hilfen bei Behinderung

Die meisten Beratungsstellen wünschen sich ein Fortbildungsdauer von mehreren Tagen, wie Abbildung 14 zeigt:

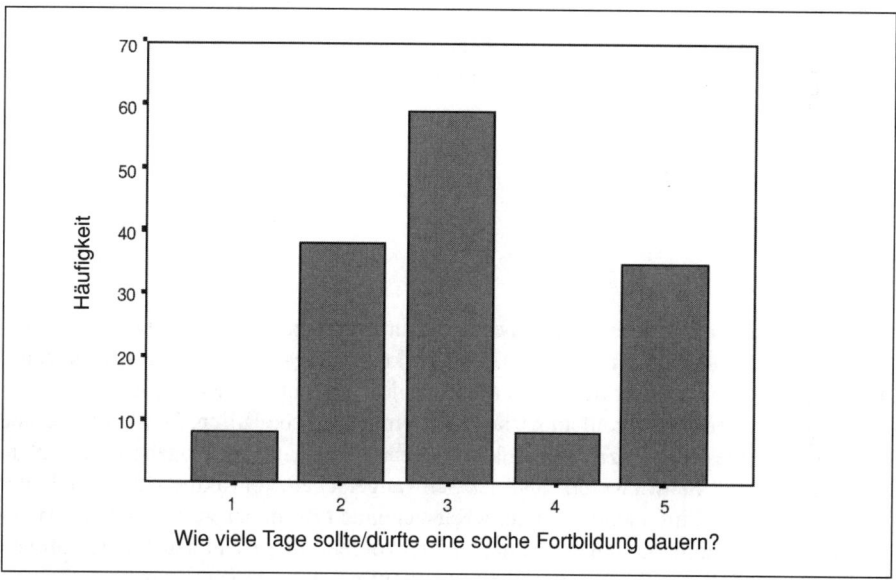

Abbildung 14: Dauer der Fortbildung

Zu dieser Frage äußerten sich 156 Stellen. Manche Einrichtungen haben eine hier eine Zeitspanne angegeben (z. B. 3 bis 5 Tage); die Auswertung orientierte sich an der maximalen Länge, d. h. die Tabelle macht Aussagen darüber, wie lange Seminare höchstens dauern sollten. Wenn man dies berücksichtigt, lässt sich sagen, dass Fortbildungen am ehesten drei Tage dauern sollten. Dies würde ermöglichen, intensiver ins Thema einzusteigen, ohne das Zeitbudget der Teilnehmerinnen übermäßig zu belasten. Unter den befragten Beratungsstellen herrscht zudem nahezu Einigkeit darüber, dass Fortbildungen an Werktagen stattfinden sollten (vgl. Tabelle 10).

Tabelle 10: An welchen Tagen sollte die Fortbildung stattfinden?

Tage	Zahl der Stellen	in % (von 156)
An Werktagen	147	94,2 %
An Samstagen	30	19,2 %
An Sonntagen	8	5,1 %

Zusammenfassend kann man festhalten, dass ein großes Interesse an Fortbildungen zum Thema Beratungen in Zusammenhang mit vorgeburtlichen Untersuchungen besteht. Diese Fortbildungen sollten – sei es zum Einstieg in die Thematik oder zu ihrer Vertiefung – an Werktagen stattfinden, rund 3 Tage dauern und gleichermaßen medizinische Grundlagen, rechtliche Informationen und ethische Fragestellungen zum Thema haben; außerdem sollten Fragen der Paardynamik, der Kooperation und Vernetzung mit anderen Stellen sowie der Öffentlichkeitsarbeit behandelt werden. Viele Stellen wünschen sich, dass eine solche Fortbildung als Ergänzungsmodul in die EFL- bzw. Schwangerenberatung integriert würde.

Resümee

Die Bestandsaufnahme bei evangelischen und ökumenischen Ehe-, Familien- und Lebensberatungsstellen sowie Schwangerschaftskonfliktberatungsstellen hat deutlich gezeigt, dass Beratungen nach § 2 SchKG in der Mehrheit der Beratungsstellen stattfinden. Themen dieser Beratungen sind vor allem soziale und wirtschaftliche Hilfen, familienfördernde Leistungen sowie psychosoziale Konflikte. Vorgeburtliche Untersuchungen sind vor allem ein Thema in der Schwangeren- und der Schwangerschaftskonfliktberatung. Viele der befragten Stellen führen jedoch an, dass Ratsuchende fast immer wegen anderer Anliegen in die Einrichtung kommen und das Thema vorgeburtliche Untersuchungen oft erst im Laufe eines Gesprächs – manchmal nur beiläufig – angesprochen wird.

Die Ratsuchenden erfahren vom Beratungsangebot der Stelle auf verschiedene Weise: zum einen durch Mund-zu-Mund-Propaganda, also durch Freunde, Bekannte, Verwandte usw., zum anderen durch die sie betreuenden niedergelassenen Gynäkologinnen und Gynäkologen oder durch andere Professionelle im medizinischen und im psychosozialen Bereich. Diesen unterschiedlichen Wegen sollten die Beratungsstellen bei ihrer Öffentlichkeitsarbeit Rechnung tragen. Wichtig ist deshalb, dass die Informationen zum Beratungsangebot einerseits gezielt verbreitet (z. B. durch Information der Hebammen, Frauenkliniken, niedergelassenen Gynäkologinnen usw. am Ort) und andererseits breit gestreut werden. Dabei spielen Kontakte zu den örtlichen Medien, aber auch die Nutzung anderer Medien (wie z. B. kommunale Wegweiser, die Gelben Seiten, zunehmend das Internet) eine zentrale Rolle. Daneben sollte – und das ist mindestens ebenso wichtig – der Aufbau von Kooperations- und Netzwerkbeziehungen zu Professionellen im medizinischen (Ärzte, Hebammen, Kliniken) und im psychosozialen Bereich (Beratungsstellen etc.), aber auch zu kommunalen (Frauenbeauftragte, Bildungsbereich) und kirchlichen Institutionen (z. B. Kirchengemeinden) vorangetrieben werden. Denn Voraussetzung dafür, dass Ratsuchende den Weg in die Beratungsstelle finden, ist – so lässt sich zusammenfassend festhalten – eine gute Verankerung der Einrichtung vor Ort.

Der Fragekomplex zum Thema aufsuchende Arbeit hat deutlich gemacht, dass die meisten Beratungsstellen dazu keinen Bedarf sehen und dass sie fast durchgängig kein Regelangebot ist, in Ausnahme- bzw. Notfällen jedoch durchaus praktiziert wird. Die Bereitschaft, in besonderen Krisensituationen oder in Einzelfällen Ratsuchende zu Hause oder im Krankenhaus aufzusuchen, ist nach diesen allgemeinen, eher ablehnenden Aussagen dann jedoch überraschend hoch. Möglicherweise würde sich lohnen, bei Professionellen in anderen Beratungsstellen oder in Kliniken, bei Ärzten oder auch bei den Ratsuchenden selbst nachzufragen und abzuklären, ob der Bedarf an aufsuchender Arbeit nicht größer ist als angenommen.[21]

Schließlich hat die Befragung ergeben, dass mehr als die Hälfte der Beratungsstellen sich Fortbildungen zum Thema psychosoziale Beratung im Zusammenhang mit vorgeburtlichen Untersuchungen wünscht, und zwar zumeist in Form eines Ergänzungsmoduls zur EFL- bzw. Schwangerenberatung, sei es zur Hinführung und zur Sensibilisierung für das Thema, sei es zur Vertiefung. Diese Fortbildungen sollten möglichst an Werktagen und jeweils ortsnah stattfinden und rund 3 Tage dauern.

---

21 Die offenen Interviews, die die EKFuL mit Frauen, die ein Kind mit Behinderung geboren haben, durchgeführt hat, zeigen deutlich, dass nach Erhalt einer Diagnose, dass ein Kind mit Behinderung erwartet wird, bzw. nach der unerwarteten Geburt eines behinderten Kindes der Bedarf an rechtlicher und psychosozialer Beratung sehr groß ist, die betroffenen Frauen jedoch aufgrund der großen Belastung keine Zeit und Kraft finden, in eine Beratungsstelle zu gehen.

Fragebogen der EKFuL zur Bestandsaufnahme:

Psychosoziale Beratung in Zusammenhang mit vorgeburtlicher Diagnostik

Seit 1995 haben Frauen und Männer Rechtsanspruch auf eine freiwillige Beratung „in allen eine Schwangerschaft unmittelbar oder mittelbar berührenden Fragen" nach **§ 2 des Schwangerschaftskonfliktgesetzes** (SchKG).

1. Wurden in Ihrer Beratungsstelle seitdem Beratungen nach diesem Paragraphen durchgeführt?

   ❏ Ja, direkt nach § 2 SchKG
   ❏ im Rahmen anderer Beratungsanlässe
   ❏ überhaupt nicht

2. Zu welchen Themen fand die Beratung statt? Bitte tragen Sie die Themenbereiche ein:

   _____

   _____

   _____

   _____

   _____

3. Hat Ihre Beratungsstelle selbst auf die Möglichkeit einer Beratung nach § 2 SchKG aufmerksam gemacht?

   ❏ Ja   ❏ Nein
   a. Falls ja,   ❏ durch Broschüren
                   ❏ durch Faltblätter
                   ❏ durch Veranstaltungen
                   ❏ durch anderes _____

4. Von wem wurden Ratsuchende auf dieses Beratungsangebot hingewiesen?

   ❏ durch eigene Öffentlichkeitsarbeit der Beratungsstelle
   ❏ durch Hebammen
   ❏ durch Frauenärztinnen oder -ärzte
   ❏ auf anderem Weg: _____

5. Wurden in Ihrer Einrichtung schon Beratungen in Zusammenhang mit vorgeburtlichen Untersuchungen durchgeführt?

❑ Ja   ❑ Nein

6. In welchen Beratungsbereichen wurden diese Beratungen angefragt?

❑ Paarberatung   ❑ Lebensberatung
❑ Familienberatung   ❑ Erziehungsberatung
❑ Schwangerenberatung   ❑ Schwangerschaftskonfliktberatung

❑ Andere _____

7. Zu welchem Zeitpunkt haben diese Beratungen stattgefunden?

❑ vor vorgeburtlichen Untersuchungen
❑ während des diagnostischen Prozesses
❑ nach einer Diagnose (Behinderung oder chronische Erkrankung des Ungeborenen)
❑ nach einer Entscheidung für ein Kind mit Behinderung
❑ nach der Geburt eines Kindes mit Behinderung
❑ nach einer Entscheidung, die Schwangerschaft abzubrechen

❑ zu einem anderen Anlass: _____

8. Wer kommt zu diesen Gesprächen in die Beratungsstelle?

❑ das Paar gemeinsam
❑ die Frau allein

❑ andere: _____

9. Auf welchem Wege oder auf wessen Empfehlung hin kommen Ratsuchende zu Beratungen in Zusammenhang mit vorgeburtlichen Untersuchungen?

_____

_____

_____

_____

10. Bestehen in Hinblick auf die Beratung in Fragen vorgeburtlicher Untersuchungen Kooperationsbeziehungen zu anderen Institutionen oder Berufsgruppen?

❑ zu Hebammen   ❑ zu Ärztinnen/Ärzten
❑ zu Selbsthilfegruppen   ❑ zu Einrichtungen der Behinderten-
❑ zum Gesundheitsamt   hilfe

❑ zu anderen: _____

11. Suchen Sie Rat suchende Frauen und Männer in Zusammenhang mit dieser Thematik auf?

❑ Ja   ❑ Nein
a. Falls ja, wo?   ❑ zu Hause
                     ❑ im Krankenhaus
                     ❑ an anderen Orten: _____

b. Falls ja, zu welchen Anlässen gehen Sie zu den Ratsuchenden?

_____

c. Halten Sie es für notwendig, aufsuchende Arbeit anzubieten?
❑ Ja   ❑ Nein

d. Wären Sie dazu bereit, aufsuchende Arbeit praktisch umzusetzen?
❑ Ja   ❑ Nein

12. Haben Sie Bedarf an **Fortbildungen** zum Thema Beratung in Zusammenhang mit vorgeburtlicher Beratung?

❑ Ja   ❑ Nein
a. Falls ja, in welcher Form?
❑ zum Einstieg in die Thematik   ❑ zur Vertiefung der Thematik
❑ als Ergänzungsmodul zur EFL und/oder Schwangerenberatung

b. Zu welchen Themen?
❑ ethische Fragestellungen   ❑ Paarberatung/-dynamik
❑ rechtliche Informationen   ❑ medizinische Grundlagen
❑ Kooperation/Vernetzung   ❑ Öffentlichkeitsarbeit
❑ Aspekte beraterischen Handelns, und zwar _____
❑ Anderes: _____

c. Wie lange sollte/dürfte ein solche Fortbildung dauern? _____ Tage

d. An welchen Tagen sollte sie stattfinden?
❑ an Werktagen   ❑ an Samstagen
❑ an Sonntagen

Zum Schluss haben wir noch einige Fragen zu Ihrer Beratungsstelle.
Welche Arbeitsbereiche sind in Ihrer Beratungsstelle integriert?

❏ Paarberatung   ❏ Lebensberatung
❏ Familienberatung   ❏ Erziehungsberatung
❏ Schwangerenberatung   ❏ Schwangerschaftskonfliktberatung
❏ Andere: _____

In welcher Landeskirche befindet sich Ihre Beratungsstelle?

_____

Zusätzliche Bemerkungen
Hier können Sie auf Themen und Aspekte hinweisen, die nach der Erfahrung Ihrer
Beratungsstelle in Zusammenhang mit § 2 SchKG und vorgeburtlichen Untersu-
chungen besonders wichtig sind:

_____

_____

_____

_____

Vielen Dank für Ihre Mithilfe!

Vorgeburtliche Untersuchungen und psychosoziale Beratung für Frauen in der Schwangerschaft

– Qualitative Auswertung der Interviews mit Frauen –

Kornelia Sammet & Tomas Steffens

Einleitung

Der folgenden Auswertung liegen Interviews zugrunde, die Mitarbeiterinnen der EKFuL mit 14 Frauen geführt haben. Die Durchführung der Interviewerhebung und erste Auswertungen wurden schon in einem Zwischenbericht des Modellprojektstandorts vorgestellt.[22] Hier soll ein anderer Weg verfolgt werden.

Zunächst möchten wir – stärker typologisch als fallrekonstruktiv – entwickeln, welche habituellen *Handlungsorientierungen*[23] die Frauen in ihrer Schwangerschaft, der als Zeit eines biographischen Übergangs ein Krisenpotenzial inhärent ist, aufweisen. Für die entwickelten Typen werden wir zeigen, welche Bedeutung vorgeburtliche Untersuchungen für sie haben und welche Entscheidungen für sie jeweils anstehen. Daraus

---

22 Vgl. EKFuL 1999: 32–42. Dort wurde ausführlich vorgestellt, wie die Interviews durchgeführt wurden und wie sich das Sample zusammensetzt. Außerdem wurde aus den Interviews zusammengetragen, welche Ansprechpartnerinnen und Bezugspersonen die befragten Frauen in ihrer Schwangerschaft hatten. Dabei wurde auf die Begleitung durch Professionelle (Ärzten, Hebammen) sowie durch das persönliche Umfeld eingegangen. Auf all diese Aspekte soll deshalb hier nicht eingegangen werden. Ausführlicher wurde dort auch dargestellt, welche Beratung und Begleitung die Frauen durch Gynäkologen im Rahmen der routinemäßigen Schwangerenvorsorge einerseits und im Kontext von Pränataldiagnostik andererseits erfahren haben. Diese Fragen sollen hier teilweise wieder aufgenommen werden.

23 Habituelle Handlungsorientierungen sind Ensembles von „biographisch aufgeschichteten und sozial vermittelten Handlungs- und Denkgewohnheiten, welche dem reflexiven Zugriff in der Regel entzogen sind und allenfalls bruchstückhaft thematisiert werden, z. B. dann, wenn sie in Handlungssituationen nicht mehr greifen. Im Verlaufe des Sozialisationsprozesses wächst das Individuum in habituelle Sichtweisen von Wirklichkeit hinein, die unter Rekurs auf das soziale (insbesondere Familien-)Milieu, in welchem das Individuum aufgewachsen ist, verständlich werden" (Hildenbrand 1987: 151 f.). Da die Familie als Milieu sozialstrukturell positioniert ist, z. B. in der Facharbeiterschaft oder im Besitzbürgertum, können habituelle Handlungsorientierungen auch unter sozialstrukturanalytischen Gesichtspunkten analysiert werden (vgl. dazu: Bourdieu 1985).

ergeben sich Überlegungen zum Beratungsbedarf von schwangeren Frauen in Zusammenhang mit vorgeburtlichen Untersuchungen und Diagnostik. Schließlich wollen wir auf den spezifischen Beratungsbedarf von Frauen und Familien, die sich in einer besonderen Situation befinden, eingehen, und zwar für den Fall einer Diagnose, dass ein Kind mit Behinderung zu erwarten ist, bzw. nach der Geburt eines Kindes mit Behinderung.

Schwangerschaft ist eine Zeit, in der sich die Zukunftsoffenheit der Lebenspraxis besonders deutlich zeigt, denn auf die Schwangere (und ihren Partner bzw. ihre Familie) kommt ganz offensichtlich etwas Neues zu, für das sie über keine bewährten Handlungsroutinen verfügt. Insofern kann man von der Schwangerschaft als einer biographisch-normativen *Krise* (vgl. Henze, Stemann-Acheampong 2000: 36) sprechen, die mit Verunsicherungen und Ängsten verbunden sein kann. Eine Schwangerschaft ist mit körperlichen Veränderungen verbunden; sie ist jedoch keine Krankheit. Sie kann im Normalfall mit Optimismus angegangen (das kommt zum Ausdruck, wenn gesagt wird, die Frau ist ‚guter Hoffnung') und mit einer gewisser Autonomie bewältigt werden.

In dieser Situation braucht die Schwangere Begleitung. Wie die erste Auswertung der Interviews zeigte, findet im „Normalfall" eine Begleitung von zwei Seiten statt (vgl. Zwischenbericht EKFuL, S. 35 ff.):
1. Begleitung durch das persönliche Umfeld: vor allem durch den Partner und die Familie, aber auch durch Freundinnen, Bekannte, Kollegen etc. Die Begleitung findet in diffusen Sozialbeziehungen statt, d. h. in persönlichen Beziehungen, in denen alles thematisierbar ist und die Beteiligten als ganze Personen einbezogen sind.
2. Medizinische Kontrolle der Schwangerschaft und gegebenenfalls therapeutische Maßnahmen (durch Ärzte, Hebammen, evtl. andere Professionelle). Die Begleitung der Schwangerschaft durch Professionelle ist durch den jeweiligen Beruf funktional mehr oder weniger spezifiziert, d. h. in der gynäkologischen Begleitung geht es z. B. in erster Linie um eine medizinische Betreuung.

Außerdem haben Schwangere die Möglichkeit, sich selbst Informationen (z. B. zu staatlichen Förderungen, zu Rechten und Ansprüchen usw.) zu beschaffen. Dazu können sie auf Bücher und Broschüren, aber auch auf Beratungsstellen zurückgreifen. Diese Möglichkeiten der Informationsbeschaffung und Beratung haben auch einige der interviewten Frauen genutzt.

Diese kurzen Bemerkungen zeigen schon, dass Schwangere im günstigen Fall eine vielfältige Begleitung in der Schwangerschaft erfahren und dass sie auf verschiedene Ressourcen zurückgreifen können, um sich auf die Geburt ihres Kindes vorzubereiten. Welche Grundhaltungen sie dabei einnehmen können, welche Bedeutung vorgeburtliche Untersuchungen für sie haben können und an welchen Stellen ein Bedarf an psychosozialer Beratung entsteht, soll hier gezeigt werden.

Habituelle Handlungsorientierungen von schwangeren Frauen

Den folgenden Ausführungen liegt der methodische Zugang zugrunde, dass anhand von leitfadengestützten offenen Interviews[24] mit schwangeren Frauen eine Typologie habitueller Orientierungen von Frauen gegenüber ihrer Schwangerschaft entwickelt wird. Auf dieser Grundlage wird dann der Beratungsbedarf in verschiedenen Situationen einer Schwangerschaft zusammen getragen. Aus dem Material lassen sich zwei grundlegende, einander entgegen stehende Typen von Einstellungen gegenüber der Schwangerschaft rekonstruieren: eine optimistische Haltung einerseits und eine pessimistische Haltung andererseits. Diese Typen kommen natürlich meist nicht in reiner Form vor, sondern eine optimistische Haltung kann auch Zeiten der Verunsicherung beinhalten, oder eine Frau kann, wenn sie mehrfach schwanger ist, jede Schwangerschaft anders erleben[25].

Optimismus

Die optimistische Haltung in der Schwangerschaft ist von der Erwartung getragen: Es wird alles gut gehen. Wenn es Schwierigkeiten gibt, vertraut die Frau darauf, dass sie sie bewältigen kann. Die optimistischen Frauen nehmen meist die Routineuntersuchungen der Schwangerenvorsorge wahr und erfahren eine Begleitung ihrer Schwangerschaft durch ihr soziales Umfeld. Sie nutzen eher nicht die Möglichkeiten der vorgeburtlichen Diagnostik. Wenn es im Laufe der Schwangerschaft zu Verunsicherungen kommt (z. B. durch gesundheitliche Probleme, durch Auffälligkeiten beim Routine-Ultraschall der Gynäkologen oder anderes), kann der Optimismus auch in Pessimismus umschlagen. Die optimistische Haltung in der Schwangerschaft kann grob in zwei Ausformungen unterschieden werden.

a) Pragmatischer Optimismus
Ein Beispiel für einen pragmatischen Optimismus in der Schwangerschaft ist Frau F. Ihre Schwangerschaft war vor allem geprägt von der Vorfreude auf das Kind. Zu den medizinischen Untersuchungen, die in der Schwangerschaft durchgeführt wurden, sagt sie:

> F.: Also ich hab mich da jetzt nicht so intensiv mit beschäftigen wollen oder so. Für mich war die Sache, die Aussage von der Frauenärztin wichtig, Kind ist in Ordnung, hat alle Extremitäten dran. Ich wollte nicht wissen, wie was nun schlecht ist … Was kommt, kommt und fertig. Und Hauptsache ist eben gesund. Also da hab ich mich eben mehr oder weniger auf die Frauenärztin verlassen, also Vertrauen gehabt.

---

24 Zu den Prinzipien offener Interviews vgl. z. B. Kohli 1978.
25 Dies gilt z. B. für Frau I. Sie schildert, dass sie ihre erste Schwangerschaft, die eigentlich unerwünscht war, unbekümmerter erlebt und fast nebenbei bewältigt habe. Sie führt dies darauf zurück, dass sie damals jünger gewesen war. Ihre zweite Schwangerschaft war ein Wunschkind. Sie erzählt, dass sie in dieser Zeit Angst hatte und unruhiger war. Sie habe sich mehr Gedanken gemacht und auch mehr Zeit dazu gehabt.

Wenn man jetzt immer alles hinterfragt, dann wird man ja seines Lebens nicht mehr froh. Da wird man ja verrückt. Ich hab mich auf mein Kind gefreut, hab mit ihm gesprochen, im Bauch und war alles.

Frau F. will überhaupt nicht wissen, was von der Ärztin untersucht wird und was passieren kann, sondern sie will bestätigt haben, dass im Prinzip alles in Ordnung ist, was auch geschieht. Für die medizinischen und diagnostischen Untersuchungen interessiert sie sich nicht, sondern vertraut sich der Ärztin an. Damit blendet sie aber aus, dass auffällige Befunde sie in eine Entscheidungssituation bringen können. Entsprechend kann sie nicht sagen, was sie gemacht hätte, wenn Untersuchungen ergeben hätten, dass sie ein Kind mit Down Syndrom erwartet. Sie hätte sich *„dann erst mal Rat geholt, wie die Entscheidung dann ausgefallen wäre, ist ein großes Fragezeichen“*.

Wichtig für Frauen in der Schwangerschaft hält Frau F. vor allem den Zuspruch der eigenen Eltern. Schwangere – wenn es sich nicht mehr um Jugendliche handelt – brauchen ihrer Ansicht nach nur eine gute Hebamme und ein intaktes Umfeld, das sie tatkräftig unterstützt.

Ähnlich wie Frau F. hat auch Frau K. ihre Schwangerschaft erlebt. Frau K. erzählt, dass sie in ihrer Schwangerschaft ein *„Urvertrauen“* gehabt habe:

K.: Also ich hab immer gedacht, wenn die Ärztin bei ihren normalen Untersuchungen, beim Abtasten oder beim Ultraschall nichts findet, dann wird es auch alles seinen Gang gehen. Also bei mir war schon dieses Urvertrauen da, dass das seinen Gang gehen wird. Außer eben mal als die Wehen waren, da war ich schon ein bisschen ängstlich, aber ansonsten habe ich eigentlich schon gedacht, es geht seinen Weg, also solche Extrauntersuchungen wie die Amniozentese oder so was, habe ich eigentlich überhaupt keine Gedanken gehabt. Das würde ich vielleicht in Betracht ziehen, wenn ich mit 35 noch mal ein Kind bekomme, dann ja, aber vorher ist ja auch die Wahrscheinlichkeit viel zu gering. Also ich denke, ich mach mich dann verrückter, als es eigentlich notwendig ist.

Auch bei Frau K. zeigt sich also ein Vertrauen in die Gynäkologin und darauf, dass alles gut gehen wird. Damit verbunden ist das Bedürfnis, nicht unnötig beunruhigt zu werden. Zwar erwartet Frau K., gut darüber aufgeklärt zu werden, warum eine Untersuchung gemacht wird, die Ärzte sollten einer Patientin jedoch nur etwas sagen, wenn sich etwas bestätigt hat, nicht schon bei Verdachtsmomenten.

Beim Interview mit Frau K. war ihr Mann anwesend und ebenfalls am Gespräch beteiligt. Beide mussten im Interview sehr zum Thema pränatale Diagnostik hingeführt werden; sie sahen von sich aus keine Probleme, sie haben selbst keine vorgeburtlichen Untersuchungen machen lassen. Herr K. betont, dass sie beide alles zusammen überlegt und besprochen haben. Frauen bzw. Familien sollte seiner Ansicht nach gesagt werden, dass sie sich schon vor den Untersuchungen überlegen, was sie bei bestimmten Ergebnissen tun würden:

Herr K.: Und die Frage ist ja auch die, wenn wir solche Untersuchungen machen, was fangen wir mit dem Ergebnis an. Das haben wir uns auch gesagt. Was fangen wir mit dem Ergebnis an, wenn zum Beispiel die Diagnose Trisomie 21 gestellt wird. Treibt man das Kind ab oder behält man es trotzdem. Also weil mit der Diagnose allein ist es ja nicht gegeben.

I.: Haben Sie darüber gesprochen, wie das wäre und wie Sie sich verhalten würden?

K.: Ja, auf jeden Fall.

Herr K.: Ja, wir hatten ja wie gesagt – im fünften Monat kamen auf einmal Wehen, aufgrund von beruflichem Stress, und da hatten wir uns halt schon überlegt, was passiert, wenn jetzt.

K.: Da haben wir immer bloß gehofft, dass wir die 30. Woche erreichen, dass das Kind dann überlebensfähig ist.

Herr K.: Und da hat man sich schon überlegt, dann haben wir auch gesagt, ein Kind mit einem Schaden würden wir halt auch großziehen.

K.: Auf jeden Fall. Wir haben gedacht, die Trisomie 21, wenn's das zum Beispiel, wenn's so was geworden wäre, hätten wir's auf jeden Fall versucht.

Dieser Dialog zwischen Herr und Frau K. zeigt, dass sich der Optimismus nicht nur darauf beschränkt, dass die Schwangerschaft gut verlaufen wird, sondern dass sie sich auch zutrauen, die Situation zu meistern, wenn ein Kind mit Behinderung geboren würde.

b) Reflektierter Optimismus
In dem gerade zitierten Dialog zwischen Herrn und Frau K. zeigt sich – besonders bei Herrn K. – ein Zukunftsoptimismus in Bezug auf die Schwangerschaft, der reflektiert, dass die Zukunft nicht planbar ist, der sich aber zutraut, auch Unerwartetes zu bewältigen. Noch stärker ist dieser aufgeklärte Optimismus bei Frau G. ausgeprägt.

Frau G. wurde selbst mit einer Behinderung, einer Spina Bifida, geboren. Aufgrund dieser Indikation wollte ihre Frauenärztin sie zum Ultraschall-Spezialisten schicken, was Frau G. ablehnte. Es gab daraufhin ein Gespräch von Frau G. und ihrem Mann mit der Frauenärztin, in dem das Paar die Verantwortung für seine Entscheidung übernahm, worauf sich die Gynäkologin bereit erklärte, die Schwangerschaftsbetreuung ohne Ultraschall und vorgeburtliche Diagnostik weiter zu führen.

Die Entscheidung gegen die pränatale Diagnostik wurde von Frau und Herrn G. schon vorher nach eingehenden Überlegungen getroffen. Herr G., ein Arzt, informierte sich zuvor vor allem durch Fachliteratur, wobei er zunächst von statistischen Wahrscheinlichkeiten ausging:

G.: ... um sich mit diesen Prozentzahlen, irgendwie hinter 0,00, zu beschäftigen und sich daraufhin eine Beruhigung zu verschaffen, und er ist eher dazu gekommen, dass er gesagt hat, das sind Zahlen. Darum kann's zum Schluss nicht gehen, um Zahlen. Es sind andere Dinge, aber er hat sich über die Zahlen da irgendwie rangepirscht.

Frau G. selbst kam zu ihrer Entscheidung gegen pränatale Diagnostik durch ein Überdenken ihres eigenen Lebens, ihrer Behinderung, ihres politischen Engagements in der Behindertenbewegung und ihrer politischen Einstellung. Dabei spielten Bücher von Eva Schindele eine wichtige Rolle. Wesentlich für sie war die Erkenntnis der Bedeutung von Pränataldiagnostik:

G.: Pränataldiagnostik, das war mir auch klar, dass das Auslese ist und dass man da sortiert zwischen der Qualität von Menschen. Das fand ich alles – das war mir sonnenklar, aber das Schwangerwerden an sich war noch mal eine neue Hürde, eine neue Bewältigungshürde, weil da wurde plötzlich das Politische persönlich, und dann stellen sich die Dinge noch mal ganz neu dar. Da musste ich noch mal ganz neu überlegen, ob man's immer noch so meistert persönlich. Und dazu haben wir auch eine ganze Weile gebraucht, wir sind verschieden damit umgegangen ... Meins war eher, dass ich mich noch mal überprüft habe, wie ernst meine ich das für mein ganz persönliches Leben. Und das hat mich nun auch noch mal eine Weile gekostet, bis ich dann gemerkt habe, ich kann das tragen, was ich vertrete. Ich schaffe das, und wenn unser Kind eine Behinderung hat, dann werde ich das schaffen, weil ich mich sowieso vor Behinderung nicht drücken kann in meinem Leben. Also das war mir klar, man kriegt nie die Garantie für ein Kind, das nie was kriegt, das kann immer irgendwas kriegen. Damit muss ich sowieso rechnen als Mutter im Rollstuhl, dass mein Kind sonst was kriegen kann, also da waren mir diese Prozentzahlen auch irgendwie unwichtig, die ich damit verhindern kann.

Frau G. hebt hervor, dass man ihrer Ansicht nicht Eltern sein kann, wenn man permanent Angst vor der Zukunft und vor dem Schicksal hat. Für sie stellt sich an dieser Stelle die generelle Frage nach dem persönlichen Umgang mit Risiko, mit Schicksal, Glück und Angst, mit Krisen, Krankheit und Tod. Das alles gehört für sie zum Leben, vermittelt dem Leben erst Tiefe und Qualität. Ihre Überlegungen bringen ihr das sichere Gefühl, das, was auf sie zukommt, bewältigen zu können. Die Ungewissheit des Ausgangs, die immer mit einer Schwangerschaft verbunden ist, führt bei ihr nicht zu einem Gefühl der Angst und zum Bedürfnis, Sicherheit herzustellen, vielmehr vermittelt ihr der Prozess des Nachdenkens das Selbstbewusstsein, sich der offenen Zukunft stellen zu können. Diese Einstellung soll deshalb reflektierter Optimismus genannt werden.

Der Fall der Frau G. zeigt, dass ein reflektierter Optimismus und ein überlegter Umgang mit pränataler Diagnostik durchaus mit eigenen Ressourcen erreicht werden kann, also durch Gespräche mit dem Partner, in der Familie oder mit Freundinnen und Freunden sowie durch Lektüre. Wenn ein entsprechendes soziales Umfeld nicht vorhanden ist, kann der Ort für die Klärung der eigenen Position z. B. auch eine Ehe-, Familien- und Lebensberatungsstelle sein.

Pessimismus

Pessimismus in der Schwangerschaft beruht auf einem Gefühl der Verunsicherung; er kann mit der Zukunftsoffenheit und dem Krisenpotenzial dieser Übergangszeit nicht umgehen und drückt sich aus in der Erwartung, „es wird schief gehen". Diese Haltung kann unterschiedliche Motive und Veranlassungen haben, und sie versucht, auf verschiedenen Wegen Sicherheit zu erlangen. Ein Mittel, auf das in diesem Zusammenhang zunehmend zurückgegriffen wird, sind vorgeburtliche Untersuchungen und Diagnoseverfahren.

a) Unsicherheit wegen ambivalenter Schwangerschaft
Frau D.s Schwangerschaft war von großer Unsicherheit und Angst geprägt. Während der ersten drei Schwangerschaftsmonate hatte sie ständig Angst vor einer Fehlgeburt. Sie war sich unsicher, ob sie die Schwangerschaft überhaupt austragen sollte. Mit ihrem Partner hatte sie wegen ihrer Schwangerschaft Konflikte, denn zuvor waren sie sich beide – so Frau D. – einig gewesen, keine Kinder zu wollen. Das erste Ultraschallbild beim Gynäkologen bestärkte Frau D.s Entscheidung, das Kind austragen zu wollen. Sicher fühlte sie sich aber nach eigener Aussage erst nach drei Monaten. Frau D. freute sich einerseits über jede Gewichtszunahme, denn sie machte die Schwangerschaft nach außen sichtbar; sie ließ sich jedoch andererseits leicht verunsichern. Sie berichtet, dass sie „*eigentlich jeden Tag mit Angst immer entgegen gesehen habe und immer hoffentlich ist nichts, hoffentlich ist nichts, hoffentlich ist alles o. k.*". Sie sei „*immer (in) Panik, es könnte ja irgendwas sein*", gewesen. Frau D. ist während der drei ersten Schwangerschaftsmonate wegen ihrer Angst – so erzählt sie – ungefähr zehn Mal beim Frauenarzt gewesen. Der untersuchte sie jedes Mal und versuchte, ihr Sicherheit zu geben: „*ist alles o. k.*". Sie fühlte sich deshalb gut von ihm versorgt, denn er sei auf ihre Probleme immer persönlich eingegangen.

Frau D. schildert eindrücklich, welche Bedeutung Ultraschalluntersuchungen für sie hatten. Sie versuchte bei jedem Arztbesuch den Gynäkologen dazu zu bringen, einen Ultraschall zu machen. Sie wandte dabei verschiedene Tricks an, überlegte sich vorher immer schon, welche körperlichen Symptome sie dem Arzt berichten würde, damit er die Untersuchung macht und die Kasse sie auch bezahlt. Sie sagt, sie „*musste halt erfinderisch sein*", um das Kind immer wieder im Ultraschallgerät sehen zu können, was ihr ein „*wahnsinnig tolles Gefühl*" vermittelte:

> D.: Ich sag mal, ich finde es schon schön, dass man wirklich gucken kann, was es ist, wie es ist, auch wie es aussieht, und alle zehn Fingerchen gucken und die zehn Zehen. Das ist schon was Tolles. Der Ultraschall an sich ist schon eine schöne Erfindung, sagen wir mal so, etwas Nützliches.

Frau D. schildert begeistert, dass sich der Fötus manchmal weggedreht habe, er habe also schon seinen eigenen Kopf gehabt. Der Arzt habe dazu viel erklärt und den Ultraschall ausführlich erläutert. Das Betrachten des Kindes in ihrem Bauch hat Frau D. also – wenn auch immer nur für kurze Zeit – die Sicherheit gegeben, die ihr sonst in ihrem Schwangerschaftserleben gefehlt hat.

Retrospektiv stellt sie fest, dass sie sich selbst zum Hypochonder gemacht habe. Ihr Verhalten sieht sie heute als Fehler an; hätte sie sich anders verhalten, wäre die Schwangerschaft einfacher gewesen. Heute empfiehlt sie:

> D.: Man soll halt immer daran denken, es ist alles o. k., und da wird schon alles o. k. sein, solange mir keiner das Gegenteil sagt und daran sollte man sich eigentlich halten.

Der Fall der Frau D. zeigt deutlich, wie vorgeburtliche Untersuchungen zur Überwindung von Ängsten und Unsicherheiten in der Schwangerschaft genutzt werden, die eigentlich keinen medizinischen Anlass, sondern ihren Ursprung in einem ambivalenten Verhältnis zur Schwangerschaft und in Partnerschaftskonflikten haben. Auf diese Motivierung geht der Frauenarzt überhaupt nicht ein, sondern gibt Frau D. mittels diagnostischer Verfahren kurzfristig ein positives Gefühl für ihre Schwangerschaft. In einer psychosozialen Beratung hätte sie frühzeitig ihre Probleme und Konflikte bearbeiten und möglicherweise lösen können, so dass die Schwangerschaft insgesamt weniger belastet gewesen wäre.

b) Von außen veranlasster Pessimismus
Unsicherheit und Angst in der Schwangerschaft können nicht nur durch ambivalente Gefühle und Konflikte mit dem Partner, sondern auch durch äußere Einflüsse, wie z. B. Medienberichte oder ärztliche Indikationsstellungen entstehen. In vielen Fällen geschieht dies durch Gespräche und Diskussionen im Freundes- und Bekanntenkreis. Solche Einflüsse berichtet auch Frau A. Sie hat mit verschiedenen Freundinnen, die gleichzeitig oder kurz vorher schwanger waren, über vorgeburtliche Untersuchungen gesprochen und stellt fest, dass alle Frauen in der Schwangerschaft diese Untersuchungen haben machen lassen. Begründet werden sie damit, dass man sich so in Sicherheit wiegen und dieses eine Risiko ausschließen könne. Durch diese Gespräche fühlt Frau A., die sagt, sie habe eigentlich die Untersuchungen nicht machen lassen wollen, sich verunsichert. Ihre Unsicherheit drückt sich im Interview darin aus, dass Frau A. zunächst gar nicht klar formulieren kann, wie die vorgeburtlichen Untersuchungen zustande gekommen sind. Frau A. schildert ein Gespräch mit ihrer Frauenärztin über die Möglichkeiten pränataler Diagnostik folgendermaßen:

> A.: Na – ich habe – wurde dann gefragt halt eben auch mit diesen Untersuchungen, was da halt eben ansteht, also was für Diagnostik man da machen kann oder was man machen sollte, also speziell diese Fruchtwasseruntersuchung, ob man die machen sollte, ab welchem Alter man die üblicherweise macht, ob das in Betracht kommt, solche Geschichten. Und da hat sie mir also dazu geraten. Ich bin jetzt dann 35, also war gerade bei Beginn der Schwangerschaft war ich glaube (ich) noch 34. Und dann hat sie gemeint, na ja, das ist so ein Grenzfall, das müsste ich mir überlegen, sie würde das jetzt bei mir nicht unbedingt empfehlen, aber ich müsste halt selbst sehen.

In dieser Passage wird nicht recht klar, wer denn nun gefragt hat: hat Frau A. ihre Frauenärztin nach den Untersuchungen gefragt oder hat diese sie ihr angeboten? Später im

Interview wird deutlich, dass Frau A. selbst die Frauenärztin nach den Ratschlägen ihrer Freundinnen auf das Thema angesprochen hat. Frau A. hat hier einige Schwierigkeiten damit, wem sie diese Untersuchungen zuschreiben soll, denn sie muss auch zugestehen, dass ihre Frauenärztin sie ihr nicht empfohlen hat (obwohl sie zwei Sätze vorher sagte, dass die Ärztin dazu geraten habe), sondern ihr selbst die Entscheidung überlassen hat. Durch die Ausweitung der Altersindikation („*Grenzfall*") wird sie dann doch noch einbezogen und die Fruchtwasseruntersuchung wird schließlich durchgeführt.

Letztlich betont Frau A. in Hinblick auf die Amniozentese die *„Veranlassung von außen, nach dem Motto, es gibt diese Möglichkeit, wieso nutzt du sie jetzt nicht richtig".*

Auch Frau J. hat vorgeburtliche Untersuchungen – in diesem Fall das Organ-Screening – nach Hinweisen von Freundinnen selbst bei ihrem Arzt angefragt, wie sie sagt zur Herstellung von Sicherheit. Zum großen Ultraschall führt sie aus:

> J.: Eine Feinuntersuchung ist das, und die habe ich angeregt. Das ist halt so, dass die Krankenkassen das jetzt wohl gar nicht mehr unterstützen, sondern nur in Risikofällen. Ist natürlich die Frage, wann ist man denn ein Risikofall, das kann man am Alter festmachen und sagen, gut, ab 34 wird diese Untersuchung generell gemacht, das ist wohl für das Kind überhaupt nicht gefährlich. Tja, und wenn der eigene Arzt gar kein Risiko sieht, obwohl eins da ist, dann machen's die Krankenkassen halt nicht mehr. Nach meiner jetzigen Information von einer Bekannten wird's wohl nicht mehr unterstützt. Und ich war noch so in einem Bereich, wo das noch gemacht werden konnte, so als Ausläufer. Wenn die Mutter das gerne möchte und mein Arzt, in der Beziehung fand ich das gut, hat die Bedürfnisse der Mutter unterstützt und akzeptiert und, ja Gott, wenn ich unruhig werde, dann wird auch das Kind unruhiger und es ist richtig. Man sollte dann da auch seine Sicherheit entsprechend herstellen.

Es scheint im Freundes- und Bekanntenkreis von Frau J. ein reger Austausch darüber zu herrschen, welche diagnostischen Möglichkeiten es gibt und in welchen Fällen die Krankenkasse sie bezahlt. Damit man in den Genuss dieser Möglichkeiten kommt, ist es notwendig, als Risikofall zu gelten, und wenn man nicht zu einer ärztlich definierten Risikogruppe zählt, dann werden die medizinischen Kriterien bestritten und die persönliche Einschätzung wird zum Maßstab gemacht. Das subjektive Erleben und das eigene Gefühl der Unsicherheit der Schwangeren sollen nach Frau J. ausschlaggebend für diagnostische Maßnahmen sein, die dann die Sicherheit wieder herstellen.

Auf den Hinweis der Interviewerin, dass auch ein anderes Ergebnis – nämlich eines, das gerade keine Sicherheit gibt – hätte herauskommen können, und auf die Frage, ob sie darauf hingewiesen worden sei, erklärt Frau J.:

> J.: Na ja, ich wusste es ja. Vom ersten Tag war mir ja bewusst, es könnten auch Missbildungen vorhanden sein bei dem Kind. Und aus diesem Grund, weil ich das gerne wissen wollte und sogar die Richtung hatte, wie auch immer man dann verfährt, wenn etwas diagnostiziert wird, was nicht der Norm entspricht, dass ich da

> gesagt hab, wenn da starke Missbildungen sind, dann möchte ich lieber es abbre-
> chen lassen, als dass ein schwerstbehindertes Kind geboren wird, weil ich der Mei-
> nung bin, dass wenn man von der Natur ausgeht, in der Natur hätte es keine Über-
> lebenschance, wenn da schwere Missbildungen sind und in unserer Gesellschaft
> werden solche Kinder, weil keiner Gott spielen kann, na ja, am Leben erhalten.

Diese Passage zeigt, dass die Anregung der Freundinnen, die feindiagnostische Untersuchung machen zu lassen, um Sicherheit zu haben, bei Frau J. Resonanz fand, weil sie selbst
vom Beginn ihrer Schwangerschaft an von Gedanken an mögliche Fehlbildungen des ungeborenen Kindes bestimmt war. Ihr Bedürfnis nach Sicherheit, ihr Verlangen, schon frühzeitig möglichst viel über das Ungeborene, das in ihrem Bauch wächst, zu wissen, geht
also nicht nur auf Einflüsse von außen zurück, sondern auch auf eigene ambivalente Gefühle. Entsprechend sind auch ihre Aufmerksamkeit für alles, was der Arzt ihr mitteilt –
wobei sie sich beklagt, dass er ihrer Wissbegierde zu wenig entsprochen hat –, und ihre
Reaktion auf alle seine Äußerungen. Zum Beispiel ist sie stark verunsichert durch eine bei-
läufige Bemerkung des Ultraschall-Feindiagnostikers zur Größe der Gliedmaßen des Ungeborenen, und erst nach weiteren Erklärungen des Arztes, dass die Proportionen stim-
men, und mit der Unterstützung ihres Ehemanns kann sie sich wieder beruhigen.

Frau J. hat sich Gedanken darüber gemacht, welche Ergebnisse pränataler Diagnostik
sie befürchtet. Sie führt aus:

> J.: Aber wenn ich mir das so überlege, dann denke ich auch immer, es ist ein Vaban-
> quespiel. Wann sagt man, man unterbricht, man hört auf, wenn man in die Situa-
> tion kommt und das diagnostiziert hat, da ist was. Das ist ja die Frage, welche
> Schwere hat es. Wenn ein Finger fehlt oder drei, vier Finger fehlen, und es wäre
> für mich keine Grund, eine Unterbrechung zu machen, oder Fußzehen verwachsen
> sind oder missgestaltet sind, ohne dass das Konsequenzen für das Kind hat. Wenn
> sich das abzeichnet, dann ist das für mich kein Grund. Aber wenn natürlich Or-
> gane, Nieren oder Herz falsch angelegt ist, dann wäre das schon in die Überlegung
> gegangen, oder Wasserkopf, weiß ich nicht …. Aber deshalb wollte ich auch die
> Untersuchung, um möglichst sicher zu gehen, soweit es möglich ist, ist ja auch
> keine hundertprozentige Sicherheit, zu wissen, was passiert in meinem Bauch. Da
> es die Möglichkeiten gibt, finde ich es auch richtig, sie auszuschöpfen.

Frau J. hat also schon vor den Untersuchungen einen Schwangerschaftsabbruch für den
Fall eines positiven Befundes in Erwägung gezogen. Die Formulierung, die sie dafür
wählt – *„man unterbricht, man hört auf“* – zeigt eine ziemliche Distanz zur eigenen
Schwangerschaft; sie erscheint als ein Projekt, das man aufgibt, wenn sich ein bestimmtes
Ergebnis abzeichnet. Frau J. scheint eine ‚Schwangerschaft auf Probe‘ zu erleben, die sie
sich erst dann zu eigen machen kann, wenn ihre Befürchtungen sich nicht bestätigen. Frau
J. sieht keinen großen Unterschied zwischen einem Abbruch nach einem oder nach vier
Monaten. Ihrer Ansicht nach sollte es bei schwerster Behinderung keine gesetzliche Be-
fristung geben, denn *„ein Leben zu gewähren, das von Anfang an nicht selbständig existieren kann“*, sei *„nicht Sinn der Sache“*. Eine geistige Behinderung wäre für sie gravierender.

Auch für Frau J. dienen vorgeburtliche Untersuchungen zur Herstellung einer Sicherheit in einer Situation großer persönlicher Verunsicherung. Die Schwangerschaft hat für sie etwas fast schon Bedrohliches, das sie durch möglichst umfangreiches Wissen zu kontrollieren versucht. Dieses Wissen wird zur Grundlage ihrer Entscheidung, ob sie das Kind letztendlich austrägt oder ob sie die Schwangerschaft abbricht. Einen Zeitpunkt, an dem ihre Entscheidung endgültig feststeht, scheint es nicht zu geben.

Bedarf an psychosozialer Beratung vor, während und nach dem diagnostischen Prozess

Der Zukunftsoptimismus von Schwangeren kann – ganz allgemein betrachtet – aus verschiedenen Gründen gestört sein, so dass sie Krisen nicht selbständig bzw. mit Hilfe ihres persönlichen Umfeldes bewältigen können. Dann brauchen sie möglicherweise professionelle Beratung oder Hilfe. Solche Situationen sind z. B. gegeben, wenn die Schwangere, ihr Partner und/oder ihre Familie nicht glauben, die Schwangerschaft und ein Leben mit Kind bewältigen zu können (z. B. aufgrund ihrer Situation als Alleinerziehende, aufgrund von Partnerschaftskonflikten usw.), oder wenn unerwartet hohe Belastungen auftreten. Psychosoziale Beratung kann auch hilfreich sein, wenn in der Schwangerschaft (konkrete oder diffuse) Ängste auftauchen, wie es beim oben entwickelten pessimistischen Typ der Fall ist. Immer häufiger wird jedoch – wie gezeigt wurde – versucht, allgemeine Verunsicherung oder Ängste in der Schwangerschaft mit medizinischen Diagnoseverfahren zu bearbeiten, ohne dass weiter nach den Ursachen dieser Ängste gefragt wird. Diese Lösung des Problems kann gelingen (bei negativem Befund) und zu einer zeitweiligen Beruhigung führen, sie kann aber auch misslingen, wenn nämlich ein auffälliger Befund vorliegt, und dann zu weiterer Verunsicherung führen.

Umgekehrt kann auch ein auffälliger Befund bei einer frühen diagnostischen Untersuchung (z. B. beim triple Test oder bei der Messung der Nackenfalte) oder bei einem routinemäßig im Rahmen der Schwangerenvorsorge durchgeführten Ultraschall eine Reihe weiterer Untersuchungen (z. B. eine Amniozentese) zur Folge haben und zur Verunsicherung einer eigentlich optimistischen Schwangeren führen. Welcher Beratungsbedarf angesichts dieser Konsequenzen besteht, soll anhand der Fälle einiger Frauen gezeigt werden.

Vor dem diagnostischen Prozess

Frau B. erzählt, dass die Frage, ob sie eine vorgeschlagene diagnostische Maßnahme nutzen soll, bei ihr weitergehende und prinzipielle Reflexionen in Gang (wie auch – wie oben gezeigt – bei Frau G.) brachte. Frau B. hatte zuvor schon ein Kind bekommen und wurde in ihrer zweiten Schwangerschaft außer von ihrer Gynäkologin durch eine Hebamme betreut. In dieser zweiten Schwangerschaft wurde ihr von der Frauenärztin eine Untersuchung der Nackenfalte angeboten; dies sei eine neue diagnostische Möglichkeit, die es zur Zeit ihrer ersten Schwangerschaft noch nicht gegeben hatte. Frau B. fand es sehr schwierig, die Entscheidung darüber zu einem so frühen Zeitpunkt in der Schwangerschaft treffen zu müssen. Sie hatte zuvor Diskussionen um dieses Diagnoseverfahren in den Medien verfolgt und sich mit ihrer Hebamme darüber beraten. Zur Nackenfaltenmessung hatte Frau B. die Information, dass sie bei auffälligem Befund zur Fruchtwasseruntersuchung führt. Da es sich bei dieser um eine genetische Diagnostik handelt, gibt es letztlich keine Therapiemöglichkeit, sondern ein positiver Befund zwingt die Schwangere zu einer Entscheidung zwischen Abbruch oder Austragen. Frau B. meint, dass diese Konsequenz den Frauen vor der Untersuchung selten klar gemacht werde. Ihren Entscheidungsprozess beschreibt sie ausführlich:

B.: Ich weiß, dass ich eigentlich schon innerlich sehr schnell dieses Gefühl hatte, ich mache diese Untersuchung nicht, weil ich eigentlich das, was dann kommt, nicht tragen kann. Ich könnte tragen zu sagen, ich bin schwanger geworden in einer Situation, wo ich überhaupt kein Kind haben kann, will, aus irgendwelchen Gründen, und ich treibe ab. Weil es geht jetzt im Moment nicht, dann hätte das aber mit diesem Kind an sich nichts zu tun, und ich hätte das Gefühl, das kann ich für mich verarbeiten. Aber zu sagen, ich kriege dieses Kind nicht, weil es vielleicht Trisomie 21 hat oder weil man irgendwas festgestellt hat, da habe ich das Gefühl, das könnte ich nicht. Da komme ich in so eine Rolle rein, dass ich über ein Leben entscheide. Da habe ich das Gefühl, das ginge nicht, also einfach durch so eine Vorinformation zu sagen, das geht aber nicht. Und andererseits habe ich gemerkt, als diese eine Freundin von mir sagte, ach, lass es doch machen, und dann bist du sicher, das ist schon etwas, das in mir gewirkt hat. Das ist schon, dass ich überlegt habe, ja, was ist, soll ich es machen lassen, dann aber wieder gedacht habe, na ja, und wenn aber die jetzt sagen, die Nackenfalte ist verdickt, was mache ich dann. Also gehe ich dann den nächsten Schritt oder sage ich dann, jetzt ist fertig. Was passiert dann. Weil dann bin ich ja genau in dieser Zwickmühle einen Schritt weiter drin. Zum Teil habe ich mir's ja auch – ich habe mir die Gespräche auch gesucht, oder habe sie angefangen, um für mich über diese Gespräche eine Klarheit zu kriegen. Also um irgendwann zu merken, so. Und ich bin hingegangen zur Frauenärztin, wusste, dass ich sie nicht machen wollte, und war aber auch so gespannt, wie es mir danach geht, weil ich dachte, na ja mal gucken, so eine Entscheidung zu treffen ist ja die eine Sache, aber was ist danach. Geht's einem gut damit oder hat man dann das Gefühl, hätte ich's vielleicht doch machen sollen. Und da hatte ich danach das Gefühl, das war jetzt richtig.

Frau B. stellt hier ausführlich da, welche Argumente sie bei ihrer Entscheidung abgewogen hat, welche Prinzipien für sie wesentlich waren und welche Konsequenzen ihrer Entscheidung sie bedacht hat. Auch Argumente einer Freundin für die Durchführung der Untersuchung hat sie für sich geprüft und verworfen. Sie hat für sich den Grundsatz formuliert, dass sie sich nur aufgrund ihrer aktuellen Situation prinzipiell gegen ein Kind entscheiden könnte, und nicht gegen ein bestimmtes Kind, bei dem eine mögliche Behinderung festgestellt worden ist. Das zentrale Argument für ihre Entscheidung gegen die Nackenfaltenmessung ist, dass diese Untersuchung sie in gerade die Entscheidungssituation bringen könnte, die sie grundsätzlich für sich zurückgewiesen hat, nämlich die Entscheidung über das Austragen oder Abtreiben eines bestimmtes Kindes wegen einer Behinderung. Nach dem Prozess des Überlegens und Abwägens überprüft

Frau B. ihre Entscheidung, indem sie ihre Gefühle bei der Ärztin beobachtet, und sie sieht sich in ihrem Weg bestätigt.

In ihrem Entscheidungsprozess über die Durchführung der Nackenfaltenmessung hat Frau B. mit verschiedenen Personen in ihrem Freundes- und Bekanntenkreis das Gespräch gesucht; eine wichtige Rolle spielte dabei die Beratung mit der Hebamme[26]. Auch mit ihrem Partner hat Frau B. sich besprochen. Beide waren sich einig, dass das Leben mit einem behinderten Kind viele Fragen aufwerfen und Umstellungen erfordern würde; sie betont jedoch, dass bei ihnen keine *„Panik"* gewesen sei, es sei nicht so, dass die Geburt eines behinderten Kindes ein *„Weltuntergang (wäre) oder es wäre ganz schlimm. Es wäre bestimmt etwas ganz Schwieriges, und es wäre was, was sehr verändert, aber es wäre für uns beide nicht, dass wir das Gefühl hätten, danach geht es nicht weiter".* Es gebe keinen *„Garantieschein",* dass das Kind gesund geboren wird und gesund bleibt; die meisten Behinderungen seien sowieso nicht genetisch bedingt.

In Hinblick auf die pränatale Diagnostik sagt Frau B., dass die Hauptentscheidung bei ihr gelegen habe, ihr Partner habe sie jedoch mit getragen. Frau B. vermutet, dass ihre Frauenärztin, wenn sie selbst aufgrund ihrer Vorinformation nicht nachgefragt hätte, den Nackenfaltenultraschall ungefragt gemacht hätte. Dann hätte sie ungewollt in die Entscheidungssituation kommen können, die sie gerade nicht wollte. Deshalb hätte sie sich eine vorherige Information durch die Ärztin gewünscht.

Den feindiagnostischen Organultraschall lässt Frau B. auf dringende Anregung der Hebamme durchführen, damit eventuelle Herzfehler schon vor der Geburt erkannt werden können, damit dann keine normale Entbindung stattfindet, sondern ein Kaiserschnitt vorbereitet wird. Vor und während dieser Untersuchung fühlte Frau B. große Aufregung und Verunsicherung:

> B.: … und ich einfach das Gefühl hatte, da kann jetzt irgendetwas entstehen, was einfach auch mein erst einmal ganz gutes Gefühl in der Schwangerschaft sehr verändert.

Positiv bei diesem Ultraschall fand Frau B., dass der Arzt sie gefragt hat, was sie wissen will und was nicht – z. B. wollte sie das Geschlecht des Kindes nicht vorher wissen. Unangenehm war ihr, dass der Arzt unbedingt das Ungeborene fotografieren wollte; sie ist der Meinung, dass dies beim Ultraschall nur gemacht werden sollte, wenn es aus medizinischen Gründen sinnvoll ist.

---

26 Der Rat der Hebamme war, „dass sie sagte, ich solle mich klar entscheiden, also egal wie. Wenn ich denken würde, ich möchte es wissen oder ich möchte jetzt diese Untersuchung machen lassen, dann soll ich sie machen. Aber wenn es keine Folge für mich hätte, dann würde sie denken, dann solle ich sie auch nicht machen lassen. Und ich solle dem Kind immer signalisieren oder sagen, dass diese ganze Auseinandersetzung nichts mit ihm zu tun hat …. Und da hatte ich das Gefühl, hatte zwar schon in diesem Gespräch, ohne dass sie es gesagt hätte, das Gefühl, sie ist eher eine, die gegen diese Untersuchung ist, ohne dass sie es klar gesagt hat, aber mir eher vermittelt hat, ich soll mich klar entscheiden. Also ich soll nicht sagen, na ja, die machen wir jetzt mal und gucken mal, was rauskommt. Sondern entweder sagen, gut, ich möchte es genau wissen, oder wenn dieses Wissen nichts weiter, also wenn ich nicht diese weiteren Schritte gehe, dann auch sagen, gut, dann brauche ich diese ganze Untersuchung auch nicht machen".

Es wurde deutlich, dass für Frau B. ein großer Bedarf bestand, vor verschiedenen vorgeburtlichen Untersuchungen mit anderen Personen über die Bedeutung dieser Untersuchung und ihre Konsequenzen zu sprechen, um dann eine Entscheidung treffen zu können, ob sie diese Untersuchungen durchführen lässt. Dabei handelt es sich um Personen aus ihrem persönlichen Umfeld, aber auch um Professionelle – in diesem Fall besonders die Hebamme. Von den behandelnden Ärzten sieht Frau B. sich ungenügend informiert.

Während des diagnostischen Prozesses

Pränataldiagnostische Untersuchungen können aufgrund einer Indikation, auf den besonderen Wunsch der Schwangeren oder auch ohne deren Wissen (z. B. als Routinemaßnahme in der gynäkologischen Praxis) eingeleitet werden. Sie bringen eine von Unsicherheit und Ängsten geprägte Zeit mit sich: beim Warten auf die Ergebnisse, bei möglichen folgenden Untersuchungen, wenn diese aufgrund von Auffälligkeiten fortgesetzt werden, und durch fehlendes Wissen über die Aussagekraft der Befunde.

In einer solchen Situation befand sich auch Frau H. während ihrer Schwangerschaft. Sie war sich mit ihrem Mann nicht einig, ob eine Amniozentese durchgeführt werden sollte. Sie selbst war dagegen, denn sie hatte Angst wegen des damit verbundenen Fehlgeburtsrisikos, weil sie zuvor schon einmal eine Fehlgeburt erlitten hatte.

Ihr Mann dagegen drängte darauf, pränatale Diagnostik zu nutzen: *„Lass uns doch auf Nummer sicher gehen"*. In ihrer Familie gab es eine Tante, die ein Kind mit Down Syndrom hatte, und Herr H. hat seiner Frau deutlich gemacht, dass er auf keinen Fall ein Kind mit Down-Syndrom wollte. Auf die Frage der Interviewerin, warum ihr Ehemann Schwierigkeiten hatte, sich vorzustellen mit einem Down-Syndrom-Kind zu leben, führt Frau H. aus:

H.: Ich glaube, er kennt so einen Fall aus einem etwas entfernteren Verwandtenkreis, wo es sehr große Probleme in der Familie gegeben hat. Es war kein Kind mit Down Syndrom, es war irgendeine andere Behinderung und ... das Kind ist wohl auch nicht sehr alt geworden, aber wo die Leidensfähigkeit der Familie bis zum Rande gegangen war. Und davor hatte er, glaube ich, einfach Angst. Ich weiß nicht, ob er jetzt vor der Behinderung – na ja, letztlich vor den Folgen der Behinderung hatte er Angst, dass es eben unsere Kräfte übersteigt. Im Nachhinein betrachtet ist es sicherlich gar keine so falsche Einschätzung, wenn ich mir überlege, wie das im ersten Jahr, als das Kind dann da war, bei uns war, da hatte man eigentlich schon einen ganz guten Geschmack, wie das dann noch wäre, wenn man obendrauf kein gesundes Kind, sondern ein krankes Kind hätte. Mein Mann ist eben auf der Arbeit ziemlich stark eingespannt und hat deshalb auch relativ wenig Möglichkeit oder wenig Zeit, mich zu entlasten. Ich glaube schon, dass seine Einschätzung unter dem Aspekt gar nicht so falsch war. Trotzdem denke ich immer noch, wenn ich ein geschädigtes Kind hätte, würde es mir sehr schwer fallen, es abzutreiben.

In diesem Zitat klingt schon ein weitergehender Konflikt an: nicht nur über die Durchführung der Amniozentese sind Frau und Herr H. verschiedener Auffassung, sondern auch über die Konsequenzen, die aus einem positiven Befund zu ziehen sind. Darauf wird noch näher eingegangen werden. Die Frage der Durchführung einer Amniozentese war die einzige Beratungssituation, an die sich Frau H. erinnern kann. Sie sagt, dass es keine Gespräche mit dem Frauenarzt gab, da von ihr kein Gesprächsbedarf signalisiert wurde und ihr Arzt aufs Medizinische beschränkt war. Vor der Amniozentese hat sie allerdings eine Beratung gesucht. Frau H. vermutet, dass ihr Frauenarzt gemerkt hat, dass sie wegen des Fehlgeburtsrisikos eigentlich keine Amniozentese machen lassen wollte; er hat ihr dann einen triple Test vorgeschlagen. Diesen Test bereut Frau H. heute, denn er ergab eine erhöhte Wahrscheinlichkeit und hat – obwohl zur Vermeidung der Amniozentese gedacht – diese dann geradezu erzwungen.

Ihre Situation, nachdem sie das Ergebnis des triple Tests erhalten hatte, beschreibt sie in der folgenden Passage:

> H.: Ich bin schon irgendwie aus allen Wolken gefallen. Weil damit klar war, dass ich dann doch diese Amniozentese machen lassen werde. Das wäre ja aus meiner Sicht inkonsequent gewesen, den triple Test zu machen und dann der Empfehlung nicht zu folgen. Denn ich habe ja den triple Test letztlich gemacht, weil ich die Amniozentese vermeiden wollte, ausschließen wollte, aber ich fand schon, wenn man überhaupt ja sagt zu irgendeinem Test, dann muss man eben den Weg auch zu Ende gehen. Eigentlich war das für mich die schlimmste Zeit der Schwangerschaft, wo ich das Ergebnis von dem Test hatte und überlegt habe, was wäre, wenn das Kind krank wäre. … Na ja, dann wurde eben aus meiner Sicht so ein bisschen die Beruhigungsstrategie gefahren. Aber für mich war es, glaube ich, ganz gut, ich habe das Testergebnis am Donnerstag oder so bekommen, habe dann noch mal nachfragen lassen, welche Befunde nun genau nicht in Ordnung waren und habe dann ein schlimmes Wochenende gehabt und danach war's für mich gedanklich aber auch erledigt. Da wusste ich, wie wir damit umgehen werden, wenn eben der eine oder der andere Fall eintritt. Und dann war ich für mich innerlich beruhigt. Es war zwar ein schlimmes Wochenende, aber wie gesagt, danach ist so eine innere Ruhe eingekehrt.

Für Frau H. war mit der Entscheidung für den triple Test in ihr weiteres Handeln gebunden, denn sie hatte sich – wie sich im Nachhinein zeigt – damit für den Fall des Vorliegens eines auffälligen Befundes darauf festgelegt, weitere Untersuchungen durchführen zu lassen, damit es nicht beim Wissen um eine erhöhte Wahrscheinlichkeit bleibt, sondern ein sicheres Wissen die Grundlage weiterer Entscheidungen wird. Nachdem sie nun erlebt hat, dass sie durch den triple Test die eigentlich unerwünschte Amniozentese nicht vermeiden konnte, sondern dass diese dadurch zwangsläufig notwendig wurde, beschließt sie nun, schon vor der Amniozentese ihr weiteres Handeln zu überdenken und ihre Entscheidung für das Eintreten bestimmter Testergebnisse vorweg festzulegen. Damit sichert sie die Autonomie ihrer Entscheidung und erreicht für sich eine gewisse Beruhigung. Diese Ruhe kommt wesentlich aus dem Gefühl, durch Reflexion die Grundprinzipien für das eigene Handeln im voraus bestimmt zu haben, die dann nur noch angewandt werden müssen:

H.: Die Gedankenarbeit habe ich alleine geleistet und auch weniger im Dialog mit ihm, sondern ich bin so ein Typ, der eher was mit sich selber erst mal ausmacht und ins Reine bringt, bevor er das nun mit anderen noch mal beredet. Insofern war das für mich eigentlich ganz hilfreich, dass ich viele Arbeit für mich schon geleistet hatte und das dann eigentlich nur noch mal quasi auf den konkreten Fall anwenden musste und nachdenken musste.

Frau H.s Umgang mit dem Ergebnis des triple Tests unterscheidet sich grundlegend von dem ihres Mannes: während sie weiterdenkt und alle möglichen Konsequenzen, die sich ergeben können, im Blick behalten will, möchte ihr Mann erst einmal abwarten:

H.: Mein Mann konnte das damals gar nicht verstehen, der hat gesagt, du musst dir doch darüber jetzt noch keine Gedanken machen. Sprich, man denkt erst dann über den nächsten Schritt nach, wenn man das Ergebnis des ersten Schritts hat, was ja vielleicht grundsätzlich gar nicht so falsch ist. Aber, na ja, jeder hat eben eine andere Herangehensweise ....

Aber trotzdem würde ich keiner Frau dazu raten. Aus meiner Sicht denke ich, das zögert die Entscheidung letztlich nur raus und es macht's nicht besser.

Wesentlich ist für den weiteren Fortgang vor allem, wie Frau H.s Entscheidung im Falle eines positiven Befundes ausgesehen hätte, denn die Bestätigung, dass keine Behinderung vorliegt, hätte keine weitere Entscheidung notwendig gemacht und in erster Linie Herrn H. beruhigt. Auf die Frage der Interviewerin, wie die Entscheidung gewesen wäre, wenn ein Down-Syndrom-Kind diagnostiziert worden wäre, antwortet Frau H.:

H.: Ja, das ist sehr schwierig. Ich denke mal, es wäre tatsächlich so gewesen, dass wir das Kind hätten abtreiben lassen. Ich habe mich – das war sicherlich auch meine Angst, ich habe mir da einen ziemlichen Kopf drum gemacht. Ich wollte eigentlich keine – also ich hätte vom Gefühl her keine Abtreibung gewollt. Andererseits sind wir schon sehr lange zusammen, und ich hätte auch nicht meine Beziehung aufs Spiel setzen wollen, und ich weiß oder ich glaube, nach den Gesprächen, die wir, nachdem dieser triple Test war, geführt haben, dass mein Mann nicht damit hätte leben können. Und dass ich dann letztlich damit alleine gewesen wäre. Das fand ich eben auch keine so schöne Aussicht. Obwohl ich mir für mich schon vorstellen könnte, auch mit einem Kind mit Down Syndrom zu leben. Aber wie gesagt, es ist ja letztlich eine Entscheidung, die man dann für sich selber treffen muss, und ich hab gesagt, unter der Bedingung, dass er mit einer Adoption einverstanden wäre, würde, könnte ich mir eben auch vorstellen dann tatsächlich das Kind abzutreiben.

Frau H. fühlte sich von ihrem Mann stark unter Druck gesetzt, auf keinen Fall ein behindertes Kind zur Welt zu bringen. In so einem Falle stünde das Ende ihrer Beziehung im Raum, die Frau H. nicht gefährden wollte, zumal sie dann mit ihrem Kind allein stünde. Deshalb stimmt sie zu, im Fall einer entsprechenden Diagnose das Kind abtreiben zu lassen. Auffällig ist, dass Frau H., die immer wieder davon redet, dass sie erst einmal alles mit sich selbst ausmacht, hier davon redet, dass *„wir das Kind hätten abtreiben lassen"*; das bringt zum Ausdruck, dass an der Entscheidung ihr Mann wesentlich beteiligt gewesen wäre, sie würde also die Tatsache eines Abbruchs ihnen beiden zuschreiben. Leicht fällt ihr die Zustimmung gegen ihren eigentlichen Willen jedoch nicht; sie reagiert auf seinen Druck mit Gegendruck. Sie stellt ihrerseits eine Forderung und ringt ihm ein Zugeständnis ab: er soll sich bereit erklären, im schlimmsten Fall mit einer Adoption einverstanden zu sein. Frau H. handelt also mit ihrem Mann ein *„Geschäft"*[27] aus, das auch ihm eine Zumutung abverlangt, die aber ebenfalls nur hypothetisch ist. So wie sie sich bereit erklärt, bei einer diagnostizierten Behinderung abzutreiben, muss er für den Fall, dass sie dann kein leibliches Kind mehr bekommen kann, der Adoption eines Kindes zustimmen. Hintergrund dieser Vereinbarung ist, dass sie – so berichtet Frau H. – nach ihrer früheren Fehlgeburt und einer nun möglichen Abtreibung Angst gehabt hätte, kein leibliches Kind mehr bekommen zu können. Vor der Amniozentese gab es noch ein Gespräch von Frau und Herrn H. mit dem die Untersuchung durchführenden Arzt, in dem Herr H. seine Befürchtungen bestätigt sah. Frau H. schildert dieses Gespräch folgendermaßen:

> H.: Der Arzt hat zum Beispiel auch gesagt, das ist bei mir eigentlich als einziges noch haften geblieben von dieser Untersuchung. Der Arzt meinte auch, na ja, es würde die Familien immer so zerstören mit dem behinderten Kind, (das) sollte man sich doch sehr genau überlegen, ob man ein behindertes Kind austragen will. Nach seiner Erfahrung würden eben – was letztlich auch die Befürchtung meines Mannes war, der sich da nun sehr bestätigt fühlte. Wir sind da gemeinsam hingegangen zu der Amniozentese. Das war die Erfahrung dieses Arztes, das ist ja immer nur ausschnitthaft, es würde die Familien sehr zerstören. Ich denke, es hängt sicherlich auch von der Bereitschaft der Familie ab, sich darauf einzulassen. … Ich glaube schon, dass wenn bei beiden Eltern die Bereitschaft besteht, sich darauf einzulassen und sich mit der Situation zu arrangieren, dass da auch vernünftige Wege zu finden (sind), aber ich denke eben, das setzt die Bereitschaft beider Eltern voraus, ansonsten ist es, glaube ich schon eine relativ starke Belastung für die Familie.

Während Herr H. durch die Aussage des Arztes, dass ein behindertes Kind Familien überforderte und zerstörte, seine Einschätzung und damit auch seine Forderung nach einer Nutzung pränataldiagnostischer Verfahren und nach einem eventuellen Schwangerschaftsabbruch im Fall einer zu erwartenden Behinderung des Kindes unterstützt sieht, hält Frau H. dem eine differenzierte Einschätzung entgegen: es hängt für sie von der Bereitschaft beider Eltern ab, sich auf das Kind einzulassen. Diese Bereitschaft hat sie bei ihrem Mann vermisst, was sie ihm hier indirekt zum Vorwurf macht – auch wenn sie an anderer Stelle zugesteht, dass seine Einschätzung zur Belastung vielleicht zutreffend gewesen war. Auf jeden Fall schreibt sie ihm hier die Verantwortung für eine mögliche Abtreibung exklusiv zu. Die einseitige Information durch den Arzt hat ihrer Ansicht nach dazu beigetragen. Auch wenn nicht davon auszugehen ist, dass die Entscheidung

---

27 Sie führt dazu aus: „Der eine wurde zufriedengestellt und hat dafür den anderen beruhigt. Aber ich denke, so soll es dann eben auch sein in einer Partnerschaft".

des Ehepaars H. anders ausgesehen hätte, zeigt dieser Fall doch, dass es sinnvoll gewesen wäre, wäre den beiden in dieser Situation eine – gemeinsame – psychosoziale Beratung angeboten worden. Sie hätten ihren Konflikt offen austragen und gemeinsam eine Lösung suchen können, die nicht nur auf eine Zumutung mit einer anderen reagiert.

Frau H. erzählt, dass der Frauenarzt bei ihr – weil sie Privatpatientin ist – relativ viele Ultraschalls gemacht hat; das sieht sie im Nachhinein zwiespältig, sie bezeichnet diese als *„Schrott, der viel Geld kostet"*. Sie gesteht zwar zu, dass da *„natürlich immer so die Neugier (ist), die man hat, und man möchte ja gerne wissen, wie das Kind sich nun entwickelt"*, aber sie bezweifelt den Nutzen dieser Untersuchungen. Zum einen sieht sie, dass Kassenpatientinnen *„letztlich genauso viel oder wenig über ihr Kind gewusst haben wie ich und die haben letztlich nicht weniger gewusst"*, zum zweiten meint sie, dass die Ultraschallgeräte in den normalen gynäkologischen Praxen sowieso nicht viel Aufschluss geben – in Unterschied zu den spezialisierten Feindiagnostikern – und schließlich hat sie den Eindruck, dass der Arzt sie nicht anders als früher untersucht:

H.: da hat er mich genauso gut untersuchen können wie ohne das Ultraschallgerät, aber als er das Ding dann hatte, dann hat er's halt auch immer eingesetzt und hat gesagt, na ja damit er seinen Befund noch mal wirklich verifizieren kann. Aber letztlich ist das, soll das nicht der Sinn dieser Technik sein.

Frau H. meint, dass sie nach dieser Erfahrung heute ihrem Arzt gegenüber selbstbewusster auftreten und auch Forderungen stellen würde. Sie würde auch Wert darauf legen, statt viele Ultraschall-Untersuchungen zu machen zur Ultraschall-Feindiagnostik zu einem Spezialisten zu gehen. Im Nachhinein hat sich für Frau H. auch herausgestellt, dass sie ungenügende Informationen zur Aussagekraft des triple Tests hatte. Sie hat den Eindruck, von ihrem Gynäkologen unzureichend informiert worden zu sein. Sie würde sich heute mehr Informationen über Wirkung und Aussagekraft der Tests und Untersuchungen wünschen.

Frau H. berichtet, dass sie sich Beratung und Information nur aus Büchern gesucht habe und im Übrigen für sich allein zu Entscheidungen kam: *„ich denke, ich bin ja eher so ein Typ, der das für sich ausmacht"*; es sei so *„dass mein erster Verarbeitungsmechanismus immer erst mal ich selber bin"*. Prinzipiell hält sie auch Gesprächsberatung für nützlich, sie persönlich würde sie jedoch erst dann aufsuchen, wenn sie allein, mit Hilfe von Literatur oder durch Gespräche im Bekanntenkreis nicht mehr weiter käme. Für sie ist bei einem Beratungsgespräch eine höhere Schwelle zu überwinden:

H.: Ich denke mal, dass es für mich schon ein relativ einfacher Weg ist, und für mich ist die Hemmschwelle, ein Buch zu kaufen, wesentlich geringer als die Hemmschwelle, in eine richtige Beratung zu gehen. Was sicherlich nicht richtig ist ... man sollte den Beratungsbedarf, der vielleicht da ist, ruhig auch mal im persönlichen Gespräch decken. Aber für mich ist da einfach eine höhere Hemmschwelle. Ich hab das dann nachher auch gemerkt, als ich bei der Hebamme, die ich mir ausgesucht hatte für die Wochenbettbetreuung, als ich bei der war, da kamen wir so ins Plaudern, dass es vielleicht doch gar nicht richtig war, so wie ich das gemacht habe. Ich hätte vielleicht auch noch zu einer Hebamme zur vorgeburtlichen Betreuung gehen sollen, einfach weil der Blickwinkel ein anderer ist. Man ist eben doch meistens relativ beschränkt auf den Blickwinkel seines Arztes, auf den, den man aus Büchern gewinnt. Das ist manchmal schon besser, denke ich im Nachhinein, mehrere Betreuungspersonen zu haben, weil jeder eben einen anderen Ansatz hat, und die Ärzte haben oftmals einen anderen Ansatz als die Hebammen und unterschiedliche Ärzte haben sicherlich wieder auch wieder unterschiedliche Ansätze. Im Grunde genommen wäre es schon schlauer, sich etwas ja breitflächiger zu informieren.

Auch wenn Frau H. für sich reklamiert, dass sie Probleme durch eigenes Nachdenken und mit Hilfe von Büchern bearbeitet, gesteht sie doch zu, dass auch persönliche Gespräche in solchen Situationen nicht nur ganz allgemein, sondern auch in ihrem Fall hilfreich sein können. Im Wochenbett hat sie die Erfahrung gemacht, dass die Begleitung einer Schwangerschaft durch verschiedene Professionelle die Einseitigkeit des medizinischen Blicks erweitern kann. Die Betreuung durch eine Hebamme stellte dabei für sie eine niedrigere Hürde da, weil sie im Rahmen der normalen Nachbetreuung stattfand. Wenn die betreuenden Ärzte den Konflikt in Hinblick auf die Einstellung gegenüber pränataler Diagnostik bemerkt und nicht nur mit dem Angebot diagnostischer Verfahren und dem Ausmalen von Schreckensbildern reagiert hätten, sondern auf das Angebot psychosozialer Beratung hingewiesen hätte, hätte das Ehepaar möglicherweise zu einer gemeinsam getragenen Lösung gefunden.

Nach einem positiven/auffälligen Befund (zu erwartende Behinderung)

Nach einem Befund, dass ein Kind mit Behinderung zu erwarten ist, besteht ein besonderer Bedarf an Beratungen. Wenn diese Diagnose gestellt ist, ist das, was befürchtet wurde, eingetreten; der Versuch, ein Gefühl der Sicherheit in der biographisch-normativen Krise der Schwangerschaft herzustellen, ist damit gescheitert. Viele Fragen und Probleme werden aufgeworfen. Die Schwangere braucht zunächst Informationen darüber, was der Befund eigentlich aussagt.

Dabei kann es jedoch Unterschiede geben. Frau E. sah für sich nach Erhalt der Diagnose, dass sie ein Kind mit Down Syndrom erwartet, weniger Bedarf an medizinischer Information, da sie aus ihrer Arbeit als Kinderärztin das entsprechende Wissen hat und solche Kinder kennt.

Das Down Syndrom wurde sehr spät in ihrer Schwangerschaft diagnostiziert. Anlass für die pränatale Diagnostik war, dass bei ihr sehr viel Fruchtwasser festgestellt wurde. Nachdem die Hauptursachen (Verengung bzw. Verschluss der kindlichen Speiseröhre, mütterliche Diabetes) ausgeschlossen werden konnten, ging sie in eigener Initiative ins Uni-Klinikum, um dort einen feindiagnostischen Ultraschall machen zu lassen. Dabei wurde ein Herzfehler beim Ungeborenen festgestellt. Aufgrund ihres berufsbedingten

Wissens um das Risiko eines Down-Syndroms hat sie dann eine Fruchtwasseruntersuchung durchführen lassen, *„dass man einfach nicht noch zwei Monate im Unklaren
ist, sondern dass man dann Bescheid weiß"*. Zunächst wurde eine Nabelschnurpunktion
– wegen des Fehlgeburtsrisikos mit Kaiserschnittbereitschaft – gemacht, weil damit
Ergebnisse schneller vorliegen; als das misslang, kam es zur Amniozentese.

Frau E. sah für sich keinen Beratungsbedarf in der Zeit des Wartens auf die Untersuchungsergebnisse. Sie erzählt, dass sie von den Pränataldiagnostikern zur genetischen
Beratungsstelle geschickt wurde. Der Besuch dort hat Frau E. jedoch enttäuscht; die
Beraterin dort schien ihr nicht die richtige Person für sich zu sein. Ihr wurde ein Kontakt zu einer betroffenen Familie angeboten, was sie als nicht sehr hilfreich empfand,
denn als Kinderärztin kenne sie Kinder mit Down-Syndrom. Stattdessen hätte sie sich
eine Literaturliste gewünscht, die es in der genetischen Beratungsstelle nicht gab. Das
zeigt, dass Frau E. zunächst aus der Distanz und durch das Lesen von Büchern sich auf
die Situation vorbereiten wollte, die auf sie zukommen sollte.

Für Frau E. stand von Anfang an fest, das sie ihr Kind austragen will. Sie konnte sich
einen späten Abbruch nicht vorstellen, weil sie bei ihrer Arbeit immer wieder um das
Leben Frühgeborener gekämpft habe. Sie berichtet, dass die Ärzte, mit denen sie zu tun
hatte, selbstverständlich davon aus gingen, dass sie als Kollegin das Kind bekommen
wird[28]. Frau E. empfand dies als Druck:

E.: Mich hätte sicherlich auch interessiert, was es für Möglichkeiten für einen
Schwangerschaftsabbruch gibt. Ich meine jetzt, wo er da ist, kann ich es mir überhaupt nicht mehr vorstellen. Es war auch schon sehr spät in der Schwangerschaft.
Aber ich wusste einfach über die rechtliche Situation gar nicht Bescheid, ob das
überhaupt möglich ist und was das für Konsequenzen hat oder so ....

Es war so, dass sich keiner getraut hat, mit uns darüber zu sprechen, dass wir aber
auch selber uns nicht getraut haben zu fragen, weil wir gedacht haben, wir werden
als Unmenschen dargestellt, wenn wir in der 26. oder 25. Woche noch wissen wollen, wie das überhaupt ist, auch wenn das für uns nicht in Frage kam, aber gewusst,
ob es die Möglichkeit gibt, ob man überhaupt die Möglichkeit hat zu wählen oder
ob man sein Schicksal annehmen muss, das hätte ich schon gerne .... Es geht ja
dann auch schon darum, das Kind muss man ja im Prinzip umbringen, also das
wäre für mich fürchterlich. Ich könnte es mir gar nicht vorstellen. Aber wie das die
rechtliche Situation ist, ich glaube, die ist auch wischi-waschi. Aber das hätte man
gesagt kriegen müssen, denke ich ....

Was mir vielleicht wirklich so ein bisschen gefehlt hat, war – na der Kinderarzt,
der Oberarzt von der Kinderklinik (sagte), na ja, Sie als Kollegin, das ist ja wohl
völlig klar, dass Sie dieses Kind kriegen. Das wird einem so aufoktruiert, dass man
keine Wahl hat. Das war für mich einfach schwer zu akzeptieren. Aber da hätte mir
auch jemand anders nicht helfen können.

---

28 In dieser Selbstverständlichkeit drückt sich auch die professionsethische und habituell verankerte Orien-
    tierung von Ärztinnen aus, Leben zu erhalten.

Für Frau E. wäre in der Zeit nach der Diagnose also wichtig gewesen, über die Möglichkeit eines Schwangerschaftsabbruchs informiert worden zu sein, ohne diese wahrnehmen zu wollen – wie sie betont. Sie hätte Klarheit darüber haben wollen, ob sie in einer Lage ist, in der sie sich für ihr behindertes Kind entscheiden kann, oder ob sie ein Schicksal zu bewältigen hat, das überhaupt nicht Gegenstand einer Wahl ist. Sie hätte also für sich eine Situation herstellen wollen, die die oben vorgestellten Frauen, die pränatale Diagnostik für sich abgelehnt hatten, unbedingt vermeiden wollten. Das zeigt, dass sich in der Schwangerschaft in Hinblick auf mögliche Behinderungen ganz unterschiedliche Fragen stellen, die nur fallorientiert bearbeitet werden können.

Frau E. hatte nach Erhalt der Diagnose den Eindruck, dass die Fragen, die ihr wichtig waren, einem Tabu unterworfen waren[29]. Wenn es außerhalb des Krankenhauses für sie einen Ort gegeben hätte, an dem sie ihre Fragen hätte stellen können, hätte sie dieses Tabu brechen können, ohne zu einer anderen Entscheidung kommen zu müssen.

Prinzipiell hält Frau E. es auch für sinnvoll und hilfreich, Kontakte zur Lebenshilfe, zu Selbsthilfegruppen und zu betroffenen Familien vermittelt zu bekommen, auch wenn sie es in ihrem Fall zunächst abgelehnt hat. Auch sollten die betroffenen Frauen frühzeitig Broschüren, z.B. von der Lebenshilfe, bekommen, damit sie sich informieren können.[30] Auf den besonderen Hilfs- und Beratungsbedarf von Familien, in denen ein Kind mit Behinderung geboren wurde, wird hier gleich eingegangen.

Nach der erwarteten oder unerwarteten Geburt eines Kindes mit Behinderung

Durch vorgeburtliche Untersuchungen können Frauen und ihre Familien u. U. schon frühzeitig Gewissheit darüber haben, dass ihr Kind eine Behinderung haben wird. Sie können sich also im Idealfall schon vorher darauf einstellen und sich entsprechend vorbereiten. Sie können aber nicht im Voraus wissen, wie das Leben dann sein wird. Und es gibt viele Fälle, in denen dieses Wissen nicht vorher gegeben ist – sei es weil keine pränatale Diagnostik genutzt wurde, sei es weil immer etwas Unvorhersehbares passieren kann. Unter den Frauen, mit denen Interviews geführt wurden, haben fünf ein Kind mit einer Behinderung geboren. Diese Interviews haben eindrücklich den großen Bedarf an rechtlicher, vor allem aber an psychosozialer Beratung deutlich gemacht.

Zunächst möchten wir ganz kurz etwas zu zwei dieser Frauen[31] bemerken, um zu zeigen, in was für einer Situation sie sich befinden, wenn sie erfahren, dass ihr Kind be-

---

29 Dies gilt natürlich auch umgekehrt für den Fall, dass nach einer Diagnose selbstverständlich von einem Abbruch ausgegangen und seine Durchführung ohne Verzögerung vorbereitet wird. Dieser Fall war im Sample der EKFuL nicht vertreten.

30 Das betont auch Frau F., die ebenfalls ein behindertes Kind hat. Sie hält es für wichtig, dass beim Arzt Broschüren und Informationen zu Elterngruppen ausliegen. Zudem sollte sich der Arzt, wenn ein positiver Befund vorliegt, viel Zeit nehmen.

31 Frau E. und Frau I. wurden schon weiter oben kurz vorgestellt.

hindert ist. Die eine dieser Frauen, Frau M., ist Tierärztin; dass ihr Kind Trisomie 21 hat, kam für sie unerwartet. Sie hat keine Pränataldiagnostik gemacht, weil sie keine Behinderung erwartet hat. Ihrer Ansicht nach erwarten Frauen, die diese Verfahren nutzen, die Bestätigung: das Kind ist gesund. Sie ist skeptisch, ob die Diagnostik das leisten kann und ob die Frauen auf positive Befunde vorbereitet sind. Sie selbst ist im Nachhinein froh, dass sie keine Entscheidung treffen musste.

Frau L. ist – wie Frau E. – Medizinerin. Sie hatte – wie sie sagt – die *„felsenfeste Erwartung“*, dass das Kind gesund ist, und hat deshalb auch keine Pränataldiagnostik durchführen lassen. Sie hat ihr Kind zu Hause mit einer Hebamme entbunden. Erst im Alter von 9 Monaten wurde bei ihrem Kind dann eine Chromosomenanomalie festgestellt. Frau L. hält es für wichtig, dass im Umgang mit der pränatalen Diagnostik Freiheit hergestellt wird, d. h. dass man sich auch dagegen entscheiden kann. Während des diagnostischen Prozesses sollte es ihrer Ansicht nach eine Begleitung geben. Nach einem positiven Befund sollte es unbedingt eine Beratung zum Leben mit dem behinderten Kind geben, damit die Eltern sich darauf vorbereiten können.

Ganz fundamental für die betroffenen Familien ist zunächst eine rechtliche Beratung. Dazu gehören Informationen darüber, welche Hilfs- und Fördermöglichkeiten es für sie gibt, also z. B. die Beantragung eines Schwerbehindertenausweises, Anträge bei der Pflegeversicherung. Das sind praktische Fragen, die für viele Familien ganz zentral sind, allerdings haben sie unmittelbar nach der Geburt eines Kindes mit Behinderung erst einmal kaum Zeit und Kraft, sich darum zu kümmern.

Für Frau I. ist nach der Geburt eines behinderten Kindes eine professionelle Beratung und der Austausch mit anderen Eltern von großer Bedeutung. Frau L. empfiehlt eine Beratung durch erfahrene Eltern. Auch andere Frauen haben betont, wie wichtig der Kontakt zu anderen betroffenen Eltern ist. Nicht immer ist ein solcher Kontakt jedoch leicht herzustellen, oft kommt er nur durch Zufall zustande. Frau M. zum Beispiel kam zu einer Selbsthilfegruppe über einen Kinderarzt, zu dem sie zufällig gefunden hat und der ihrem Kind auch die dringend notwendige Krankengymnastik verschrieben hat. Auch Frau E. betont, wie wichtig nach der Geburt der Kontakt zu einer Elterngruppe bei der ‚Lebenshilfe‘ war. Sie regt an, dass betroffene Eltern nach der Geburt gefragt werden sollten, ob sie die Adresse von ‚Eltern beraten Eltern‘ oder von der Lebenshilfe bekommen wollen. Hilfreich waren für sie auch Informationsmöglichkeiten übers Internet. Sie und ihr Mann beteiligen sich an einer Mailing List, der Down-Syndrom-Liste, die dem Austausch von Eltern mit Down-Syndrom-Kindern dient. Frau E. würde sich zudem eine Liste mit auf bestimmte Behinderungen spezialisierten Kinderärzten wünschen.

Als Problem benennen fast alle Frauen, dass sie unmittelbar nach der Geburt keine Unterstützung erfahren haben. Frau M. z. B. beklagt, dass es im Krankenhaus keine *„menschliche Betreuung“* gegeben habe. Frau E. hält es wünschenswert, dass die Mitglieder von ‚Eltern helfen Eltern‘ oder Mitarbeiter der Lebenshilfe Betroffene in der Klinik aufsuchen. Überhaupt hält Frau E. mehr *„Kümmern“* in den Geburtskliniken für angebracht. Es müssten mehr Gespräche zwischen Ärzten und Eltern stattfinden. In den Kliniken müssten ihrer Ansicht nach Gespräche und Beratungen ausgebaut werden, damit die betroffenen Familien direkt nach der Geburt die notwendige Unterstützung bekommen.

Immer wieder wird in den Interviews von den Frauen eindrücklich geschildert, wie groß ihr Bedarf an Unterstützung in dieser Zeit war, und wie wenig sie dazu in der Lage waren, sich diese Hilfe und Beratung zu verschaffen. Frau E. erzählt, dass Familienmitglieder sie zwar unterstützt hätten, sie konnte sich aber nicht aktiv professionelle Hilfe suchen:

> E.: Das schafft man nicht, wenn man ein neugeborenes Baby hat, schon gar nicht, wenn man, bei uns ist nun das erste Kind. Ich war völlig überfordert mit der Situation, ich hätte es nicht geschafft. Ich war zwei Monate nicht beim Friseur und solche Sachen. Ich hätte nicht geschafft, irgendwo anders hinzugehen. Ich meine, dazu war es einfach auch zu krank. Gerade Eltern mit einem behinderten Kind, die haben eben noch mehr Probleme als Eltern mit einem anderen, normalen Kind. Ich hätte es nicht geschafft. Ich meine, meine Mutter war hier und hat uns unterstützt, und mein Mann hatte lange frei, aber trotzdem. Ich hab versucht zu stillen, das hat nicht geklappt, weil er so trinkschwach war. Und dann mit der Abpumperei. Ich hatte eine Hebamme, die gekommen ist, aber selber, o Gott, mal eine halbe Stunde, mal so irgendwie mich auf den Weg zu machen zu einer Institution, die man nicht kennt, und wo man nicht weiß, wie lange es dauert. Dafür hatte ich einfach nicht die Zeit und einfach auch nicht die Nerven.

Andere Frauen berichten, dass ihr Kind in den ersten Jahren mehrfach operiert wurde oder wegen gesundheitlicher Probleme ständig ins Krankenhaus musste. Sie hatten nicht die Zeit und die Kraft, eine Beratungsstelle aufzusuchen, weil sie nur damit beschäftigt waren, zu überleben. Diese große Diskrepanz zwischen dem Bedarf an Beratung und der Fähigkeit, sie sich zu verschaffen, zeigt, dass ein Angebot aufsuchender Beratung für Eltern und Familien in dieser Situation dringend notwendig erscheint.

Schließlich soll noch an einem Fall kurz gezeigt werden, dass die Familien nicht nur rechtliche Beratung oder den Austausch über praktische Fragen mit anderen betroffenen Eltern benötigen, sondern gerade auch eine psychosoziale Beratung. Frau L. antwortet folgendermaßen auf die Frage nach dem Bedarf an psychologischer Beratung:

> L.: Ja, auf jeden Fall. Also wir haben uns, als Tobias[32] sehr klein war, da wenig geholt und auch sowieso nichts angeboten bekommen, aber auch wenig geholt, weil wir so mit dem Überleben beschäftigt waren. Tobias war damals ein Kind, was sehr, sehr unruhig war, was sehr viel schrie und weinte und viel krank war und auch viel im Krankenhaus war, eine nicht einstellbare Epilepsie hatte, die auch direkt lebensbedrohlich für ihn war. Und dann haben wir uns über die Familiensituation und unsere Situation als Eltern gar keine Gedanken gemacht, auch über die Situation der Geschwister eigentlich wenig Gedanken gemacht. Und haben nur versucht, irgendwie zu überleben, und als wir dann merkten, dass die Kinder aus dem Rudel liefen und wir also auf dem Zahnfleisch gingen, da haben wir uns dann auch nicht über

---

32 Der Name wurde geändert.

Behindertenhilfen oder solche Einrichtungen Hilfe geholt, sondern es war sozusagen die reguläre Erziehungsberatungsstelle des Bezirks, und (wir haben) auch sehr fachkundige Hilfe bekommen in Gestalt einer Familientherapie. Da ist uns erst mal aufgegangen, was wir bis dahin schon bewältigt hatten, das war uns vorher nicht weiter aufgefallen im Alltag.

Frau L.s Bericht zeigt, dass eine rechtzeitige psychosoziale Beratung von Eltern und Familien mit einem behinderten Kind wichtige präventive Wirkungen haben könnte, denn sie könnte helfen, besondere psychosoziale Belastungen und Konflikte früh zu erkennen und Lösungen oder Hilfen zu suchen.

Zum Abschluss soll noch kurz auf die Einstellung von Frauen, die ein Kind mit Behinderung geboren haben, zur pränatalen Diagnostik eingegangen werden. Die Positionen dazu gehen sehr auseinander. Frau E., die selbst Ärztin ist, berichtet, dass sie vor ihrer Schwangerschaft Verfechterin der Pränataldiagnostik gewesen sei. Sie habe immer gesagt, sie *„würde es wissen wollen“*. Als sie dann schwanger war, habe sie erst keine entsprechenden Untersuchungen machen lassen. Heute würde sie bei einer neuen Schwangerschaft sehr früh eine Chromosomenanalyse machen lassen. Frau E. verweist auf heftige Kontroversen um diese Frage in der Mailing List zum Down Syndrom, bei der die meisten Eltern pränatale Diagnostik vehement ablehnen. Frau I. hat heute die Einschätzung, dass sie sich mehr Informationen über die Möglichkeiten der Pränataldiagnostik wünschen würde. Letztlich sei es eine intuitive Entscheidung der Schwangeren, welche Möglichkeiten sie nutzt. Sie selbst würde wegen der damit verbundenen Risiken keine Amniozentese durchführen lassen, für wichtiger hält sie eine Kontrolle per Ultraschall.

Resümee

Abschließend soll der Bedarf an psychosozialer Beratung von Frauen in der Schwangerschaft, der durch die Analyse der vorliegenden Interviews mit Frauen deutlich wurde, noch einmal zusammenfassend festgehalten werden. Zuvor soll jedoch noch einmal betont werden, dass für die meisten Schwangeren im Normalfall kein Bedarf an psychosozialer Beratung besteht. Schwangerschaft ist wie gesagt keine Krankheit, und Frauen, die sie mit einer optimistischen Haltung erleben, haben erst einmal keinen Beratungsbedarf. Sie können mit der Zukunftsoffenheit, die in der Schwangerschaft offenbar wird, gut leben; ihr Zukunftsoptimismus trägt dazu bei, dass sie mit dem der Schwangerschaft inhärenten Krisenmoment umgehen können. Sie verfügen meist über die notwendigen Ressourcen, die sie zur Bewältigung ihrer Schwangerschaft brauchen, in erster Linie vertrauensvolle Beziehungen zu den Menschen in ihrem sozialen Umfeld, also zu ihrem Partner, zu ihrer Familie und einem Freundeskreis. Von diesen Personen ihres Umfeldes und dem Vertrauen in die eigene Fähigkeit zur Bewältigung von neuen Lebenssituationen werden sie durch die Schwangerschaft getragen. Sie fragen in der Regel nicht von sich aus die Möglichkeiten pränataler Diagnostik bei ihren Ärzten an.

In verschiedenen Situationen kann in der Schwangerschaft ein Bedarf an psychosozialer Beratung entstehen. Dies ist ganz allgemein der Fall, wenn die Schwangerschaft von großen Ängsten, Partnerschaftskonflikten oder einer starken Ambivalenz bestimmt ist. Die Analyse der Interviews zeigte, dass es in solchen Fällen die Tendenz gibt, die aus den Konflikten resultierende Verunsicherung mit diagnostischen Verfahren zu bewältigen. Auf diesem Wege kann zwar u. U. kurzzeitig Sicherheit hergestellt werden, die zu Grunde liegenden Probleme werden damit jedoch nicht gelöst. Die Interviews haben auch gezeigt, dass die pränatale Diagnostik manchmal in einer Weise an schwangere Frauen herangetragen wird, die unterschlägt, dass Frauen sich prinzipiell dagegen entscheiden können. Das ist der Fall, wenn in der Frühschwangerschaft Untersuchungen zur Bestimmung des individuellen Risikos (wie der triple Test oder die Nackenfaltenmessung) ohne das Wissen der Frau im Rahmen der Routinevorsorge durchgeführt werden oder wenn aufgrund vorliegender Indikationen den Schwangeren Verfahren der pränatalen Diagnostik dringend nahegelegt werden. Diese Fälle zeigen, dass im Vorfeld von vorgeburtlichen Untersuchungen die Frage geklärt werden muss, ob pränatale Diagnostik überhaupt genutzt werden soll, damit die betroffenen Frauen sich darüber klar werden können, welche Folgeentscheidungen anstehen könnten und ob sie sich diesen Situationen aussetzen wollen. Dazu kann neben der unabdingbaren Information und medizinischen Aufklärung durch den Arzt eine von ihm unabhängige Beratung außerhalb des medizinischen Systems notwendig und sinnvoll sein.

Wenn pränatale Diagnostik angewandt wird, ist eine Aufklärung über Aussagekraft und Grenzen ihrer Befunde dringend erforderlich. Frauenärzte sollten auch stärker für die Ambivalenzen und Konflikte ihrer Patientinnen sensibilisiert werden, so dass sie von selbst auf das Angebot psychosozialer Beratung hinweisen, wenn sie hinter dem Sicherheitsbedürfnis Unsicherheit vermuten.

Verstärkter Beratungsbedarf entsteht während des diagnostischen Prozesses, wenn es Auffälligkeiten gibt und die Entscheidung über weitere Untersuchungen zu fällen ist. Wenn eine Diagnose vorliegt, kann eine psychosoziale Beratung bei der Entscheidungsfindung helfen. Die Auswertung der Interviews hat gezeigt, wie wichtig es ist, dass die schwangere Frau und ihr Partner ihre Entscheidung auch außerhalb des medizinischen Systems mit seinen Erwartungen und Routinen besprechen können.

Für den Fall, dass sich eine Schwangere entschließt, ihre Schwangerschaft abzubrechen, ist ganz wesentlich, dass sie sich auf das, was auf sie zukommt, vorbereiten kann. Sie muss von den Ärzten darüber aufgeklärt werden, wie dieser Schwangerschaftsabbruch durchgeführt wird, nämlich als eingeleitete Frühgeburt. Die Frau muss in dieser Situation auch über ihre Entscheidung und die Konsequenzen reden können. Sie braucht einen Ort, an dem sie um das Kind trauern kann. Es wird immer wichtiger werden, dass Pfarrerinnen und Pastoren darauf vorbereitet werden, dass sie mit der Situation konfrontiert sein können, spät abgetriebene Föten beerdigen zu sollen und an den betreffenden Familien Seelsorge zu leisten[33].

---

33 Die Bedeutung einer kirchlichen Beerdigung und der damit verbundenen seelsorgerlichen Gespräche zeigt der Fall der Frau N., die sich zu einer späten Abtreibung entschlossen hat. Dieser Fall wurde hier nicht in die Auswertung einbezogen.

Schließlich hat die Auswertung der Interviews deutlich gemacht, dass nach der Diagnose, dass die Geburt eines behinderten Kindes zu erwarten ist, bzw. nach der Geburt eines solchen Kindes ein außerordentlich großer Bedarf an psychosozialer Beratung und Unterstützung besteht. Als sehr hilfreich haben sich in dieser Situation Kontakte der Eltern zu anderen betroffenen Eltern erwiesen, mit denen sie sich austauschen können. Wichtig ist auch eine Information über bestehende Unterstützungs-, Hilfs- und Fördermöglichkeiten für Familien mit einem behinderten Kind. Dem großen Bedarf an Beratung, Information und Unterstützung stehen die großen Belastungen gegenüber, denen Familien ausgesetzt sind, in denen ein Kind mit Behinderung geboren wurde. Die Interviews zeigen eindrücklich, dass die Familien in der ersten Zeit vor allem mit dem Überleben und der Bewältigung ihres Alltags beschäftigt sind; dazu kommen häufig Krankenhausaufenthalte des Kindes. Diese Belastungen führen dazu, dass die betroffenen Familien bestehende Beratungsangebote nicht wahrnehmen können, weil ihnen die Kraft und die Zeit dazu fehlt. Dringend notwendig sind deshalb aufsuchende Angebote, die am besten schon in den Geburtskliniken ansetzen.

Eine psychosoziale Beratung dieser Familien kann helfen, unerträgliche Belastungen und Überforderungen frühzeitig zu erkennen und gemeinsam nach Lösungen zu suchen. Wichtig ist dabei, dass nicht nur das behinderte Kind in den Blick genommen wird, sondern genauso gefragt wird, wie es den anderen Familienmitgliedern geht, welchen Belastungen sie ausgesetzt sind. Damit könnte verhindert werden, dass Familien, in denen ein Kind mit Behinderung aufwächst, für andere zum abschreckenden Beispiel für die überfordernde und destruktive Wirkung von Behinderung werden. Psychosoziale Beratung könnte hier also in mehrfacher Hinsicht präventiv wirken.

Literatur

Bourdieu, P. (1985) Sozialer Raum und ‚Klassen‘. Leçon sur la leçon. Frankfurt/Main.

Evangelische Konferenz für Familien- und Lebensberatung e. V. (EKFuL) (1999): Zwischenbericht des Modellprojektes für Familie, Senioren, Frauen und Jugend. „Entwicklung von Beratungskriterien für die Beratung Schwangerer bei zu erwartender Behinderung des Kindes" – Mai 1998 bis Oktober 1999 –, Berlin.

Henze, K.-H. & Stemann-Acheampong, S. (2000) Psychosoziale Voraussetzungen und Folgen der Pränataldiagnostik. In: Evangelische Konferenz für Familien- und Lebensberatung e. V. (EKFuL) (Hg.): Beratung und Begleitung für Frauen und Paare im Zusammenhang mit vorgeburtlicher Diagnostik – im interdisziplinären Dialog. Materialien zur Beratungsarbeit Nr. 15/2000. S. 24–44.

Hildenbrand, B. (1987) Wer soll bemerken, dass Bernhard krank wird? In: J. B. Bergold & U. Flick (Hg.) Ein-Sichten. Zugänge zur Sicht des Subjekts mittels qualitativer Forschung. Tübingen. S. 151–162.

Kohli, M. (1978) ‚Offenes‘ und ‚geschlossenes‘ Interview. In: Soziale Welt 29. Jg., S. 1–25.

Professioneller Habitus von Gynäkologinnen und Pränatale Diagnostik

Tomas Steffens & Kornelia Sammet

Die Frage nach dem Beratungsbedarf im Zusammenhang mit pränataler Diagnostik wird im Folgenden in den Kontext der professionellen Praxis und der Handlungsorientierungen von Gynäkologen gestellt. Datengrundlage sind zwei leitfadengestützte Interviews[34] mit zwei Gynäkologinnen. Die Auswertung der Interviews erfolgt fallrekonstruktiv: Die sequenzanalytische Auswertung ermöglicht es, dass im Text objektivierte Sinnstrukturen, die die Intentionalität der Akteure überschreiten, rekonstruktiv erfasst werden (vgl. Hildenbrand 1991, Wernet 2000).

Frau Dr. P.: „Ich sage dann immer, die Dinger sind jetzt diagnostiziert"

Erste Hypothesen zur Fallstruktur lassen sich in der Analyse des Beginns des Interviews entwickeln. Auf die Eingangsfrage (1,4 f.)[35] *„Wie sieht denn der normale Begleitungsprozess für Schwangere aus? Also wenn jetzt eine Frau zu Ihnen kommt und"* antwortet Frau Dr. P.:

> „Regel ist ausgefallen. Dann ist einmal die Untersuchung mit der klinischen Untersuchung, also die gynäkologische Tastuntersuchung, ob Schwangerschaftsalter und Regel mit den Tastbefunden übereinstimmen, und dann wird in den meisten Fällen gleich ein Ultraschall gemacht. Da kann man relativ genau das Schwangerschaftsalter bestimmen, für viele ja auch wichtig. Und dann frage ich meist nicht gleich, ob es sein soll oder nicht. Das merke ich ein bisschen an der Reaktion der Frau".

Ohne die erste (protokollierte) Äußerung von Fr. Dr. P. vollständig ausdeuten zu wollen, sollen mehrere Aspekte festgehalten werden:

Frau Dr. P. antwortet auf die Frage nach dem *„Begleitungsprozess"*, indem sie einen mit dem knapp formulierten Indiz *„Regel ist ausgefallen"* beginnenden, durch eine Sach-

---

34 Die Interviews wurden von zwei Mitarbeiterinnen der EKFuL in Berlin geführt.
35 Die Zahl vor dem Komma gibt die Seite des Protokolls an, die Zahl nach dem Komma die Zeile.

problematik bestimmten und sich in mehrere Schritte gliedernden Ablaufprozess skizziert. Die Betonung soll hier bei dem Aspekt des sachlich bestimmten Ablauf gesche-
hens liegen, der auffällig zur personal orientierten Semantik von *„Begleitungsprozess"*[36]
kontrastiert. Die Formulierung, *„da kann man relativ genau das Schwangerschaftsalter
bestimmen, für viele ja auch wichtig"* leitet über zu einem Sachverhalt, der eine Entscheidung der Schwangeren verlangt, nämlich ob sie das Kind austrägt oder nicht. Der
Satz *„und dann frage ich meist nicht gleich, ob es sein soll oder nicht"* nimmt in bestimmter Form diese Entscheidungsproblematik auf, genauer: Frau Dr. P. unterstellt,
dass eine Entscheidung anstünde, thematisiert dies jedoch nicht direkt. Würde sie eine
Frau darauf ansprechen, die das Kind auszutragen wünscht, würde Frau Dr. P., indem sie
die Schwangerschaft in Frage stellt, die Schwangere möglicherweise verletzen.

Könnte nach der Lektüre der ersten ein bzw. zwei Sätze der Eindruck entstehen, hier
werde eine rein versachlichte soziale Beziehung aufgebaut, so wird diese These durch
den berichteten Interaktionsstil widerlegt. Frau Dr. P. erläutert:

„Das merke ich ein bisschen an der Reaktion der Frau. Wenn sie mir signalisiert, sie
will es behalten, dann klar. Wenn sie sagt, sie ist noch unentschlossen, aus welchen
Gründen auch immer, dann sage ich, Sie haben noch Zeit, je nachdem, wie weit die
Schwangerschaft ist. Oder sie ist gleich ganz fest entschlossen, das kann, sollte nicht
sein mit dem Austragen der Schwangerschaft, dann verhalte ich mich auch entsprechend mit der nächsten Terminvergabe, die ich recht kurzfristig mache, also je nachdem".

Frau Dr. P. drängt die Schwangere nicht in die eine oder andere Richtung, sondern anerkennt deren persönliche Entscheidung, von der sie wiederum ihr eigenes Handeln abhängig macht. Ist seitens der Schwangeren noch keine Entscheidung getroffen, dann
lässt sie ihr – *„je nachdem, wie weit die Schwangerschaft ist"* – Zeit, damit sie zu einer
Entscheidung kommen kann.

In dieser Protokollpassage wird zudem ausgedrückt, dass Frau Dr. P. ihre Interaktions-
beiträge einfühlsam auf die Interaktionssignale der Patientin abstimmt. Ganz im Gegensatz zum Moment der Versachlichung wird deutlich, dass die soziale Beziehung *auch*
ein sehr persönliches, durch die individuelle Person des Gegenübers gekennzeichnetes
Moment enthält. Der professionelle Habitus von Frau Dr. P. ist, so kann mit Oevermann
(1996) gesagt werden, durch die widersprüchliche Einheit von rollenförmigen und nicht
rollenförmigen, also diffusen Momenten charakterisiert. Rollenförmigkeit steht dabei
für die versachlichte Struktur der Interaktion, in der die Personen austauschbar sind; die
Diffusität steht für den individuellen Fallbezug und damit für die Nichtaustauschbarkeit
der sich *begegnenden* Personen (Welter-Enderlin/Hildenbrand 1996).

---

36 Der Begriff ‚Begleitung' wird im kirchlichen Milieu gerne benutzt. Seine Semantik kann hier nicht analysiert werden. Angedeutet werden soll: ‚Begleitung' meint die Unterstützung von Personen in lebensge-
   schichtlichen Krisen.

Die gewonnenen Strukturhypothesen zur professionellen Handlungsorientierung und
zum Fokus ‚Entscheidungsautonomie', die sich zu einer Gestalt professionellen Handelns zusammenschließen, sollen im Folgenden überprüft und differenziert werden.
Charakteristisch für den Fall ist die Antwort auf die Frage, wie Frauen im Falle einer
positiven Diagnose in der *„sehr krisenhafte(n) Situation"* (10, 2) begleitet werden:

> „Ich sage dann immer, die Dinger sind jetzt diagnostiziert, und wenn man eine kon-
> krete Gefahr vor Augen hat, dann wandelt sich eine diffuse Angst um in eine konkrete
> Furcht. Mit einer konkreten Furcht kann man umgehen. Da kann man wütend und
> traurig (sein), und da kann man weinen eine ganze Nacht …" (10, 5–8).

Indem die Diagnose die Umwandlung einer diffusen Angst in eine konkrete Furcht ermöglicht, wird eine zunächst unbestimmte Angst inhaltlich bestimmt. Die Umwandlung
von Unbestimmtheit in Bestimmtheit ermöglicht es der Frau, damit *„um(zu)gehen"*,
also die Situation zu bewältigen. In dieser Passage nennt Frau Dr. P. die emotionale
Seite des Bewältigungsprozesses, in der anschließenden Textpassage die Möglichkeit,
sich mit Freunden auszutauschen (soziale Unterstützung).

Wie sieht Frau Dr. P. als Gynäkologin ihre Aufgabe in diesem Prozess? *„Ich sage dann
immer, die Dinger sind jetzt diagnostiziert"* bedeutet, dass sie ihre spezifisch ärztliche
Aufgabe darin sieht, mit den Mitteln medizinischer Diagnostik Bestimmtheit und Klarheit zu schaffen. In diesem Sinne formuliert sie: *„Ich bin schon immer bemüht, dass das
so konkrete Formen wie nur irgend möglich annimmt"*. Wie artikuliert Frau P. diesen
sachlichen Gesichtspunkt in der sozialen Beziehung zur Patientin? Folgende Interview-
passage gibt darüber Auskunft:

> „Und da sage ich dann immer, wissen Sie, andererseits, das wissen Sie jetzt. Sie haben
> jetzt die Freiheit, sich da zu entscheiden, und andere, die wissen eigentlich noch nicht,
> was auf sie zukommt" (10, 16–18).

Frau Dr. P.s typische Umgangsweise besteht darin, dass sie die Frauen auf die durch das
Wissen ermöglichte Entscheidungsfreiheit hinweist. Dieses Plus an *„Freiheit"* kontrastiert sie mit der Situation der Frauen (*„andere"*), die nicht wissen, was *„auf sie zukommt"*,
d. h. die noch nicht wissen, dass sie ein behindertes Kind zur Welt bringen werden.
Direkt anschließend an die zitierte Passage formuliert Frau Dr. P.:

> „Der einzige Vorteil überhaupt der heutigen Diagnostik (ist), dass sie ein bisschen die
> Plage der Entscheidungsvielfalt haben, aber sie haben die Möglichkeit, während bei
> anderen Dingen, die im Laufe des Alltags eines Kindes vielleicht erst mal kommen,
> das überfällt einen viel überraschender" (10, 19–22).

Die durch die Diagnostik ermöglichte Entscheidungsfreiheit ist nur die eine Seite einer
Medaille; die Freiheit (*„Möglichkeit"*) zur Entscheidung nötigt (*„Plage"*) zur Festlegung.
Der durch die Diagnose eröffnete Möglichkeitsraum muss durch eine Entscheidung
auch wieder geschlossen werden. Wir können hier an das Modell der Lebenspraxis von
Oevermann (1996) anschließen. Danach ist die Lebenspraxis durch die widersprüch-

liche Einheit von Entscheidungszwang und Begründungspflicht gekennzeichnet. Zum Entscheidungszwang kommt die Begründungspflicht, da die Schließung des Möglichkeitsraums nicht unbegründet erfolgen kann. Entscheidungszwang und Begründungspflicht verhalten sich widersprüchlich zueinander, da im Falle wirklicher Entscheidungssituationen, d. h. im Falle der Krise, auf eingeschliffene routinisierte Begründungsformen (immer wenn, dann …) gerade nicht zurückgegriffen werden kann. Die Plausibilität einer Begründungsentscheidung wird in der Krise allenfalls antizipiert, sie kann sich jedoch erst nachträglich erweisen. Bezogen auf die Frage nach der Sicherheit bzw. Unsicherheit ist deshalb Folgendes festzuhalten: Indem die Diagnostik unbestimmte („*diffuse*") Angst in bestimmte („*konkrete*") Furcht zu verwandeln hilft, schafft sie ein Moment von Sicherheit. Diese Sicherheit ermöglicht und erzwingt Entscheidungen („*Plage der Entscheidungsvielfalt*", Entscheidungszwang). Die Diagnose eröffnet in dem Maße, in dem sie Sicherheit (Bestimmtes) schafft, jedoch durch die Eröffnung eines schließungsbedürftigen Möglichkeitsfeldes auch Unsicherheit (Wie soll ich mich entscheiden?), die dadurch, dass die Entscheidung der Begründung bedarf und damit personal zugerechnet und verantwortet wird (Begründungspflicht), gesteigert wird. Und schließlich haben es ‚wirkliche‘ Entscheidungen an sich, dass sie in der Hinsicht ein Wagnis darstellen, dass sie sich erst nachträglich (durch das Leben) bewähren können.

Es gehört zum professionellen Habitus von Frau Dr. P., dass sie den Frauen insoweit Sicherheit zu verschaffen versucht, dass sie eine Entscheidung treffen können, und sie die Frauen ermutigt, auf der Grundlage des gewonnenen Wissens eine Entscheidung zu treffen. Indem sie den Frauen die Entscheidung weder abnimmt noch nach ihren normativen Maßstäben direkt zu lenken versucht, respektiert sie die „Autonomie der Lebenspraxis" (Oevermann 1996).

Betont Frau Dr. P. in den bislang interpretierten Passagen die Sicherheit, die die Diagnose als eine Grundlage für die Entscheidungsfindung schafft, so werden im Interviewprotokoll doch drei Probleme deutlich. Auf die Grenzen der Sicherheit schaffenden Diagnostik, problematische Erwartungen von Schwangeren und die Grenzen des professionellen Umgangs mit den Schwangeren soll im Folgenden eingegangen werden.

Grenzen der Diagnostik

Sicherheit wird durch die Diagnostik in verschiedenen Hinsichten *nicht* erreicht:
– „*Natürlich gibt's auch schon mongoloide Kinder bei 20 und 25 Jährigen. Natürlich kann jeder in der Familie der erste sein. Auch das sage ich den Frauen so, wie ich es Ihnen hier jetzt sage, und behalte ihnen das vor, sich da bei der Genetik – wir haben ja die Uniklinik um die Ecke – vorzustellen, wenn sie das drückt …*" (5, 49–6, 3). Frau Dr. P. weist also darauf hin, das zu einer ‚normalen‘ Schwangerschaft das Risiko gehört, ein behindertes Kind zur Welt zu bringen, und sie weist auf die Möglichkeit der genetischen Beratung hin – falls Frauen, das ‚normale‘ Risiko „*drückt*".

Frau Dr. P. betont, dass die anhand der Familienstammbäume errechneten Wahrscheinlichkeiten im Normalfall *„das normale Bevölkerungsrisiko"* (*„ja, wissen Sie, vier Prozent"*; 6, 6 f.) ergeben, und kommentiert dies mit den Worten: *„Wollen Sie sich wirklich dem aussetzen, sich eine Pränataldiagnostik machen zu lassen"* (6, 8 f.).

– Ein anderes Problem, auf das Frau Dr. P. aufmerksam macht, ist das Risiko falsch positiver Befunde. Positive Befunde veranlassen weitere diagnostische Untersuchungen. Wie Frau Dr. P. anhand einer Fallgeschichte beschreibt, hat eine Patientin *„sich schweren Herzens"* zu weiteren pränataldiagnostischen Untersuchungen entschlossen, *„weil sie sich sagte, jeder falsch positive Befund macht einen einfach neun Monate lang sehr unruhig"* (6, 16 f.).

– Eine anderes Problem erläutert Frau Dr. P. am Beispiel einer Frau, deren Werte bei einer Triple-Diagnose im pathologischen Bereich waren. Es besteht darin, dass sich hinter einem Befund eine nicht relevante Besonderheit verstecken kann: *„Und das hat sie nun die ganze Schwangerschaft lang beunruhigt. Und was war am Ende? Es war ein kleines Muttermal. Ich weise die Frauen schon immer darauf hin"* (6, 47–49).

– Andere Diagnosen sind aufgrund der *„komplizierte(n) Hochrechnungen"* (7, 12) von sehr vielen Faktoren abhängig und darum mit hoher Unsicherheit zu betrachten.

Der Aussage, die Diagnostik schaffe Sicherheit als Grundlage für Entscheidungen, ist also der Sachverhalt entgegen zu halten, dass die Diagnostik in mehreren Hinsichten mit Unsicherheiten verbunden ist.

Erwartungen der Schwangeren und Grenzen des professionellen Handelns

Frau Dr. P. typisiert die Schwangeren hinsichtlich der Erwartungen, die sie an die vorgeburtliche Diagnostik haben. Anhand dieser Typologie lässt sich genauer rekonstruieren, wie Frau Dr. P. Möglichkeiten und Grenzen der vorgeburtlichen Diagnostik beurteilt und wo ihr professioneller Habitus an Grenzen stößt.

Den *ersten* Typ Schwangerer stellen die Fälle dar, *„wo die Störung so massiv zu vermuten war, dass dringlichst zum Beenden der Schwangerschaft geraten werden muss"* (9, 15 f.). Einen derartigen Fall hatte Frau Dr. P. noch nicht; sie kennt ihn nur aus Erzählungen. Festzuhalten ist an dieser Stelle auch, dass Frau Dr. P. bei einem solchen Fall – aus, so ist zu vermuten, medizinischen Gründen – die Entscheidung der Frau zu beeinflussen versuchen würde.

Einen *zweiten* Typ stellen die Frauen und Paare dar, die sich gegenüber vorgeburtlicher Diagnostik ablehnend verhalten:

„Ich kenne aber bei der Erörterung der Möglichkeiten auch die Einstellung, dass es Paare gibt, die sagen, sie wollen das alles sowieso nicht, weil sie wissen, dass man nicht einen Garantieschein für das Kind kriegen kann, und sie kriegen auch ein behindertes Kind. Das weiß ich von einem gar nicht so geringen Prozentsatz. Das vermehrt sich in letzter Zeit jetzt als eine Abwehr" (9, 18–23).

Die Äußerungen von Frau Dr. P. sind widersprüchlich: Auf der einen Seite erkennt sie an, dass die Paare, die *„das alles sowieso nicht"* wollen, sich realitätsgerecht verhalten, *„weil sie wissen, dass man nicht einen Garantieschein für das Kind kriegen kann"*. Auf der anderen Seite spricht sie von einer *„Abwehr"*, eine Formulierung, die ein realitätsunangemessenes Verkennen durch die Paare impliziert. Diese Paare stellen sich nicht dem durch die vorgeburtliche Diagnostik zu schaffenden Wissen mit der Konsequenz der *„Plage der Entscheidungsvielfalt"*, weil sie sich von vornherein für das Kind entschieden haben. Damit stellen sie die diagnostische Arbeit der Ärztin in Frage und weichen, in den Augen von Frau Dr. P., nicht nur einer *wissensbasierten* Entscheidung, sondern jeder Entscheidung aus. Sie unterlaufen dadurch den von Frau Dr. P. repräsentierten professionellen Habitus. Auflösen lässt sich dieser Widerspruch dadurch, dass in dem *„alles sowieso nicht"* Differenzierungen in dem Sinne eingeführt werden: Diagnostiken, die Therapien ermöglichen, die also jenseits der Frage ‚Austragen oder Abbruch' angesiedelt sind, müssten unterschieden werden von solchen, die therapeutisch folgenlos sind und nur die Frage des Abbruchs zur Folge haben. Würden die normativen Wertmaßstäbe dieses Typs Ernst genommen, müssten die Paare vor jeder diagnostischen Maßnahme über deren medizinischen Erkenntniswert informiert und auf *prospektive* Entscheidungsalternativen aufmerksam gemacht werden.

Einen *dritten* Typ skizziert Frau Dr. P. direkt anschließend an die eben interpretierte Passage:

„Es gibt zwei ganz starke Tendenzen, die eine mit dem Wunsch, alles abzufassen und alles schnell und möglichst auf Kassenkosten, und die andere Tendenz, wenn man sieht, Missbildungen (sind) vier Prozent, ich meine, es gibt noch x andere Dinger, die … im Laufe einer Schwangerschaft, das kann ja mit keiner Amniozentese und mit nichts verhindert werden, wenn sie sich einen furchtbaren Virus einfangen, und in allerletzter Sekunde, unter der Entbindung, kann ja noch ein Sauerstoffmangel kommen. Das kann ja immer sein. Dafür kann ja niemand, wenn einem das … Und da haben doch schon die meisten Frauen dazu eine Einstellung und wissen sehr wohl, worauf sie sich da einlassen mit dieser Schwangerschaft" (9, 23–33).

Der dritte Typ wird durch die Frauen verkörpert, die den Wunsch haben, *„alles abzufassen"*. Auch wenn wir die von Frau Dr. P. artikulierten Charakterisierungen beiseite lassen, die eine gewisse Anspruchsmentalität kritisieren (*„und alles schnell und möglichst auf Kassenkosten"*), drückt Frau Dr. P. indirekt eine Kritik dahin gehend aus, dass dieser Typus, dies kennzeichnet ihn, die Erwartung hegt, alle Risiken durch Inanspruchnahme des gesamten medizinischen Repertoires auszuschließen. Auch diese Einstellung ist für Frau Dr. P. realitätsunangemessen, da er die gleichsam ‚normalen' Risiken von Schwangerschaft und Geburt zugunsten einer illusionären Sicherheit ausschließen möchte. Frau Dr. P. kontrastiert diesen Typus (*„Tendenzen"*) mit Argumenten, die im Fall des zweiten Typus für dessen Realitätsangemessenheit vorgetragen wurden: Es gibt keinen *„Garantieschein"*. Diese Tatsache wissen die meisten Frauen *„sehr wohl"*.

Ein *vierter* Typ teilt nicht die Beherrschbarkeitswünsche, steht aber dennoch vorgeburtlichen Untersuchungen positiv gegenüber. Es ist dieser Typus, auf den das Handeln
von Frau Dr. P. ausgerichtet ist. Dies wird in folgender Protokollpassage deutlich. Auf
den Satz der Interviewerin *„Sie sagten gerade, dass Sie die Frauen großzügig zur nähe-
ren Abklärung schicken"*, reagiert Frau Dr. P. mit folgenden Ausführungen:

> „Ja, wenn irgendein Organ sich mir nicht so darstellt, die Kinder liegen auch nicht
> jeden Tag so optimal einsehbar. Der Magen ist nicht so gefüllt. Es gibt zum Beispiel
> eine Oesophagusstenose, also eine Verengung der Speiseröhre, ein relativ häufiges an-
> geborenes Krankheitsbild. Das ist kein Grund, sich ein Kind wegmachen zu lassen.
> Aber man möchte es schon vorher wissen. Dass man der Frau sagen kann, wissen Sie,
> zu Hause sollten Sie nicht entbinden, Sie sollten einen Kreißsaal aufsuchen, wo ein
> Kinderchirurg gleich dabei wäre und Ihrem Kind das bouchieren könnte. Damit ist es
> dann häufig auch getan …" (8, 7–14).

Diese Äußerung ist aus vier Gründen instruktiv: Erstens handelt es sich um ein Beispiel
für eine vorgeburtliche Untersuchungsmaßnahme, die ein Wissen erzeugt, das therapeutisch relevant ist. Ganz im Sinne des von Frau Dr. P. repräsentierten professionellen Habitus ist auf der Grundlage der Diagnose eine wissensbasierte Entscheidung möglich.
Zweitens ist die in Anspruch genommene Diagnostik jenseits eines ‚alles oder nichts'
angesiedelt, sie wird unter spezifizierten Bedingungen durchgeführt. Drittens ist die
Entscheidung, das Kind auszutragen, festzuhalten. Würde Frau Dr. P. in anderen Fällen *„dringlichst"* zum Abbruch raten, so betont sie hier: *„Das ist kein Grund, sich ein
Kind wegmachen zu lassen"*. In einer weiteren Protokollpassage formuliert sie in
Bezug auf eine andere Fallgeschichte: *„Aber das ist sozusagen nicht fürs vitale Leben
bedrohlich"* (10.14 f.). Dies ist in dem oben diskutierten Kontext zu sehen, dass durch
die Diagnose eine „Entscheidungsvielfalt" geschaffen werden kann. Frau Dr. P. formuliert hier ihren normativen Maßstab in der Frage ‚Austragen/Abbruch'. Zugleich
wird deutlich, dass aus ihrer Sicht heraus eine Diagnose nicht von vornherein einen
Abbruch zur Folge hat, sondern eine wirkliche Entscheidung – auch für das Austragen
– eröffnet. Viertens setzt Frau Dr. P. auf ein ‚Arbeitsbündnis' mit der Schwangeren, die
jenseits des ‚Alles oder Nichts' die diagnostischen Untersuchungen nicht nur mitträgt,
sondern auch entscheidungsoffen orientiert ist, d. h. auch bereit ist, ein u. U. krank oder
behindert geborenes Kind auszutragen.

Zu diesem Typus gehören auch Frauen, die trotz der Erwartung einer Behinderung sich
dafür entscheiden, das Kind auszutragen. Anhand eines Beispiels formuliert Frau Dr. P.:
*„Die Frau hat sich für Austragen dieser Schwangerschaft entschieden und wir haben
sie gemeinsam sozusagen geführt, also bis nicht ganz zum Ende"* (8, 41 f.). Das *„wir"*
bezieht sich auf die engere Kooperation mit einem Hochschulprofessor, dessen Institut
medizintechnisch besser ausgestattet ist und der diese Frau „zum Ende" betreut. In dieser Konstellation spricht Frau Dr. P. von *„betreut"* (dieses Zitat wurde hier nicht angeführt) und *„sozusagen geführt"*. Diese Beziehung überschreitet jedoch ein Beratungs-
verhältnis: Das Verhältnis ‚Führende/Folgende' ist asymmetrisch in dem Sinne, dass die
Geführte die Führende darin anerkennt, dass diese ihr den Weg weist; darin verzichtet
sie auf lebenspraktische Autonomie.

Der *fünfte* Typus steht in maximalem Kontrast hierzu. Er führt Frau Dr. P. an die Grenze des von ihr verkörperten professionellen Habitus. In folgender Protokollpassage wird diese Konstellation deutlich:

> „Mit solchen Frauen habe ich persönlich meine Probleme, auch andere Kollegen wohl noch in Berlin, aber sie (eine Kollegin in einer „Risikoschwangereneinrichtung" mit problematischen Fällen, TS/KS) hat jetzt einen gefunden, der die Frauen betreut. Wissen Sie, eine Frau, die bis zur 40. Woche diese Schwangerschaft immer wieder in Frage stellt, damit hätte ich bestimmt meine Probleme. Aus x Gründen, familiär, partnerschaftlich, überwiegend übrigens partnerschaftlich, oder selbst schon lebenslang psychisch sehr ambivalent und schwierig. Die können natürlich mit so einem Problem noch weniger umgehen und neigen dazu, entweder alles von sich zu weisen nach dem Motto, was ich nicht weiß, macht mich nicht heiß, oder alles in Anspruch nehmen zu wollen. Was ich alles verstehe und was ich auch nicht bewerte, nur mit solchen Frauen habe ich ganz große Probleme. Da muss ich mich meistens mit meiner Beratung ganz zurücknehmen, oder sie an jemand anderes verweisen" (9, 37–49).

Es sind also Frauen, die – so die Erfahrung von Frau Dr. P. – aufgrund einer erheblichen persönlichen Problemlage mit krisenhaften Situationen nicht umgehen können. Der professionelle Habitus von Frau Dr. P. ist, wie oben rekonstruiert, jedoch dadurch gekennzeichnet, dass auf der Grundlage einer Sicherheit schaffenden Diagnostik Entscheidungen durch die Frau zu treffen sind. Trifft Frau Dr. P. auf Frauen, die zu einer Entscheidung nicht in der Lage sind, kommt sie an ihre Handlungsgrenzen: *„Da muss ich mich meistens mit meiner Beratung ganz zurücknehmen, oder sie an jemand anders verweisen"* (9, 47–49). Aus der Sicht von Frau Dr. P. sind diese Frauen der *„Plage der Entscheidungsvielfalt"* (10, 20) und – so können wir sagen – dem Autonomieanspruch in der Spannung von Entscheidungszwang und Begründungspflicht nicht gewachsen. Ist ihr professioneller Habitus darauf ausgerichtet, Entscheidungen durch Wissen und durch das Aufzeigen von Handlungsalternativen zu ermöglichen, so setzt dies die korrespondierenden Kompetenzen seitens der Patientinnen voraus. Sind diese psychischen und sozialen Voraussetzungen nicht gegeben, ist damit auch das Handlungsprogramm nicht zu verwirklichen.

Zusammengefasst kommt Frau Dr. P. in folgenden Konstellationen an die Grenzen des professionellen Habitus:
– Frauen, die – wie oben ausgeführt – aufgrund ihrer biographischen Problemlage eine Entscheidung erzwingende Krisensituation nicht bewältigen können. Diese Beratungsleistung kann Frau Dr. P. *nicht* erbringen.
– Frauen, die nichts wissen wollen, weil sie die Schwangerschaft ohnehin austragen wollen.
– Frauen, die sich einer illusionären Sicherheit hingeben.

Ergänzt werden soll die Konstellation, in der Schwangere *Zeit* brauchen, um zu einer Entscheidung zu gelangen. Da die Handlungsvoraussetzung von Frau Dr. P. eine Entscheidung der Schwangeren ist, wird die Schwangere in dieser Zeit der Entscheidungsfindung, in der sie u. U. eine Vielzahl auch nicht-medizinischer Aspekte abwägt, nicht

beraten. Es ist also nicht nur die Konstellation, in der eine Frau aufgrund ihrer biographischen Problemlage entscheidungsunfähig ist, sondern auch der gleichsam ‚normale‘, d. h. grundsätzlich zur Entscheidung fähige Fall eines zunächst offenen Ent-
scheidungsprozesses, in dem möglicherweise nicht-medizinischer Beratungsbedarf
besteht.

Frau Dr. R.: „Dass man jetzt jeder Frau einen Psychologen zur Seite stellt, muss nicht sein, das muss bestimmt nicht sein"

Auch die Struktur dieses Falles soll von den ersten protokollierten Äußerungen her rekonstruiert werden. Nachdem Frau Dr. R. darum bittet, die Fragen des Leitfadens
durchlesen zu können, fährt sie fort:

„Ja, wissen Sie, die Frauen wollen alles machen, was machbar ist" (1, 7).

Die Ärztin resümiert in dieser Antwort in reflektierter Weise ihre Erfahrungen mit den
Frauen. Dabei operiert sie mit einer starken Typisierung (*„die Frauen"*). Dieses mitge-
teilte (*„wissen Sie"*) allgemeine Erfahrungswissen ist die Voraussetzung der weiteren
Ausführungen. Im ersten Satz wird gleichsam der paradigmatische Rahmen für alles
Weitere abgesteckt. Die Grundkonstellation ist gekennzeichnet durch eine allgemeine
Erwartungsstruktur der Patientinnen, mit der sich die Ärztin auseinandersetzen muss
und die eine Bedingung ihres professionellen Handelns darstellt. Für die Bestimmung
der Ärztin-Patientin-Beziehung ist des weiteren bedeutsam, dass die Frauen in dieser
Beziehung als Personen auftreten, die der Ärztin mit Erwartungen begegnen, d. h. es ist
ein starker Autonomieanspruch festzuhalten; das Arzt-Patient-Verhältnis kann nicht als
ein paternalistisches Fürsorgeverhältnis eingerichtet werden. Sozial und sachlich kann
dies zu Konflikten führen, wenn für die Ärztin das u. U. von ihr vertretene Definitions-
monopol (was, von wem, wann zu tun ist) fraglich wird. Mit der Formulierung *„machen, was machbar ist"* wird dieser mögliche Konflikt angedeutet. *„Was machbar ist"*
bedeutet, dass alles zu tun ist, was geht. Aus der professionellen Perspektive ist das, was
zu tun ist, das Ergebnis einer Kosten-Risiko-Abschätzung; zu tun ist also, was geboten,
nicht was machbar ist. Frau Dr. R. formuliert einen deutlichen Konflikt, in dem sie sich
als Vertreterin eines professionellen Habitus mit Erwartungen konfrontiert sieht, in dem
Laienwünsche bezüglich der Machbarkeit den professionellen Erwägungen entgegen-
stehen.

„Die möchten gerne ein ganz gesundes Kind, möglichst eine Garantie dafür und das
können wir nicht" (1, 7–9).

Wiederum stark typisierend und nun deutlich distanziert und disqualifizierend (*„Die"*)
wird nun ausgeführt, worum es inhaltlich geht: *„ein ganz gesundes Kind"*. Wichtig ist
die Formulierung *„ganz"*: Es geht um Perfektionsansprüche; ein nicht ganz gesundes
Kind, so der Umkehrschluss, wird nicht gewünscht. Im zweiten Teil des Satzes wird

der den Frauen zugeschriebene Anspruch noch erweitert: Die Frauen wollen *„möglichst eine Garantie dafür"*, d. h. sie erwarten von der Ärztin Sicherheit. Dieses in einer karikierenden Zuspitzung formulierte Sicherheitsverlangen wird von Frau Dr. R. zurückgewiesen: *„Und das können wir nicht"*. Ihre Positionierung im skizzierten Spannungsfeld konfligierender Erwartungen erfolgt definitiv und mit Bezug auf professionelle Standards (*„wir"*). Sie erfolgt bezüglich der Machbarkeit, des Perfektionsverlangens und der Sicherheitserwartung.

Die anschließenden Ausführungen von Frau Dr. R. sollen nicht mit demselben Detaillierungsgrad interpretiert werden, aber doch bis zur nächsten Frage wiedergegeben und knapp gedeutet werden:

> „Und wenn sie hören, es sind Dinge selbst zu bezahlen, da sind Untersuchungen, die vielleicht schmerzhaft sind oder auch unsinnig sind, dann überlegen sie schon. Es gibt auch Frauen, die sagen, ja gut, ich gehe zur Pränatal, also hier zur Feindiagnostik, aber es ist eigentlich egal, wenn der Arzt mir sagt, da ist eine Schädigung, ich kriege das Kind trotzdem. Aber andere sind sehr ängstlich und wollen nach Möglichkeit 100-prozentige Sicherheit, dass sie ein gesundes Kind (erwarten)" (1, 9–15).

Frau Dr. R. klärt über Möglichkeiten und Risiken auf, sie nennt ökonomische Aspekte, körperlich schmerzhafte und medizinisch unsinnige Untersuchungen. Dies hat für die Erwartungen der Frauen Konsequenzen, *„dann überlegen sie schon"*. Die Aufklärungsarbeit ist ärztlich geboten, und die informierten Frauen nehmen die Informationen in einen Reflexionsprozess auf.

Festzuhalten ist, dass Frau Dr. R. die oben wiedergegebene starke Generalisierung („die Frauen") nun differenziert. Mit der Formulierung *„Es gibt auch Frauen ..."* leitet sie die Charakterisierung einer Gruppe von Frauen ein, die sich von der ersten deutlich unterscheidet und dadurch wiederum die erste Gruppe inhaltlich näher bestimmt. Beide Gruppen unterscheiden sich – in der Interpretation von Frau Dr. R. – also auch darin, welche Bedeutung der (Fein-)Diagnostik für die Entscheidung ‚Austragen/Abbruch' zukommt. Interessant ist nun, dass die Bedeutung der Diagnostik für die zwei Typen von Frauen bezogen wird auf eine habituelle Handlungsorientierung: Hinter dem Sicherheitsverlangen steht, so Frau Dr. R., Angst. Das Sicherheitsverlangen (ganz gesundes Kind, Machbarkeit, Garantie), das die Erwartungen an die Ärztin strukturiert, dient der Angstbewältigung. Die Frauen sind also nicht ‚guter Hoffnung', sondern in Angst.

Es würde die Aufgabe dieser Fallrekonstruktion überschreiten, das Bedingungs-, Äußerungs- und Bewältigungsgeflecht dieser Angst auch nur im Ansatz zu analysieren. Einige Hinweise müssen genügen: Die Schwangerschaft ist keine Krankheit, aber eine körperliche, psychische und soziale Krise. Krise bedeutet, dass eine neue Herausforderung nicht mit gewohnten Handlungsmustern zu bewältigen ist. Die Krise spitzt die Zukunftsoffenheit der Lebenspraxis zu. Schwangere ‚in guter Hoffnung' verfügen über einen „strukturellen Optimismus", das Neue auch zum Guten bewältigen zu können. In salutogenetischer Perspektive mangelt es den Schwangeren, die ‚in Angst' sind, am

„Sense of Coherence"[37]. In einer etwas anderen, phänomenologischen Perspektive können wir die Krise so fassen: Gesundheit bedeutet, dass der Körper schweigt. Gesundheit ist im Modus der Verborgenheit, d. h. unthematisiert, schlechthin gegeben. Im Fall der Schwangerschaft meldet sich der Leib, doch diese Irritation, die in alltagsweltlicher und medizinischer Sicht nicht als Krankheit typisiert wird, kann gleichsam aus eigenen Kräften bewältigt werden. Mangelt es an „strukturellem Optimismus", wird der Körper als „Angststätte" (Lang 2000) wahrgenommen.

Im Anschluss an die Ausführungen von Frau Dr. R. fragt die Interviewerin die Ärztin, was die Frauen *„in dieser Phase, wo sie sehr ängstlich sind, oder wenn sie zur Feindiagnostik gehen"*, ihrer Erfahrung nach brauchen. Frau Dr. R. antwortet:

> „Na ja, also dass man jeder Frau einen Psychologen zur Seite stellt, denke ich, muss nicht sein, dass muss bestimmt nicht sein, aber ich unterhalte mich ja auch mit denen … Aber da muss sich als Arzt eben die Zeit nehmen, also das reicht eigentlich, denke ich" (1, 21–27).

Diese Äußerung enthält drei Aspekte:
– Frau Dr. R. normalisiert die in Frage stehenden Herausforderungen.
– Mit großer Bestimmtheit, generalisierend und zugespitzt karikierend weist sie die – von der Interviewerin nicht formulierte – Idee ab, *„jeder Frau einen Psychologen zur Seite"* zu stellen. Das, was zu tun ist, kann sie ihres Erachtens als Ärztin leisten; andere Berufsgruppen mit ihren speziellen Kompetenzen sind nicht notwendig.
– Bedingung für ihr ärztliches Handeln ist, dass sie sich für die Frauen Zeit nimmt.

Normalisierung

Schwangerschaft ist für Frau Dr. R. keine Krankheit. Auf eine Frage der Interviewerin nach wünschenswerten Kooperationen mit anderen Institutionen und Berufsgruppen (2, 16 f.) antwortet Frau Dr. R. ganz in diesem Sinne:

> „Nein, eigentlich nicht. Eigentlich nicht, weil, wie gesagt, es sind gesunde Frauen, was will man die noch irgendwie kränker machen, als sie sich manchmal fühlen" (2, 23.25).

Frau Dr. R. geht bei Schwangeren von Gesundheit und nicht von Krankheit aus. Seitens der Frauen unterstellt sie damit den „strukturellen Optimismus", mit der Schwangerschaft zurecht zu kommen. Dabei geht sie davon aus, dass es absolute Sicherheit nicht geben kann. In diesem Sinne formuliert sie:

> „… und na gut, wie gesagt, die 100-prozentige Sicherheit haben sie auch nicht, wenn sie zur Amniozentese gehen und noch zur Feindiagnostik. Da kann bei der Geburt etwas passieren, Sauerstoffmangel und alle haben Pech gehabt. Bloß den Zahn muss

---

37 Antonovsky (1991) charakterisiert den „Sense of Coherence" durch die drei Momente Verstehbarkeit, Handhabbarkeit und Sinnhaftigkeit.

man jedem ziehen von Anfang an, dass man sagt, das gibt es nicht, diese 100-prozen-tige Sicherheit kann Ihnen keiner bieten" (2, 30–35)

Professionelle Zuständigkeit

Eine Kooperation mit anderen Berufsgruppen oder Institutionen würde dieser Gesund-heit, der Normalität von Schwangerschaft, nicht gerecht werden. Mehr noch, *„was will man die noch irgendwie kränker machen"*. Frau Dr. R. vermutet, dass die Ausweitung des Feldes möglicher betreuender Institutionen einen gleichsam pathologisierenden Effekt hätte. Unter einer Bedingung wird eine nicht-medizinische Beratung für sinnvoll gehalten. Im Zusammenhang mit der Frage, wann sie Frauen zur Amniozentese rate, führt Frau Dr. R. aus:

„Einer 40-jährigen würde ich sagen, gehen Sie auf alle Fälle, aber Sie müssen dann auch entscheiden, was würde ich tun, wenn. Und dann selbstverständlich, wenn dann irgendetwas ist, auch eine psychotherapeutische Beratung anbieten, wenn die Frauen damit nicht alleine klar kommen" (3, 45–48).

An dieser kurzen Protokollpassage ist – sehen wir einmal von der Indikation zur Am-niozentese ab – dreierlei interessant: Erstens macht Frau Dr. R. die Frauen auf den Ent-scheidungs*zwang*, der mit einem positiven Befund verbunden ist, aufmerksam. Zweitens nennt Frau Dr. R. eine Konstellation, in der Beratung anzubieten ist, und zwar bei einem positiven Befund im Rahmen einer Amniozentese *und* die Frauen kommen *„damit nicht alleine klar"*. Drittens ist auffällig, dass Frau Dr. R. von *„psychotherapeutische(r) Beratung"* spricht und damit zwei strukturell unterschiedliche Formen der professionel-len Unterstützung, nämlich Beratung und Therapie, zu einem Begriff verdichtet. Daraus ist zu schließen, dass der Hilfebedarf in dieser Konstellation Krankheitswert hat. Im Umkehrschluss bedeutet dies, dass Frau Dr. R. einen Beratungsbedarf, der diesseits der Schwelle zur Krankheit liegt und der nicht durch Ärzte geleistet werden kann, nicht er-kennt. Dies wird auch an einer kurzen Fallschilderung deutlich, in der es darum geht, dass erwartet wurde, dass ein Kind *„etwas an den Chromosomen"* (4, 1) hatte, *„keine Fehlbildung"* (4, 7), *„ein bisschen lebhafter ... ein bisschen Lernschwäche, ... das ist ja nun kein Grund abzutreiben, also in meinen Augen nicht und in den Augen der Mut-ter auch nicht"* (4, 9–12). Hier verweist Frau Dr. R. auf Gespräche, die die Charité und sie anbieten: *„Ich denke auch, dass es durchaus sinnvoll ist und eigentlich auch aus-reichend ist für normale Leute. Wer dann noch Bedarf hat, den kann man ja dann noch weiterschicken"* (4, 19–21). Weitergehender Beratungsbedarf besteht also bei denjeni-gen, die nicht der Kategorie *„normale Leute"* zuzurechnen sind.

Zeitdimension ärztlichen Handelns

Da Frau Dr. R. sich Zeit für die Frauen lässt, sind die zu bewältigenden Herausforde-rungen ihrer Ansicht nach auch ohne die Kooperation mit Dritten zu leisten. Anschlie-ßend an eine zuvor schon zitierte Protokollpassage führt Frau Dr. R. begründend aus:

„Insofern kann ich sagen, halte ich es nicht für sinnvoll. Da bin ich Bezugsperson
genug und ich sage den Frauen, schreiben Sie alles auf, was Sie in den vier Wochen
jetzt bewegt, machen eine Liste und wir machen – das hatten wir heute grade – Haken
für Haken, wenn wir's besprochen haben. Dann ist nichts vergessen, und dann denke
ich, müssten die Frauen halbwegs zufrieden hier wieder raus gehen. Wenn ich die jetzt
noch zum Psychologen schicken sollte, nein." (3, 25–31).

Auch in anderen Kontexten schildert Frau Dr. R. ausführlich, mit welchem Zeitaufwand
sie einzelfallbezogen mit den Frauen kommuniziert. Es ist aber nicht nur die Zeit-
dimension, die hier angesprochen wird. Die soziale Beziehung wird der professionellen
Handlungslogik folgend als ‚Arbeitsbündnis' eingerichtet, in der die Ärztin als „Bezugsperson" für alle Fragen der Schwangeren fungiert.

Resümierender Fallvergleich

Kontrastieren wir die beiden rekonstruierten Fälle. Zuvor soll festgehalten werden,
dass, da die Datengrundlage für die Interpretationen ausschließlich die Interviews mit
den beiden Gynäkologinnen sind, es nur *deren* Deutungen sind, die analysiert werden
konnten. Aber diese Deutungen sind keine beliebigen Äußerungen, sondern in ihnen
werden Momente der ärztlichen Handlungspraxis deutlich.
– In beiden Interviews konnte ein professioneller Habitus als widersprüchliche Einheit
  diffuser und zugleich rollenförmiger Interaktionsmomente rekonstruiert werden[38].
  Beide Ärztinnen arbeiten in diesem Spannungsverhältnis, ohne es in die eine oder
  andere Richtung (Expertisierung/Diffusität) aufzulösen.
– In beiden Fallstudien wurde deutlich, dass die Beziehung zwischen Ärztin und
  Schwangerer Konflikte in sich birgt. Zu nennen ist nicht nur das (alle Professionen
  kennzeichnende) Übersetzungsproblem zwischen Alltagssprache und Wissenschaft,
  sondern auch das Problem, dass sich die Ärztinnen mit (unterschiedlichen) Erwartungen der Schwangeren konfrontiert sehen, die sie mit ihren an professionellen
  Standards ausgerichteten Handlungsmöglichkeiten (Risiken-Nutzen-Abschätzung
  medizinischer Diagnostik) abgleichen müssen.
– In beiden Fallstudien wurde ersichtlich, dass eine Herausforderung verantwortungs-
  vollen ärztlichen Handelns darin besteht, problematischen Erwartungen eines Teils
  der Schwangeren zu begegnen. Diesen Erwartungen, die mit den Worten Perfek-
  tionsanspruch, Machbarkeit und Sicherheitserwartung charakterisiert wurden, können die Ärztinnen nicht entsprechen, sie müssen sie im Gespräch mit den Frauen zu-
  rückweisen.
– In beiden Fallrekonstruktionen wurde deutlich, dass ‚Sicherheit' ein großes Thema
  für beide Seiten, Ärztinnen und Schwangere, ist. Überzogene Sicherheitserwartun-

---

38 Professionssoziologisch beziehen wir uns auf das Strukturmodell professionellen Handelns, vgl. Oever-
    mann 1996 und Welter-Enderlin/Hildenbrand 1996.

gen werden zurückgewiesen, aber die Diagnostik selbst ist, wie beide Ärztinnen betonen, auch mit Unsicherheit behaftet. *Dennoch* soll die Diagnostik Sicherheit schaffen. Nicht nur die Schwangeren, auch die Ärztinnen bewegen sich deshalb in der Spannung zwischen Sicherheitsversprechen bzw. -erwartung einerseits und immer wieder abzuwägenden und u. U. riskanten Entscheidungen andererseits.

– In beiden Fallstudien vermuten die Ärztinnen hinter der Sicherheitserwartung *Angst*. Im Fall Dr. P. wurde deutlich, dass der Diagnostik die Aufgabe zukommt, eine diffuse Angst zu spezifizieren und handhabbar zu machen – ohne eine Sicherheitsgarantie zu bieten, da die diagnostisch eröffneten Möglichkeiten begründete Entscheidungen verlangen („*Plage der Entscheidungsvielfalt*"). Im Fall Dr. R. wird betont, der Angst werde dadurch begegnet, dass auf alle mit der Schwangerschaft zusammenhängenden Fragen im (zeitaufwendigen) Gespräch eingegangen wird.

– Die Angstproblematik kontrastiert auffällig mit der Normalitätsunterstellung, mit der beide Ärztinnen operieren. Beide ‚normalisieren' die Schwangerschaft und die im Rahmen vorgeburtlicher Untersuchungen möglicherweise zu treffenden Entscheidungen. Diese Normalitätsunterstellung entspricht einerseits dem Status der Arzt-Patient-Beziehung, da in dieser Beziehung strukturell seitens des Patienten Autonomie eingebaut ist. Sie wird auch der Schwangerschaft als Krise, die keine Krankheit ist, gerecht. Schon die Rede von ‚Patientinnen' ist deshalb sachlich nicht ganz zutreffend. Andererseits ist die unterstellte Autonomie sehr voraussetzungsvoll, da für die Schwangeren nicht nur ein „struktureller Optimismus" angenommen werden muss, sondern auch, dass sie dazu in der Lage sind, sich im Spannungsfeld von Sicherheitserwartungen und Entscheidungszwang zu bewegen.

– Deutlich unterscheiden sich die beiden Fälle in der Frage der *Grenzen* des ärztlich-professionellen Umgangs mit den Schwangeren. Frau Dr. P. – im Unterschied zu Frau Dr. R. – äußert dezidiert, dass sie große Probleme mit Frauen habe, die sich aufgrund einer biographischen Problemlage nicht zu einer wissensbasierten Entscheidung durchringen können. Erweist sich die von ihr unterstellte Entscheidungsautonomie der Frauen als nicht gegeben, bricht auch ihre Arbeitsgrundlage zusammen. Ihr professioneller Habitus ist generell an *einem* Typ von Schwangeren orientiert, mit dem sie ein Arbeitsbündnis eingehen kann.

Literatur

Antonovsky, A. (1991) Meine Odyssee als Stressforscher. In: Argument AS 193: 112–130.

Hildenbrand, B. (1991) Fallrekonstruktive Forschung. In: U. Flick et al. (Hg.): Handbuch qualitative Sozialforschung. München: 256–260.

Lang, H. (2000) Der Körper als Angststätte. In: Ders.: Strukturale Analyse. Frankfurt/Main: 230–244.

Oevermann, U. (1996) Theoretische Skizze eine revidierten Theorie professionalisierten Handelns. In: A. Combe & A. Helsper (Hg.): Pädagogische Professionalität. Frankfurt/Main: 70–182.

Welter-Enderlin R. & Hildenbrand B. (1996) Systemische Therapie als Begegnung. Stuttgart.

Wernet, A. (2000) Einführung in die Interpretationstechnik der Objektiven Hermeneutik. Opladen.

Die Autorinnen und Autoren des Bandes

Ulla Beckers, Dipl.-Pädagogin
Kaiser-Wilhelm-Str. 278
47169 Duisburg

Prof. Dr. med. Manfred Cierpka
Abt. Psychosomatische Kooperations-
forschung und Familientherapie
Universitätsklinikum Heidelberg
Bergheimer Str. 54
69115 Heidelberg

Elisabeth Cramer, Dipl.-Sozialarbeiterin
Caritasverband Recklinghausen e.V.
Börster Weg 11
45657 Recklinghausen

Axel Dewald, Dipl.-Psychologe
Abt. Psychosomatische Kooperations-
forschung und Familientherapie
Universitätsklinikum Heidelberg
Bergheimer Str. 54
69115 Heidelberg

Christiane Lammert,
Dipl.-Sozialpädagogin
Diakonisches Werk e.V.
Johannisstr. 14
02708 Löbau

Anita Neumann, Dipl.-Heilpädagogin
Diakonisches Werk e.V.
Johannisstr. 14
02708 Löbau

Gisela Pingen-Rainer,
Dipl.-Sozialarbeiterin
Sozialdienst kath. Frauen e.V.
– Zentrale e.V. –
Agnes-Neuhaus-Straße 5
44135 Dortmund

Kornelia Sammet, Dipl.-Soziologin
Technische Universität Dresden
Sonderforschungsbereich 537
Institutionalität und Geschichtlichkeit
01062 Dresden

Jutta Schulz, Dipl.-Soziologin
Ev. Konferenz für Familien- und
Lebensberatung e.V.
Dietrich-Bonhoeffer-Haus
Ziegelstr. 30
10117 Berlin

Sybille Siebert, Dipl.-Psychologin
Ev. Konferenz für Familien- und
Lebensberatung e.V.
Dietrich-Bonhoeffer-Haus
Ziegelstr. 30
10117 Berlin

Dr. Tomas Steffens, Dipl.-Soziologe
Grunewaldstr. 5
12165 Berlin